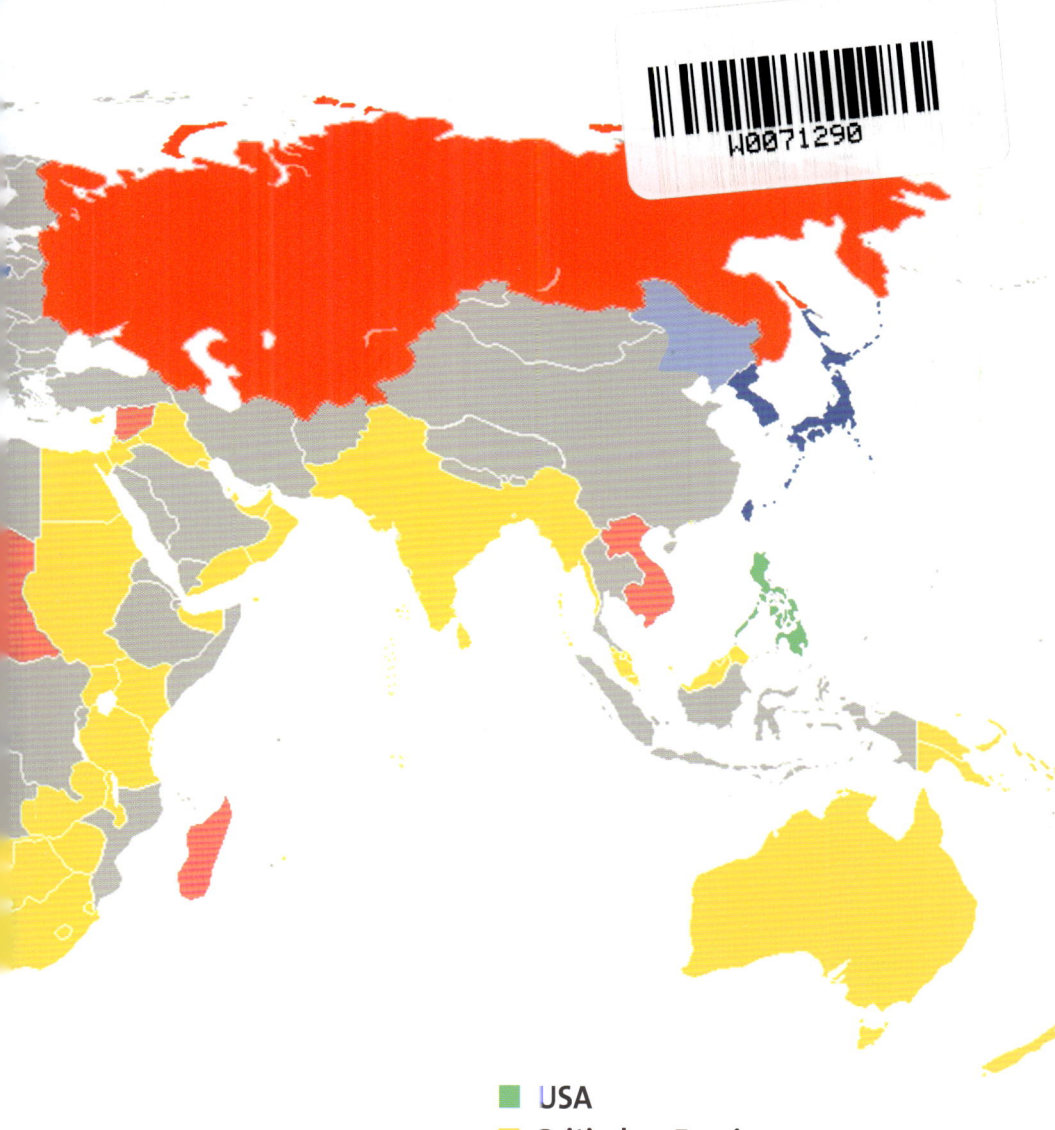

ihre Kolonialreiche

Jahren

- 🟩 USA
- 🟨 Britisches Empire
- 🟥 Frankreich mit Kolonialreich
- 🟦 Deutschland
- 🟥 Sowjetunion
- 🟦 Japan

Europa 1938 - 1939

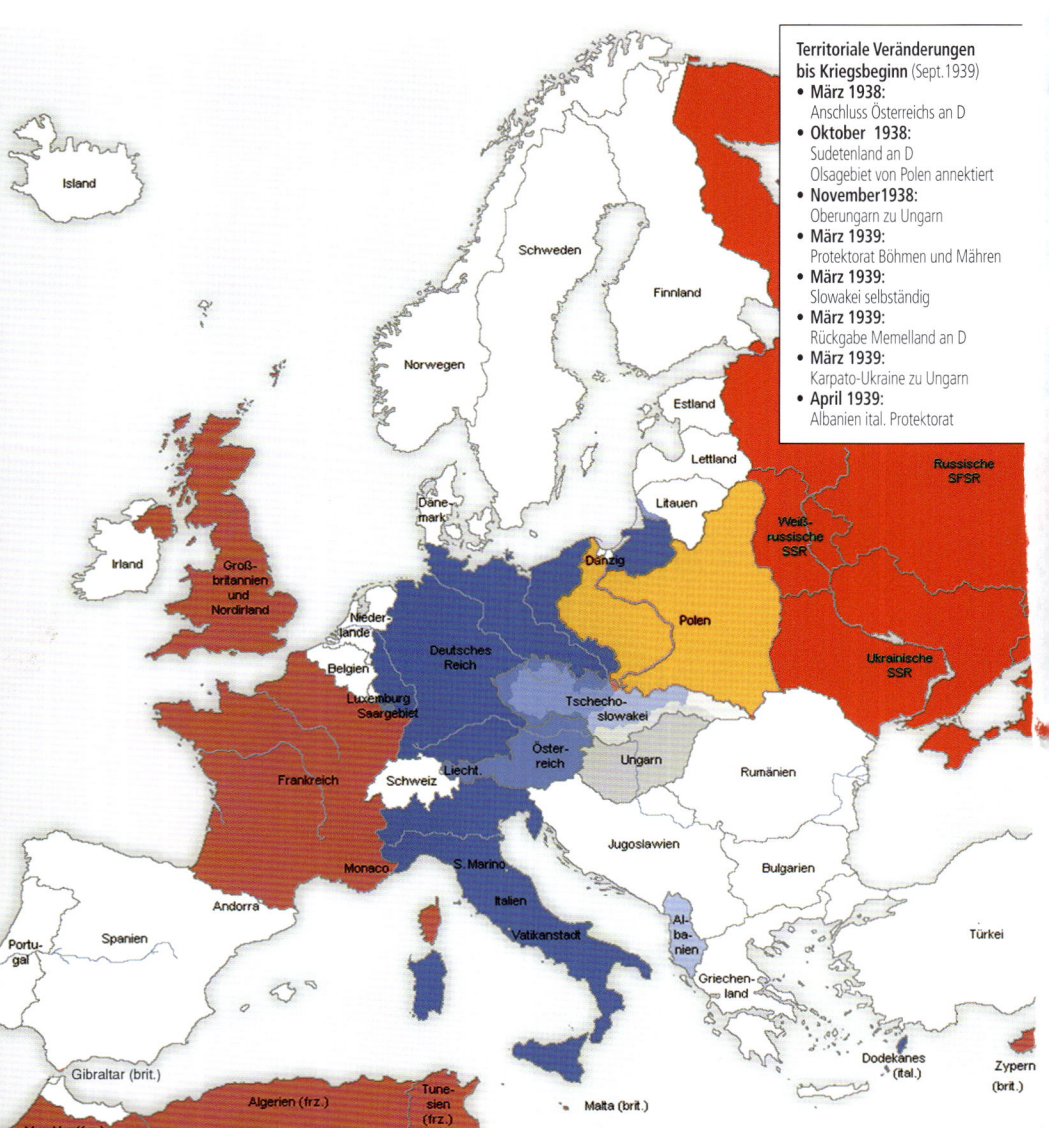

Island

Schweden

Finnland

Norwegen

Estland

Lettland

Litauen

Russische
SFSR

Däne-
mark

Danzig

Weiß-
russische
SSR

Irland

Groß-
britannien
und
Nordirland

Nieder-
lande

Deutsches
Reich

Polen

Belgien

Luxemburg
Saargebiet

Tschecho-
slowakei

Ukrainische
SSR

Frankreich

Schweiz

Liecht.

Österreich

Ungarn

Rumänien

Monaco

S. Marino

Jugoslawien

Bulgarien

Andorra

Italien

Vatikanstadt

Al-
ba-
nien

Türkei

Portu-
gal

Spanien

Griechen-
land

Dodekanes
(ital.)

Zypern
(brit.)

Gibraltar (brit.)

Tune-
sien
(frz.)

Malta (brit.)

Algerien (frz.)

Marokko (frz.)

Michael C. Steinmetz

Wege in den II. Weltkrieg

Die Konfrontation in Europa und Roosevelts Kriegskurs

Michael C. Steinmetz

Wege in den II. Weltkrieg

Die Konfrontation in Europa und Roosevelts Kriegskurs

Impressum

© 2016 Osning Verlag GmbH
Bielefeld – Garmisch-Partenkirchen

ISBN: 978-3-9814963-4-5

Herausgeber für den Osning Verlag: Gerhard Hubatschek
Satz: davis creativ media GmbH, Bonn

Printed in EU

www.osning-verlag.de
info@osning-verlag.de

Einleitung 8

ERSTER TEIL – DER ÄUSSERE ANLASS 14

Kapitel 1: Das deutsch-polnische Verhältnis 14
John F. Kennedys Reisebericht 14
Der deutsch-polnische Antagonismus bis 1933 18
Die trügerischen deutsch-polnischen Beziehungen von 1934 – 1938 22
Der deutsch-polnische Antagonismus von „München" bis zum Kriegsausbruch 27
Danzig und die polnische Minderheitenpolitik 38
Fazit 44

ZWEITER TEIL – DIE VERLIERER 48

Kapitel 2: Großbritannien und die Bewahrung des Weltreichs 48
Grundlagen der Appeasement-Politik 48
Tieferliegende Motive und Strukturen der Appeasement-Politik 54
Netzwerkverbindungen im „Anglo-American Establishment" 58
Vom Münchner Abkommen zum deutschen Einmarsch in Prag 70
Von der Garantie- zur Kriegserklärung 84
Die offiziellen Kriegsgründe 91
Chamberlains Motive 93
Geopolitische Motive und Völkerpsychologie 96
Fazit 103

Kapitel 3: Frankreich und die Erbfeindschaft 111
Die historischen Wurzeln des deutsch-französischen Antagonismus 111
Erster Weltkrieg, Versailler Vertrag und eine zaghafte Annäherung an Deutschland 114
Die französischen Eindämmungsversuche von 1933 bis „München" 118
Nach „München" – Frankreichs Außenpolitik unter dem Einfluss der USA 124
Fazit 137

Kapitel 4: Deutschland – Revision und Expansion 140
Der Versailler Vertrag 140
Der janusköpfige Charakter des deutsch-sowjetischen Nichtangriffspakts 145
Eine taktische Fehleinschätzung 152
Bruchstücke einer gescheiterten Politik 159
Der verhinderte Künstler 159
Die geopolitische Grundtendenz 161
Autarkiepolitik 169
Aufrüstung 172
Wirtschaftliche Probleme 173
Die Sowjetunion in Hitlers Kalkül 179
Fazit 186

DRITTER TEIL – DIE SIEGER 189

Kapitel 5: Moskauer Realpolitik 189
Die Quellenlage 190
Eine strukturelle Verwandtschaft der Systeme 192
Stalins geopolitisches Kalkül 194
Fazit 205

Kapitel 6: Die USA und der moralische Imperialismus 210
Die außenpolitischen Leitlinien 212
    Die Monroedoktrin 212
    Das Open-Door-Prinzip 214
    Die Stimsondoktrin 215
    Der Briand-Kellogg-Pakt 216
    Die Neutralitätsgesetze 217
    Der Council on Foreign Relations 218
    Resümee 220
Franklin D. Roosevelt und seine Berater 222
Außenpolitische Aktivitäten in Roosevelts erster Amtszeit 228
Das FBI im Dienst des Präsidenten 229
Ein glückloser Präsident schielt auf die Weltbühne 233
Roosevelts Geheimdiplomatie 1938 237
Die außenpolitische Haltung der USA und die öffentliche Meinung 243
    Dorothy Thompson 247
    Walter Lippmann 248
    Drew Pearson 250
    Botschafter Dieckhoffs Analyse 251
Polen und Frankreich unter dem diplomatischen Einfluss der USA 255
Kriegshysterie 261
Großbritanniens Außenpolitik wird gegen Deutschland gelenkt 264
Die Weichen sind in Europa gestellt 269
Joe Kennedys Anmerkungen über die Geheimdiplomatie der USA 272
Fazit 274

Schlussbemerkung 280

Quellen- und Literaturverzeichnis 296
Zeittafel 1919 - 1939 311
Bildhinweise 326
Dokumente 327
Personenregister 333

„Die Deutschen sind wirklich zu gut –
deshalb rottet man sich gegen sie zusammen, um sich zu schützen ..."[1]
John F. Kennedy, Reisetagebucheintrag, Württemberg – Köln 21. August 1937.

„Hitler begreift nicht, daß man den Dolchstoß für ihn vorbereitet."[2]
Stalin im Gespräch mit Politbüromitglied und ZK-Sekretär Andrej Shdanow,
1939.

„Wie können wir noch von der Rettung und Gestaltung Europas sprechen,
wenn wir den Zerstörer Europas um Hilfe bitten müssen?"[3]
Alfred Rosenberg, Tagebucheintrag 25. August 1939.

„Sodann werden die Staatsmänner billige Lügen erfinden und alle Schuld
der angegriffenen Nation in die Schuhe schieben. Und jedermann wird froh sein
über diese Falschheiten, die das Gewissen beruhigen. Er wird sie eifrigst studie-
ren und eine Untersuchung der gegen diese Lügen erhobenen Einwände von der
Hand weisen. Und auf diese Weise wird er sich allmählich davon überzeugen, daß
der Krieg gerecht ist, und er wird Gott danken für den gesunden Schlaf, dessen er
sich nach dieser grotesken Selbsttäuschung erfreut."[4]
Mark Twain, Der geheimnisvolle Fremde, 1916.

---

1   Kennedy 2013, S. 110. „The Germans really are too good – it makes people gang against them for protection...",
    ebda, S.112.
2   Zit. nach: Besymenski 2003, S. 214.
3   Seraphin 1964, S. 93.
4   Twain 1921, S. 151f.

Einleitung

Die heutige Welt ist ohne die zwischen 1939 und 1945 zerstörten Strukturen, die zu Lasten Europas gingen, undenkbar. Insoweit hat die Frage, wie es zum Ausbruch des Zweiten Weltkrieges kam, nichts von ihrer Aktualität verloren. Gleichzeitig ist die Deutungshoheit über den Ablauf und die Hintergründe der seinerzeitigen Ereignisse von höchster politischer Brisanz. Da aber Krieg und Terror heute mehr denn je die Schlagzeilen dominieren, sollte man sich schon die Frage stellen, wie eine so friedlose Welt möglich ist, wo doch das personifizierte Böse 1945 in den Trümmern von Berlin untergegangen ist. Von einer politisch korrekten Geschichtsschreibung, die vom Grundsatz abweicht, dass Geschichte immer wieder neu geschrieben werden muss, kann man keine neuen Antworten erwarten, um das Handeln wichtiger Akteure der Gegenwart im historischen Kontext zu verstehen. Dies ist bedauerlich, denn einige zentrale Probleme unsere heutige Zeit existierten auch schon vor 80 Jahren, und die USA und Russland verfolgen heute mit der gleichen Zielstrebigkeit ihre Interessen, wie sie es auch damals taten.

Die vorliegende Untersuchung basiert in wesentlichen Teilen auf den gängigen Quellen und den Forschungsergebnissen anerkannter Historiker. Darüber hinaus werden allerdings Aspekte beleuchtet, welche die klassische Historiographie meidet, die aber für eine objektive Rekonstruktion der Ereignisse von Relevanz sind: Über die deutsch-polnischen Beziehungen zwischen 1934 und 1938 gibt es Erstaunliches zu berichten; die polnische Minderheitenpolitik der Zwischenkriegszeit wird in Umrissen skizziert. Es wird auf die Rolle des FBI und des britischen Security Service im Hinblick auf die Vorgeschichte des Zweiten Weltkrieges eingegangen, wie auch auf die des „Council on Foreign Relations" und weiterer im Hintergrund tätiger Gruppen, deren Namen kaum jemand kennt, in deren Beziehungsgeflecht sich aber die Entscheidungselite der angelsächsischen Mächte bewegte. Es tauchen Personen aus Kreisen der Hochfinanz auf, wie beispielsweise Jean Monnet, ein Gründungsvater der Europäischen Union, welche von Historikern als Akteure normalerweise nicht wahrgenommen werden. Einige Journalisten, welche die wichtige Gruppe der Deutungseliten repräsentieren, werden vorgestellt, entweder weil sie eine überragende Rolle bei der Organisation der Wahrnehmungsmuster in ihren jeweiligen Ländern spielten, oder aufgrund ihrer investigativen Fähigkeiten, ein Licht auf Entscheidungsprozesse zu werfen, über die aus gutem Grund keine Dokumente abgelegt wurden. Es wird auf die ambivalente Rolle der amerikanischen Botschafter in Paris, London und Warschau eingegangen, von denen einer, William C. Bullitt, zu jenen zwei oder drei Personen gehörte, die Präsident Roosevelt zu jeder Tages und Nachtzeit sprechen konnten. Es werden Quellen aus dem

Umfeld Stalins zitiert, welche die Forschung bis in die 1990er Jahre nicht berücksichtigen konnte, da der Zugang verschlossen war. Die Memoiren und Briefe von einigen interessanten Zeitgenossen wurden ausgewertet, wie beispielsweise John F. Kennedys Berichte aus Warschau, Danzig und Berlin an der Schwelle des Weltkriegs, und jene des Diplomaten Herwarth von Bittenfeld, einem Verräter in der deutschen Botschaft in Moskau. Langer Rede kurzer Sinn, das Ziel der Arbeit war, einige hinter den handelnden Staatsmännern stehenden Gruppen und Personen, die nicht im Licht der Öffentlichkeit standen, bei der Rekonstruktion und Analyse der Ereignisse stärker zu beachten, um ein vollständiges Bild der damaligen Lage zu erhalten. Das Ergebnis zeigt dann auch, dass es bereits den 1930er Jahren eine mediale Entrüstungs- und Manipulationsindustrie gab, die Kampagnen inszenierte und Feindbilder aufbaute, einflussreiche Akteure der amerikanischen Ostküste politisch aktiv waren, Politiker ihre tatsächlichen strategischen Ziele perfekt tarnten, kriegsunwillige Bürger den Ereignissen machtlos gegenüberstanden und auch einige Geheimdienste ihre Kompetenzen überschritten.

Ebenfalls nicht unähnlich unserer heutigen Welt, waren die ökonomischen Probleme und die lokalisierten Krisenherde, welche zwischen 1919 und 1939, trotz einer Phase der Stabilisierung in der zweiten Hälfte der 1920er Jahre, für Schlagzeilen sorgten. Seit im Oktober 1929 in New York die Spekulationsblase am Aktienmarkt geplatzt war, kämpften viele Staaten mit Problemen, denn eine Wirtschaftskrise ungeahnten Ausmaßes veränderte das Antlitz der Weltwirtschaft und der Weltpolitik. Während die Krise in Deutschland kurz und tief verlief, war ihre Entwicklung in Großbritannien schleichend, in Frankreich verzögert und in den USA groß und lang.[5] Außenpolitisch trafen seit Mitte der 1930er Jahre in Europa, Asien und Afrika gegensätzliche Interessen aufeinander und die Ergebnisse tangierten die Politik der großen Mächte. 1935 überfiel Italien Abessinien, von 1936 bis 1939 wütete in Spanien der Bürgerkrieg, 1937 begann der zweite japanisch-chinesische Krieg. Im Jahr 1937 und in den beiden Folgejahren kam es zu Kämpfen zwischen der japanischen und der Roten Armee in der Mongolei. 1939 annektierte Italien Albanien.

Unmittelbar im Zusammenhang mit der Revision des Versailler Vertrages standen mehrere Aktionen Deutschlands die im Ausland als Aggression wahrgenommen wurden: Die deutsche Wiederaufrüstung, die Wiederbesetzung des Rheinlandes, der Anschluss Österreichs, die Vereinigung des Sudetenlandes mit dem Deutschen Reich sowie die Errichtung des Protektorats Böhmen und Mähren. Im Zusammenhang mit der Abwicklung der Tschecho-Slowakischen Repub-

---

5   Vgl. Hesse / Köster / Plumpe 2014, S. 53ff, S. 78ff, S 103ff, S. 128ff.

lik erweiterte auch Polen sein Territorium, ohne dass das Land dafür international an den Pranger gestellt wurde. Beinahe synchron erfolgte die Widervereinigung des Memellandes mit Ostpreußen und die Angliederung der Karpato-Ukraine an Ungarn. Alle diese Konflikte führten zu keinem größeren Krieg, obwohl der Mangel an Kompromissbereitschaft der Europäer, sobald es um nationale Interessen ging, seit den Pariser Friedensverhandlungen der Sieger untereinander bekannt war. Warum sich erst mit dem deutsch-polnischen Streit um den Freistaat Danzig und den Korridor ein entschiedener Widerstand entwickelte und warum der völkerrechtliche Status der mit großer Mehrheit von Deutschen bewohnten Stadt Danzig zum „Casus Belli" eines Weltkrieges wurde, ist ein diffiziles Thema von hoher Komplexität und es ist schwierig, die verborgen Motive der zentralen Akteure offen zu legen. Die Offenlegung der individuellen Triebkräfte und die angewendeten Methoden zur Erreichung der jeweiligen nationalen Ziele ist der Gegenstand dieser Arbeit.

Das damalige Staatsystem wird gemeinhin als multipolar bezeichnet.[6] Kennzeichen dieses multipolaren Systems waren einerseits die aus der Zeit des Westfälischen Friedens 1648 übernommene Anerkennung staatlicher Souveränität und anderseits die natürlichen Ungleichheiten und hierarchischen Abstufungen der einzelnen Staaten untereinander. Dies bedeutete, de jure wurde die nationale Souveränität aller Nationalstaaten anerkannt, de facto lagen alle wichtigen Entscheidungen bei mehreren, teilweise global agierenden einflussreichen Akteuren.[7] Innerhalb des Machtgefüges der multipolaren Welt gab es 1939 eine Besonderheit, die ein Jahrzehnt später in dieser Form nicht mehr existierte. Derjenige Staat, der alle anderen an Gewicht überragte, befand sich noch nicht in einer Situation, in der er automatisch in alle denkbaren militärischen Konflikte dieser Welt verwickelt werden konnte. Im Gegenteil, die USA pflegte zu dieser Zeit eine bündnispolitische Abwesenheit, die von breiten Bevölkerungsschichten getragen wurde. Ganz im Gegensatz zu dieser selbstgewählten politischen und militärischen Isolation war die amerikanische Wirtschaft global präsent und infolgedessen von politischen Entwicklungen auf anderen Kontinenten berührt. Aber nur wenige sahen darin einen Widerspruch.

Währungspolitisch war die seinerzeitige Welt ausgesprochen multipolar. Hatte in der florierenden Epoche zwischen 1870 und 1914 der Goldstandard das internationale Finanzsystem reguliert, war eine Folge des Ersten Weltkriegs dessen Dekonstruktion. Die westeuropäischen Siegermächte hatten sich in den vier Jahren

---

6   Vgl. Meiertöns 2005, S. 43.
7   Die juristische Gleichberechtigung aller Nationalstaaten entsprach nicht den faktischen Realitäten, vgl. Dugin 2015 S. 16ff. Interessant auch die Darstellung von Kissinger, vgl. Kissinger 2014, S. 38ff.

ihrer Kriegsführung in einem Maße verschuldet, dass die Verbindlichkeiten praktisch nicht mehr bedienbar waren. Ihr Glaube, dass sie das eigene Problem dadurch lösen könnten, wenn sie dem Verlierer Deutschland unbezahlbare Reparationen aufzwingen würden, führte zu einer Verzahnung von Staatsschulden. Dadurch dass Deutschland auch noch gezwungen wurde, alle tatsächlichen Kriegsschäden und alle Pensionen und Gehälter der alliierten Soldaten zu zahlen, war es nicht einmal möglich, überhaupt die Höhe der Forderungen zu bestimmen. Die Reparationen erdrückten das internationale Finanzsystem in der Zwischenkriegszeit, denn kaum war die Tinte unter dem Versailler Vertrag trocken, begann der sogenannte Erste Währungskrieg, eine Auseinandersetzung auf den Finanzmärkten, die zwischen 1921 und 1936 das internationale Währungssystem belastete. Die unbedienbaren Staatsschulden motivierten einzelne Länder, sich einen Außenhandelsvorteil gegenüber Konkurrenten zu verschafften, indem sie ihre eigene internationale Wettbewerbsfähigkeit zu Lasten anderer Volkswirtschaften mittels Währungsabwertung verbesserten.[8] Da andere Länder dann nachzogen und ebenfalls abwerteten, war die Folge, dass die Welt durch die Vergeltungsaktionen und Großbritanniens Abschied vom Goldstandard am 21. September 1931 in mehrere Blöcke zerfiel – den „Sterling-Block", den „Dollar-Block", den Ländern mit Devisenbewirtschaftung, dessen Mittelpunkt Deutschland war, sowie die Länder, die den Goldstandard behalten hatten. Neben diesen vier Währungssystemen des zerfallenen Goldstandards existierte mit dem chinesischen Silberstandard ein weiteres wichtiges Währungssystem. Bereits seit 1926 hatte die Sowjetunion die Konvertibilität des Rubels in ausländische Währungen eingestellt und sich wirtschaftlich vom Weltmarkt abgekoppelt.[9]

Die Quintessenz dieser einleitenden Worte lautet: Der Erste Weltkrieg und die Bedingungen der Pariser Vorortverträge führten zu einer Gemengelage aus ökonomischen Problemen, Unsicherheit, internationalen Spannungen und lokalen Krisenherden, welche die Wege Polens, der europäischen Großmächte und der USA auf einen Konfrontationskurs führte, der im Folgenden aus der Perspektive einzelner Akteure beschrieben wird.

Zum besseren Verständnis der sich anbahnenden Katastrophe ist es sinnvoll, die Auseinandersetzung in verschiedene Abschnitte zu gliedern, die gleichzeitig auch als die entscheidenden Eskalationsstufen anzusehen sind: Im ersten Kapitel wird aus einer bilateralen Perspektive das Konfliktpotential zwischen Deutschland und Polen ausgeleuchtet – geographisch zwei Orte – der Freistaat Danzig sowie

---

8   Vgl. Rickards 2015, S. 84-117.
9   Vgl. Hesse / Köster / Plumpe 2014, S. 47f.

der sogenannte Korridor, der das Reichsgebiet von Ostpreußen trennte. Der zweite Abschnitt behandelt den europäischen Konflikt, die Gründe die sich für Frankreich und Großbritannien hinter dem Anlass Polen verbargen, Deutschland den Krieg zu erklären. Diesen drei Ländern sind jeweils eigene Kapitel gewidmet. Der dritte Abschnitt befasst sich mit den Siegern des Zweiten Weltkrieges, den beiden Supermächten UdSSR und USA. Die Motive der Sowjetunion, die mit den Westmächten und Deutschland über das Schicksal Polens verhandelte, werden im fünften Kapitel untersucht. War der deutsch-sowjetische Pakt ein zeitweiliger Irrweg, der einen tieferliegenden geschichtlichen Gegensatz verbarg, eine Art „Appeasement-Versuch", oder war er ein ausgeklügelter Plan, die kapitalistischen Staaten aufeinander zu hetzen? Dank des in den 1990er Jahren aufgetauchten Quellenmaterials konnten Vermutungen bezüglich der ambivalenten Rolle Stalins, die bereits durch die in den Westen geschmuggelten Memoiren von Nikita Chrustschow bestanden, verifiziert werden.

Näher zu beleuchten ist auch die ambivalente Rolle der USA als außenstehende Macht einerseits und als globaler Akteur andererseits. Im sechsten Kapitel wird die Rolle des Weißen Hauses als Energiezentrum des amerikanischen Regierungssystems im Zusammenhang mit dem Ende der Appeasement-Politik näher untersucht. Das diskrete Handeln von Roosevelt, seiner engsten Berater und der amerikanischen Botschafter in Paris, London und Warschau wird aus diesem Grund einer vermutlich politisch unkorrekten Rekonstruktion unterzogen. Wenn es eine Einflussnahme auf die europäische Außenpolitik gab, was nachgewiesen werden kann, wie ist es dann zu bewerten, dass ein Moskauer US-Diplomat am Morgen des 24. August 1939 den genauen Inhalt des geheimen Zusatzprotokoll des „Hitler-Stalin-Paktes" kannte,[10] das State Department die befreundeten Staaten in Europa aber nicht über die tödliche Gefahr informierte, in der sich Polen befand?[11] War dies nur eine halbherzige, unprofessionelle Einmischung in europäische Angelegenheiten, um einen Diktator abzuschrecken, oder war es eine „Taktik der indirekten Aggression" – Destabilisation in Europa mit dem Ziel, den europäischen Krieg zur globalen Expansion zu nutzen? Stand diese Politik in einem kausalen Zusammenhang mit der langen und großen Depression, die erst nach Kriegsbeginn endete? Welche Rolle spielte J. Edgar Hoover und das FBI bei der Überwachung von Isolationisten im Auftrag des Präsidenten? Die Rolle der USA wirft in jedem Fall mehr Fragen auf, als man heute vermutet…

---

10   FRUS 1939 I, S. 342f. Über den Verrat, vgl. Herwarth 1982, S. 188f; vgl. Bohlen 1973, S. 82f. US-Diplomat Chip Bohlen, war Aufgrund seiner Sprachkenntnisse Dolmetscher und Berater Roosevelts, vgl. Herwarth 1982, S. 76.

11   Vgl. Bohlen 1973, S. 85.

Im Folgenden soll ein Blick auf die komplexen Interessen und Motive der wesentlichen Akteure geworfen werden, denen jeweils eigene Kapitel gewidmet sind. Italien kann hier guten Gewissens ausgeklammert werden, denn, wie auch im Ersten Weltkrieg, war es eine *„tote Last"* für seinen Bündnispartner, *„ein Element der Unruhe und des Haders"* [12] (Paul Cambon 1908). Kurzum, es lohnt der Mühe nicht, einen erschöpfenden Blick auf die italienische Politik zu werfen. Sie kann im Hinblick auf die Ereignisse des Jahres 1939 als irrelevant angesehen und daher beiseitegelassen werden. [13]

---

12 Zit. nach: Hölzle 1975, S. 172. Paul Cambon (1843-1924) war von 1898 bis 1920 der französische Botschafter in Großbritannien.
13 Die italienischen Interessen und Motive an der Schwelle des Weltkrieges beschreibt: Nolfo 1990, S. 85ff.

ERSTER TEIL – DER ÄUSSERE ANLASS

Kapitel 1
Das deutsch-polnische Verhältnis

John F. Kennedys Reisebericht

Der spätere Präsident der Vereinigten Staaten, John F. Kennedy, bereiste als junger Mann im Sommer 1937 Frankreich, Italien, Deutschland und England.[14] Im darauf folgenden Jahr besuchte er Moskau und zeigte gegenüber Berufsdiplomaten ein erstaunliches Interesse an den inneren Vorgängen der Sowjetunion.[15] Nachdem sein Vater Joe Kennedy im Frühjahr 1938 seinen Posten als US-Botschafter in London angetreten hatte, nahm sich der spätere Präsident ein Freisemester und blieb vom Februar bis August 1939 in Europa. Während er seine Eindrücke über das nationalsozialistische Deutschland im Jahr 1937 noch recht pauschal formulierte,[16] sind seine Lageberichte, die der junge Student der Politikwissenschaften in halboffizieller Erkundungsmission im Dienst seines Vaters verfasst, bereits erheblich differenzierter. Im Mai 1939 schrieb er von Warschau aus einen Brief an einen Freund, in dem er die Problematik und die Unlösbarkeit des deutsch-polnischen Konfliktes facettenreich schildet:

> *„Bin jetzt in Warschau, wo ich seit letzter Woche bei Botschafter Biddle wohne. Es ist verdammt interessant, ich war ein paar Tage oben in Danzig. Danzig ist vollständig nazifiziert – jede Menge Heil Hitler usw. Habe dort mit den Nazichefs und sämtlichen Konsuln gesprochen.*
> *Die Situation ist sehr kompliziert, aber in etwa folgendermaßen: 1. Der Streit um Danzig ist vom Streit um den Korridor [nicht] zu trennen. Sie (die Deutschen) sind der Meinung, dass beides zurückgegeben werden muss. Wenn das geschieht, ist Polen ganz von der Ostsee abgeschnitten. Geben Sie nur Danzig zurück – die Hälfte des polnischen Außenhandels geht über Danzig, und die wichtigste Bahnlinie nach Gdingen, dem anderen polnischen Hafen, verläuft durch die Freie Stadt –, so könnten sie den pol-*

---

14   Vgl. Kennedy 2013, S. 14ff.
15   Vgl. Herwarth 1982, S. 77.
16   Kennedy 2013, S. 112, Württemberg – Köln, Tagebucheintrag 21. August 1937: *„The Germans really are too good – it makes people gang against them for protection …".*

nischen Handel kontrollieren, da sie Gdingen mit Geschützen beherrschen würden ..., so dass sich all die Judenkaufleute aus Angst dazu gezwungen sähen, ihren Handel über Danzig abzuwickeln. Sieht man allerdings einmal vom wirtschaftlichen Aspekt ab, der nur zweitrangig ist, so ist es eine Frage des Prinzips. Die Deutschen scheren sich nicht darum, was aus Polens Handel wird, und sie haben mir unumwunden gesagt, dass es das Beste für Polen wäre, in eine Zollunion mit Deutschland einzutreten. Polen ist entschlossen, Danzig nicht aufzugeben, und zweitens, dass sie Deutschland keine exterritorialen Rechte für die Autobahn durch den Korridor gewähren werden. Sie werden Kompromisse vorschlagen, aber die Stadt niemals aufgeben. Sollte sich Deutschland zum Krieg entschließen, wird es versuchen, Polen in die Rolle des Aggressors zu drängen, und sich dann ans Werk machen. Polen hat eine Armee von 4.000.000 Mann, die verdammt gut sind, aber schwach gerüstet. Die Straßen sind allerdings schlecht und könnten zerstört werden, was Deutschlands technische Überlegenheit zunichtemachen wird, und es erfordert anderthalb- bis zweimal so viele Männer zum Angriff wie zur Verteidigung; aber vergiss nicht, dass Frankreich wegen der Siegfried-Linie im Westen nicht eingreifen kann und dass Englands Flotte wenig hilfreich ist, so dass Polen auf sich allein gestellt bleibt. Aber sie sind zäh hier, und egal, ob sie Hilfe bekommen oder nicht, sie werden um Danzig kämpfen, da sie die Stadt erstens als ein Symbol und zweitens als Schlüssel betrachten. Die ganze Sache hat viele Gesichtspunkte – aber ich denke, wenn Hitler aus der Angelegenheit herauskommen kann, ohne sein Gesicht zu verlieren, wird er das tun, denn er hat inzwischen so viel erreicht, dass er für seinen Rückzieher einen hohen Preis aushandeln könnte. Sollten sich allerdings Ribbentrop und die Radikalen durchsetzen, wird er wohl in etwa 6 Wochen über Danzig einen Putsch anzetteln, und es wird spannend werden, zu sehen, wie die Sache ausgeht. ... Lies am besten „Poland – Key to Europe" von Buell. Aber vergiss nicht, die Polen sind keine Tschechen + sie werden kämpfen.[17]

Der von John F. Kennedy zitierte Autor Raymond Leslie Buell war nicht irgendein Publizist, sondern von 1927 bis 1933 Research Direktor und von 1933 bis 1938 Präsident der „Foreign Policy Association" (FPA) [18] einem 1918 gegründeten Think Tank, und so liefert der Brief einen interessanten Hinweis, der sich wie ein roter Faden

---

17   Kennedy 2013, S. 133ff.

18   Vgl. Wala 1990, S. 84. Wala schreibt, „*Im Juli 1945 drängte er [Buell] zusammen mit anderen bekannten Persönlichkeiten der FPA – wie Herbert Hoover und Thomas Dewey – Präsident Truman, die Versprechungen der Konferenz von Jalta für freie und offene Wahlen in Polen, falls nötig unter Androhung des gesamten diplomatischen und wirtschaftlichen Potentials der USA, sicherzustellen.*" Ebda.

durch die verborgene Vorgeschichte des Zweiten Weltkriegs zieht: Der Einfluss privater, gut organisierter Interessensgruppen im angelsächsischen Kulturkreis auf den außenpolitischen Formulierungsprozess, denn die „Foreign Policy Association" war nichts anderes als eine Denkfabrik, die politikberatend mittels Konzepte und Strategien Einfluss auf die öffentliche Meinungsbildung nahm. Raymond Leslie Buells Werk „Poland – Key to Europe" war am 21. April 1939 erschienen und behandelt die Situation Polens kenntnis- und facettenreich. Die dritte überarbeitete Ausgabe erschien im Oktober 1939 und berücksichtigt bereits das Ergebnis der vierten polnischen Teilung. Obwohl das Buch problematische Themen wie den polnischen Antisemitismus nicht ausklammert, ist der Grundtenor überaus polenfreundlich. Der Verfasser bezeichnet Polen aufgrund seiner geostrategisch immens wichtigen Lage zwischen Deutschland und Russland als den „Schlüssel zu Europa". Nach Ansicht von Buell sollte Polen in Zukunft als Teil eines „general European Union plan" eine wichtige Rolle übernehmen; eine 1939 visionäre Idee die mittlerweile Realität geworden ist.[19]

Die Analyse des jungen Kennedy verdeutlicht, dass die US-Diplomaten in Warschau bestens darüber im Bilde waren, wie verfahren der deutsch-polnische Dualismus im Mai 1939 war. Kennedys Befund, dass Polen auch ohne Unterstützung seitens der Westmächte nicht nachgegeben würde, ist unter dem Aspekt zu bewerten, dass die US-Diplomatie sich seit Monaten bemühte, Polen in eine antideutsche Front einzubeziehen.[20] Der seitens der polnischen Diplomatie bevorzugt behandelte US-Botschafter Anthony Biddle hat den Spross seines Londoner Kollegen möglicherweise über die Hintergründe der US-Diplomatie im Unklaren gelassen.[21] Ein Fehler in der Analyse unterläuft dem jungen Kennedy im Hinblick auf die Kompromissbereitschaft Hitlers, da dieser sich aller Wahrscheinlichkeit im April 1939 dazu entschlossen hatte, Polen analog der Vorgehensweise gegenüber der Tschechoslowakei als strategischen Faktor auszuschalten.[22] Trotzdem spielte das Argument Prestige und Gesichtswahrung bei einem „unfehlbaren" Diktator eine nicht unerhebliche Rolle. Alles in allem gelingt dem späteren US-Präsidenten eine erstaunlich präzise Skizze im Hinblick auf Themen wie Geostrategie, Ökonomie sowie militärscher und diplomatischer Handlungsmöglichkeiten im Vorfeld eines großen Konfliktes.[23]

---

19   Das Stichwort eines „general European Union plan" findet sich bei Buell in der dritten Auflage auf S. 406.

20   Vgl. Roos 1965, S. 395. Eine detaillierte Darstellung dieser Politik findet sich im Kapitel über die USA.

21   Über Biddles feudales Leben in Polen schreibt Kennedy, dass er „Ländereien mit etwa 12000 Bauern gepachtet" hat, „die sich mit der einen Hand zum Gruß an den Hut tippen + mit der anderen ihre Tochter vorwärtsschieben." Kennedy 2013, S. 138f.

22   Vgl. Müller 2011, S. 127f

23   1940 veröffentlichte John F. Kennedy seine Eindrücke, die er in Europa gesammelt hatte in Buchform. Unter dem Titel „Why England slept" plädierte er dafür, dass die USA sich der Herausforderung durch die totalitären Mächte in Übersee offensiv stellen sollten.

Großbritannien 1939 – John F. Kennedy, der spätere Präsident der USA mit seinem Vater, dem Geschäftsmann und Diplomaten Joe Kennedy.

Unbefangen schildert Kennedy, dass es aus deutscher Sicht das Beste für Polen gewesen wäre, in eine Zollunion mit Deutschland einzutreten, was letztendlich dazu geführt hätte, dass Polen ökonomisch und politisch von Deutschland dominiert worden wäre. So befremdend diese Idee heute erscheint, darf dabei nicht vergessen werden, dass die Beziehungen zwischen Deutschland und Polen seit dem Abschluss des gegenseitigen Nichtangriffspaktes im Januar 1934 bis zum Herbst 1938 so pragmatisch waren, dass die Geschichtsschreibung dies gerne beflissentlich übergeht. Trotzdem bestanden 1938/39 auf mehreren Feldern Asymmetrien, die auf historischen Erfahrungen und realen Unterschieden beruhten. Die in Großmachtträumen schwelgende Führung in Warschau täuschte sich dabei selbst, in dem sie übersah, in welch sicherheitspolitisch heiklen Situation sich das Land von Anfang an befand.

Der deutsch-polnische Antagonismus bis 1933

Die Wurzeln des polnischen Misstrauens gegenüber Deutschland und Russland sind historisch bedingt, nutzten doch Preußen und Russland – zusammen mit Österreich – die innere Schwäche Polens aus und tilgten es mit den drei Teilungen der Jahre 1772, 1793 und 1795 scheibchenweise von der Landkarte. Russland hatte sich dabei den weitausgrößten Teil einverleibt und die zaristische Autokratie übte von den Teilungsmächten die entmündigendste Form von Herrschaft aus. In der langen Zeit, während der das polnische Volk über keinen eigenen, souveränen Staat verfügte, wurde das polnische Nationalbewusstsein von der katholischen Kirche und den Künstlern, insbesondere den Literaten, sowie Exilpolen am Leben erhalten. Nachdem die beiden Generalgouverneure der Mittelmächte am 5. November 1916 in den beiden Hauptstädten Warschau und Lublin das abhängige „Königreich Polen" ausgerufen hatten,[24] erlangte Polen gegen Ende des Ersten Weltkriegs seine Unabhängigkeit. Vertreter des Nationalkomitees reisten zur Konferenz der Sieger nach Versailles.[25] Dort erhielten sie den Status als „Alliierte und Assoziierte Macht".[26] Bereits im Vorfeld hatten die bevollmächtigten Vertreter ihre Ansprüche erklärt; über Danzig, den späteren „Casus Belli" folgendes:

> *„Wir zweifeln nicht daran, daß eines der Ergebnisse dieser Konferenz die Wiedergutmachung der historischen Unsinnigkeit der Zerstückelung unseres Vaterlandes ... sein wird. Wir zweifeln nicht daran, daß die Klugheit und der Gerechtigkeitssinn der an diesen Konferenzen teilnehmenden Staatsmänner uns unser Polen zurückgeben wird, das Herrin über sein ei-*

---

24   Vgl. Roos 1964, S. 26ff.
25   Vgl. Roos 1964, S. 44ff.
26   Vgl. Roos 1964, S. 60.

genes Küstengebiet und den alten polnischen Hafen Danzig, voll Kraft und Lebensfähigkeit – sowohl in politischer als auch in wirtschaftlicher Hinsicht – ein dauerndes Ergebnis für die neuen Prinzipien der Ordnung sein wird, welche den Germanismus vom gesamten Osten Europas trennt."[27]

Die in Versailles zuständige „Kommission für polnische Angelegenheiten" folgte im allgemeinen den polnischen Wünschen im Hinblick auf die neue Westgrenze. Über das Ergebnis schreibt der Historiker Hans Roos:

„Gemäß den Richtlinien des „Obersten Rates" teilte der Vertrag von Versailles vom 28. Juni 1919 Polen nahezu die gesamte Provinz Posen, Grenzgebiete von Mittelschlesien und Pommerellen mit einem Zugang zum Meer westlich von Danzig zu, insgesamt ein Gebiet von 42.927 qkm. Von der Bevölkerung dieser Provinzen hatten sich bei der preußischen Volkszählung von 1910 1.714.000 Personen zur polnischen, 1.080.000 zur deutschen, 105.000 zur kaschubischen und 9.000 zur masurischen Muttersprache bekannt; 2.017.000 hatten der katholischen, 904.000 der evangelischen Kirche angehört. Wenngleich sich somit die Mehrheit der Einwohnerschaft dem Polentum zurechnete und zudem der Anteil der deutschen Bevölkerung durch Beamten- und Offiziersfamilien sowie durch deutsche Ansiedelungspolitik von 1886 – 1916 gesteigert worden war, so erhielt Polen doch auch Bezirke mit geschlossener einheimischer deutscher Bevölkerung und deutschen Einzelsiedlungen. Daher betonte der führende nationaldemokratische Politiker Stanislaw Grabinski schon im Oktober 1919, daß das „fremde Element" in Posen und Pommerellen von „14 oder sogar 20 v. H. auf 1½ v.H." herabgedrückt werden müsse. In der Tat setzte mit der zonenweisen Angliederung der beiden Provinzen, die am 20. Januar 1920 begann, eine Abwanderung oder Verdrängung der deutschen Bevölkerung ein, die schließlich nur rund 335.000 alteinheimische Deutsche übrig ließ.

Weiterhin legte der Versailler Vertrag die Schaffung der Freien Stadt Danzig fest; er gewährleistete der polnischen Regierung ihre außenpolitische Vertretung, die Einbeziehung ihres Gebietes in den polnischen Zollbereich und die freie Benutzung ihres Hafens wie auch ihrer Eisenbahnlinien und Wasserwege. Über die künftige Staatszugehörigkeit von Oberschlesien und der Gebiete von Allenstein und Marienwerder sollten Volksabstimmungen entscheiden.[28]

---

27 Zeitungsartikel NAZ vom 5. Januar 1919 „Polen wirbt um die Gunst der Entente", BA-Berlin, R901, Nr. 87273, S. 100.

28 Roos 1964, S. 59f.

Da auch umfangreiche Minderheitenschutzbestimmungen Teil des Vertragswerkes waren, war das polnische Volk mit den Bestimmungen unzufrieden und das polnische Parlament erhob nur deshalb keine Einwände dagegen, da es die Anerkennung Polens als Staat nicht gefährden wollte. Probleme gab es in Versailles auch mit den polnischen Forderungen, nahezu das gesamte ehemalige Großfürstentum Litauen in den Grenzen von 1772 wiederherzustellen, allerding nicht als neu zu bildender Föderativstaat (analog der historischen Wurzeln), sondern im Namen eines polnischen Nationalstaates.[29] Auf der Friedenskonferenz konnten diese Forderungen nicht schlüssig motiviert werden. Infolgedessen begann Polen auf eigene Faust nach Osten zu expandieren. Unter der Führung ihres Oberbefehlshabers Józef Pilsudski, der im Ersten Weltkrieg auf österreich-ungarischer Seite gegen Russland gekämpft hatte, drangen polnische Truppen bereits im April 1919 nach Litauen vor. Sie eroberten Riga, besetzten Wilna und marschierten im Folgemonat in Galizien ein. Am 8. Dezember 1919 wurde im der Friedensvereinbarung mit der Ukraine der Bug als östliche Grenze Polens festgelegt, die später als „Curzon-Linie" bekannt wurde und ungefähr der heutigen polnischen Ostgrenze entspricht.

Nachdem die seit Dezember 1919 stattgefundenen polnisch-russischen Verhandlungen am 25. April 1920 scheiterten, eröffnete Pilsudski eine überraschende Offensive. Die Kämpfe gegen die Rote Armee wurden auf einem großen Kriegsschauplatz ausgefochten und endeten nach erheblichen Bewegungen und Überraschungen 1921. Der britische Militärhistoriker John F. C. Fuller bezeichnete deren Höhepunkt, die Schlacht um Warschau 1920, als eine der Entscheidungsschlachten der westlichen Welt, da im Falle eines Sieges der Roten Armee Mitteleuropa der kommunistischen Propaganda unmittelbar ausgesetzt worden wäre. Da es aber Pilsudskis Truppen gelang, in einem Zangenangriff die Rote Armee vernichtend zu schlagen, wurde die neue polnische Ostgrenze mit dem Vertrag von Riga am 18. März 1921 entsprechend polnischen Vorstellungen vereinbart. Sie lag ungefähr 200 Kilometer weiter östlich und hatte, wie die polnische Westgrenze, bis 1939 Bestand.[30]

Der nach heftigen Kämpfen mit deutschen Freikorps und der Roten Armee geschaffene polnische Staat verfügte über ein großes Territorium. Im Vergleich zu den historischen Grenzen des Königreichs Polen aus der Zeit des 16. Jahrhundert bis zum späten 18. Jahrhundert – Stichwort Lubliner Union 1596 mit dem Großfürstentum Litauen – war das Ergebnis der Expansion aus der Perspektive polnischer Nationalisten allerdings immer noch ein Kompromiss: Nur die Westgrenze von 1919 entsprach größtenteils den territorialen historischen Gegebenheiten bis zur ersten polnischen Teilung 1772. Die

---

29   Vgl. Roos 1964, S. 61f.
30   Vgl. Fuller 2004, S. 440ff.

Ostgrenze war grob mit jener vor der dritten polnischen Teilung vergleichbar, ohne Litauen, und einige führende Politiker in Warschau träumten davon, polnischen Einfluss bis in die Ukraine und an die Grenze des Schwarzen Meeres ausdehnen zu können.[31] Die polnische Perspektive, eines legitimen, historischen Anspruchs auf ausgedehnte Außengrenzen, übersah dabei, dass sich das Prinzip der nationalen Selbstbestimmung erst im Zuge der napoleonischen Kriege herausbildete, also zu einer Zeit, als Polen als souveräner Staat bereits nicht mehr existierte. Es existierte also von Anfang an ein prinzipieller Widerspruch zwischen historischen Außengrenzen als Bezugspunkt auf der eine Seite und historischen Siedlungsräumen auf der anderen Seite.[32]

Dieser Gegensatz führte zu einem doppelten Problem – potentiell mächtige und auf Revanche sinnende Nachbarn, sowie ein erhebliches Minderheitenproblem, längs der deutsch-polnischen und vor allem längs der polnisch-sowjetischen Grenze.[33] Das Problem der ukrainischen und weißruthenischen Minderheit, die rund ein Viertel der Bevölkerung Polens ausmachten, tangierte dabei die Sicherheit des polnischen Staates in größerem Maße, als die der deutschen oder jüdischen Minderheit.[34] Außenpolitische Unterstützung genoss Polen von Frankreich, mit dem es im Februar 1921 ein Abkommen und eine Militärkonvention unterzeichnet hatte. Die Signatarstaaten verpflichteten sich zu gemeinsamen Handeln, wenn einer von beiden Staaten von deutschen Territorium aus angegriffen würde. Außerdem halfen die Franzosen den Polen beim Aufbau einer eigenen Rüstungsindustrie und lieferten Militärausrüstung. Im Falle eines sowjetisch-polnischen Konfliktes wurde eine beschränkte französische Hilfe vereinbart.[35]

In der zwanzigjährigen Zwischenkriegszeit waren die deutsch-polnischen Beziehungen in ihrem Kern belastet, da aus deutscher Sicht drei Problemfelder nicht geklärt waren:

- Die nicht aufgegebenen Ansprüche Berlins auf polnisches Territorium, das in Versailles aber Polen rechtskräftig zugesprochen worden war.
- Die für alle Parteien unbefriedigende Situation der Freien Stadt Danzig.
- Das Problem der deutschen Minderheit in Polen und der polnischen Minderheit in Deutschland.[36]

---

31   Vgl. Overy 2009, S. 12.
32   Vgl. Nolte 2015, S. 35.
33   Vgl. Dimitroff 2000, S. 274 TB-Eintrag über Äußerung Stalins vom 7.9.1939: „*Heute ist* [Polen] *ein faschistischer Staat, der Ukrainer, Weißrussen usw. knechtet.*"
34   Vgl. Roos 1965, S. 172.
35   Vgl. Zgórniak, S. 19.
36   Vgl. Wojciechowski 1939, S. 264.

Die trügerischen deutsch-polnischen Beziehungen von 1934 – 1938

Während die Weimarer Diplomaten Polen noch als „Saisonstaat" betrachteten,[37] änderte sich die Situation am 30. Januar 1933. Mit dem Österreicher Hitler, dem Bayern Göring und dem Rheinländer Goebbels waren – aus der Sicht Warschaus – Menschen an die Macht gekommen, die, so hoffte man, nicht traditionell antipolnisch eingestellt waren.[38] Die Warschauer Regierung änderte ihre Strategie gegenüber Deutschland, nachdem sie im Zusammenhang mit Spannungen um Danzig im März 1933 nicht die gewünschte Unterstützung Frankreichs erhalten hatte.[39] Zwischen 1931 und 1934 gelang es Marschall Pilsudski, Polen von der politischen und militärischen Vormundschaft Frankreichs zu befreien und eine außenpolitische Neuorientierung Polens einzuleiten.[40] Auf deutscher Seite erkannte Hitler die einmalige Gelegenheit, die polnisch-französische Entfremdung diplomatisch auszunutzen und die Umklammerung des Reichs nach Osten zu sprengen.[41] Bereits am 26. Januar 1934 wurde eine bilaterale Nichtangriffserklärung zwischen beiden Staaten unterzeichnet. Zu dieser Zeit beruhte die polnische Außenpolitik auf zwei Grundsätzen: Es durfte zu keiner Verständigung zwischen Berlin und Moskau kommen – der starke ideologische Gegensatz zwischen der nationalsozialistischen und sowjetischen Propaganda war gern gesehen. Zum Zweiten musste ein „Vier-Mächte-Konzert" verhindert werden, also die Verständigung Deutschlands mit Großbritannien, Frankreich und Italien betreffs der Revision territorialer Grenzen. In Warschau hielt man Hitler für einen Pragmatiker und die in „Mein Kampf" dargestellte Konzeption wurde nicht ernst genommen.[42]

Ein halbes Jahrzehnt blieben die deutsch-polnischen Beziehungen normalisiert,[43] vielleicht sogar freundschaftlich,[44] vor allem aber trügerisch.[45] Trügerisch deshalb, da das deutsche Werben mit konkreten antirussischen Zielen verbunden war, die immer wieder angesprochen oder angedeutet wurden[46] und nur aus diesem Grund die Proble-

---

37 Vgl. Roos 1965, S. 118.
38 Vgl. Wojciechowski 1990, S. 265; ähnlich bei Roos 1965, S. 61.
39 Vgl. Roos 1965, S. 65-69. Sonderemissäre Pilsudskis sondierten im Zusammenhang mit der „Westerplattenaffäre" im März 1933 in Paris, ob Frankreich zu einer gemeinsamen militärischen Strafaktion gegen Deutschland bereit sei. Nach polnischen Vorstellungen sollte die temporäre Okkupation eines territorialen Faustpfandes analog der Ruhrbesetzung das Reich zur Einhaltung von Verträgen zwingen. Vgl. auch die Darstellungen von Zgórniak 2002, S. 308 und Schmidt 2002, S. 29f.
40 Vgl. Roos 1965, S. 36ff.
41 Vgl. Roos 1965, S. 96.
42 Vgl. Wojciechowski 1990, S. 265ff.
43 Vgl. Golczewski 2010, S. 771.
44 Vgl. Schmidt 2002, S. 317.
45 Vgl. Roos 1964, S. 162.
46 Polnisches Weissbuch 1940, Dok. 13, Botschafter Lipski an Außenminister Beck am 24. Januar 1934: Hitlers *„Ansicht nach war die von den vorhergehenden Regierungen und insbesondere der Reichswehr betriebene Politik, die in einer Zusammenspannung mit Rußland gegen Polen bestand, die größte politische Absurdität."* Dok.

me der deutschen Minderheit in Polen nicht thematisiert wurden.[47] Der erste hochrangige deutsche Politiker, der in Warschau die dortige Führung traf, war Josef Goebbels. In seinem Tagebuch notiert er am 16. Juni 1934: *„Der Empfang ist sehr glänzend. Mein Vortrag findet beste Aufnahme. Ich habe einen großen Sieg erfochten. Unendliche viele Leute lern ich kennen. Junge Polen, junge Nationalisten. Realisten in der Politik. Militärclique. … Große Zeremonien. Mit Ehrenkompagnie und so. Alles sehr würdig."*[48]

Überaus lobende Worte findet Goebbels für den Marschall Pilsudski:

> *„Der Marschall ist tatsächlich krank. Aber er redet mit mir fast eine Stunde. Ganz jovial und charmant. Ein halber Asiate. Voll von Krankheit. Alter Revolutionär. Noch älter als Hindenburg. Aber Klarheit des Soldaten. Armee ist überhaupt gut. Pilsudski hält Polen zusammen. Ein großer Mann und fanatischer Pole. Hass gegen Menschen und Großstadt. Ein Despot, so glaube ich. Stark anekdotenhaft in der Unterhaltung. Wir werden auf seinen Wunsch zusammen photographiert."*[49]

Polens Außenminister Józef Beck, mit dem Goebbels eine Unterredung hat, hält er dagegen für *„freundlich und verschlagen. Wie alle Polen. Sagt alles und nichts zu. … keine Illusionen dürfen wir uns machen."*[50] Worte, verfolgt man den weiteren Verlauf der bilateralen Beziehungen, die wie eine unheilvolle Prophezeiung erscheinen. In der Folgezeit weist Goebbels das Propagandaministerium an, propolnische Publizistik zu fördern.[51] Für den ersten Band der umfangreichen Memoiren des 1935 verstorbenen Nationalhelden verfasst Hermann Göring am 8. August 1935 ein euphorisches Geleitwort:

> *„Der Marschall Pilsudski war ein Mann. Ich habe ihn persönlich kennengelernt und wurde von der Macht seiner Persönlichkeit tief beeindruckt. In selbstloser und äußerster Hingabe hat Marschall Pilsudski für*

15, Dok. 16, Pro memoria des Grafen Szembek über den Besuch Görings, 10. Februar 1935: *„Besonders in seinen Besprechungen mit den Generälen ging er [Göring] in seinen Auffassungen sehr weit, indem er beinahe eine antirussische Allianz und einen gemeinsamen Marsch gegen Rußland vorschlug."* Dok. 19, Dok. 21, Dok. 25, Dok. 38, Dok. 46, Botschafter Lipski an Außenminister Beck am 19. November 1938: *„Herr von Ribbentrop machte nachdrücklich darauf aufmerksam, er wünsche, daß sie wüßten, Deutschland fasse Beziehungen zu Polen auf der Grundlage großer Politik ins Auge."* Dok. 48 Unterredung Beck mit Hitler am 5. Januar 1939: *„Hier bemerkte der Reichskanzler, daß jede gegen Rußland eingesetzte polnische Division eine entsprechende deutsche Division erspare."* Dok. 61 Lipski an Beck am 21. März 1939: *„Herr von Ribbentrop bemerkte, er habe den Eindruck, daß die Schwierigkeiten zwischen uns auch aus einem gewissen Nichtverstehen der wahren Absichten des Reiches heraus entstanden seien. Es ist angezeigt, dieses Problem von einer höheren Warte aus zu betrachten."*

47   Zweites Weißbuch 1939, Dok. 26 – 196.
48   Fröhlich 1997 – 2005, Teil I, Bd. 3/I April 1934 – Februar 1936, S. 63.
49   Ebda.
50   Ebda. Über die Fahrt zu Beck notiert Goebbels: *„Fahrt durch Warschau. Judenviertel. Stinkig und voll Dreck. Die Ostjuden. Das sind sie."*
51   Vgl. Müller 2011, S. 54.

*Warschau – der polnische Marschall Pilsudski am 15. Juni 1934 während eines Empfanges.
V. l. n. r.: der deutsche Botschafter Hans von Moltke, Józef Pilsudski, Joseph Goebbels,
der polnische Außenminister Józef Beck.*

> *sein Vaterland gearbeitet. In mythischer Größe ist er schon zu Lebzeiten
> in die Geschichte seines Vaterlandes eingegangen. Das heutige Polen
> wäre nicht ohne Pilsudski. ...*
>
> *Josef Pilsudski war aber auch der Mann, der mit dem deutschen Führer
> und Kanzler die Voraussetzungen und Grundlagen schuf, auf denen zum
> Segen unserer Nationen und darüber hinaus zur Erhaltung des Friedens
> der Welt weitergebaut werden konnte und weitergebaut wird. Die Völker
> müssen sich mit den Gedankengängen der großen Männer und Führer
> ihrer Nachbarvölker vertraut machen. Die Kenntnis der aus völkischer
> Eigenart und Notwendigkeit geborenen Gegensätzlichkeiten ist eine
> Voraussetzung für deren Überbrückung.*
>
> *Deshalb begrüße ich die deutsche Ausgabe der Werke Pilsudskis, die
> von dem verstorbenen Marschall noch mit lebhafter Anteilnahme ge-
> fördert wurde. Das Erscheinen seines Werkes in Deutschland ist mehr
> als eine freundschaftliche Geste. Es möge bei zahlreichen Lesern die
> Kenntnis unseres Nachbarn vertiefen.“[52]*

---

52   Pilsudski 1935, S. IIIf. Die nach dem Geleitwort abgebildete Portraitbüste K. Laszczkas zeigt einen Friedrich

Von keinem Regierungsmitglied der Weimarer Republik sind vergleichbare Zeilen bekannt. Ganz offensichtlich sollten bestehende Ressentiments in der deutschen Bevölkerung gegenüber dem östlichen Nachbarn mittels propolnischer Publikationen abgebaut werden. Auf polnische Initiative führte Göring am 31. Januar 1935 Gespräche in Warschau. Entsprechend der Aufzeichnung des Grafen Szembek, Unterstaatssekretär im Außenministerium, mache Göring *„auch darauf aufmerksam, daß Polen ein Bindeglied zwischen der Ostsee und dem Schwarzen Meer darstellt, und daß sich für Polen in der Richtung der Ukraine große Möglichkeiten eröffneten."*[53] Die polnischen Militärs hatten weitreichende Ambitionen im Hinblick auf eine Expansion nach Osten in Richtung Ukraine. Den Deutschen wurde als Entgegenkommen, im Falle einer militärischen Zusammenarbeit bei dieser antirussischen Operation, Einfluss im Baltikum vorgeschlagen. Auch Lösungsvorschläge des Korridor-Problems wurden besprochen. Da Göring anscheinend ohne Verhandlungsvollmacht reiste und Hitler nach dessen Rückkehr die Vorschläge nur zur Kenntnis nahm, wurden die Ideen nicht konsequent weiter verfolgt.[54]

Im Sommer 1935 besuchten auf Einladung des Oberbefehlshabers der Wehrmacht, Werner von Blomberg, hochrangige polnische Offiziere die berühmte Infanterieschule in Dresden.[55] Mit der Einladung für einen Gegenbesuch einer deutschen Offiziersdelegation ließen sich die Polen aber Zeit.[56] Als Pilsudski 1935 starb, etablierten seine Nachfolger ein „Obristenregime", wobei bereits vorhandene reaktionäre, autoritäre und nationalkatholische Strukturen intensiviert wurden. Die deutschen Nationalsozialisten hatten mit dieser Entwicklung keine Probleme und in den Folgejahren ging das Annoncieren einer herausfordernden Expansionspolitik gegenüber der Sowjetunion von der deutscher Seite aus. Göring, der regelmäßig zur Jagd in Polen weilte, nutzte diese Reisen auch für Gespräche mit der dortigen Regierung und deutete entsprechende Vorschläge an.[57] In Warschau hielt man sich bedeckt, aber es war wichtig zu hören, dass man in Berlin an der Idee einer deutsch-polnischen Allianz festhielt.[58] Hitler, für den die antisowjetische Haltung der polnischen Regierung von großer Bedeutung war,

---

Nietzsche zum Verwechseln ähnlichen Józef Pilsudski.
53   Polnisches Weissbuch 1940, Dok. 15.
54   Vgl. Müller 2011, S. 62f.
55   Vgl. Müller 2011, S. 65.
56   Vgl. Zogórniak 2002, S. 333.
57   Polnisches Weissbuch 1940, Dok. 29 (Gespräch Görings mit Marschall Smigly-Rydz am 16. Februar 1937), Dok. 30 (Gespräch Görings mit Graf Szembek am 4. November 1937), Dok. 38 (Gespräch Görings mit Marschall Smigly-Rydz am 23. Februar 1938): *„Bei dieser Gelegenheit ließ er durchblicken, daß es nach seiner Auffassung nach nicht schwer sein dürfte, die Sowjets durch Waffengewalt zu besiegen."*
58   Vgl. Müller 2011, S. 78f.

hoffte in Warschau einen Bundesgenossen für seinen Feldzug gegen den Bolschewismus gewinnen zu können. Anders können seine Erklärungen vom 5. November 1937 und 20. Februar 1938 im Hinblick auf Respektierung des Status Quo von Danzig nicht verstanden werden.[59] Das erfolglose deutsche Werben um einen Beitritt Polens zum Antikominternpakt, jenem antisowjetischen Bündnis vom 25. November 1936, lässt sich seit 1937 nachweisen.[60] Aber in Warschau wollte man sich nicht nur auf ein deutsches Bündnis festlegen und hielt sich mehrere Optionen offen. Parallel zum freundschaftlichen deutsch-polnischen Verhältnis pflegte Polen das alte Bündnis mit Frankreich als eine Sicherung gegen Deutschland. 1932 hatte zudem Pilsudski einen Nichtangriffspakt mit Stalin abgeschlossen. Außenminister Beck unterstützte als *„außenpolitischer Erbschaftsverwalter Pilsudskis"* (Hans Roos) die Bemühungen französischer Militärs um Stabilisierung des Versailler Systems und erreichte im April 1936 in Paris, dass der bilaterale Beistandspakt von 1921 wieder als uneingeschränkt gültig betrachtet wurde.[61]

Die scheinbar unüberwindlichen Gegensätze zwischen Deutschland und der Sowjetunion sowie das Bündnis mit Frankreich lies in Beck den Plan eines Ostmitteleuropa umfassenden Staatenbundes unter polnischer Führung reifen. Nach seiner Vorstellung sollte das sogenannte „Dritte Europa", ein neutraler Staatenbund mit den Randländern der Ostsee und den Ländern des Donau und Balkanraumes unter polnischer Führung entstehen. Zwei Nachbarstaaten Polens – Litauen und die Tschechoslowakei – passten allerdings aufgrund ihrer Gegnerschaft zu Polen nicht in dieses projektierte System: Litauen hatte seine eigenen historischen Ansprüche nicht zurückgenommenen und gegenüber der Tschechoslowakei existierten territoriale Ambitionen. Zudem war der Nachbar an der Südgrenze ein auszuschaltender potentieller Rivale. Unter diesem Gesichtspunkt ist die nachfolgende Entwicklung aus polnischer Perspektive zu verstehen, würde sich doch durch einen Zerfall des von Prag aus regierten Vielvölkerstaats ein Problem von selbst lösen.[62]

Zeitgleich mit dem Anschluss Österreichs an das Deutsche Reich entschied sich Polen am 12. März 1938 zu einem eigenen Vorgehen gegen Litauen. Zwischen beiden Ländern bestanden seit längerem Spannungen und Warschau verfolgte das Ziel – angelehnt an die historische Lubliner Union mit dem Großfürstentum Litauen – die Hegemonie gegenüber dem Nachbarn an der Ostsee durchzusetzen. Aufgrund diplomatischen Druck seitens Paris, London und Moskau verzichtet die Regierung

---

59   Vgl. Roos 1964, S. 154f. Polnische Weissbuch 1940, Dok. 31 – 35, Dok. 37.
60   Vgl. Müller 2011, S. 82.
61   Vgl. Roos 1964, S. 153f.
62   Vgl. Roos 1964, S. 155. Die polnische Bezeichnung für „Drittes Europa" lautet „Miedzymorze" (dt.: Zwischenmeer"), da der Staatenbund vom Schwarzen Meer bis zur Ostsee reichen sollte.

in Warschau auf ihre Forderungen, bestand aber darauf, dass Litauen die abgebrochenen diplomatischen Beziehungen wieder aufnahm. Für Hitler war die Angelegenheit der Anlass, eine militärische Operationsplanung zur Besetzung des von Deutschland beanspruchten Memelgebiets zu veranlassen.[63] Polens Bemühungen, einen zweiten Ostseezugang zu erreichen und in Litauen *„eine weitere Flottenbasis an der Ostsee zu schaffen"* wurden von Deutschland jedenfalls diplomatisch nicht unterstützt, da dies deutschen Interessen widersprach.[64]

Die litauische Affäre war bald vergessen, da die aufziehende, weitaus brisantere, tschechoslowakische Krise die europäischen Mächte in Anspruch nahm. Göring, der regelmäßig zur Jagd ins Nachbarland kam, hatte Außenminister Beck über die deutsche Sicht der Dinge frühzeitig informiert. Da im Vielvölkerstaat Tschechoslowakei auch eine polnische Minderheit lebte, waren die Motive in Berlin und Warschau, was die Zukunft des mitteleuropäischen Vielvölkerstaates anbelangte, sinnverwandt.[65] Nicht ohne Grund verurteilte Churchill in seinen Kriegsmemoiren das Verhalten der polnischen (und auch der ungarischen) Regierung mit Blick auf die Zerschlagung der Tschechoslowakei rückblickend heftig, auch wenn er sich diplomatisch ausdrückte: *„Doch nicht nur die Deutschen kreisten als Aasgeier um den Leichnam. ... Die heroischen Eigenschaften der polnischen Rasse dürfen uns nicht über die Tradition von verhängnisvollen Irrtümern hinwegtäuschen."*[66]

Der deutsch-polnische Antagonismus von „München" bis zum Kriegsausbruch

Mit dem Münchner Abkommen vom 29. September 1938 brach eine Grundvoraussetzung polnischer Politik zusammen, da die Verhandlungen im Rahmen eines „Vier-Mächte-Konzerts" vonstatten gingen. Außerdem wurde sich die polnische Regierung bewusst, dass der Status Quo der deutsch-polnischen Beziehungen gefährdet war. Und obwohl die Existenz einer unabhängigen Tschechoslowakei für die Sicherheit Polens eine zentrale Rolle spielte, richtete Außenminister Beck ein Ultimatum an die Regierung von Prag, in dem die sofortige Abtrennung des Olsagebietes (Teschener Schlesien) an Polen gefordert wurde. Diese Zusammenarbeit Polens mit Deutschland beschleunigte wesentlich die Dynamik der nächsten Monate, da beide Seiten die jeweiligen Aktionen gegenüber Prag unterschiedlich interpretierten. Von polnischer Seite glaubt man, durch die Zusammenarbeit mit Berlin

---

63   Vgl. Müller 2011, S. 98.
64   ADAP D, Band V, Dok. 33.
65   Vgl. Schmidt 2002, S. 317; vgl. Müller 2011, S. 99, S. 101.
66   Churchill 1949, S. 392f.

in der „tschechischen Frage" einen Obolus einfordern zu können. Der bisherige Status Quo bezüglich der gemeinsamen Grenze und Danzig sollte von Deutschland durch eine öffentliche Erklärung anerkannt werden und der Nichtangriffspakt von 1934 verlängert werden. Am 24. Oktober 1938 begab sich der so instruierte Botschafter Józef Lipski zum deutschen Außenminister von Ribbentrop.[67]

Bei dem Treffen zwischen Ribbentrop und Lipski im Grand-Hotel von Berchtesgaden wurden auch von deutscher Seite konkrete Vorschläge unterbreitet und das erste Mal von einer polnisch-deutschen „Gesamtlösung" gesprochen.[68] Die acht Empfehlungen betreffs der Lösung der seit 20 Jahren bestehenden Probleme beinhalteten in der einen oder anderen Form teilweise schon bekanntes: 1) *„Der Freistaat Danzig kehrt zum Deutschen Reich zurück."* 2) Durch den Korridor sollte eine exterritoriale Autobahn und eine mehrgleisige Eisenbahnstrecke gebaut werden, ein Vorschlag von 1934. 3) Gleiches bekommt Polen zuzüglich eines Freihafens im Danziger Gebiet. 4) *„Polen erhält eine Absatzgarantie für seine Waren im Danziger Gebiet."* 5) Die gemeinsame Grenze wird anerkannt. 6) Der Vertrag von 1934 wird *„auf zehn bis fünfundzwanzig Jahre verlängert. 7) Polen tritt dem Antikominternvertrag bei"* (ein Vorschlag von 1937). 8) Beide Länder fügen ihrem Vertrag eine Konsultationsklausel bei.[69] In Warschau, wo man eigentlich den Deutschen selbst eine Rechnung präsentieren wollte, hielt man die Angelegenheit zuerst für einen Bluff.[70] Mit seiner Antwortnote vom 19. November 1938 lehnte Beck das Angebot Ribbentrops ab und begründet dies folgendermaßen:

> *„Die polnische Regierung glaube, daß das deutsch-polnische Abkommen auf einer dauerhaften Grundlage aufgebaut sei. Außenminister Beck glaube, daß die geradlinige polnische Politik für Deutschland bei der Gewinnung des Sudetengebietes von Nutzen gewesen sei und wesentlich dazu beigetragen habe, diese Frage einer glatten Lösung im deutschen Sinne zuzuführen. Die Polnische Regierung habe während dieser kritischen Tage alle Sirenenklänge, die von gewisser Seite ertönt seien, unbeachtet gelassen. … Jahrhundertelang sei Danzig ein Freistaat gewesen, und es habe stets als Ausgang Polens an der Weichselmündung, d.h. an der Mündung eines rein polnischen Flusses gedient, und Danzig habe daher für Polen auch eine symbolische Bedeutung. Die erste Teilung Polens zur Zeit Friedrichs des Großen habe damit begonnen, daß Danzig aus seinem natürlichen*

---

67   Vgl. Wojciechowski 1990, S. 272. Das im Polnischen Weissbuch 1940 publizierte Dokument Nr. 44. hat diesbezüglich keine Aussagekraft.
68   Polnisches Weissbuch 1940, Dok. 44.
69   ADAP D, Band V, Dok. 81.
70   Vgl. Wojciechowski 1990, S.273.

Verhältnis zu Polen gelöst worden sei. ... Auch aus innenpolitischen Gründen könne Außenminister Beck einer Eingliederung Danzig in das Reich nicht zustimmen. Die Aufwerfung der Danziger Frage würde das deutsch-polnische Verhältnis grundsätzlich und ernstlich gefährden."[71]
Die polnischen Vorschläge, deren Ziel ebenfalls eine dauerhafte Lösung aller Reibungspunkte war, lauteten wie folgt: Der Status der Freien Stadt Danzig sollte bilateral zwischen Polen und Deutschland vereinbart werden, wobei der Völkerbund die Stadt verlässt. Danzig würde als rein deutsche Stadt von Polen anerkannt werden, die wirtschaftlichen Rechte, Danzigs Charakter als Freistaat und die Zollunion mit Polen sollten erhalten bleiben. Einer Angliederung wurde eine klare Absage erteilt. Auf den Vorschlag einer exterritorialen Autobahn und mehrgleisigen ebenfalls exterritorialen Eisenbahnstrecke durch den Korridor wurde ausweichend reagiert, wobei Lipski rein persönlich bemerkte, *„daß in dieser Sache vielleicht eine Lösung gefunden werden könnte".*[72]

Im Zusammenhang mit den Gegenvorschlägen der polnischen Regierung dürfen die innenpolitische Situation und die polnischen Militärplanungen nicht übersehen werden. Auf einen eventuellen Krieg mit Deutschland hatte man sich in Warschau bereits unmittelbar nach der Unabhängigkeit eingestellt und mit entsprechenden militärischen Studien begonnen. Offensive Konzeptionen lassen sich durchgängig bis etwa 1934/35 nachweisen und erst im Zusammenhang mit der deutschen Aufrüstung wurde der Schwerpunkt auf eine strategische Verteidigung gelegt. Eine militärische Studie aus dem Jahr 1936 setzte voraus, dass Polen das erste Opfer eines deutschen Überfalls sein werde und Frankreich in diesem Fall handeln würde. Dem französischen General Gamelin, der im gleichen Jahr Polen besuchte, wurde ein provisorischer Plan „West" vorgestellt. Bis 1938 ruhen allerdings die Arbeiten an diesem Plan und erst im März 1939 wurde dieser weiter präzisiert.[73]

Innenpolitisch war die Annäherung an Deutschland in den Jahren 1934 – 1938 seitens der Opposition äußerst unpopulär, vor allem im Zentrum und auf der Seite der Linken. Man argumentierte, der natürliche Partner Polens sei Frankreich und nicht das nationalsozialistische Deutschland. Ab Februar 1939 kamen diesbezüglich auch kritische Äußerungen von Seiten der rechten Nationaldemokratie. Im März 1939 wurde die Bedrohung Polens auch in der öffentlichen Diskussion offensichtlich. Die drohende Kriegsgefahr führte aber nicht etwa zur Abrechnung der Opposition mit dem Regime, sondern die Kritik an Beck verstummte plötzlich, man rückte zusammen. Erstaunlicherweise sprachen sich bis auf die Linken auch

---

71   ADAP D, Band V, Dok. 101.
72   ADAP D, Band V, Dok. 101 und Polnisches Weissbuch 1940, Dok. 46, Zit. S. 69.
73   Vgl. Zgórniak 2002, S. 308ff.

alle politischen Richtungen gegen ein Bündnis mit der Sowjetunion aus. Weder die Kriegsgeneration, die mit ihrem eigenen Blut für die Neuerrichtung des polnischen Staates 20 Jahre zuvor gekämpft hatte, noch die junge Generation, die im ersten polnischen Staat nach über 100 Jahren aufgewachsen war, konnte sich mit einer noch so harmlosen Einschränkung der Souveränität ihres Staates abfinden.[74] Die Erkenntnis, dass man sich in Berlin im Hinblick auf die bilateralen Beziehungen möglicherweise falsche Hoffnungen gemacht hatte, formulierte Hans Adolf von Moltke, der deutsche Botschafter in Warschau folgendermaßen:

„Die Haltung der polnischen Presse und anderer Faktoren der polni-
schen Öffentlichkeit Deutschland gegenüber ist in der letzten Zeit unver-
kennbar schlechter geworden. Sie war niemals befriedigend und blieb
stets hinter den Erwartungen zurück, die deutscherseits vielfach an das
politische Abkommen und an die Presseabrede von 1934 geknüpft wor-
den waren. Jüdische, freimaurerische und marxistische Elemente, die
gesamte linksgerichtete und die nationalistische Opposition, dazu die
in einem so betont katholischem Land wie Polen weitreichenden kleri-
kalen Einflüsse waren ständig am Werk und haben nie aufgehört, sei es
aus diesem, sei es aus jenem Anlass, gegen das Dritte Reich Stimmung
zu machen. Die dem polnischen Außenministerium nahestehenden Zei-
tungen und sonstigen meinungspolitischen Faktoren zeigten zwar meist
ein korrektes Verhalten und in manchen, besonders außenpolitischen
Fragen öfters auch eine positive zu beurteilende Einstellung, aber nicht
einmal das sogenannte Lager der Nationalen Einigung, d.h. die zwecks
Gewinnung der „Massen" für das herrschende System geschaffene re-
gierungsparteiliche Organisationen verzichte darauf, im Wettbewerb
mit den übrigen politischen Gruppen antideutsche Schalworte auszu-
spielen, um dadurch an Popularität zu gewinnen."[75]

Moltkes Bericht vom 2. September 1938 schließt mit der Feststellung, dass man sich in Berlin nicht darüber täuschen darf, dass *„bereits jetzt eine für uns so unfreundliche Stimmung vorhanden ist, die die Entschlussfreiheit der Regierung in entscheidenden Fragen immerhin beeinflussen könnte."*[76] Marschall Pilsudski hatte also völlig Recht gehabt, als er Botschafter Moltke im November 1933 *„mit einer Deutlichkeit, wie ich [Moltke] sie bisher von polnischen Politikern kaum gehört habe",* in Bezug auf eine bilaterale Entspannungspolitik warnte, *„daß sich aus der 1000 Jahre alten Deutsch-*

---

74   Vgl. Borodziej 1990, S. 324f.
75   ADAP D, Band V, Dok. 53, S. 63, Politischer Bericht vom 2. September 1938. Bericht gekürzt publiziert in: Zweites Weißbuch 1939, Dok. 117, S. 113.
76   ADAP D, Band V, Dok. 53, S. 66; Zweites Weißbuch 1939, Dok. 117, S. 114

*feindlichkeit des polnischen Volkes Schwierigkeiten bei der Durchführung dieser Po-
litik ergeben würden. Diese Politik dürfe infolgedessen nicht auf Gefühlsmomente,
sondern nur auf Erwägungen der Vernunft aufgebaut werden."*[77]

Bevor die Situation im März 1939 diplomatisch so festgefahren war, dass es
keine deutsch-polnischen Gespräche mehr gab, erfolgte noch ein Besuch Becks
in Deutschland Anfang Januar 1939 und ein unproduktives Gastspiel Ribbentrops
in Warschau Ende des gleichen Monats. Bei dem Gespräch Becks am 5. Januar
1939 auf dem Obersalzberg betonte Hitler den antirussischen Charakter der deutschen Außenpolitik und erklärte: *„Deutschland werde unter allen Umständen an
der Erhaltung eines starken nationalen Polen interessiert sein, ganz unabhängig
von der Entwicklung der Dinge in Russland. Gleichgültig ob es sich um ein bol-
schewistisches oder ein zaristisches oder ein sonst wie geartetes Russland handele,
würde Deutschland diesem Land stets mit größter Vorsicht gegenüberstehen und
sei daher durchaus daran interessiert, Polens Stellung erhalten zu sehen. Rein militärisch bedeute die Existenz einer starken, polnischen Armee an der russischen
Grenze eine erhebliche Entlastung;"*[78] Im Hinblick auf Becks Befürchtungen, in
der Ukraine könnte es zu einer deutsch-polnischen Rivalität kommen, versucht
Hitler ihn zu beschwichtigen, was aus polnischer Sicht wohlwollend zur Kenntnis
genommen wurde.[79] Trotzdem gelang es in den zwei Tagen weder Hitler noch Ribbentrop, von Beck irgendwelche verbindlichen polnischen Zusagen im Hinblick
auf das Problem um Danzig und den Korridor, oder in Bezug auf einen gemeinsamen antisowjetischen Block zu erhalten.[80] Die Polen wurden zu diesem Zeitpunkt
bereits, wie später in Warschau erbeutete Dokumente belegen, von den USA zu
einer widerspenstigen Politik gegenüber Deutschland ermutigt.[81] Dank angelsächsischer Rückendeckung war man in Warschau couragierter, sich deutschen Forderungen zu widersetzen.[82] Der Kurswechsel der polnischen Regierung führte Mitte

---

77   Zweites Weißbuch 1939, Dok. Nr. 34.
78   ADAP D, Band V, Dok. 119.
79   Polnisches Weissbuch 1940, Dok. 48: *„Der Reichskanzler stellte im weiteren fest, daß er an der Ukraine von
        wirtschaftlichen Gesichtspunkten interessiert sei, daß er aber an ihr kein Interesse politischer Natur habe."*
80   ADAP D, Band V, Dok. 119 und Dok. 120.
81   Die erbeuteten polnischen Dokumente wurden Ende März 1940 – also mitten im amerikanischen Wahlkampf
        – in einem Weißbuch publiziert. Die Authentizität der Dokumente wurde von der amerikanischen Regierung
        sofort bestritten. Die Roosevelt nahestehende Presse bezweifelte ebenfalls deren Authentizität. Roosevelt ließ
        am 30. März 1940 verlauten *„er selbst fühle sich durch das deutsche Weißbuch in keiner Weise beunruhigt. Er
        beabsichtige auch keineswegs, eine Sonderkonferenz mit dem amerikanischen Botschafter, Bullitt abzuhalten."*
        BA-Berlin, R/901, Nr. 60677, S. 55.
        Carl J. Burckhardt hielt die Dokumente für echt, vgl. Burckhardt 1960, S. 256.
        Ebenso die Historiker Hans Roos, vgl. Roos 1965, S. 402 und Andreas Hillgruber, vgl. Hillgruber 1967, S. 557.
82   Vgl. Drittes Weißbuch 1940, Dok. 4 und Dok. 6. Hans Roos beschreibt die US-Strategie: *„Roosevelt führte seit
        der Münchener Konferenz eine Politik der Eindämmung gegen jede weitere Expansion Hitlers, eine Politik die
        seit den brutalen Judenverfolgungen im Reich 1938 in einen Wirtschafts- und Propagandakrieg gegen Deutsch-*

Januar zu einer offiziellen Ablehnung der deutschen Vorschläge über Danzig und den Korridor. Doch noch war Berlin geduldig. Ribbentrop unterbreitete bei seinem Gegenbesuch in Warschau am 25. Januar 1939 Vorschläge, Polen in der Ukraine Kompensation für Danzig zu gewähren. *„Ich [Ribbentrop] habe sodann mit Herrn Beck nochmals über die von Polen und Deutschland gegenüber der Sowjetunion zu treibende Politik und in diesem Zusammenhang auch über die Frage der Großukraine gesprochen und erneut eine deutsch-polnische Zusammenarbeit auf diesem Gebiet angeregt.*

Herr Beck machte kein Hehl daraus, daß polnische Aspirationen auch auf die Sowjet-Ukraine und auf eine Verbindung zum Schwarzen Meer bestünden, wies aber zugleich auf die angeblichen Gefahren hin, die nach polnischer Auffassung ein gegen die Sowjetunion gerichteter Vertrag mit Deutschland haben würde." Auf einen Beitritt zum Antikominternpakt wurde von polnischer Seite deshalb abermals ausweichend reagiert. Ohne Verhandlungsergebnis reiste Ribbentrop unverrichteter Dinge wieder ab.[83]

So entwickelten sich die Differenzen mehr und mehr zu einem Nervenkrieg.[84] Nachdem am 15. März 1939 deutsche Soldaten in Prag einmarschierten – ohne Warschau, wie bisher üblich, vorher zu informieren oder zu beteiligen – spitzte sich die Situation weiter zu. Mit der Entstehung einer von Deutschland abhängigen Slowakei und dem Beitritt Ungarns zum Antikominternpakt war Polen regelrecht eingekreist. Die Entscheidungseliten an der Weichsel waren sich über die geostrategische Gefahr im klaren, wie einem Bericht des französischen Botschafters Léon Noel vom 16. März nach Paris zu entnehmen ist: Von Warschau aus gesehen erscheint es *„ziemlich wahrscheinlich"*, dass *„die von Deutschland soeben in Mitteleuropa durchgeführte Operation der Auftakt zu einer Unternehmung im ... Osten"* ist. Keinem der Diplomaten *„entgeht das Erwachen der deutschfeindlichen Stimmung unter den Polen der verschiedenen Gesellschaftsklassen und Kreise."* Über die Reaktion der deutschen Diplomatie auf das trotzig-unerschrockene Verhalten der Polen berichtet der Franzose:

> *„Seit den antideutschen Studentenkundgebungen ist die Unzufriedenheit Deutschlands mit Polen offenkundig. Herr von Moltke verbirgt seine schlechte Laune, die auch Herrn Beck nicht verschont, nicht vor seinen Kollegen, und er beschwert sich darüber, daß bei der Zusammenkunft der deutsch-polnischen Kommission in Berlin kein nutzbringendes Er-*

---

land umschlug. ... Die US-Diplomatie, insbesondere die Botschafter in Paris und Warschau, Bullitt und Biddle, bemühten sich, auch Polen in eine antideutsche Front einzubeziehen." Roos 1965, S. 395.

83   ADAP D, Band V, Dok. 126.

84   Vgl. Taylor 1962, S.276ff; vgl. auch Overy 2009, S. 14f.

gebnis erzielt wurde. ... Man darf annehmen, daß die Berechnungen und Reaktionen des Reichskanzlers unfehlbar von dieser Lage beeinflußt werden dürften."[85] Ähnliches wußte auch sein britischer Kollege, Botschafter Sir H. Kennard, nach London zu berichten: Die Polen riefen Reservisten ein und viele Diplomaten in Warschau vertraten die Ansicht, dass die Polen einen Streitpunkt mit Deutschland provozieren möchten. Er selbst, so Kennard, teile aber nicht diese Ansicht.[86] In jedem Fall, ist Außenminister Beck in einer *„extrem schwierigen Position"*.[87] Obwohl die Briten den Polen Unterstützung und Garantien im Falle von Verhandlungen mit Deutschland zugesagt hatten, lehnte die Regierung in Warschau den deutschen Vorschlag, dass Danzig dem Reich beitritt und eine exterritoriale Verkehrsverbindung zwischen Deutschland und Ostpreußen hergestellt wird, ab.[88] Dies geschah gegenüber dem deutschen Außenminister Ribbentrop in *„brüsker Weise"*, wie es in der Geschichte der Diplomatie selten der Fall war; *„jede weitere Verfolgung dieser deutschen Pläne, insbesondere soweit sie die Rückkehr Danzigs zum Reich betreffen, bedeuten den Krieg mit Polen"* erklärte Botschafter Lipski am 26. März unmissverständlich.[89] Dieses Verhalten war insoweit auch bemerkenswert, da man zu diesem Zeitpunkt in Warschau noch nicht die unilaterale Garantie vom 31. März in den Händen hielt, deren Folgen für die britische Diplomatie so unerbittliche Konsequenzen hatte.[90]

Welche Pläne verfolgte man in Berlin zu diesem Zeitpunkt? Es spricht sehr viel dafür, dass die polnischen Befürchtungen, in ein Abhängigkeitsverhältnis zu geraten oder gar ein Satellit des Deutschen Reichs zu werden, real waren. Die Quellen belegen, dass Hitler zu diesem Zeitpunkt offensichtlich einen Stufenplan verfolgte, ähnlich wie im Falle der Tschechoslowakei: Zuerst sollte der Konflikt um Danzig bilateral möglichst friedlich gelöst werden, was er gegenüber den Polen auch kommunizieren ließ. In einer zweiten Stufe sollte die Ostgrenze des Versailler Vertrages nach seinen Vorstellungen revidiert werden. Hier will er abwarten, bis der Zeitpunkt günstig ist. Dabei ist ihm klar, dass für die Erreichung dieses Ziels der polnische Staat militärisch zerschlagen werden muss und politisch als Machtfaktor beseitigt wird.

---

85   Französisches Gelbbuch 1940, Dok. No. 75, S. 101.
86   DBFP, 3. Serie, Band IV, S. 506, Dok. No. 523, Sir H. Kennard to Viscount Halifax, Warsaw, March 25, 1939.
87   DBFP, 3. Serie, Band IV, S. 507, Dok. No. 524, Sir H. Kennard to Viscount Halifax, Warsaw, March 25, 1939.
88   Vgl. Feldmanis 2013, S. 59.
89   Ribbentrop 1953, S. 162; Zweites Weißbuch S. 191. Das von Ribbentrop erwähnte *„in Nürnberg bezeichnender Weise nicht zugelassene"* polnische Memorandum ist publiziert in ADAP, D, VI, Dok. 101, Anlage, S. 102ff und Zweites Weißbuch 1939, S. 193f.
90   Vgl. Kershaw 2010, S. 34f.

Diese Doppelstrategie kann anhand zweier Mitschriften von Besprechungen anschaulich belegt werden, die praktisch zur gleichen Zeit stattfanden. Am 21. März 1939 bittet Ribbentrop den polnischen Botschafter Lipski zu sich und teilt ihm mit, *„daß sich in dem deutsch-polnischen Verhältnis eine allmähliche Versteifung bemerkbar mache. Diese Entwicklung habe bereits seit einigen Monaten begonnen. Es sei hier aufgefallen, welch merkwürdige Haltung Polen in der Minoritätenkommission eingenommen habe."*[91] Aus deutscher Sicht, so Ribbentrop, ist der aktuelle Grenzverlauf als ein Desaster historischen Ausmaßes anzusehen:

> *„Die heutige geographische Lage verdankt Polen dem schwersten Unglücksfall, nämlich der Tatsache, dass Deutschland den Weltkrieg verloren habe. Auf dieser Tatsache beruht auch die geographische, für Polen günstige Lösung.*
>
> *Allgemein werde die Korridor-Regelung als die schwerste Belastung des Versailler Vertrages für Deutschland empfunden. Keine frühere Regierung sei in der Lage gewesen, auf die deutschen Revisionsansprüche zu verzichten ohne dass sie nicht innerhalb von 48 Stunden vom Reichstag fortgefegt werden. [sic] Der Führer denke anders über das Korridor-Problem. Er erkenne die Berechtigung des polnischen Anspruchs auf einen freien Zugang zum Meer. Er sei der einzige deutsche Staatsmann, der einen endgültigen Verzicht auf den Korridor aussprechen könne. Voraussetzung hierfür sei aber die Rückkehr des rein deutschen Danzig zum Reich, sowie die Schaffung einer exterritorialen Bahn- und Autoverbindung zwischen dem Reich und Ostpreußen. Nur hierdurch würde dem deutschen Volk der Stachel beseitigt, der in der Existenz des Korridors liege. Wenn die polnischen Staatsmänner in Ruhe den realen Tatsachen Rechnung trügen, dann könne man auf folgender Basis eine Lösung finden: Rückkehr Danzigs zum Reich, exterritoriale Eisenbahn- und Autoverbindung zwischen Ostpreußen und dem Reich und hierfür deutsche Garantie des Korridors."*[92]

Aus polnischer Sicht stellte sich das Gespräch so dar, dass man endlich Farbe bekennen solle, welche Haltung man im Zusammenhang mit einer zeitnahen deutschen Expansion nach Osten einnehmen werde.[93] Noch bevor der polnische Botschafter über seine Regierung Stellung zu den deutschen Vorschlägen machen kann, erteilte Hitler am 25. März 1939 an den Oberbefehlshaber des Heers eine Weisung, die eine

---

91 ADAP D, Band VI, Dok. 61, S. 59.
92 ADAP D, Band VI, Dok. 61. S. 59f.
93 Vgl. Müller 2011, S. 120.

zweistufige Strategie offenbart. Dieses Schlüsseldokument ist für ein tieferes Verständnis der nachfolgenden Ereignisse von größter Wichtigkeit, da es einen Einblick in Hitlers geopolitisches Kalkül gewährt, bevor die Lage durch die sowjetischen Aktivitäten auf dem diplomatischen Parkett eine unverhoffte Wendung nehmen:

„R[ibbentrop] soll Verhandlungen zunächst führen. Führer will die Danziger Frage j e d o c h n i c h t gewaltsam lösen. Möchte Polen nicht dadurch in die Arme Englands treiben. Eine event. m[ilitärische] Besetzung Danzigs käme nur dann in Betracht, wenn L[ipski] durchblicken läßt, dass die poln[ische] Regierung eine freiwillige Abgabe Danzigs ihrem Volk gegenüber nicht vertreten könne und ihr die Lösung durch fait accompli erleichtert würde.

Polnische Frage:
Vorläufig beabsichtigt der Führer nicht, die poln[ische] Frage zu lösen. Sie soll nun aber bearbeitet werden. Eine in naher Zukunft erfolgende Lösung müßte besonders günstige pol[itische] Voraussetzungen haben. Polen soll dann so niedergeschlagen werden, dass es in den nächsten Jahrzehnten als poli[tischer] Faktor nicht mehr in Rechnung gestellt werden braucht. Der Führer denkt bei dieser Lösung an eine vom Ostrand Ostpr[eußens] bis zur Ostspitze Schlesiens vorgeschobene Grenze. Aus- und Umsiedlung sind noch offenstehende Frage. In die Ukraine will der Führer n i c h t hinein. Event. könne man einen ukrainischen Staat errichten. Aber diese Fragen ständen noch offen.“[94]

Es kann aus Hitlers Weisung vom 25. März 1939 geschlossen werden, dass das scheinbar großzügige deutsche Angebot vom Herbst 1938 nicht die finale Revision des Versailler Vertrages gewesen wäre. Es ist erkennbar, dass – falls Polen der Eingliederung Danzigs zugestimmt hätte – Hitler 1939 in Wirklichkeit eine neue Ostgrenze vorschwebte, deren Verlauf ungefähr der Grenzziehung nach der zweiten polnischen Teilung 1793 entsprach. Aus dem Rest von Polen sollte – wenn der Zeitpunkt günstig war – ein außenpolitisch nicht mehr in Erscheinung tretender Satellit werden. Daraus lässt sich schließen, dass ein Bündnis mit Polen im Sommer 1939 temporären Charakter gehabt hätte, egal welche Laufzeit in den Vertrag vereinbart worden wäre. Die Polen lagen mit ihren Befürchtungen, dass ein Nachgeben um Danzig eine Wiederholung der Geschichte bedeutet hätte, also richtig. Zudem ist aus Hitlers Weisung ersichtlich, dass der deutsch-polnische Konflikt auch eine (verborgene) ukrainische Dimension hatte, auf die noch einzugehen sein wird.

---

94   ADAP D, Band VI, Dok. 99.

Die polnische Zurückweisung der deutschen Vorschläge traf am Folgetag, dem 26. März in Berlin ein.[95] Fünf Tage später wurde für die Unabhängigkeit Polens eine britisch-französische Garantieerklärung abgegeben. Hitler, der noch in seiner Reichstagsrede am 30. Januar 1939 gegenüber Polen versöhnliche Töne fand, erließ Anfang April seine Weisung zum „Fall Weiß"[96]: *„Die gegenwärtige Haltung Polens erfordert es, über die bearbeitete „Grenzsicherung Ost" hinaus die militärischen Vorbereitungen zu treffen, um nötigenfalls jede Bedrohung von dieser Seite für alle Zukunft auszuschließen."*[97] Der 1934 mit Polen unterzeichnete Nichtangriffspakt wird von Hitler, zusammen mit dem mit Großbritannien 1935 abgeschlossenen Flottenabkommen, in einer Reichstagsrede am 28. April 1939 gekündigt.[98] Vermutlich war dies der Zeitpunkt, an dem der Diktator sich dafür entschied, den östlichen Nachbarn niederzuschlagen.[99] Am 23. Mai 1939, einen Tag nach der Unterzeichnung des Stahlpaktes, verkündet Hitler vor der Führungsspitze der Deutschen Wehrmacht den Entschluss, Polen anzugreifen. Wie aus der Aufzeichnung, dem sogenannten Schmundt-Protokoll hervorgeht, soll Polen aus dem Einkreisungsring der Westmächte herausgeschlagen werden, bevor es im Falle eines deutschen Westfeldzugs dem Reich in den Rücken fallen kann. Außerdem verbessert sich hierdurch die Ernährungslage für den Fall einer zu erwartenden Blockade:

> *„Nationalpolitische Einigung der Deutschen ist erfolgt außer kleinen Ausnahmen. Weitere Erfolge können ohne Blutvergießen nicht errungen werden. … Polen wird immer auf der Seite unserer Gegner stehen. … Danzig ist nicht das Objekt um das es geht. Es handelt sich für uns um die Erweiterung des Lebensraumes im Osten und Sicherstellung der Ernährung, sowie der Lösung des Baltikum-Problems. Lebensmittelversorgung ist nur von dort möglich, wo geringe Besiedelung herrscht. … Kolonien [sind] … keine Lösung des Ernährungsproblems. Blockade! … Zwingt uns das Schicksal zur Auseinandersetzung mit dem Wesen, ist es gut einen größeren Ostraum zu besitzen. Im Kriege werden wir noch weniger wie im Frieden mit Rekordernten rechnen können. … Das Problem „Polen" ist von der Auseinandersetzung mit dem Westen nicht zu trennen. … Polen sieht in einem Siege Deutschlands über den Westen eine Gefahr und wird uns den Sieg zu nehmen versuchen.*

---

95 ADAP D, Band VI, Dok. 101, Anlage.
96 ADAP D, Band VI, Dok. 149.
97 ADAP D, Band VI, Dok. 185, Anlage II.
98 Domarus 1962/63, Bd. II, S. 1179; Hitler 1939, S. 30 (Großbritannien), S. 37 (Polen).
99 Vgl. Müller 2011, S. 127f.

Es entfällt also die Frage Polen zu schonen und bleibt der Entschluß, bei erster passender Gelegenheit Polen anzugreifen. An eine Wiederholung der Tschechei ist nicht zu glauben. Es wird zum Kampf kommen."[100] Die im „Schmundt-Protokoll" festgehaltene Begründung umfasst geopolitische, ökonomische und taktische Motive; ideologische sind nachrangig – das Wort „Lebensraum" fällt explizit im Zusammengang mit Autarkiebestrebungen. Weder Danzig noch Polen ist zu diesem Zeitpunkt das eigentliche Objekt um das es geht. Vielmehr möchte Hitler auf einen Krieg mit dem Westen, den er eigentlich nicht wünscht, der ihm aber mittlerweile als unvermeidbar erscheint, optimal vorbereitet sein. Nicht nur Danzig, sondern das ganze Land Polen ist nur eine Figur innerhalb eines größeren Spiels auf dem geopolitischen Schachbrett.

Im Vertrauen auf die Unterstützung des Westens und in Unkenntnis der eigenen Rolle als Objekt nationaler Interessen europäischer Großmächte und der USA gab sich Polen bis zum Ende kompromisslos. Gegenüber dem Freistaat Danzig erhöhte Polen im Nervenkrieg sogar den Druck, indem es am 4. August eine ernste Warnung über die Konsequenzen signalisiert, wenn der Freistaat beabsichtigen sollte, die polnischen Zollinspektoren an der Ausübung ihrer Rechte zu hindern.[101] Die regierungsnahe Zeitung „Gaseta Pomorska" begründete das polnische Vorgehen folgendermaßen: *„Die Tätigkeit der polnischen Zollinspektoren in Danzig vollzieht sich in einer Atmosphäre fortwährender Schikanen und Gewaltakte, es sei denn es handle sich um Gebiete, bei denen es den Danziger Hitleristen vor allem um die eigene Tasche geht. ... Einen solchen Zustand konnten wir selbstverständlich nicht länger hinnehmen."*[102] Am 16. August 1939 wird die Warnung in einem persönlichen Gespräch zwischen dem Danziger Senatspräsidenten Arthur Greiser und dem polnischen diplomatischen Vertreter in Danzig, Chodacki wiederholt.[103]

---

100 ADAP D, Band VI, Dok. 433.
101 ADAP D, Band VI, Dok. 774, Anlage.
102 BA-Berlin, R/901, Nr. 60886, S. 28: „Polnische Presse, Ergänzungsbericht Nr. 132/1939".
103 ADAP D, Band VII, Dok. 72, Anlage.

37

Danzig und die polnische Minderheitenpolitik

Bevor die bilaterale Perspektive verlassen wird, lohnt es sich auf die Situation der Minderheiten in Polen und die mit der Stadt Danzig verbundenen Probleme näher einzugehen.[104] Obwohl 95% der 406.000 Einwohner Danzigs im Jahre 1939 deutscher Nationalität waren, war die Stadt seit dem Mittelalter ein Streitpunkt zwischen Polen und Preußen.[105] In der wechselvollen Geschichte Danzigs herrschten im 12. Jahrhundert Samboriden, Fürsten die, das ist unter Historikern strittig, entweder pommerellischen oder polnischen Ursprungs waren. 1224 verlieh der pommerellische Herzog Swantopolk II. das Lübische („Lübecker") Recht an die örtliche deutsche Kaufmannssiedlung. Im Jahr 1295 verlieh der polnische König Przemyslaw II. der Stadt das Magdeburger Stadtrecht. Im 14. Jahrhundert erfolgte die Übernahme durch den Deutschen Orden. Seit 1361 nahm Danzig an den Hansetagen teil und blieb Teil der Hanse bis 1669. Von 1454 bis 1793 – der zweiten polnischen Teilung – blieb die Freie Stadtrepublik unter polnischer Oberhoheit. Von 1793 bis 1807 gehörte sie zum Königreich Preußen und von 1807 bis 1813 hatte sie formal den Status einer freien Stadt inne, wurde aber von einem französischen Gouverneur regiert. Von 1815 bis 1919 war Danzig erneut preußisch, davon die letzten 48 Jahre, historisch gesehen erstmalig, auch Teil des Deutschen Reichs.[106] Zusammengefasst lässt sich sagen, das wesentliche Argument des deutschen Anspruchs auf Danzig war das Prinzip der nationalen Selbstbestimmung. Die Begründung einer historischen Legitimation stand auf deutlich schwächerem Fundament.

Der endgültige Status Quo um Danzig und die historische Endgültigkeit der deutsche Ostgrenze war von keiner Regierung der Weimarer Republik anerkannt worden. Dieser Anspruch basierte auf dem Prinzip der nationalen Selbstbestimmung (die Grundsätze des Versailler Vertrag wurde also hier seitens Berlin anerkannt und eingefordert) und dass von 1871 bis 1919 diese Gebiete zum Zweiten deutschen Reich gehörten. Im Blick auf Danzig, dessen Bevölkerung publikumswirksam, wie Wochenschauen belegen „*Wir wollen heim ins Reich*" skandierte,[107] hatte A.J.P. Taylor bereits 1961 bemerkt, es „*war von den deutschen Beschwerden die berechtigtste. Eine Stadt mit ausschließlich deutscher Bevölkerung, die ganz offensichtlich zum Reich zurückwollte und die selbst Hitler nur mit Mühe zurückhielt.*"[108]

---

104   Vgl. Roos 1964, S. 59ff.
105   Vgl. Buell 1939, S. 354.
106   de.m.wikipedia.org/wiki/Danzig#Hansestadt, abgerufen am 30.12.2015.
107   UfA Ton-Woche, 21. Juni 1939. Auch Devisen wie „Unser Mutterland heißt Deutschland" sind in den Aufnahmen der Wochenschau dokumentiert. Die UfA Ton-Woche vom 27. September 1939 dokumentiert die Begeisterung der Bevölkerung bei Hitlers triumphalen Einzug in Danzig.
108   Taylor 1962, S. 277.

In Kenntnis der Tatsache, dass durch die Pariser Vorortverträge ab 1919 viele Menschen deutscher Volkszugehörigkeit außerhalb der Grenzen Deutschlands und Österreichs lebten, wurde mit den neu gegründeten Staaten Polen und der Tschechoslowakei Nationalitätenschutzrechte vereinbart. Der deutschen Minderheit wurde darin kulturelle Autonomie und rechtliche Gleichstellung gegenüber der polnischen Mehrheit garantiert. In Polen führten die Missachtung dieser Garantien und die Benachteiligung der Volksdeutschen zu tausenden von Protesten an den Völkerbund. Hauptursache war die Enteignung deutscher Bauerhöfe und die Zwangsräumung deutschen Besitzes. Die Situation besserte sich aber nie und 1934 sagte sich die polnische Regierung gegenüber dem Völkerbund von den Minderheitenschutzabkommen einseitig los.[109] Begründet wurde dieser Schritt mit einer angeblichen Diskriminierung des polnischen Staates gegenüber anderen Staaten, denen im Gegensatz zu Polen keine vergleichbaren Minderheitenschutzverträge in Versailles aufgezwungen worden waren. Diese Taktik, „Gleichberechtigung" einzufordern, war vergleichbar mit der Haltung Deutschlands in der Rüstungsfrage. Die zeitliche Nähe zum deutsch-polnischen Pakt war kein Zufall.[110] Die nie befriedigende Situation der deutschen Minderheit verschlechtert sich dramatisch, als die polnisch-deutschen Spannungen ab April 1939 zunehmen. Es kommt zu einer Vielzahl von gewalttätigen Übergriffen die von den Behörden geduldet oder gefördert wurden.[111] Im Auswärtigen Amt in Berlin werden die „Aufforderungen zu weiterem Raub am Eigentum der deutschen Minderheit" in der polnischen Presse akribisch verfolgt.[112] Im letzten Friedensmonat verlassen viele Volksdeutsche aus Angst vor ethnischen Säuberungen fluchtartig ihre Heimat. In der deutschen Wochenschau legen am 23. August 1939 Volksdeutsche vor laufender Kamera Zeugnis über die Ursachen der Flucht ab und schildern die Misshandlungen.[113] Der Krieg forderte bereits vor Kriegsbeginn seine ersten Opfer. Der amerikanische Völkerrechtler Alfred de Zayas kommt zu dem Ergebnis, dass mehr als fünftausend Volksdeutsche in den ersten Tagen des Krieges ermordet wurden.[114]

---

109 Vgl. Zayas 1986, S. 38f.
110 Vgl. Roos 1965, S. 171.
111 Zweites Weißbuch 1939, Dok. 415, Anlage. Nach Kriegsausbruch publizierte das Auswärtige Amt als Herausgeber des zweiten deutschen Weißbuches, „Dokumente zur Vorgeschichte des Krieges" eine Vielzahl von Fällen. Von den 482 dort veröffentlichten Dokumenten thematisieren viele die Menschenrechtssituation der deutschen Minderheit in Polen. Auch wird zu Beginn auf die vertraglich vereinbarten Verpflichtungen hingewiesen, zu denen sich Polen in Versailles verpflichtet hatte. Blättert man heute diese Dokumentensammlung durch und nimmt die Vielzahl der geschilderten Diskriminierungen und Übergriffe zur Kenntnis, denen die deutsche Minderheit ausgesetzt war, so ist es etwas befremdend, dass diese Probleme bei der Bewertung der historischen Ereignisse heute kaum eine oder gar keine Rolle spielen.
112 BA-Berlin, R/901, Nr. 60886, S. 28: „Polnische Presse, Ergänzungsbericht Nr. 132/1939".
113 UfA Ton-Woche, 23. August 1939.
114 Zayas 1986, S. 44.

In der heutigen Geschichtsschreibung wird die Schuld für diese Vorgänge bei den Deutschen gesucht. Die Deutungshoheit über die historischen Ereignisse verbietet eine andere Sicht, als Polen in der Rolle des Opfers, von seinen Nachbarn überfallen und dem Westen verraten. Dass diese Darstellung nur die halbe Wahrheit ist, kann nicht nur anhand des Schicksals der Volksdeutschen zweifelsfrei belegt werden. Es wurden vielmehr, wie nachfolgend aufgezeigt wird, praktisch alle relevanten Minderheiten im Polen der Zwischenkriegszeit diskriminiert.

Im Jahr 1919 bereist der amerikanische Diplomat Henry Morgenthau sen., ein Kronzeuge des Völkermordes an den Armeniern, im Auftrag der amerikanischen Delegation von Versailles Polen. Er verfasste einen Bericht über Pogrome in acht Städten, bei denen rund 280 Juden getötet wurden. Zum Schutz der Juden vor Antisemitismus wurden die Polen von den Westmächten dazu verpflichtet, Minderheitenschutzrechte, ähnlich wie sie gegenüber der deutschen Minderheit vereinbart wurden, einzuhalten.[115] Ob Zufall oder nicht, ungefähr zur gleichen Zeit wurde im „Kurier Poznanski" eine Zuschrift des Sonderberichterstatters von der Pariser Friedenskonferenz veröffentlicht. Das deutsche Auswärtige Amt fertigte eine Übersetzung des antisemitischen Textes an:[116]

> *„Das amtliche Verzeichnis der Friedensdelegation weist 27 Staaten auf, aber es fehlt darin eine Großmacht, nämlich das Judentum. Und doch spielen die Juden eine riesige Rolle im Friedenskongreß. Die jüdischen Einflüsse sind zweierlei Art: Unsichtbare und öffentliche Einflüsse. Die ersteren strömen durch Tausende von verborgenen Kanälen, durch die die Hochfinanz mit der Politik verbunden ist. Es genügt Herren zu nennen, wie Straus und Baruch, die unter den amerikanischen Vertretern figurieren. Sie haben außerdem eine gewissermaßen amtliche Vertretung in dem Komitee der Delegation für jüdische Angelegenheiten bei der Friedenskonferenz. Es gibt darunter Rabiner, Oberrabiner, Zadiks, Schriftgelehrte, die aus Polen, Rußland, der Ukraine, Rumänien und Ungarn hier-her gekommen sind, um einen Appell an den Kongress wegen der Rechte des unterdrückten Volkes Israel zu richten. ... Sehr bezeichnend für das politische Programm der jüdischen Nationalisten in Polen ist eine Denkschrift, die ... überreicht worden ist. Der Inhalt bedeutet nichts weniger, als die Gründung eines jüdischen Staates in Polen. Sie verlangen besondere Rechte, die durch die polnische Verfassung verbürgt sein sollen. Diese Rechte umfassen nach der Denk-*

---

115   Vgl. Buell 1939, S. 295f. Eine Dokumentation von Presseartikeln über die Pogrome: BA-Berlin, R/901, Nr. 87265.

116   Der Text wird im Folgenden wörtlich zitiert; auf die Hinweise „sic!" wird verzichtet.

schrift die Gesamtheit des konfessionellen, kulturellen, sozialen Lebens und der Verwaltung. ... Wir wissen nicht, ob die poln. Delegierten auf diese jüdische Denkschrift irgend etwas geantwortet haben, und was sie geantwortet haben. In dieser Frage ist ausschließlich der Landtag kompetent, denn die jüdische Frage ist eine Frage der innerpoln. Politik. Aus diesem Grund müsste Polen dagegen protestieren, wenn man in der Friedenskonferenz die Frage der poln. Juden entscheiden wollte, denn in diesem Falle müßte auch die Frage der amerikanischen, engl. Und französischen Juden besprochen werden. Entweder ist die Judenfrage eine internationale Frage, und in diesem Falle muß sie für alle Staaten nach einheitlichen Grundsätzen geregelt werden, oder sie ist es nicht, und dann hat auch niemand das Recht, sich in die poln. Jüdischen Verhältnisse zu mischen.

Es erscheint zweifelhaft, ob die Friedenskonferenz sich noch mit der jüdischen Frage belasten wird. Aber die Polen können die Gefahr des jüdischen Nationalismus nicht außer acht lassen, der dahin abzielt, Polen zu einem poln.-jüdischen Staat umzubilden."[117]

Der Artikel kombiniert Verschwörungstheorien mit antisemitischen Vorurteilen, aber es ist nicht unwahrscheinlich, dass sich viele Polen 1919 mit dieser Darstellung identifizieren konnten. Eine Volkszählung im Jahr 1931 hatte ergeben, dass in Polen 3.113.900 Juden lebten.[118] *„Dem radikalen Nationalkatholizismus, und dem damit verbundenen Antisemitismus, der die politische Kultur im Polen der Zwischenkriegszeit maßgeblich bestimmte, stand der Diktator zurückhaltend gegenüber."*[119] Nach Pilsudskis Tod 1935 gab es im Rahmen einer „Sanacja" (Gesundung) Bestrebungen zur „Lösung der Judenfrage" durch Massenemigration.[120] Das Oberhaupt der polnischen Kirche, Kardinal August Hlond erkläre 1936, dass Polen jüdische Geschäfte meiden sollten. Am 4. Juni 1936 erklärte der polnische Ministerpräsident General Skladkowski öffentlich, dass der wirtschaftliche Boykott jüdischer Unternehmen in Ordnung sei. Viele polnische Berufsverbände und andere Gruppen unterzeichneten einen Aufruf, dessen Ziel darin bestand, mittels Boykott die Juden ihrer wirtschaftlichen Grundlagen zu berauben und so zur Auswanderung zu zwingen.[121] Raymond Leslie Buell, ehemaliger Präsident des Think Tank „Foreign Policy As-

---

117 „Polen und Juden. (Nr. 116) „Kurier Poznanski Nr. 106 vom 8.5", BA-Berlin, R/901, Nr. 87265, S. 29f.
118 Vgl. Buell 1939, S. 288.
119 Berthold Seewald: „Józef Pilsudski. Kriegsheld, Diktator – und Vorbild für Kaczynski", Welt 22.12.2015, onlineartikel.
120 Vgl. Müller 2011, S. 78.
121 Vgl. Buell 1939, S. 299f.

sociation", berichtet in seinem bereits erwähnten Buch „Poland – Key to Europe", dass es seit 1935 mehrere hundert Fälle von Gewalt gegen Juden gegeben hatte; das schlimmste war ein Pogrom in Brest-Litowsk im Mai 1937, bei dem nach der Ermordung eines polnischen Polizisten durch einen Juden heftige Gewalt ausgebrochen war. 60 Juden wurden verletzt, zwei starben an den Folgen. Jüdisches Eigentum im Wert von drei Millionen Zloty wurde zerstört.[122] Zur gleichen Zeit reiste eine polnische Delegation, begleitet u.a. von einem Siedlungsexperten aus Tel Aviv, nach Madagaskar und untersuchte, ob sich die Situation vor Ort für eine Massenauswanderung eignen würde. Ein für Europäer klimatisch geeignetes Hochplateau bot aber nicht ausreichend Siedlungsraum.[123] Ebenfalls 1937 wurde der Lebensunterhalt von geschätzten 30.000 Juden im Rahmen einer von der Regierung veranlassten Monopolisierung des Tabakgeschäftes zerstört. Vier Jahre nach dem Schächtverbot der Nationalsozialisten trat ein ähnliches Gesetz in Polen in Kraft und die jüdischen Metzgereien wurden geschlossen. Diese Maßnahme zerstörte den Lebensunterhalt von rund 20.000 Juden.[124]

Im Gegensatz zu der deutschen und der jüdischen Minderheit, die mit dem Ziel der Abwanderung und Verdrängung diskriminiert wurde, verfolgte der polnische Staat gegenüber der größten Minderheit, den rund fünf Millionen Ukrainern, die Politik einer repressiven Assimilation. Das Ziel war die Polnisierung,[125] die *„Festigung der Polonität"* des polnischen Ostens. Noch zu Lebzeiten Pilsudskis war der frankophile Marschall und Freimaurer Edward Rydz-Smigly die treibende Kraft dieser Form von Ukrainepolitik.[126] Nach dem Tod Pilsudkis wurde das Ziel der „ethnischen Assimilierung" der Ukrainer durch die polnische Regierung forciert. Verschmelzungsmaßnahmen gingen mit Verfolgung einher. Im Focus standen dabei Einrichtungen (Kirchen) und Menschen.[127] 1938/39 verschärften sich die polnischen Aktionen in einem Maße, dass diese selbst auf loyale Bürger mehr und mehr abstoßend wirkten.[128] Die Strategie ukrainischer Nationalisten im Exil, um deutsche Unterstützung zu buhlen, erregte dabei das besondere Missfallen auf Seiten der polnischen Nationalisten und der polnische Botschafter in Berlin, Lipski, versprach am 4. Oktober 1938 dem Außenministerium in Warschau, seine Gesprächspart-

---

122   Vgl. Buell 1939, S. 306.

123   Vgl. Baker 2009, S. 78f.

124   Vgl. Buell 1939, S. 304f.

125   Vgl. Buell 1939, S. 281f

126   Vgl. Golczewski 2010, S. 772. Die komplexen deutsch-ukrainischen Beziehungen bis 1939 werden vom Verfasser kenntnisreich und detailliert rekonstruiert. Rydz-Smigly war Mitglied der 1920 gegründeten Großloge „Wielka Loza Narodowa Polski" (WLNP).

127   Vgl. Golczewski 2010, S. 947.

128   Vgl. Golczewski 2010, S. 950ff.

ner in Deutschland auf die „*Unangemessenheit*" hinzuweisen, eine antipolnische Gruppe zu stützen.[129] Kontakte und „*geheime Beratungen ukrainischer Aktivisten in Berlin*" geraten im Sommer 1939 in das Visier der polnischen Presse. Am 25. Juni 1939 erschien in der Zeitschrift IKC ein Artikel „*Eine ukrainische „Fremdenlegion" im Dienste des braunen Imperiums*".[130] Namentlich erwähnt wird die „Organisation Ukrainischer Nationalisten" (OUN), eine von Exilukrainern gegründete und von der deutschen Abwehr unterstützte Separatistenbewegung.[131] Da von der OUN „*entschieden jede politische Orientierung der Ukrainer auf Polen, Russland und Rumänien abgelehnt wird*"[132] sahen die Polen sowohl in der Organisation als solcher, als auch in der deutschen Unterstützung eine Bedrohung.

Nicht ohne Grund notiert Frank Golczewski, vielleicht der bedeutendste Experte für die ukrainisch-deutschen Beziehungen zu dieser Zeit: „*Daß der Angriff auf Polen auch eine ukrainische Dimension hatte, blieb den meisten Forschern bis heute verborgen.*"[133] Und selbstverständlich hatte das Schicksal dieser slawischen Minderheit im Zusammenhang mit dem Ausbruch des Zweiten Weltkriegs auch noch eine großrussische Dimension, nämlich dass die Ukrainer – wie auch die Weißrussen – Stalin einen Vorwand lieferten, in Ostpolen einzumarschieren.

Eine umfassende Betrachtung der polnischen Minderheitenpolitik muss zu dem Schluss kommen, dass eine von breiten Gesellschaftsschichten getragene Diskriminierung von Minoritäten zum Ziel hatte, Polen mittels Abwanderung, Verdrängung und Assimilation in einen ethnisch homogenen Staat zu verwandeln.[134] Diese Politik war eine Revision des in Versailles zwischen den Alliierten und assoziierten Hauptmächten und Polen vereinbarten Vertrages vom 28. Juni 1919. Im Gegensatz zu den Ukrainern, Weißrussen und Juden, die über keinen eigenen Staat verfügten, stand hinter der deutschen Minderheit ein starkes Mutterland. Infolgedessen bestand immer die Möglichkeit, dass eines Tages Deutschland die Minderheitensituation für übergeordnete politische Ziele instrumentalisieren könnte. Aufgrund der polnischen Kompromisslosigkeit in der Minderheitenfrage bestand in Berlin immer die Handhabe, einen Anlass für einen Krieg zu konstruieren. Und Moskau konnte die gleiche Karte spielen.

---

129 Vgl. Golczewski 2010, S. 767.
130 BA-Berlin, R/901, Nr. 60886, S. 61: „Polnische Presse, Bericht Nr. 112/1939".
131 Vgl. Müller 2011, S. 88f.
132 BA-Berlin, R/901, Nr. 60886, S. 62: „Polnische Presse, Bericht Nr. 112/1939".
133 Golczewski 2010, S. 13.
134 Die unwillige Haltung der polnischen Regierung im Zusammenhang mit der aktuellen Flüchtlingskrise in Europa, muslimische Flüchtlinge aufzunehmen und die Ablehnung einer verpflichten Flüchtlingsverteilungsquote ist keine Überraschung.

Fazit

Die deutsch-polnische Annäherung in den Jahren zwischen 1933 und 1938 beruhte auf einer gegenseitigen Fehleinschätzung. Hitler hatte den Nichtangriffspakt von 1934 genutzt, um sich mittels des Ausgleichs mit Polen freie Hand gegenüber den Westmächten zu verschaffen. Strukturelle Aspekte, wie der in der zeitgeschichtlichen Forschung unbeachtete polnische Antisemitismus, der ausgeprägte Nationalismus und die exponierte Stellung des Militärs erleichterten die Annäherung. Die ungelösten Problemfelder, die seit 1919 die gemeinsamen Beziehungen belasteten, wurden in Berlin zurückgestellt, um andere Ziele nicht zu gefährden. Nachdem das Ergebnis der Münchner Konferenz im Herbst 1938 aus deutscher Sicht signalisierte, dass die Westmächte Desinteresse an osteuropäischen Fragen zeigten, richtete sich sein Augenmerk auf das östliche Mitteleuropa und den südosteuropäischen Raum. Nunmehr trat die Unvereinbarkeit deutscher und polnischer Ziele offen zutage, denn nach polnischen Vorstellungen sollte innerhalb des gleichen Raumes das sogenannte „Dritte Europa" entstehen, ein neutraler Staatenbund mit den Randländern der Ostsee und den Ländern des Donau- und Balkanraumes unter polnischer Führung. Diametral entgegengesetzt die deutsche Konzeption, nach der Polen dem Beitritt Ungarns zum Antikominternpakt im Februar 1939 folgen sollte und so zusammen mit Rumänien ein geschlossenes Aufmarschgebiet gegen die Sowjetunion ermöglicht hätte.[135] Die erforderliche Zusammenarbeit der Staaten dieses Raumes illustrierte Hitler dem ungarischen Außenminister Graf Csáky mit einem Vergleich aus der Welt des Sports: *„Man müsse wie eine Fußballmanschaft zusammenarbeiten, Polen, Ungarn und Deutschland, möglichst ökonomisch, ohne Krisen und blitzartig."[136]*

Die nach außen hin als eine Arbeitsgemeinschaft souveräner Staaten propagierte Idee zielte in Wirklichkeit auf Abhängigkeit und Hegemonie ab, die sich aufgrund der Asymmetrien zwischen Deutschlands ökonomischer und militärischer Kraft auf der einen und der ungleich geringeren Leistungsfähigkeit der anderen Länder ergeben hätte. *„Die Staaten Ostmitteleuropas, in erster Linie Litauen, Polen, Ungarn und Rumänien [sollten] abhängig und zu Bundesgenossen für einen antisowjetischen Feldzug"[137]* gemacht werden, so Hans Roos – *„es kam alles auf die Gewinnung Polens, jenes Herzstücks Mittelosteuropas an, ohne dessen Hilfe oder Botmäßigkeit eine Eroberung der Ukraine und Weißrutheniens schlechthin unmöglich erschien. Unter diesen Umständen durfte Polen keineswegs verstimmt*

---

135   Vgl. Roos 1965, S. 376ff.
136   ADAP D, Band V, Dok. 272, S. 304. Gespräch vom 16. Januar 1939.
137   Roos 1965, S. 381.

werden.[138] Einigte man sich mit Polen, so war nach deutscher Einschätzung die Chance groß, dass eine antisowjetische Aktion in Richtung Ukraine von der britischen Öffentlichkeit hingenommen würde.[139]

Die Ära der trügerischen deutsch-polnischen „Freundschaft" war zu Ende, als Berlin Warschau zwingen wollte, den offenen Problemkatalog abzuarbeiten. Die Unterbreitung von Vorschlägen, die aus deutscher Perspektive gemäßigt waren, hatte von Anfang an einen antisowjetischen Hintergrund, der aber seinerzeit geschickt verschleiert wurde, da entlarvende Passagen aus allen Dokumenten des Deutschen Weißbuches entfernt wurden.[140] Eine Thematisierung des deutschen Minderheitenproblems wurde – ähnlich wie in Südtirol – übergeordneten strategischen Zielen geopfert. Im Gegenzug sollte sich Polen ein Beispiel an Italien oder Frankreichs nehmen, wie Beck in seinen Aufzeichnungen über das Gespräch mit Hitler am 5. Januar 1939 notierte, und sich auf politischem Gebiet kompromissbereit zeigen: *„Er betonte, daß er in diesem Falle bereit wäre, eine ähnliche Erklärung abzugeben, wie sie in Frankreich in Bezug auf Elsaß-Lothringen und Italien hinsichtlich des Brenners gemacht habe."*[141] Die Polen, zu diesem Zeitpunkt von der US-Diplomatie in ihrer Unnachgiebigkeit gestärkt, blieben jedoch stur und nach der Bündnisverweigerung Polens wurde aus dem Minderheitenproblem ein „Casus Belli" konstruiert.[142] Die Polen machten es dabei den Deutschen auch nicht allzu schwer, denn im Frühjahr und Sommer 1939 organisierte die Presse politische Wahrnehmungsmuster, die eine Atmosphäre der Gewalt gegenüber der deutschen Minderheit provozierten. Exemplarisch belegt dies ein Artikel in der Zeitschrift „Pielgrzym"; dort forderte der Verfasser, dass *„eine Millionen Hektar polnischen Bodens in deutschen Händen ... den Deutschen endlich weggenommen werde."*[143]

Eine Ausrichtung der deutschen Expansion in Richtung Ukraine barg im Hinblick auf die Minderheitenfrage großen Sprengstoff für den polnischen Staat, machte doch die ukrainische und weißruthenische Bevölkerung rund ein Viertel der Einwohner aus. Deren Selbstbestimmung hätte größere Zentrifugalkräfte aktiviert, als die deutschen Revisionsforderungen.[144] Während der Zeit der Annäherung ga-

138   Roos 1965, S. 380.
139   ADAP D, Band IV, Dok. 287. Dirksen an AA, 4. Januar 1939: *„Wenn dagegen ein ukrainischer Staat mit deutscher – auch militärscher – Hilfe unter der von der von Deutschland ausgiebig verbreiteten, psychologisch geschickten Parole: „Selbstbestimmung für die Ukraıne ..." entstehen würde, so würde dies von den maßgeblichen hiesigen Kreisen und der britischen Öffentlichkeit hingenommen werden."* Ebda, S. 317.
140   Zum Vergleich lesenswert: Polnisches Weissbuch 1940.
141   Polnisches Weissbuch 1940, Dok. 48.
142   Vgl. Roos 1964, S. 158f.
143   BA-Berlin, R/901, Nr. 60886, S. 34: *„In der in Pelplin erscheinenden Zeitschrift „Pielgrzym" ist – wie der Warszawski Dziennik Narodowy 16.7. berichtet – ein Artikel von Wlodzimierz Dworsak erschienen ..."*
144   Vgl. Roos 1965, S. 172.

ben die Polen das ältere Bündnis mit Frankreich als Sicherung gegen Deutschland nie auf. Ein Beitritt zum Antikominternpakt kam für sie nicht in Frage, da dies zu kompromittierend gegenüber der Sowjetunion gewesen wäre und der Unabhängigkeit der polnischen Außenpolitik die zentrale Grundlage entzogen hätte.[145] Die Idee eines polnisch geführten „Dritten Europas" zeigt, dass man in Warschau die eignen politischen Kräfte überschätzte. In ihrer Summe waren Hitlers Vorschläge für die Warschauer Regierung suspekt, ehrverletzend und unannehmbar, denn sie zielten in Bezug auf Danzig und den Korridor darauf ab, Polen in ein Abhängigkeitsverhältnis zu bringen und Warschau zum Satelliten Berlins zu machen.[146] Außerdem fühlte man sich von den Deutschen getäuscht, da diese zwischen Mai 1933 und Herbst 1938 immer wieder betont hatten, nichts am Status von Danzig und dem Korridor verändern zu wollen.[147]

Die Polen hielten 1939 eine ehrliche Feindschaft für erstrebenswerter als eine falsche Freundschaft und, wie Kennedy treffend bemerkte, *„die Polen sind keine Tschechen + sie werden kämpfen."[148]* Nach Tatkräften wurden sie in ihrer Haltung von der US-Diplomatie frühzeitig unterstützt, als in Großbritannien und Frankreich die deutsch-polnischen Spannungen noch nicht erkannt waren. Die Amerikaner hatten dabei leichtes Spiel, denn die Polen fühlten sich seit tausend Jahren von den Deutschen existenziell bedroht und sahen sich ausschließlich in der Rolle der Opfer, nie in der der Täter.[149] Der Warschauer US-Botschafter Biddle, der den jungen John F. Kennedy so profund über die Problematik aufklärte, war der einzige ausländische Abgesandte, der seitens der polnischen Diplomatie über die Verhandlungen bezüglich Danzig und dem Korridor zu Beginn des Jahres 1939 informiert wurde. Auch im Fortgang der Krise verfügte die USA über einen Informationsvorsprung, da französische und britische Diplomaten (die erst im März 1939 von Beck informiert wurden) nie vollständig unterrichtet wurden. Die Entscheidung von Marschall Rydz-Smigly und Polens Außenminster betreffs einer endgültigen Absage an die Reichsregierung auf der Basis ihrer Antwort vom 19. November 1938 war wahrscheinlich auch durch die Diplomatie der USA beeinflusst.[150] Für Hitler, der sich im Sommer 1939 mit seinem Vabanque-Spiel verkalkuliert hatte, stand in der

---

145 Vgl. Roos 1965, S. 395.
146 Vgl. Wojciechowski 1990, S. 273, vgl. Roos 1964, S. 153, S. 158f.
147 Polnisches Weissbuch 1940.
148 Kennedy 2013, S. 138. Vgl. auch Overy 2012, S. 22.
149 Zurek 2005. Zurek bezieht sich auf das Jahr 1965. Das Zitat, zumal es mit Pilsudskis Äußerung aus dem Jahr 1934 korrespondiert, hat auch für das Jahr 1939 Gültigkeit.
150 Vgl. Roos 1965, S. 395. *„Es war also die tausend Jahre alte Deutschfeindlichkeit der polnischen Nation, die im Verein mit amerikanischen Einflüssen zur Ablehnung der Hitlerschen Vorschläge entscheidend beitrug."* Ebda S. 399. Vgl. auch: Drittes Weißbuch 1940, Dok. 4, Dok. 6, Dok. 7.

Retrospektive eine Einflussnahme von außen zweifelsfrei fest, als er am 4. Februar 1945 Bormann diktiert: *„Auf sich allein gestellt, ohne von den anglo-französischen Kriegshetzern, den Werkzeugen der Juden aufgestachelt zu sein, hätten die Polen niemals Harakiri begangen."*[151] Wie Marschall Pilsudski bei all seinem staatsmännischen Weitblick reagiert hätte, und ob es ihm gelungen wäre, in einer so komplexen Konfiguration, wie sie im Jahre 1939 bestand, Polen neutral zu halten, ist selbst für einen Experten wie Hans Roos eine kaum zu beantwortende Frage.[152]

Wie es allerdings passieren konnte, dass dieser lokale Konflikt, der militärisch schnell entschieden wurde, eine Eigendynamik entwickelte, die zum Auslöser eines globalen Krieges werden konnte, der mit Atombombenabwürfen in Japan beendet wurde, bedarf eines Blickes auf die anderen beteiligten Mächte. Anders formuliert, Polen war – wie 1914 Serbien und Belgien – nur der äußere Anlass für die nachfolgenden Ereignisse.

---

151 Hitler 1981, S. 46.
152 Vgl. Roos 1964, S. 400.

ZWEITER TEIL – DIE VERLIERER

Kapitel 2: Großbritannien und die Bewahrung des Weltreichs

Grundlagen der Appeasement-Politik

Die ursprüngliche Idee der Pariser Vorortverträge war die Schaffung einer Struktur kollektiver Sicherheit nach den Vorstellungen der siegreichen Mächte des Ersten Weltkrieges. Zwischen 1931 und 1940 wurde dieses System durch vier Mächte vollständig dekonstruiert, wobei zwei der verantwortlichen Akteure – Italien und Japan – 1919 Konferenzteilnehmer waren. Diese beiden Länder waren in Bezug auf ihre industrielle Entwicklung und ihre vorhandenen natürlichen Ressourcen im Vergleich zu den anderen Großmächten der multipolaren Welt relativ schwach und ohne die parallel laufenden Aktionen Deutschlands, eine Revision des Versailler Vertrages zu erzwingen, ist es unwahrscheinlich, dass Italien und Japan so expandiert hätten, wie es dann tatsächlich der Fall war. Andererseits wären Hitlers außenpolitische Erfolge der Jahre 1933 bis 1939 ohne stillschweigendes Einverständnis, teilweise sogar mit Ermunterung, englischer Politiker nicht möglich gewesen.[153] Ebenfalls ist es unwahrscheinlich, dass die Sowjetunion ihren Machtbereich um rund 200 Kilometer nach Westen hätte ausdehnen können, wenn Hitler und Stalin sich im Sommer 1939 nicht angenähert hätten. Der deutsch-sowjetische Nichtangriffspakt mit dem geheimen Zusatzprotokoll wiederum kam zustande, nachdem die Appeasement-Politik im März 1939 einer Kursänderung unterworfen war, die wie noch aufgezeigt wird, das Ergebnis eines Machtkampfes zwischen dem britischen Premier Chamberlain und seinem Außenminister Halifax (und den hinter diesen Entscheidern stehenden Gruppen) war und dessen Ausgang von außen durch die USA erzwungen wurde. Da das eigentliche Ziel der „Beschwichtigungspolitik" – die ressourcenschonende Verteidigung der weltweiten Interessen des Empires – nicht erreicht wurde, wird das Entgegenkommen gegenüber Aggressionen als politische Strategie heute negativ bewertet. Die Appeasement-Politik scheiterte aber nicht, das ist eine der Thesen dieser Arbeit, weil ihre Prämissen alle falsch waren, sondern weil sie abgebrochen

---

153 Vgl. Quigley 2007, S. 415, S. 417. Die Sowjetunion wird bei Quigley erstaunlicherweise nicht als aggressive Macht lokalisiert.

wurde, bzw. weil sie sich sukzessive nach „München" in ein doppelbödiges Spiel verwandelte, welches außer Kontrolle geriet.

Untrennbar verbunden mit dem Scheitern dieser politischen Strategie sind die Architekten der britischen Außenpolitik jener Zeit, Premier Neville Chamberlain und sein Außenminister Lord Halifax (Edward Wood). Auf den zweiten Blick lässt sich noch eine Gruppe von Aristokraten und Angehörigen der britischen „Upperclass" lokalisieren, welche dem Umfeld von Chamberlain und Halifax zuzuordnen sind. Für diese Gefolgsleute der Spitzenpolitiker existieren verschiedene Namen, wobei Cliveden-Gruppe („Cliveden Set ") noch der bekannteste ist. Der Name „Cliveden" leitet sich von dem gleichnamigen Herrenhaus der Familie Astor ab, den Besitzern der „Times", wo sich die aristokratischen Mitglieder häufig zu Gesprächen trafen. Geprägt wurde der Begriff von einem britischen Journalisten in der kommunistischen Zeitung „The Week".[154] Die Aktivitäten dieser Gruppe wurden 1993 von James Ivory in der Filmproduktion „Was vom Tage übrigblieb" (The Remains of the day) stimmungsvoll in Szene gesetzt, Dichtung und Wahrheit geschickt kombiniert: Auf einem herrschaftlichen Landsitz, von „Cliveden" inspiriert, treffen sich regelmäßig prodeutsche britische Aristokraten. Die Gäste teilen die Auffassung, dass Deutschland nach dem Ersten Weltkrieg ungerecht behandelt wurde. Sie treffen dort auch Nazis, die so gar nicht zu der Atmosphäre von Diskretion und Würde dieses Kreises passen. Nach dem Krieg ist der Hausherr deshalb diskreditiert und vereinsamt. Sir Anthony Hopkins brilliert in der Rolle des unpolitischen Hausdieners, der seinem Herrn loyal bis zu dessen Tod zur Seite steht. Jenseits von Film und Fiktion ist die Bezeichnung „Cliveden Set" ein Hinweis auf eine Besonderheit in der britischen (Außen-)Politik: Das traditionelle Verhalten der britischen „Upperclass" sich in verschwiegenen formellen und informellen Gruppen zu organisieren und mittels dieser Netzwerkverbindungen einen nicht unerheblichen Einfluss auf die außenpolitische Orientierung des Landes zu nehmen. Bevor in einem eigenen Kapitel auf die Verflechtungen dieser verschiedenen Gruppen mit den Entscheidungsträgern der Appeasement-Politik eingegangen wird, ist es sinnvoll die Darstellung der offiziellen Geschichtsschreibung vorzustellen.

Dementsprechend war die Appeasementkonzeption eine Reaktion auf die real existierende Destabilisierung des Weltwirtschaftssystems und die einhergehenden Kräfteverlagerungen in der seinerzeitigen multipolaren Welt. Die globale Wirtschaftskrise hatte die Londoner Regierung zu einer Abkehr vom Goldstandard und Freihandel hin zu einem relativ autonomen Wirtschaftssystem mit dem Sterlingblock als Leitwährung gezwungen. Die sicherheits- und verteidigungspolitischen Maßnah-

---

154 de.m.wikipedia.org, abgerufen am 07.12.2015.

men in den 1930er Jahren waren von dem Bewusstsein geprägt, dass internationale Krisenherde die strategische Überdehnung des britischen Weltreichs offenlegen würden und eine Gefahr für dessen territoriale Integrität darstellten. Damit Krisen möglichst nicht eskalierten, und falls ja diese Großbritannien möglichst wenig berührten, bemühten sich die Londoner Politiker konfliktbereiten – befreundeten wie feindlichen – Mächten mittels Eindämmung und Beschwichtigen entgegenzukommen. Getragen von der Kenntnis, dass die Handlungsspielräume der englischen Staatskunst begrenzt waren, sollte eine *„Politik psychologischer Gesten"* (Gustav Schmidt) auf dem Feld der internationalen Diplomatie helfen, eigene Ressourcen zu schonen. Die englischen Aufrüstungsmaßnahmen beispielsweise sollten gegenüber Frankreich des Vertrauen stärken, gegenüber Deutschland abschreckend wirken und die innenpolitische Willensbildung vor den Einflüssen fremder Staaten abschirmen. Im Herbst 1934 sahen die Politiker in London die Zeit gekommen – während einer politischen Schwächeperiode Frankreichs und der Wiederkehr Deutschlands als Machtfaktor innerhalb des multipolaren Staatensystems – die Chancen für einen Ausgleich mit Deutschland auszuloten. Innenpolitisch sollte diese Strategie Reformen und der volkswirtschaftlichen Erholung zugutekommen. Die industriell-wirtschaftliche Erholung war gleichzeitig die Basis für die Aufrüstung.[155]

Aus vorgenannten Gründen waren die Briten bis 1939 nicht bereit, Drahtzieher einer Einkreisungspolitik zu werden und suchten einen bilateralen Konsens mit Deutschland. Die sogenannte Stresafront – eine Konferenz der englischen, französischen und italienischen Regierungschefs im oberitalienischen Stresa, in der diese die einseitige Aufkündigung von Verträgen durch Hitler verurteilten – wurde von den Briten selbst aufgebrochen, indem sie am 18. Juni 1935 das zweiseitige Deutsch-britische Flottenabkommen abschlossen. In London hatte man andere Interessen als in Paris oder Rom und entzog sich französischen und italienischen Bemühungen, die deutschen Revisionsbestrebungen zu vereiteln. Dies lag zum einen in dem traditionellen Mistrauen Londons, sich frühzeitig bündnispolitisch festzulegen und dadurch Handlungsoptionen aufzugeben. Außerdem war man in London der ambivalenten französischen Politik überdrüssig, deren Methoden darin bestanden, gegenüber Deutschland hart aufzutreten und sich gleichzeitig, Unterstützung einfordernd, an britische Rockzipfel zu hängen. Im Januar 1935 hatten sich das britische Außenministerium und der Generalstab darauf geeinigt, Deutschland ein gewisses Maß an Aufrüstung zuzugestehen, um es sicherer in ein gesamteuropäisches Bündnissystem einbeziehen zu können.[156]

---

155   Vgl. Schmidt 1981, S. 602ff.
156   Vgl. Schmidt 2002, S. 175f.

Die offizielle Geschichtsschreibung, welche sich mit dem geheimen konspirativen Netzwerk in der britischen Politik dieser Zeit nicht beschäftigt, wirft Chamberlain, dem zentralen Architekten der Appeasement-Politik und Mitunterzeichner des Münchner Abkommens vom 29. September 1938 und seinen Gefolgsleuten drei Fehleinschätzungen vor. Die erste, dass sie glaubten, Hitler und Mussolini seien rationale Politiker die ein abgegebenes Versprechen einhalten würden. Die zweite Fehleinschätzung beruhte auf der Überzeugung der Appeasment-Politiker, dass das in Versailles geschaffene Vertragssystem ungerecht sei und vor der Auflösung stand. Seine dritte Fehleinschätzung war die Annahme, dass gegenüber Deutschland bedeutende Konzessionen das bilaterale Verhältnis verbessern würden, denn dies war gleichbedeutend mit einer Abkehr der britischen Politik des Kräftegleichgewichts in Europa.[157] Zusammengefasst lautet die Kritik an Chamberlains Politik, dass Hitler grundsätzlich nicht zu beschwichtigen war, da er dermaßen auf eine territoriale Neuordnung fixiert war, dass er sich mit kleineren Anpassungen, wie es dem britischen Premier vorschwebte, nicht zufriedenstellen ließ.[158]

Diese Kritik berücksichtigt die Zeitumstände allerdings kaum und schaut ausschließlich auf den europäischen Kontinent. Betrachtet man nüchtern die multipolare Welt des Jahres 1937, so lässt sich die geostrategische Ausgangslage, die Chamberlain zum Zeitpunkt seines Regierungsantritts vorfand folgendermaßen beschreiben: Das britische Empire hatte seine größte Ausdehnung erreicht und als einzige Großmacht war es in alle globalen Konflikte seiner Zeit verwickelt – im Fernen Osten gegen Japan, im Mittelmeer und Afrika gegen Italien und auf dem Kontinent gegen Deutschland. Die Dominions waren – dies hatte die Empirekonferenz von 1937 gezeigt – nicht mehr in dem gleichen Maße wie noch 1918 bereit, für einen europäischen Krieg ihre Ressourcen zur Verfügung zu stellen.[159] Das von London aus regierte Weltreich umfasste ein Viertel der Menschheit und ein Viertel der Landfläche der Erde, verfügte aber nur über neun bis zehn Prozent der Produktionskraft und des „Kriegspotentials". Begreiflicherweise überforderte der geographische Einflussbereich im Falle eines globalen Konfliktes die materiellen und personellen Ressourcen, was als Kennzeichen einer strategischen Überdehnung zu werten ist.[160] In gewisser Weise ähnelte der beginnende Niedergang des Empires dem Zustand des untergegangenen Österreich-Ungarn 1914, einem Reich das im Kriegsfall nichts gewinnen konnte, aber alles zu verlieren hatte.[161] Der At-

---

157 Vgl. Adamthwaite 1990, S. 199f.
158 Vgl. Kennedy 1989, S. 509.
159 Vgl. Schmidt 2002, S. 232ff.
160 Vgl. Kennedy 1989, S. 481f.
161 Vgl. Charmley 2005, S. 20.

lantik mit seinen zahlreichen Stützpunkten war 1937 noch ein britisch beherrschter Ozean: Vor den amerikanischen Küsten verfügte das Empire über Stützpunkte in Neufundland, Neuschottland, den Bermudas, auf den Bahamas, Britisch-Honduras, den Cayman-Inseln, Jamaika, den Kleinen Antillen, Trinidad und den Falklandinseln. Im Südatlantik waren Südgeorgien, Südorkney, Südshetland und St. Helena britische Inseln.[162] Dank dieser Sperrinseln war das Britische Empire in der Lage, die wichtigsten Seewege zwischen Europa, Afrika und Amerika zu kontrollieren.[163]

Für Chamberlain kam die „amerikanische Karte" als Alternative zur Appeasement-Politik, im Gegensatz zu seinem Nachfolger Churchill, nicht in Frage. Er differenzierte sehr deutlich zwischen warmen Worten aus Washington auf der einen und konkreten möglichen Hilfen auf der anderen Seite, oder wie es Sir Samuel Hoare, ein Vertrauter des Premiers ausdrückte: *„Im Januar 1938 war Chamberlain überzeugt, daß der Isolationismus eine wirksame amerikanische Aktion unmöglich machte."[164]* Außerdem ging es ihm nicht um die Vernichtung Hitlers oder des Deutschen Reichs, sondern um die Bewahrung des britischen Weltreichs. Eine hierbei von ihm angewendete Strategie war die Reduzierung der Anzahl der Feinde. Die fragilen Grundlagen der britischen Macht sah Chamberlain viel deutlicher als sein Nachfolger. Der später als Appeasement-Politiker so Gescholtene erkannte frühzeitig, welche Risiken für England im Falle eines großen Krieges bestanden, selbst wenn es am Ende auf der Seite der Sieger stand. Deshalb versuchte er, durch eine umsichtige Diplomatie eine bevorstehende militärische Auseinandersetzung abwenden zu können. Wegen Osteuropa wollte Chamberlain eigentlich keinen Krieg führen. Er stand aber vor dem Dilemma, dass internationales Recht von Hitler nicht beliebig gebrochen werden konnte und es nicht hinnehmbar war, wenn Deutschland sich eine beliebige Anzahl von Territorien in Osteuropa einverleiben würde. Um einer derartigen Entwicklung vorzubeugen, verfolgte er eine zweispurige Strategie. Zum einen initiierte Chamberlain ein umfangreiches Rüstungsprogramm. Parallel dazu wollte er mit Hitler Verhandlungen führen, wenn dessen Forderungen objektiv begründet waren und sich innerhalb eines vernünftigen Rahmens bewegten. Damit diese Strategie einer Kriegsvermeidung und gleichzeitigen Anerkennung natürlicher deutscher Interessensphären funktionieren konnte, war es entscheidend, auf welche Art und Weise Deutschland seine hegemonialen Ansprüche in Osteuropa durchsetzen würde.[165] Exemplarisch für dieses *„kostengünstige Krisenmanage-*

---

162   Vgl. Leers 1940, S. 96ff.
163   Vgl. Leers 1940, S. 101.
164   Hoare 1955, S. 244.
165   Vgl. Charmley 1997, S. 301ff.

ment statt Krieg" (Rainer F. Schmidt)[166] zur Lösung durch den Versailler Vertrag entstandener Probleme steht das Münchner Abkommen vom 29. September 1938, welches aber auch das Ende der ersten Tschechoslowakischen Republik bedeutete. Sowohl die etablierten Historiker als auch Vertreter einer revisionistischen Geschichtsschreibung sind sich darüber einig, dass mindestens bis zur Münchner Konferenz und der anschließenden gemeinsamen Erklärung von Hitler und Chamberlain diese Politik von Halifax voll unterstützt wurde.

Ein Beleg für die Richtigkeit dieser Annahme sind die Aufzeichnungen über das Treffen von Hitler mit Halifax am 19. November 1937 auf dem Obersalzberg, aus denen klar hervorgeht, dass der Brite, zu diesem Zeitpunkt Lordsiegelbewahrer und stellvertretender Außenminister, wie sein Premier Verständigungsbereitschaft im Hinblick auf revisionistische und expansive Ziele Deutschlands signalisierte. Die britische Regierung würde Deutschland keine Steine in den Weg legen, wenn es seiner Rolle als *„Bollwerk des Westens gegen den Bolschewismus"* weiterhin gerecht werden würde und wenn Berlin seine Ziele auf dem Verhandlungsweg erreichen würde. Sowohl in Kolonialfragen als auch bei der durch den Versailler Vertrag verursachten europäischen Probleme wurde Entgegenkommen angedeutet. Halifax betonte, *„daß keine Änderungsmöglichkeit des bestehenden Zustandes ausgeschlossen sein sollte, daß aber Änderungen nur auf Grund einer vernünftigen Regelung erfolgen dürften. ... Änderungen der europäischen Ordnung"* würden *„wahrscheinlich früher oder später eintreten ... Zu diesen Fragen gehöre Danzig und Österreich und die Tschechoslowakei. England sei nur daran interessiert, daß diese Änderungen im Wege friedlicher Evolution zustande gebracht würden."*[167]

Halifax sprach also bei seinem Treffen mit Hitler genau jene Orte an, welche die heutige Geschichtsschreibung als Meilensteine im Hinblick auf den Weg in den Weltkrieg lokalisiert. Mit der Sturheit der Polen hatten beide Gesprächspartner nicht gerechnet, denn die deutsche Politik war seit 1934 bemüht, die Beziehungen zum östlichen Nachbarn zu entspannen und mit seiner Betonung auf friedliche Lösungen ging Halifax davon aus, dass ein Kompromiss um Danzig gefunden werden könnte. Im Gegensatz zu Chamberlain, der seiner Beschwichtigungspolitik bis zum Kriegsausbruch treu blieb und auch nach Kriegsbeginn versuchte, mittels Geheimabsprachen die Fäden nach Deutschland nicht abreißen zu lassen, änderte Halifax nach „München" seine Auffassung und es kam zu einem Konflikt und Machtkampf der beiden Spitzenpolitiker und der hinter ihnen stehenden Gruppen von Beratern, worauf im Folgenden näher eingegangen werden soll.

---

166 Schmidt 2002, S. 233; vgl. auch Schmidts Analyse zur Appeasementkonzeption Chamberlains, S. 232-243.
167 ADAP D, Bd. I, Dok. 31, Anlage, S. 47, S. 49, S. 52.

Tieferliegende Motive und Strukturen der Appeasement-Politik

Dem amerikanischen Hochschullehrer Caroll Quigley (1910-1977), Bill Clintons ehemaligem Lehrer an der renommierten Georgetown-Universität, ist es zu verdanken, dass weitere Facetten der Appeasement-Politik offen gelegt wurden. Zu diesem Thema schrieb Quigley zwei Arbeiten, die man guten Gewissens als Enthüllungsbücher bezeichnen kann: 1) „The Anglo-American-Establishment", in den späten 1940er Jahren verfasst, bis 1965 noch ergänzt und posthum 1981 publiziert. Dieses Werk beschäftigt sich detailliert mit Beziehungsfäden in der britischen Außenpolitik von der Zeit des Hochimperialismus bis zum Ende des Zweiten Weltkrieges. Die Methodik des Buches folgt wissenschaftlichen Maßstäben und die einzelnen Kapitel sind mit Anmerkungen versehen. 2) In seinem Hauptwerk „Tragedy and Hope" von 1966 schreibt er auf rund 1.300 Seiten eine Geschichte des 20. Jahrhunderts. Große Teile des Buches sind klassische Geschichtsschreibung, wobei auffällt, dass seine Analysen außerordentlich prägnant sind und die Informationsdichte hoch ist. In wenigen Sätzen werden (zum Teil heikle) Sachverhalte mit enormer Präzision und Schärfe formuliert. Das Buch, welches weder in akademischen Kreisen noch der in breiten Öffentlichkeit ein großer Erfolg wurde, entwickelte sich seit Anfang der 1970er zu einem Klassiker der Verschwörungstheorie, da Quigley mit seinem Erklärungsansatz für Netzwerkverbindungen nicht nur von Historikern gemeinhin gemiedenes Gelände betritt und die tatsächlich vorhandenen Verbindungen einflussreicher Gruppen so verdichtet und strukturiert, dass auf die Existenz eines internationalen, anglophilen Netzwerkes aus Kreisen der Hochfinanz und der „Upperclass" geschlossen werden muss, welches während des ganzen thematisierten Zeitraumes im Hintergrund die Fäden zog und einen nicht unerheblichen Einfluss auf den Verlauf der Zeitgeschichte hatte. Das eigentlich brisantere Buch „The Anglo-American-Establishment" war zu diesem Zeitpunkt noch nicht veröffentlicht. Klassiker der Verschwörungstheorie wie Gary Allens „None date it Conspiracy" („Die Insider" bzw. „Keiner traut sich Verschwörung zu sagen") von 1971, also Bücher die der amerikanischen und britischen Regierung geheime und verschwörerische Aktivitäten unterstellen, sind unmittelbar von Quigley beeinflusst.[168]

Entflechtet man den umstrittenen Teil von „Tragedy and Hope" (also die Frage ob es ein geheimes, rigide und hierarchisch organisiertes, anglophiles, formelles Netzwerk gab[169]) von dem unstrittigen Teil des Werkes (der Existenz verschiedener einflussreicher Gruppen im britischen und amerikanischen Establishment) lassen

---

168 Vgl. Quigley 2007, S. 20.
169 Eine kritische Analyse liefert Andreas Bummel 08.10.2003.

Obersalzberg, Berghof – der Lordsiegelbewahrer und stellvertretende britische Außenminister Halifax trifft am 19. November 1937 Hitler. Der Brite signalisiert im Einvernehmen mit Premier Chamberlain Verständigungsbereitschaft im Hinblick auf revisionistische und expansive Ziele Deutschlands, betont aber auch, dass die „Änderungen nur auf Grund einer vernünftigen Regelung erfolgen dürften. ... Nur ein Land, Sowjet-Rußland, könne bei einem allgemeinen Konflikt gewinnen." V. l. n. r.: Chefdolmetscher Paul Schmid, Lord Edward Frederick Halifax, Reichsaußenminister Konstantin von Neurath, Adolf Hitler.

sich die verborgenen Strukturen der britischen Politik ungefähr folgendermaßen skizzieren: Bei den Trägern der britischen Appeasement-Politik handelte es sich um keine homogene Gruppe, sondern um mehrere Richtungen, deren 1) *„Motive sich im Laufe der Zeit änderten, weil die Motive der Regierung eindeutig nicht die gleichen waren wie die des Volkes"* und 2) *„in keinem Land Geheimhaltung und Anonymität so weit getrieben, beziehungsweise so weit gewahrt wurden wie in Großbritannien."*[170] Quigley konnte folgende Blickweisen ausmachen, die sich *„wie die Schalen einer Zwiebel voneinander unterschieden: 1) die Antibolschewisten im Zentrum, 2) die Unterstützer einer „Drei-Blöcke-Welt" nahe dem Zentrum, 3) die Anhänger des Appeasements und 4) die „Frieden-um-jeden-Preis"-Fraktion in einer peripherischen Position."*[171] Während die Richtung der Blickweise der

---

170 Quigley 2007, S. 428.
171 Quigley 2007, S. 428.

radikalen Pazifisten keiner weiteren Erläuterung bedarf und unter „Appeaser" die Anhänger jener Beschwichtigungspolitik verstanden werden, auf die bereits eingegangen wurde, ist die Theorie der Existenz von „Antibolschewisten" und Anhängern einer „Drei-Blöcke-Welt" grundsätzlich erläuterungsbedürftig und von großer Relevanz, da Chamberlain und seine Gruppe gemäß dieser These den Antibolschewisten zuzurechnen ist und Halifax und seine Vertrauten zur Fraktion der „Drei-Blöcke-Leute" gehörten.[172]

Die Idee der Antibolschewisten war, zwei Fliegen mit einer Klappe zu schlagen, indem sie mittels stillschweigendem Einverständnis und Ermunterung eine geostrategische Situation schaffen wollten, in der sich Deutschland und Russland in Osteuropa gegenseitig neutralisierten. Zwei Feinde sollten in eine Pattsituation gebracht werden oder Deutschland sollte durch rumänisches Öl und ukrainischen Weizen zufriedengestellt werden. Niemand hielt es für möglich, dass die beiden ideologischen Todfeinde auch nur temporär gemeinsame Sache machen könnten. Genausowenig kam jemand auf die Idee, dass Russland Deutschland schlagen könnte und Mitteleuropa unter Kommunistischen Einfluss geraten könnte. Dieser Plan, Deutschland und Russland auf Kollisionskurs zu führen, teilten nicht alle Mitglieder im oder nahe dem Machtzentrum der britischen Regierung, aber sie findet sich bei Chamberlain und seiner antibolschewistischen Gruppe, zu der Sir Horace Wilson, Sir John Simon und Sir Nevile Henderson gehörten.[173] Die antibolschewistische Position des Britischen Premiers kommt gut in einer Notiz vom 26. März 1939 zum Ausdruck, wo er schreibt, *„Ich muss gestehen, dass ich das tiefste Misstrauen gegen Russland hege. Ich habe nicht das geringste Zutrauen in seine Fähigkeit, eine wirksame Offensive zu unternehmen, selbst wenn es dies wollte. Und ich misstraue seinen Motiven, die offenbar nur wenig mit unseren Auffassungen von Freiheit gemeinsam haben ... Hinzu kommt, dass viele kleine Staaten Russland mit Hass und Misstrauen gegenüberstehen, vor allem Polen, Rumänien und Finnland."*[174]

Damit die riskante Strategie, das nationalsozialistische Deutschland gegen die Sowjetunion in Stellung zu bringen zum Erfolg führte, war das Eintreten mehrerer Prämissen erforderlich. Quigley führt drei Voraussetzungen an: 1) Die zwischen Deutschland und Russland stehenden Länder mussten liquidiert werden, damit wie 1914 die beiden militärischen Giganten des Kontinents eine gemeinsame Grenze

---

172　Vgl. Quigley 2007, S. 430.

173　Vgl. Quigley 2013, S. 265 und S. 276. Vgl. hierzu auch die Analyse von A.J.P. Taylor, der pointiert schreibt: *„Rußland sollte für die britischen Interessen kämpfen, Großbritannien und Frankreich aber nicht für die russischen."* Taylor 1962, S. 254.

174　Feiling 1947, S. 403, Übersetzung in: Schmidt 2002, S. 240.

hatten; 2) Es musste verhindert werden, dass Frankreich seine Allianzen mit diesen Ländern ernst nehmen würde; 3) Die öffentliche Meinung in Großbritannien musste entsprechend geblendet werden, damit diese von der Alternativlosigkeit dieser Politik überzeugt werden konnte.[175] Mit ihrer Strategie war die Chamberlain-Gruppe überaus erfolgreich gewesen und die Geschichte wäre so verlaufen, wie es sich die Gruppe der Antibolschewisten vorstellte – d.h. irgendwann in den 1940er Jahren kommt es zu einem Konflikt zwischen Deutschland und der Sowjetunion ohne dass das Britische Empire und Frankreich mit hineingezogen werden – wenn laut Quigley nicht folgende Störfälle eingetreten wären: *„Die Sturheit der Polen, die unziemliche Eile Hitlers und der Umstand, dass kurz vor zwölf die Milner-Gruppe [d.h. die Halifax-Gruppe] die Folgen ihrer Politik realisierte und versuchte, sie umzukehren."*[176]

Es lag aber auch noch an anderen Gründen, warum dieser Plan letztendlich scheiterte: Zum einen, Iwan Maiski, Stalins Botschafter in London, durchschaute das doppelbödige Spiel Chamberlains;[177] Moskau sendete verheißungsvolle Signale nach Berlin und die Personalie Litwinow (der sowjetische Außenkommissar mit jüdischen Wurzeln) wurde durch Molotow ersetzt. Außerdem provozierte die „Reichskristallnacht" einen Aufschrei der Empörung in der englischen Presse; wortgewaltige Figuren wie Churchill, die eigentlich in der Versenkung verschwunden waren, erhielten kostenloses Marketing durch die deutsche Seite. Der vielleicht ausschlaggebendste Grund jedoch war, dass Präsident Roosevelt und seine europäischen Botschafter erfolgreich im Hintergrund intrigierten. Es gelang ihnen – wie bereits oben angedeutet – die Polen in ihrer Kompromisslosigkeit zu stärken und dann erfolgreich ins Messer laufen zu lassen, auch Frankreich wurde zum Widerstand gegen Deutschland ermuntert und – dies ist das entscheidende – mittels Geheimdiplomatie wurde eine Spaltung zwischen der Chamberlain-Gruppe im britischen Machtzentrum 10 Downing Street und der Halifax-Gruppe im Außenministerium erwirkt.

Mit dem Stichwort „Milner Group" bezeichnete Quigley die Anhänger von Halifax, schwerpunktmäßig vertreten im Außenministerium, welche eine gegenüber den Antibolschewisten modifizierte geostrategische Idee mit der Theorie der

---

175 Vgl. Quigley 2013, S. 266.
176 Quigley 2013, S. 266.
177 Maiski notierte am 11. Mai 1939 in sein Tagebuch: *„Gestern sprach Chamberlain in der Kammer über die britisch-sowjetischen Verhandlungen und erklärte nebenbei, die brit. Reg. unternehme alles, um den Verdacht der sow. Reg. zu zerstreuen, England und Frankreich wollten die UdSSR in einen Krieg gegen Deutschland treiben und sich selbst aus dem Staub machen."* (Zit. nach: Besymenski 2003, S. 161). Zwei Monate später hält der Botschafter fest, *„Chamberlain fürchtet, daß die UdSSR Hitler nach Westen treibt! Die Gleichung stimmt, aber mit umgekehrten Vorzeichen."* (Zit. nach: Besymenski 2003, S. 164).

„Drei-Blöcke-Welt" vertraten. Für die damalige multipolare Welt mit ihren unterschiedlichen Machtzentren war sie realitätsnaher, als man es sich heute vorstellen kann. Die Anhänger dieses geostrategischen Konzepts glaubten „*dass dieses System Deutschland (nach der Einverleibung Europas) zwingen könnte, Frieden zu halten, weil es zwischen dem Atlantischen Block und der Sowjetunion eingezwängt wäre, während die Sowjetunion zum Frieden gezwungen werden könnte, weil sie zwischen Japan und Deutschland eingezwängt wäre.*"[178] Im Gegensatz zum antibolschewistischen Kreis um Chamberlain war die „Milner-Gruppe" in Struktur und Charakter so etwas wie eine formelle Gruppe mit eigener Geschichte, einem eigenen Journal, fester organisiert und zweckbewusst aufgebaut, auch wenn typische Kriterien wie Satzung oder Richtlinien fehlten. Der Namensgeber Lord Milner war vermutlich der einflussreichste britische Intellektuelle des 20. Jahrhunderts, dessen Namen nur deshalb kaum jemand kennt, da die nach ihm benannte Gruppe „*stets im Geheimen und hinter den Kulissen agierte.*"[179]

Netzwerkverbindungen im „Anglo-American Establishment"

Der Begriff „Milner-Gruppe" ist für den Historiker Quigley die Bezeichnung für eine verborgene Interessengemeinschaft, eine einflussreiche Organisation der Funktionselite, welche über einen jahrzehntelangen Zeitraum fest umrissene Ziele verfolgte und Einfluss auf die politischen Entscheidungen der jeweiligen Regierungen nahm. Während dieser Zeit tauchten verschiedene informelle Bezeichnungen und Namen auf, die nach Quigleys Theorie aber immer die gleiche Organisation beschreiben, manchmal ihren Kern, manchmal die Ränder:

- „the Group", „the Band" oder einfach nur „Uns" [„Us"][180]
- „the Toynbee group", „the Cecil Bloc"
- „the secret society of Cecil Rhodes", „the dream of Cecil Rhodes"
- „Milner's Kindergarten", „the Round Table Group"
- „The Times crowd", „the Rhodes crowd"
- „Chatham House", „All Souls group", „Cliveden set"[181]

Da alle diese informellen Bezeichnungen aus dem einen oder anderen Grund unbefriedigend sind, behilft sich Quigley mit dem übergeordneten Begriff „Milner-Gruppe", benannt nach Lord Alfred Milner (1854–1925), einem der schillerndsten Figuren der Epoche des Hochimperialismus. Zum einen ist die Bezeichnung ein Oberbegriff, der

---

178   Quigley 2007, S. 430.
179   Vgl. Engdahl 2015, S. 26, S. 136.
180   Vgl. Quigley 2013, S. 32.
181   Vgl. Quigley 2013, S. 4, S. 6.

die verschiedenen informellen Zirkel und geheimen elitären Gruppen zusammenfasst, andererseits betont Quigley, dass es sich in Wirklichkeit um eine einzige Organisation, um eine Gruppe handelt.[182] Da zentrale Figuren der Antibolschewisten wie Jan C. Smuts, Sir John Simon und Herbert A. L. Fisher auch dem Netzwerk „Milner-Gruppe" zuzuordnen sind, ist sowohl der Kreis um Chamberlain als auch die Halifax-Gruppe Teil des Ganzen,[183] auch wenn eine systematische Zuordnung und Abgrenzung der einzelnen Zirkel diffizil ist. Erst durch die Appeasement-Politik nach dem 16. März 1939 – dem Tag von Hitlers Verkündung des „Reichsprotektorats Böhmen und Mähren" auf der Prager Burg – wurde die Gruppe faktisch gespalten;[184] Spaltungstendenzen gab es aber bereits seit dem Herbst 1938.

In der unüberschaubaren Flut von Sekundärliteratur über den Themenkomplex Zweiter Weltkrieg – Nationalsozialismus sucht man zwei Bezeichnungen praktisch vergeblich: Oligarchie bzw. Plutokratie. Beide Begriffe bezeichnen eine Herrschaftsform, in der die Macht in einem Staat von wenigen Personen oder einer bestimmten herrschenden Klasse ausgeübt wird. Als Unterform der Oligarchie regelt in der Plutokratie das Vermögen die Teilhabe an der Herrschaft. Die Abstinenz dieses Themas im Rahmen der Forschung über die Ursprünge des Zweiten Weltkriegs hängt mit großer Wahrscheinlichkeit damit zusammen, dass der Vorwurf, die angelsächsische Welt würde von Plutokraten regiert, der „Geldadel" sei maßgeblich am Formulierungsprozess außenpolitischer Maßnahmen beteiligt, seitens der Nationalsozialisten erhoben wurde. Wissenschaftlich ernst zu nehmende zeitgenössische Hinweise auf eine angloamerikanische Oligarchie finden sich bei Giselher Wirsing, der die „*beste Feder im Lager der Journalisten, Wissenschaftler und Wirtschaftsführer [führte], die nicht voll auf die Linie des NS-Expansionismus eingeschworen waren*", wie Hans Werner Neulen in einer europaspezifischen Untersuchung bemerkte.[185] Dieser aus dem konservativ-revolutionären Milieu stammende Redakteur und Intellektuelle publizierte während des Zweiten Weltkrieges zwei Arbeiten über die Zusammenhänge von Finanzkapital und Politik in der angelsächsischen Welt. In seinem 1940 veröffentlichten Büchlein „100 Familien beherrschen das Empire" beleuchtet er den Einfluss einer plutokratischen Elite auf das dortige gesellschaftliche, wirtschaftliche und politische Leben.[186] Die von Wirsing aufgezeigte Dimension, in der die Plutokratie in der Zeit vor 1945 die Demokratie in

---

182 Vgl. Quigley 2013, S. ix.
183 Vgl. Quigley 2007, S. 429, vgl. Quigley 2013, S. 312f.
184 Vgl. Quigley 2013, S. 6.
185 Neulen 1987, S. 55. Wirsing war von 1943-45 Chefredakteur von „Signal", einer vom OKW herausgegebenen und im europäischen Ausland beliebten Propagandaillustrierten.
186 Vgl. Wirsing 1940.

Großbritannien beeinflusste, blieb den meisten Forschern bis heute verborgen.[187] Die plutokratischen Strukturen der Vereinigten Staaten und der globale Machtanspruch der dortigen Eliten untersuchte er in seinem mehrfach aufgelegten Buch „Der maßlose Kontinent".[188] Aufgrund der Abstinenz der Begriffe Oligarchie und Plutokratie in der Forschung seit 1945 lautet die zentrale Frage daher, ob die von deutscher Seite gemachten Anschuldigungen einen wahren Kern beinhalten, oder ob es sich nur um Propaganda handelt.

Auf der Grundlage aktueller Forschungsergebnisse lässt sich die Theorie, dass seit langem ein nicht zu unterschätzender privater Einflusses auf die Politik existiert und dass der Einfluss einer transnationalen kapitalistischen Klasse auf die Entscheidungeliten gerade in der angelsächsischen Kultur ausgeprägt ist, ungefähr folgendermaßen darstellen: Elemente einer kosmopolitischen Geschäftskultur existierten schon so lange, wie es Märkte gab, aber in absolutistischen Staaten war ihr politischer Einfluss kaum spürbar. Erst der Aufstieg des Kapitalismus im 18. und vor allem 19. Jahrhundert ermöglichte es, einer transnational organisierten Minderheit gezielten Einfluss auf politische Entscheidungen zu nehmen. Im historischen Kontext lassen sich zwei Gruppen als die ausschlaggebenden Protagonisten und Nutznießer dieser gesellschaftlichen Entwicklung lokalisieren: Freimaurer und Bankier-Clans. Beide Gruppen verdanken ihren nicht öffentlich legitimierten, überwiegend im Hintergrund wirkenden Einfluss auf die Konzeption und Organisation von Politik einer Entwicklung, die im England des späten 17. Jahrhunderts ihren Anfang nahm. Mit der Durchsetzung der „Bill of Rights" im Zuge der „Glorious Revolution" 1688/89 wurde die Grundlage für das heutige parlamentarische Regierungssystem geschaffen. Staatliche Macht war von nun an begrenzt und die Unantastbarkeit des „Privaten" wurde als Kernelement der bürgerlichen Gesellschaftsordnung durchgesetzt. Zu dieser Zeit begannen die von der Auflösung bedrohten englischen Steinmetzzünfte Mitglieder aus anderen Berufsgruppen aufzunehmen, häufig aus dem niedrigeren Adel. Nicht Stand und Geburt, sondern die individuelle Eignung waren ausschlaggebend für die Aufnahme. Adel und Bürgertum begegneten sich so auf einer Ebene. Mit ihren Grundidealen Freiheit, Gleichheit, Brüderlichkeit, Toleranz und Humanität fühlten sich die Freimaurer den Errungenschaften der „Glorious Revolution" verpflichtet. Gleichzeitig stellten die übernational organisierten Steinmetzzünfte Strukturen bereit, mit denen

---

187   Eine Ausnahme bildet die detaillierte Untersuchung von Quigley „The Anglo-American Establishment" sowie „Tragedy and Hope", vgl. Quigley 2007, S. 320ff und Quigley 2013. Aktuelle Studien: Pijl 1998, S. 98-119, Pijl 2001; Docherty / Macgregor 2014; John P. Cafferky: Lord Miltner's Second War. The Rhodes-Milner Secret Society. The Origin of World War I. and the start of New Order, 2013.

188   Vgl. Wirsing 2005.

sich politische Prozesse diskret und informell beeinflussen ließen.[189] Vor allem der dritte Großmeister der britischen Logen John Theophilus Desaguliers (1683-1744) wurde zum *„Prototyp einer langen Reihe mächtiger Freimaurerfiguren, die den Schatten dem Rampenlicht und die Realität der Macht deren bloßer Erscheinung vorzogen."*[190] Die Freimaurer verbreiteten ihre Ideen von der Trennung von Staat und Gesellschaft auch außerhalb Großbritanniens und beeinflussten auf diese Weise die Geschichte Frankreichs und der USA nachhaltig, obwohl der liberale Ethos die Selbstbestimmung und Loslösung der nordamerikanischen Kolonien vom Mutterland begünstigte. *„Die „Declaration of Independence", die Verfassung (mit ihren Zusatzgesetzen, genannt „Bill of Rights") und der Kampf gegen die Sklaverei tragen den unmissverständlichen Stempel freimaurerischen Ideals. ... Man soll sich auch daran erinnern, dass die Kontakte dieser Leute mit ihren Brüdern in Frankreich (Benjamin Franklin und der Marquis de Lafayette) unter anderem eine nicht zu vernachlässigende Rolle in der Französischen Revolution in Bezug auf die Menschenrechte gespielt haben. 1776 (Unabhängigkeitserklärung) führte zu 1789 (Verkündung der Menschenrechte)."*[191]

Bei der Gruppe der Bankiers fallen einem zuerst einmal die großen Namen ein wie beispielsweise Seligman, Rothschild, Bleichröder, Mendelssohn, Schiff, Kuhn, Loeb, Warburg, Eltzbacher, Lazard, Goldmann, Sachs, Lehman, Salomon, Speyer, Fould oder Oppenheim. Die großen Bankiersfamilien gründeten in Frankfurt am Main, Paris, London, Wien und New York ihre Niederlassungen und die Geschäftsbeziehungen waren von Anfang an über die Staatsgrenzen hinweg transnational organisiert. Konfessionsgebunden heirateten die Bankier-Clans gerne untereinander. Bei der Gründung von Eisenbahngesellschaften, Stahlfabriken und Bergwerken im 19. Jahrhundert hatten sie als Finanziers entscheidenden Anteil. Die Bankiers unterstützen Kriege indem sie, wie beispielsweise die Bank Seligman, Staatsanleihen der Nordstaaten in Frankfurt, London und Paris verkauften und die Bank Emile Erlanger das gleiche im Dienste der Südstaaten tat. Preußens Krieg gegen Österreich wurde vom Bankhaus Bleichröder finanziert. Die engen Beziehungen der Staatsfinanziers zu den politischen Entscheidern führten zu Verschränkungen mit der Politik. August Belmont war mehrere Jahre Schatzmeister der Demokratischen Partei; Elihu Root war Theodore Roosevelts Kriegs- und späterer Außenminister, zudem Anwalt der Bank J.P. Morgan und 1921 Gründungsdirektor des „Council on

---

189   Vgl. Pijl 2001, S. 82ff.
190   Knight 1985, S. 26. *„he was the prototype of a long line of powerful masonic figures who preferred the shade to the limelight, the reality of power to mere appearance."*
191   Minder 2004, S. 241.

Foreign Relations", einem privaten Institut für internationale Angelegenheiten.[192] (Auf die Einflussnahme von Bankhäusern wie J.P. Morgan auf den Kriegseintritt der Vereinigten Staaten in den Ersten Weltkrieg und den Einfluss der Hochfinanz auf den „Council on Foreign Relations" sowie die personelle Zusammensetzung von Franklin D. Roosevelt Beratern wird im Kapitel über die USA eingegangen.) Zwischen der formell organisierten Gruppe der Freimaurer und der Hochfinanz gab es selbstverständlich Schnittmengen.

Waren die Bankiers für die Geldströme und somit für den „Blutkreislauf" im Wirtschaftssystem der westlichen Staaten zuständig, war die Freimaurerei im britischen Empire mit ihren rund 4 Millionen Mitgliedern (1872) so etwas wie ein *„internes Nervensystem"*; sie spielte eine zentrale Rolle für den Zusammenhalt der bürgerlichen Klasse.[193] Die in der zweiten Hälfte des 19. Jahrhundert stattfindende enorme territoriale Expansion einerseits und die zeitgleich einhergehende Etablierung demokratischer Strukturen andererseits bot Individuen und Gesellschaften, die von der Regierung unterstützt wurden, zu dieser Zeit gigantische Profitmöglichkeiten. Auf den Punkt gebracht stellte Quigley fest, *„mit der Ausbreitung der Demokratie, dem wachsenden Einfluss der Presse und dem wachsenden Bedarf nach Beiträgen zur Finanzierung von Wahlkämpfen konnten Individuen, die fantastische Profite in* überseeischen Abenteuern gewonnen hatten, die Unterstützung ihrer Regierung erlangen, wenn sie eine*n Teil ihrer Profite als Beitrag für die Ausgaben von Politikern zur Verfügung stellten."[194]*

Mit dem Aufstieg der transnationalen Arbeiterbewegung und der durch Bismarck bewirkten geopolitischen Machtverschiebung auf dem Kontinent sah sich das britische Bürgertum im letzten Drittel des 19. Jahrhunderts mit neuen Herausforderungen konfrontiert. Die Frage, die sich nicht wenige Mitglieder stellten war, auf welche Art und Weise auf diese neuen Konkurrenten – das aufstrebende deutsche Reich und die formellen Organisationsstrukturen der Arbeiterschaft – reagiert werden konnte.[195] Der britische Unternehmer und Politiker Cecil Rhodes (1853-1902) und William T. Stead (1849-1912), der berühmteste Journalist seiner Zeit, kamen zu der Überzeugung, dass die bisherigen Clubstrukturen den neuen Rahmenbedingungen angepasst werden müssten.[196] Rhodes, der durch den Diamantenrausch im südlichen Afrika ein Vermögen gemacht hatte und der dem Land

---

192   Vgl. Rügemer 2016, S. 72.
193   Zit. nach: Pijl 2001, S. 85.
194   Quigley 2007, S. 94. Ein vergleichbar prägnant formuliertes Zitat findet sich nicht bei Wirsing, deshalb wurde Quigley zitiert. Quigleys Untersuchungen ähneln Wirsings Thesen, sind aber frei von antisemitischer Hetze.
195   Vgl. Pijl 2001, S. 86.
196   Vgl. Quigley 2013, S. 3. Stead starb auf der Titanic.

Rhodesien seinen Namen gab, formulierte bereits in jungen Jahren außenpolitische Ziele, denen er nicht nur im wesentlichen Zeit seines Lebens treu blieb, sondern die auch über seinen Tod hinaus jahrzehntelang nachwirkten. Die zentrale Forderung lautete, dass sein Vermögen eingesetzt werden sollte für *„Die Ausdehnung der britischen Herrschaft über die ganze Welt, … letztendliche Reintegration der Vereinigten Staaten als integraler Teil des Britischen Empires … für die Gründung einer Macht, die so groß wäre, dass sie fortan Kriege unmöglich machen und die Interessen der Menschheit fördern würde."*[197]

Zusammen mit Lord Nathan Rothschild aus der berühmten Bankiersfamilie, Lord Esher, einem Vertrauten des Königshofes und Lord Alfred Milner, dem Gouverneur der Kapkolonie wurde 1891 der Prototyp für alle späteren von privater Seite organisierten Politikplanungsgruppen geschaffen, eine Organisation von der Rhodes 16 Jahre lang geträumt hatte.[198] Als Vorbild für die Geheimorganisation diente, wie Rhodes unterstrich, der Jesuitenorden.[199] Zwei Besonderheiten fallen dabei von Anfang an ins Auge, die in gewisser Weise die beiden Seiten einer Medaille sind: Der hohe Anteil von Freimaurern unter den Gründungsmitgliedern und die Kombination moralischer Freiheitsideen mit imperialistischen außenpolitischen Zielen.[200] Diese kleine Gruppe, die sich entsprechend ihres Selbstverständnisses „Kreis der Eingeweihten" (*The Society of the Elect*) nannte, setzte sich zum Ziel, planmäßig und systematisch junge Absolventen der Universität Oxford zu rekrutieren. Gelungen ist dies in der Anfangszeit offensichtlich nicht und erst nach dem Tod von Rhodes 1902, nachdem Milner die Führung der formellen Verbindung übernahm, konnte so etwas wie ein äußerer Kreis organisiert werden. Dies erfolgte in mehreren Schritten. Seit 1902 existiert das Rhodes-Stipendium (Rhodes Scholarship), auch heute noch eines der prestigeträchtigsten Stipendien der Welt, welches Bewerbern bestimmter Nationalitäten ein Studium in Oxford ermöglicht. Finanziert wurden die Stipendien und der Ausbau der Gruppe über den Zugang zu dem Vermögen von Rhodes, dem gleichnamigen Fond, dessen Treuhänder Milner wurde und von Geldern seitens loyaler Unterstützer Rhodes wie dem deutschstämmigen Bankier Alfred Beit (1853-1906) und dem Goldminenbesitzer Sir Abe Bailey (1864-1940), zwei der reichsten Männer ihrer Zeit. Mit diesem Kapital in der Hinterhand blieb der Organisation das Schicksal der meisten Netzwerke erspart, deren Bestand an die Initiative ihrer Gründer ge-

---

197 Zit. nach: Quigley 2013, S. 33. Teilübersetzung in Engdahl 2015, S. 26.
198 Vgl. Quigley 2007, S. 95. Eine knappe Darstellung der Aktivitäten von Rhodes und Milner findet sich bei Shoup / Minter 1977, S. 12ff.
199 Vgl. Quigley 2013, S. 34f.
200 Vgl. Pijl 2001, S. 86f. Cecil Rhodes war Mitglied der „Apollo University Lodge" in Oxford, Alfred Milner Großaufseher der Großloge von England, vgl. Minder 2004, S. 43, S. 46.

bunden ist und die sich nach deren Rückzug oder Ableben auflösten. Der Tatkraft von Rhodes spirituellem Erben Milner ist es im wesentlichen zu verdanken, dass die Gruppe ihre Relevanz und Wirksamkeit auf die nächste Generation übertragen konnte.[201] Milner, ein Mann mit einigen Vorurteilen und weitgehend festen Meinungen, vertrat die Auffassung, dass nur wenige Nichteuropäer jemals die Zivilisationsstufe der Europäer erreichen würden und dass die Engländer bzw. die Briten die höchstentwickelte Form der Zivilisation darstellten. Internationale Politik war für ihn ein Kampf der Rassen und das britische „weiße" Empire war das erfolgreiche Ergebnis dieser Auseinandersetzung. Entsprechend Milners Verständnis von *„British Race – Patriotism"* war die Voraussetzung für nationalen Wohlstand politische Macht eine gesunde und blühende Bevölkerung. Sozialreformerische und imperiale Ideen waren für ihn, wie zuvor auch bei Rhodes, kein Gegensatz, sondern ergänzten sich gegenseitig.[202]

Während seiner Zeit als Gouverneur der Kapkolonie und Hochkommissar von Südafrika rekrutierte Milner ab 1900 eine Gruppe junger Männer – daher die Bezeichnung *„Milner´s Kindergarten"* – hauptsächlich Absolventen aus Oxford und Toynbee Hall, die alle im South African Civil Service unter Milner dienten. Dank seines Einflusses, gelangten diese in der internationalen Finanzwelt und in der britischen Regierung in exponierte Positionen. Von den Mitgliedern dieser Gruppe sind im Zusammenhang mit der Vorgeschichte und dem Ausbruch des Zweiten Weltkriegs folgende Biographien von Relevanz:

1. Geoffrey Dawson (1874-1944), der als Chefredakteur von „The Times" großen Einfluss auf den Meinungsbildungsprozess hatte. Dawson war mit Außenminister Halifax eng befreundet, zu den Premiers Stanley Baldwin und Neville Chamberlain hatte er ein gutes Verhältnis und förderte deren Politik. Dawson war auch Mitglied des informellen Kreises „Cliveden Set" um Nancy Astor (1879-1964).

2. Philip Kerr, der spätere Lord Lothian (1882-1940), von 1916 bis 1921 Privatsekretär von Lloyd George und der 1939/40, nachdem er eine zunehmend antideutsche Haltung eingenommen hatte, als britischer Botschafter in die USA berufen wurde. Dawson gehörte auch zum „Cliveden Set".

3. John Buchan (Lord Tweedsmuir, 1875-1940), von 1935 bis zu seinem Tod Generalgouverneur von Canada.

4. Robert Henry Brand (Lord Brand, 1878-1963) wurde Direktor des Bankhauses Lazard Brothers, dann bei der Lloyd´s Bank; er spielte eine wichtige Rolle bei der Regelung der Reparationen Deutschlands.

---

201 Vgl. Quigley 2007, S. 95f.
202 Vgl. May 1995, S. 25ff.

5. Lionel Curtis (1872-1955), der einen überragenden Einfluss auf die Transformation des Britischen Empires in den „Commonwealth of Nations" hatte und dem eine Weltregierung vorschwebte. Er war auch der Initiator von zwei bedeutenden, bis in die Gegenwart wirkenden Think Tanks, dem „Royal Institute of International Affairs" und dem „Council on Foreign Relations" (CFR). [203]

Der Gruppe nahestehende Personen, die nicht in Milners South African Civil Service dienten, aber nach Quigley auch der „Milner-Gruppe", genauer „Milner's Kindergarten", zuzuordnen sind, waren:

1. Edward F. L. Wood, bekannt unter seine Adelstitel Lord Halifax (1881-1959), erst Chamberlains Verbündeter, dann sein Widersacher in der Endphase der Appeasement-Politik. Woods weilte 1904 und 1905 in Südafrika. Auch Halifax gehörte zum „Cliveden Set".

2. Leopold S. Amery (1873-1955), Journalist, Politiker und Freimaurer, der Milners Nachfolger wurde. Am 7. Mai 1940 rief Amery, nach einem heftigen Angriff im Parlament Chamberlain die Worte Cromwells zu: *„Um Gottes Willen: gehen Sie!"*

3. Der Politiker und Historiker Herbert A. L. Fisher (1865-1940), ein erklärter Antibolschewist.[204]

Für das Initiieren transnationaler außenpolitischer Strukturen ist die Biographie von Lionel Curtis ein leuchtendes Beispiel. Zwischen 1909 und 1913 organisierte er zusammen mit Milner in den wichtigsten englischen abhängigen Gebieten und in den Vereinigten Staaten Diskussionsgruppen. Bekannt wurden diese als „Round Table-Gruppen", deren Mitglieder untereinander in persönlicher Korrespondenz blieben und sich häufig gegenseitig besuchten. In Form von Arbeitsgruppen beschäftigten sich die Mitglieder mit internationalen Problemen und machten sich Gedanken, auf welche Art und Weise künftig die auswärtigen Beziehungen gestaltet werden könnten.[205] Ihr publizistisches Organ ist seit 1910 die quartalsweise erscheinende Zeitschrift *„The round Table"*.[206] Auf Anregung von Curtis wurde 1920 das „Royal Institute of International Affairs" gegründet. Wichtigste finanzielle Unterstützer dieses privaten, noch heute weltweit führenden britischen Think Tanks waren der Goldminenbesitzer Sir Abe Bailey – dem inneren Zirkel der „Milner-Gruppe" zugehörig – und die Astor Familie (die Besitzer der Londoner Times). Ähnliche Institute

---

203 Vgl. Quigley 2013, S. 52-70 und Quigley 2007, S. 428-431, May 1995, S. 30ff, S. 53ff und Minder 2004, S. 35.
204 Ebda. Amerys Angriff gegen Chamberlain hat Harold Nicolson in einem Tagebucheintrag am 7. Mai 1940 festgehalten, Nicolson 1969, S. 379.
205 Vgl. May 1995, S. 53ff.
206 Eine vertiefte Spezialuntersuchung über die Geschichte dieser Publikation wurde von Alexander C. May veröffentlicht, vgl. May 1995.

für auswärtige Angelegenheiten wurden in den wichtigsten britischen Besitzungen und in den USA gegründet.[207]

Das bis heute bekannteste dieser Denkfabriken ist der „Council on Foreign Relations" (CFR). Die Wurzeln des US-Pendants zum „Royal Institute of International Affairs" reichen bis zu der Pariser Friedenkonferenz von 1919 zurück, wo sich auf Anregung von Lionel Curtis amerikanische und britische Delegierte zu informellen Gesprächen trafen, um die Möglichkeit der Gründung eines solchen Institutes auszuloten. Nur Sir Eyre Crowe, ein einflussreicher Analytiker im britischen Außenministerium, machte auf die Gefahren aufmerksam, die sich aus einer Zusammenarbeit zwischen Privatpersonen und offiziellen Mitarbeitern des Außenministeriums ergeben könnten: Die Ansichten der Regierungsvertreter würden mit großer Wahrscheinlichkeit die der anderen Mitglieder dominieren und so die öffentliche Meinung beeinflussen. Die anderen Teilnehmer stimmten mit Crowe überein, meinten aber, dass dies das geringere Übel sei, wenn man auf die Gründung des Instituts nach ihren Vorstellungen nicht ganz verzichten wollte. Während in London die aktive Arbeit des „Royal Institute of International Affairs" dank der Unterstützung des Außenministeriums rasch vorangetrieben wurde, gerieten auf amerikanischer Seite die Anstrengungen bald ins Stocken. Der Völkerbundgedanke stieß im Kongress und in der amerikanischen Öffentlichkeit auf Ablehnung und in dieser Atmosphäre war an die Schaffung einer anglo-amerikanischen Denkfabrik für internationale Beziehungen nicht zu denken.[208]

Im Winter 1920/21, einer für US-amerikanische Internationalisten und Völkerbundbefürworter deprimierenden Zeit, fanden in New York regelmäßige Treffen eines von Bankern und Geschäftsleuten dominierten Komitees statt. Ausgesuchte, einflussreiche Männer – Akademiker, Journalisten, Rechtsanwälte und Verleger – sollten als Gründungsmitglieder hinzugewonnen werden, damit der Eindruck einer „association of bankers" vermieden wurde. Nach diesen Anlaufschwierigkeiten wurde schließlich am 29. Juli 1921 der „Council on Foreign Relations" als privates Institut für internationale Angelegenheiten offiziell gegründet. Das gewählte Direktorium bestand aus den New Yorker Rechtsanwälten Elihu Root, John W. Davis (J.P. Morgans erster Anwalt) und Paul D. Cravath. Obwohl sich in den Folgejahren personelle Veränderungen ergaben blieb die Mitgliederstruktur homogen: Männer der amerikanischen Ostküste, bis auf wenige Ausnahmen White-Anglo-Saxon-Protestants; gesellschaftlich, geschäftlich und kulturell eng verflochten und meist

---

207 Vgl. Quigley 2007, S. 94ff. Eine Liste der Mitglieder findet sich in „The Anglo-American-Establishment", vgl. Quigley 2013, S. 311-315.
208 Vgl. Wala 1990, S. 19ff.

anglophil.[209] Der „Council on Foreign Relations" war von Teilhabern der Morgan Bank beherrscht, die akademischen Figuren im Umkreis dieser politikberatenden Privatinstitution ebenfalls mit Morgan verbunden und außerdem waren einflussreiche Mitglieder, wie der Freimaurer Elihu Root (unter dem Machtpolitiker Theodore Roosevelt Kriegs- und Außenminister), Gesellschafter von namhaften Anwaltskanzleien an der Wall Street oder ebenfalls international agierende Bankiers.[210]

Nach seinen Selbstverständnis sollte die Öffentlichkeit vom „Council on Foreign Relations" unterrichtet und belehrt (educated) werden, wobei unter „Öffentlichkeit" nur diejenigen verstanden wurden, die man für einflussreich in den Medien und der Politik hielt. Ziel war die Schaffung von neuen Grundlagen für eine neue Art der Gestaltung der internationalen Beziehungen. Pragmatische, auf rationalen Überlegungen von Experten basierende Analysen sollten in Zukunft die Außenpolitik der USA bestimmen. Diskussionsgruppen aus Mitgliedern der Denkfabrik und Mitgliedern des Außenministeriums und eine eigene Zeitschrift (der „Foreign Affairs", auf welche im Kapitel über die USA noch eingegangen wird) diente als Vehikel zur Erreichung dieses Ziels. Die Zielgruppen dieser Publikation waren Eliten aus Wirtschafts- und Finanzwelt, akademische Zirkel aus den Eliteuniversitäten und verantwortliche Mitarbeiter des Außenministeriums. Wichtige Diskussionsergebnisse wurden publiziert und sollten als Grundlagenpapiere für außenpolitische Entscheidungen herhalten.[211] Das fest umrissene Ziel der Mitglieder das „Council on Foreign Relations" mit ihrer Zeitschrift war, das Volk vor *„erroneous opinion"* (irrigen Meinungen) zu schützen. Über die richtige Meinung herrschte stillschweigend Einverständnis: Die USA sollten eine aggressive Außenpolitik betreiben, die Kluft zwischen weltweiter ökonomischer Präsenz und außenpolitischer Abstinenz sollte überwunden werden.[212] Hatte man erst dem Meinungsbildungsprozess der publizistischen und akademischen Eliten sowie der politischen Entscheidungsträger eine Orientierung gegeben, kamen die Massenmedien ins Spiel. Da das „Anglo-American-Establishment" einen großen Einfluss auf die Printmedien ausübte, wurden Tageszeitungen wie „The Times", „The Observer", „The New York Times", „New York Herald Tribune" zu Multiplikatoren, die den Meinungsbildungsprozess breiter Teile der Bevölkerung beeinflussten (zumal die Leitartikel einflussreicher Kolumnisten in den Lokalzeitungen gleichlautend übernommen wurden).

---

209   Vgl. Wala 1990, S. 27f und Pijl 1996, S. 200f.
210   Quigley 2007, S. 519f. Eine von Michael Wala publizierte Liste von Direktoren und Funktionären des CFR verifiziert Quigleys Aussage, vgl. Wala 1990, S. 282. Über den Freimaurer E. Root, vgl. Minder 2004, S. 256, über seine Tätigkeit für J.P. Morgan, vgl. Rügemer 2006, S. 72.
211   Vgl. Wala 1990, S. 31f.
212   Vgl. Wala 1990, S. 38f.

Über Stipendien wurde zudem Einfluss auf Universitäten und die künftigen Führungskräfte genommen.[213] Der Journalist Clarence Streit (1896-1986) der 1939 das Buch „Union Now" publizierte und für eine transatlantische Union demokratischer Staaten warb, hatte in Oxford mit einem Rhodes-Stipendium studiert. Walter Lippmann, der vielleicht bedeutendste Journalist des 20. Jahrhunderts, auf dem im Kapitel über die USA noch näher eingegangen wird, war Mitglied der mit der Morgan-Gruppe verbundenen „American Round Table Group" und zeitweise in leitender Funktion im „Council on Foreign Relations".[214] Bill Clinton ist bis heute der erfolgreichste Absolvent mit einem Rhodes-Stipendium. So *„erwuchs im 20. Jahrhundert eine Machtstruktur zwischen London und New York, die das Universitätsleben, die Presse, und die Praxis der Außenpolitik tief durchdrang"*[215] wie Carroll Quigley resümiert. Über die Leistungen des britischen Teils dieser angelsächsischen Elite schreibt Bill Clintons früherer Professor Quigley:

> *„Sie löste den Burenkrieg von 1899 bis 1902 aus; sie schuf und beherrschte den Rhodes Trust; sie schuf zwischen 1906 und 1910 die Südamerikanische Union; ... sie gründete 1910 das Empire-Periodika „The Round Tabel"; ... sie haben „The Times" mit Ausnahme der Jahre 1919-1922 über 50 Jahre lang kontrolliert; sie machten die Idee und den Namen des „British Commonwealth of Nations" in der Zeit von 1908-1918 bekannt; sie war der wichtigste Einflussfaktor in Lloyd Georges Kriegsregierung von 1917 bis 1919 und dominierte die britische Delegation bei der Friedenskonferenz 1919; ... sie gründete 1919 das „Royal Institute of International Affairs" und kontrolliert es immer noch; von 1917-1945 hatte sie zentralen Einfluss auf die britische Politik gegenüber Irland, Palästina und Indien; 1920 bis 1940 hatte sie großen Einfluss auf die Appeasement-Politik gegenüber Deutschland; und in erheblichen Ausmaß kontrollierte und kontrolliert sie noch immer die Quellen und Geschichtsschreibung der britischen imperialen Politik und Außenpolitik seit dem Burenkrieg."*[216]

Da der Bevölkerungsmehrheit die Existenz der Netzwerkverbindungen im „Anglo-American Establishment" völlig verborgen blieb und nur eine intellektuelle Minderheit ahnte, welche Personen, Arbeitsgruppen und Institute so zentrale Funktionen bei der Formulierung außenpolitischer Strategien und der Erlangung der Deutungshoheit über die öffentliche Meinung einnahmen, ist das hieraus resultierende De-

---

213   Vgl. Quigley 2007, S. 519f.
214   Vgl. Pijl 2001, S. 91.
215   Quigley 2007, S. 520.
216   Quigley 2013, S. 5. Teilübersetzung in Engdahl 2015, S. 26f.

mokratieproblem greifbar, einerlei, ob man „nur" von der Existenz verschiedener einflussreicher, sich überlappender informeller Gruppen ausgeht, oder wie Quigley an die Existenz eines rigiden und hierarchisch organisierten, formellen Netzwerkes glaubt. Das Demokratieproblem ist in dem Augenblick grundlegend, wenn eine informelle Gruppe oder eine Organisation *„es ziemlich erfolgreich geschafft [hat], ihre Existenz zu verbergen, und viele ihrer einflussreichsten Mitglieder begnügen sich mit der Realität der Macht und verzichten auf den Schein. Sie sind selbst Forschern, die die englische Geschichte in ihren Feinheiten studieren, unbekannt. Das ist umso überraschender, ... als eine der Hauptmethoden der Gruppe die propagandistische Arbeit gewesen ist."[217]*

Nicht minder problematisch ist der ideengeschichtliche Hintergrund zentraler Figuren im britischen Teil des Netzwerks. Greifen wir zwei heraus: Lord Milner hatte bis zu seinem Tod 1925 die Rolle einer prägenden *„Vaterfigur"* und eines *„alle überragenden Anführers, zu dem alle aufschauten"* inne.[218] Auf sein sozialdarwinistisches Weltbild wurde bereits eingegangen, welches insoweit bemerkenswert ist, da er als Hochgradfreimaurer Großaufseher der Großloge von England war. Seine recht freie Adaption freimaurerischer Ideale kommt in Milners Credo gut zum Ausdruck, das lautete, *„der Wettbewerb zwischen den Nationen ist das Gesetz des menschlichen Fortschritts, jede Suche nach maximaler Entwicklung ist die göttliche Ordnung der Welt, das Gesetz des Lebens und des Fortschritts."[219]* Und Milner war kein Einzelfall, denn *„Es gab kaum britische Imperialisten"* wie Heinz Gollwitzer aus ideengeschichtlicher Perspektive feststellte, *„die ihr Denken und Handeln nicht als an der angelsächsischen Rasse orientiert aufgelegt hätten."[220]*

Eine andere problematische Figur war Geoffrey Dawson, der langjährige Chefredakteur der „Times", von Milner einst im südafrikanischen „Kindergarten" rekrutiert, dann Mitglied im elitären „Cliveden Set" und lebenslanger enger Freund von Außenminister Halifax. *„Auf ihrem [Lady Nancy Astor] luxuriösen Landsitz Cliveden"*, erinnerte sich der sowjetische Botschafter Iwan Maiski, *„pflegten sich am Wochenende solche Leute wie Neville Chamberlain, Lord Halifax, Samuel Hoare, Simon, Kingsley Wood, Lothian, Tom Jones, Ernest Brown und andere zu treffen. Eine besonders große Rolle spielte hier der Chefredakteur der „Times", Geoffrey Dawson, der eine Art ideologischer Führer dieser ganzen Clique war. Dawson, ein stockreaktionärer, religiöser Mensch, der weder von Europa noch von Deutschland im Besonderen eine reale Vorstellung hatte, betete die Macht an und predigte, da*

---

217 Quigley 2013, S. 4f.
218 „The Round Table", Ausgabe Juni 1925, S. 427, zit. nach: May 1995, S. 52.
219 Milner, „The Key to My Position", gedruckt in „The Times", 27. Juli 1925, zit. nach: May 1995, S. 26.
220 Gollwitzer 1982, S. 92.

er Hitlerdeutschland für die entscheidende Kraft auf dem europäischen Kontinent hielt, die ungenierte „Befriedung" des nazistischen Diktators. Dawsons Einfluß war so groß, daß die Premierminister jener Zeit – MacDonald, Baldwin und Chamberlain – mit ihm die Berufung von Ministern berieten."[221]

Vom Münchner Abkommen zum deutschen Einmarsch in Prag

Nach dem in harten Verhandlungen zustande gekommenen Münchner Abkommen hatte sich Chamberlain darauf eingestellt, dass die mit Hitler dort vereinbarte außenpolitische Linie fortgesetzt würde. In der „Kolonialfrage" signalisierte er Entgegenkommen und auf dem Themenfeld der Rüstung wünschte er sich gewisse Fortschritte.[222] In ihrer Rationalität war diese Politik eigentlich prädestiniert, einen Krieg zu verhindern. Dies setzte allerdings voraus, dass Hitler und sein Außenmister zumindest für einen überschaubaren Zeitraum beabsichtigten, das Abkommen einzuhalten. Würden die europäischen Diktatoren dagegen, allen voran Hitler, mit abenteuerlichen Handlungen empörende Reaktionen der britischen Öffentlichkeit provozieren, wäre die Folge, dass der Premier seitens der Opposition und der Presse angegriffen und in die Defensive geraten würde. Genau dieser Fall, eine als anstößig wahrgenommene Äußerung Hitlers, trat dann auch kurz nach „München" ein. Als Reaktion auf die sogenannte Saarbrückener Rede des Diktators, die in ihrem polemischen Ton gegenüber England Aufsehen erregte,[223] unterrichtete ein Vertrauensmann des Premiers, George S. Steward, am 11. Oktober 1938 Dr. Fritz Hesse, den Vertreter des Deutschen Nachrichtenbüros und der Dienststelle Ribbentrop in London über vertrauliche Details der britischen Politik und gab entsprechende Andeutungen hinsichtlich einer konstruktiven künftigen Zusammenarbeit:

> *„1. Der Ministerpräsident habe alle Entscheidungen in den letzten kritischen Tagen völlig allein mit seinen beiden intimen Beratern getroffen und habe bei den letzten Entscheidungen kein Kabinettsmitglied, nicht einmal den Außenminister Lord Halifax mehr befragt. ... der Ministerpräsident habe keinerlei Hilfe und Unterstützung vom Foreign Office mehr gehabt, das im Gegenteil sich bemüht habe, in den drei letzten Tagen quer zu schießen und Großbritannien auf eine kriegsmäßige Aktion gegen Deutschland festzulegen. ... 2. Der Gewährsmann wies mich ausdrücklich darauf hin, daß im gesamten Foreign Office eine äußerst*

---

221   Maiski 1967, S. 398. Maiski galt bis Mitte der 1930er Jahre mit den Astors als „befreundet" und verbrachte zwei Wochenenden auf Cliveden, ebda, S. 78.

222   ADAP D, Band IV, Dok. Nr. 260.

223   ADAP D, Band IV, Dok. Nr. 250.

bittere Stimmung gegen uns herrsche. ... 3. Das britische Volk beginne nunmehr, über das Ergebnis von München nachzudenken. Es entstünde somit eine äußerst diffizile Situation, in der wir es deutscherseits in der Hand hätten, die englische Meinung in einem viel höheren Maße zu beeinflussen, als wir uns das vorstellten. Es käme ganz besonders darauf an, daß in diesen Augenblicken der Eindruck einer deutschen Einmischung in englische Verhältnisse vermieden würde. Vor allen Dingen, so meint der Gewährsmann, sei es falsch, wenn wir deutscherseits auf die Opposition eingingen und uns mit ihr auseinandersetzten. Die Opposition der Eden, Churchill, Duff Cooper, Attlee, Sinclair usw. erhielte durch jeden deutschen Angriff eine unerwünschte Publizität. Ein deutscher Angriff auf diese Persönlichkeiten stelle für sie gewissermaßen eine Art kostenlose Reklame dar. 4. Wenn wir dagegen positiv etwas tun wollten, so sei es besonders wichtig, wenn wir immer wieder betonten, daß wir Chamberlain vertrauten, weil er den Frieden wolle, und wenn wir unseren Willen hervorhöben, in dauerhafter Freundschaft mit dem englischen Volk zu leben. ... 5. ... Insbesondere würde es einen fatalen Eindruck machen, wenn wir allzu sehr mit unserer militärischen Stärke drohen würden ... [denn dies würde] die Bemühungen aller Friedensfreunde und aller Freunde Deutschlands in England auf das äußerste gefährden. ... 6. ...Wenn wir den Ministerpräsidenten weiter helfen wollten, so sei es von größter Wichtigkeit, daß weitere Erklärungen und Reden folgten, in denen insbesondere die Linie „Nie wieder Krieg zwischen England und Deutschland" verfolgt würde, wobei wir jedoch ähnliche Erklärungen gegenüber Frankreich abgeben müßten, um den Eindruck zu vermeiden, daß wir England und Frankreich zu trennen beabsichtigten. 7. Der Gewährsmann empfahl weiter, in der Kolonialfrage eine Zurückhaltung zu üben und vor allem die deutschen Kolonialforderungen nicht öffentlich vorzubringen ... diese Frage [könne] überhaupt nur Zug um Zug mit der Abrüstungsfrage gelöst werden ..., wobei die Abrüstungsfrage die Priorität haben müsse."[224]

Diese Aufzeichnung ist ein wunderbares Dokument von Chamberlains Auffassung, internationale Politik, wie auch das Geschäftsleben, mittels Geheimabsprachen führen zu können.[225] Das Problem war nur, dass die deutsche Seite überhaupt nicht darauf ansprang, denn, obwohl der deutsche Botschafter Dirksen die Weiterleitung

---

224   ADAP D, Band IV, Dok. Nr. 251, Anlage 2.
225   Vgl. Quigley 2007, S. 432.

dieser Informationen an Ribbentrop veranlasste, missachtete der deutsche Diktator in den folgenden 10½ Monaten mit geradezu schlafwandlerischer Sicherheit alle diese gutgemeinten Empfehlungen, die darauf abzielten, einen Krieg zwischen Großbritannien und Deutschland zu verhindern. Aus Hitlers Perspektive war *„Das Verhalten der englischen Presse und ihre Kritik an Deutschland, die „Einmischung" Englands in die deutschen Verhältnisse und die Beziehungen des Reiches zu Südosteuropa"* die Ursache für die bilateralen Spannungen, wie er es Chamberlain in einem persönlichen Gespräch mitteilte.[226] Er konnte sich einfach nicht vorstellen, *„wo es doch aus seiner Ansicht nach so klar war, daß Deutschland im Recht sei",*[227] dass Großbritannien betreffs deutscher Interessen in Mittel- und Osteuropa bereit war in einen Krieg zu ziehen. Die gelenkte nationalsozialistische Presse wurde nach dem Münchner Abkommen an einer antibritischen Berichterstattung nicht etwa gehindert, sondern die Vorwürfe, England verfolgte in Europa seit Jahrhunderten eine Politik der Einmischung, deren Folge Kriege auf dem Kontinent waren, wurden immer wieder aufs Neue wiederholt.[228]

Umgekehrt ließen einflussreiche antideutsche Kreise in London und in den USA seit „München" nichts unversucht, den Premier von seinem außenpolitischen Kurs abzubringen. Die Art und Weise, wie diese Einflussnahme vonstatten ging, hat viel mit dem traditionellen Verhalten angelsächsischer Eliten zu tun: 1) Leute aus dem innersten Zirkel der Macht, wie Außenminister Halifax, verbündeten sich mit antideutschen Figuren aus dem Außenministerium um Chamberlains Politik durch aktive Einflussnahme eine andere Richtung zu geben; 2) dem Machtzentrum nahestehende Eliten wurden im Hintergrund aktiv und über die Massenmedien wurde die öffentliche Meinungsbildung in England und den USA beeinflusst. Ereignisse auf dem Kontinent wurden zu Gewitterwolken im Meinungsklima, welche dem Meinungsbildungsprozess eine andere Richtung gaben, als von Chamberlain erwünscht; 3) Der amerikanische Präsident, der räumlich tausende von Kilometern von den europäischen Konfliktherden entfernt in Washington regierte und dessen politischer Handlungsspielraum durch die Neutralitätsgesetze stark eingeschränkt war, propagierte öffentlichkeitswirksam seine idiosynkratisch-moralische Sicht der Welt, in der es nur Gut und Böse und nichts dazwischen gab.

Ein Beispiel, wie die Beeinflussung Chamberlains aus dem innersten Zirkel der Macht heraus ablief, hat sich in den Akten des MI5, des britischen Inlandsgeheimdienstes der dem Innenministerium untersteht, erhalten: Sir Robert Vansittart,

---

226 Schmidt 1949, S. 403.
227 Herwarth 1982, S. 135.
228 Exemplarisch für persönlichen Angriffe auf Duff Cooper, Anthony Eden und Winston Churchill die Publikation von: Kriegk 1939.

der gegenüber Deutschland seit langem misstrauische Ständige Staatsekretär im Außenministerium traf im Juni 1937 in London das erste Mal auf Carl Friedrich Goerdeler, den Kopf des zivilen bürgerlichen Widerstandes.[229] Bei einem Treffen im darauffolgenden Jahr erklärte Goerdeler *„niemand außer Hitler wünsche in Deutschland den Krieg, und es gebe eine starke Oppositionsgruppe unter den Generälen der Wehrmacht.“*[230] Vansittart, der aufgrund seiner allzu eindeutig zu bestimmenden antideutschen Haltung in der Exekutive seit Januar 1938 von Chamberlain ausgeschaltet war,[231] ermunterte den britischen Geheimdienst, in der deutschen Botschaft Quellen zu erschließen und antideutsche Berichte zu verfassen.[232] In einem geheimen Memorandum des MI5 vom 7. November 1938, der ersten, wenn auch impliziten, Verurteilung der Außenpolitik der Regierung durch den britischen Geheimdienst, wurden fiktive und wirklichkeitsnahe Äußerungen Hitlers so kombiniert, dass sie ihre Wirkung bei Chamberlain nicht verfehlten. *„Der Bericht zielte darauf ab“*, so das Urteil des britischen Geheimdienstexperten Christopher Andrew *„Chamberlains Entschlossenheit zu festigen: Er zeigte auf, dass das Appeasement Hitler eher zu seinen Angriffsplänen ermuntert als ihn davon abgehalten hatte:*

„Hitler … äußerte in einem Kreis von Freunden und Ministern: „Wenn ich Chamberlain wäre, würde ich keine Minute verlieren, um mein Land auf drastische Weise auf einen „totalen“ Krieg vorzubereiten. Und ich würde ihn gründlich neu organisieren. Wenn die Engländer bis zum Frühjahr 1939 keine allgemeine Wehrpflicht eingeführt haben, können sie ihr Weltreich als untergegangen betrachten. Es ist erstaunlich, wie leicht es uns die Demokraten machen, unser Ziel zu erreichen. …. Erkennbar ist [so die Analytiker des Security Service], dass Hitler eine im Wesentlichen dynamische Politik betreibt, und die Frage lautet, welche Richtung sie als Nächstes einschlagen wird. Wenn man den Informationen aus [dem] Bericht, die sich in der Vergangenheit generell als zuverlässig und richtig erwiesen haben, glauben darf, dann steht Deutsch-

---

229 Vgl. Colvin 1965, S. 150, S. 155. Goerdeler traf sich in London auch noch mit Norman Montagu, dem Gouverneur der Bank von England, Frank Ashton-Gwatkin, dem Chef der Wirtschaftsabteilung, Außenminister Eden, Lord Halifax und Winston Churchill. In Nordamerika traf er sich mit Staatsekretär Cordell Hull, dem Diplomaten Sumner Welles, Exprädisent Herbert Hoover, Kriegsminister Stimson, Finanzminister Morgenthau und vielen anderen, vgl. Ritter 1954, S. 160f.

230 Ritter 1954, S. 165. Die Ansichten und Umsturzpläne Goerdelers stärkten allerdings den antideutschen Argwohn Vansittarts, der der Oppositionsbewegung unterstellte, eine Spielart des deutschen Imperialismus zu sein, die dessen außenpolitische Erfolge einheimsen wolle und nach Hitlers Sturz mit der gleichen Außenpolitik weitermachen würde. Goerdeler berichtete nach seiner Rückkehr über das Gespräch mit Vansittart, dieser *„habe ihn schroff abgewiesen, mit der Bemerkung, solche Reden wären ja Landesverrat.“* Ebda.

231 Vgl. Dirksen 1949, S. 206, S. 211.

232 Vgl. Andrew 2010, S. 233f.

land am Anfang einer „napoleonischen Ära". Und seine Herren haben eine gewaltige Ausweitung der deutschen Macht im Auge."[233]

Andrew beschreibt die manipulative Technik der Verfasser, auch psychologische Kniffe zur Erreichung ihrer Ziele anzuwenden, folgendermaßen: *„Um sicherzustellen, dass der Bericht des MI5 bei Chamberlain Beachtung fand, wurde … der Beschluss gefasst, Kostproben von Hitlers beleidigenden Äußerungen über ihn mit aufzunehmen. Halifax unterstrich mit roter Farbe dreifach Hitlers Bezeichnung Chamberlains als „Arschloch" und soll ihn direkt auf den Ausdruck aufmerksam gemacht haben. … die Beleidigung [machte], wie beabsichtigt, „großen Eindruck auf den Premierminister", der auf Spott und mangelnden Respekt bekanntermaßen wütend reagierte. Berichtet wurde zudem, dass Hitler über Chamberlains Markenschirm als ein Symbol seiner Schwäche gehöhnt habe. Er reiße „begeistert Witze" über den „Schirm-Pazifismus" des einst so imposanten britischen Weltreichs."[234]*

Ein weiteres Beispiel für eine Manipulation aus dem Umfeld der Geheimdienste und des Außenministeriums war das Streuen von Gerüchten eines bevorstehenden deutschen Angriffs auf die Niederlande und eine angeblich stattfindende Bombierung Frankreichs im Januar 1939.[235]

Wir sind bereits auf die von der Öffentlichkeit kaum wahrgenommenen Netzwerkverbindungen eingegangen. Die Frage ist, wie positionierten sich 1938/39 diese Gruppen, die von privater Seite in den politischen Raum hineinwirkten und *„die nicht zu entscheiden haben, aber dennoch zum Entscheidungshintergrund gehören"?*[236] Das am 29. September 1938 geschlossene Abkommen der Münchner Konferenz zwischen Hitler, Mussolini, Chamberlain und Daladier, welches die sofortige Abtretung des Sudetengebietes und den Anschluss an Deutschland regelte, wurde von der Presse euphorisch bejubelt: *„Die Zeitungen schrieben, daß seit Wellingtons Rückkehr nach der Schlacht bei Waterloo keinem englischen Soldaten oder Staatsmann wieder ein solcher Empfang zuteil wurde."*[237] Aber bereits wenige Tage nach „München" verschlechterten sich die Rahmenbedingungen für Chamberlains Außenpolitik nach und nach. In der offiziellen Geschichtsschreibung wird in diesem Zusammenhang auf zwei Ereignisse in Deutschland hingewiesen: Hitlers Saarbrückener Rede und die „Reichskristallnacht" am deutschen Schicksalstag, dem 9. November. Es ist unstrittig, dass diese Ereignisse im Ausland als das wahr-

---

233   Zit. nach: Andrew 2010, S. 247.
234   Zit. nach: Andrew 2010, S. 247. Zum problematischen Wahrheitsgehalt der Äußerungen Hitlers in dem Bericht, vgl. Fußnote 93, S. 807 ebda.
235   Vgl. Quigley 2007, S. 472.
236   Kühnhardt 2002, S. 6f. Das Zitat entstammte der FAZ von 1981 und bezieht sich auf die „Atlantik-Brücke".
237   ADAP D, Band IV, Dok. 248, S. 262: „Der Geschäftsträger in London an das Auswärtige Amt", 3. Oktober 1938.

genommen wurden was sie waren und Chamberlain schwächten, aber es wurde von der Geschichtsschreibung übersehen, dass im elitären Leitmedium „Foreign Affairs" das Münchner Abkommen mit Bestürzung aufgenommen wurde. Hamilton F. Armstrong, der „geheime" Herausgeber veröffentliche unter dem Titel „Armistice at Munich" den längsten je in „Foreign Affairs" erschienenen Aufsatz.[238] Das Münchner Abkommen, das allen Idealen der CFR-Mitglieder von der Unantastbarkeit internationaler Verträge und dem Selbstbestimmungsrecht der Völker Hohn sprach, schrieb Armstrong, die weitere Entwicklung vorwegnehmend, *„führe zu unkalkulierbaren Ergebnissen für die USA – wirtschaftlich, politisch und strategisch – in beiden angrenzenden Ozeanen und in Lateinamerika."*[239] Anders formuliert: Dem im „Anglo-American Establishment" verankerten Leserkreis wurde eindringlich nahegelegt, dass Chamberlain auf dem Holzweg war und die USA aus wirtschaftlichen, geopolitischen und geostrategischen Eigeninteressen auf die Entwicklung in Europa offensiv reagieren sollten.

Wie wenig kalkulierbar die Situation in Europa war, dokumentierten die beiden bereits angesprochenen Ereignisse kurz nach „München". Nachdem Hitler in der bereits erwähnten Rede in Saarbrücken am 9. Oktober 1938 wortwörtlich sagte *„Es brauche nur in England statt Chamberlain Herr Duff Cooper oder Herr Eden oder Herr Churchill zur Macht kommen, so wissen wir genau, daß es das Ziel dieser Männer wäre, sofort einen neuen Weltkrieg zu beginnen"* war man in London perplex und fragte den deutschen Botschafter Dirksen nach den Gründen dieser Polemik.[240] Trotz dieser *„gewissen Mißstimmung über die Saarbrückener Rede"*[241] folgte die öffentliche Meinung der Politik des Premiers, einen Ausgleich mit Deutschland zu suchen. Die *„Erhaltung des gegenwärtigen Besitzstandes, gegenüber vielen Schwierigkeiten in anderen Teilen der Welt"* war das strategische Maxim der Stunde.[242]

Innenpolitisch geriet der Premier bereits sechs Wochen nach „München" mit seinem scheinbar germanophilen Kurs unter Druck, da die Novemberpogrome gegen Juden dem Ansehen Deutschlands im westlichen Ausland einen schweren Schaden zufügten. Die „Reichskristallnacht" und die Auferlegung einer jüdischen

---

238   Vgl. Wala 1990, S. 48. Der offizielle Herausgeber des „Foreign Affairs" war der Harvard Professor Archibald Cary Coolidge. Da er sich von Anfang an nur halbherzig um die Zeitschrift kümmerte, wurde ihm von Beginn an der junge Hamilton Fish Armstrong – Europa-Korrespondent der „New York Evening Post" als „Managing Editor" zur Seite gestellt. Da Coolidge selten von Cambridge nach New York kam, lastete der Hauptteil der Arbeit auf den Schultern von Armstrong, vgl. Wala 1990, S. 34f.
239   Zit nach: Wala 1990, S. 48.
240   ADAP D, Band IV, Dok. 250.
241   ADAP D, Band IV, Dok. 252, S. 269.
242   ADAP D, Band IV, Dok. 252, S. 269f.

Kollektivstrafe von einer Milliarde Reichsmark beflügelte deutschfeindliche Kreise. Am 17. November 1938 schrieb Botschafter Dirksen an das Auswärtige Amt:

„Daß eine neue Welle der Deutschfeindlichkeit einsetzen würde war aus der hinlänglich bekannten Verständnislosigkeit und Feindseligkeit der englischen Öffentlichkeit gegenüber der Behandlung der Judenfrage durch das nationalsozialistische Deutschland während der vergangenen Monate und Jahre ohne weiteres zu erwarten. Die ideologisch völlig andere Einstellung der hiesigen Öffentlichkeit, die deutschfeindliche Haltung des größten Teils der englischen Presse, die nur zum Teil nach außen erkennbaren starken jüdischen Machtpositionen machen sich jetzt wieder im vollem Umfange geltend. ... Die Gegner Chamberlains sind nicht müßig geworden, die neue deutschfeindliche Welle zur Kritik und zu neuen Angriffen auszunutzen, daß ein Zusammengehen mit einem Land, in dem solche Härten möglich sind, aus weltanschaulichen Gründen abgelehnt werden müsse.“[243]

Der Tonfall der im „Anglo-American Establishment" verankerten Eliten veränderte sich; Forderungen, dass Chamberlain Hitler aus moralischen Aspekten Einhalt gebieten sollte, verstärkten sich. Churchill, der bereit war sich mit jedem zu verbünden, der seine Ansicht teilte, England müsse in Europa eine härtere Linie verfolgen, fand in der Öffentlichkeit mehr und mehr Gehör.[244] Der wortgewaltige Halbamerikaner und Freimaurer wurde zum Mann der Stunde, amerikanische Interessen in Europa mittels einer Kampagne durchzusetzen.

Die Spinne im Netz dieser Kampagne moralischer Diskreditierung war US-Präsident Roosevelt, der es in unvergleichlicher Weise verstand, die Massenmedien zu instrumentalisieren.[245] Über seinen sprichwörtlich direkten Draht zu dem Pariser Botschafter William C. Bullitt war er bestens über die Verhältnisse in Europa informiert. Gleich nach „München" entsandte der Präsident seinen inoffiziellen Berater Bernard Mannes Baruch, einen Spekulanten auf den noch im Kapitel über die USA näher einzugehen sein wird, nach London. Baruchs Aufgabe war es, sich mit Churchill ins Benehmen zu setzen, der lauthals gegen die Politik des Premiers wetterte. Baruch fungierte in London dann offensichtlich als eine Art Stichwortgeber für Churchill, damit dieser Themen wie eine angebliche südamerikanische Bedrohung durch die Nationalsozialisten in der Öffentlichkeit ansprach. Durch Churchills Rundfunkrede am 16. Oktober 1938 – eine Antwort auf Hitlers Saarbrückener Rede vom 9. Oktober

---

243 ADAP D, Band IV, Dok. Nr. 269, S. 289f.
244 Vgl. Charmley 1997, S. 315f.
245 Nach Delef Junker war Roosevelt der *„erste Medien-Präsident"*, vgl. Junker 2009, S. 313.

– sollte dem amerikanischen Volk suggeriert werden, es sei bedroht.[246] Der Einfluss Roosevelts politisch-publizistischer Hilfstruppen auf den Meinungsbildungsprozess darf dabei genauso hoch eingeschätzt werden, wie sein Geschick im Umgang mit den Medien, die moralische Entrüstung vieler Menschen über die Politik Hitlers und Mussolinis in Triebkräfte amerikanischer Machtpolitik zu verwandeln. Obwohl Roosevelt den Diktatoren drohte, vermied er eine verpflichtende Bindung an die westeuropäischen Demokratien. Je mehr seine Handlungen friedfertig und selbstlos erscheinen, umso stärker diskreditierte er Chamberlains nationale und daher unmoralische Ziele. Von zentraler Bedeutung für diese Image-Strategie war die Trennung der Welt in Gut und Böse, wobei der als Böse galt, der im Interesse seiner Nation den Frieden höher als die Moral stellte. Seine wichtigsten Sekundanten und PR-Agenten waren in einer bestimmten Weise Hitler und Mussolini, die regelmäßig dies taten, von dem Roosevelt vorher behauptet hatte, dass sie es tun würden.[247] Ihr Handeln war Wasser auf die Mühlen lautstarker Rooseveltscher Polemik, welche wiederum großen Einfluss auf die britischen Medien hatte.[248]

In ihrer Haltung als besonders deutschfeindlich galten die zur Berry-Gruppe gehörende „Daily Telegraph" mit einer Auflage von knapp zwei Million und die „News Chronicle" der gleichnamigen Zeitungsgruppe, mit einer Auflage von etwa 1.500.000 Exemplaren. Wenn H. G. Wells, ein bekannter Schriftsteller, Hitler, Göring und Goebbels in einem Artikel im „News Chronicle" „nachweislich geistesgestört"[249] nannte, griff er auch indirekt den Premier an, da dieser ja offensichtlich mit Verrückten redete. Attacken seitens der Medien, die das Vertrauen in die Außenpolitik des Premierministers untergruben, da er ja offensichtlich mit falschen Subjekten Kompromisse suchte, schwächten Chamberlain gleichermaßen, wie alle Belege, dass Hitler eine militante Eroberungspolitik napoleonischen Ausmaßes betrieb.[250] Im Januar 1939 waren amerikanische Medien voll mit Rücktrittsforderungen gegen den Premierminister. Chamberlain geriet zunehmend in einen innen- und außenpolitischen Zweifrontenkrieg zwischen Nazideutschland auf der einen und des seitens der Roosevelt-Administration und gewissen Kreisen des „Anglo-American Establishments" angefachten Kesseltreibens auf der anderen

---

246 Vgl. Wirsing 2005, S. 228, S. 230. James Grant erwähnt diese Episode nicht in seiner Biographie über Baruch. Gleichwohl räumt er ein, dass Baruch und Churchill, die sich 1918 kannten, 1938 über den kommenden Krieg unterhielten. Baruch hatte seit 1935 den Krieg vorhergesagt und sich bei Roosevelt für gesteigerte Rüstungsanstrengungen stark gemacht, vgl. Grant 1999, S. 385ff. Ein Hinweis auf Churchills Rede findet sich in: ADAP D, Band IV, Dok. 250, S. 264, Fußnote 3.
247 Vgl. Bavendamm 1983, S. 170ff.
248 ADAP D, Band IV, Dok. Nr. 291.
249 ADAP D, Band IV, Dok. Nr. 290.
250 Vgl. Charmley 1997, S. 307.

Seite. Die zentrale Frage war dabei nur, wann Großbritanniens Premier vor Roosevelts Weltführungsanspruch kapitulieren musste.[251]

Obwohl Chamberlain weiter eine Entspannung und einen Ausgleich mit Deutschland präferierte, war er zur Stärkung seiner politischen Position gezwungen, in der Öffentlichkeit machtvoller und weniger kompromissbereit aufzutreten. Seine Erklärung im Unterhaus über die Memelfrage und eine Rede am 15. Dezember 1938, in der er einen warnenden Hinweis auf die Finanzkraft Englands im Falle eines Krieges mit Deutschland gab, sind in diesem Zusammenhang zu sehen.[252]

Die britisch-französischen Regierungsbesprechungen am 24. November 1938 in Paris können auch unter diesem Blickwinkel gesehen werden: Einerseits sollte durch die Gespräche auf höchster Ebene signalisiert werden, dass London und Paris bereit waren, ihre Beziehungen neu zu gestalten und gemeinsame Absprachen in der Außenpolitik und im Militärbereich planten.[253] Andererseits, das belegen die nicht für die Öffentlichkeit vorgesehenen Aufzeichnungen, wollten die Briten vermeiden, als potentielle Garantiemacht tschechischer Grenzen in einen Krieg mit Deutschland hineingezogen zu werden. Chamberlain wollte aus den in München eingegangenen Versprechen entlassen werden. Im Hinblick auf Frankreichs Beistandspakt mit der Sowjetunion hielt er es für unglücklich, wenn dieser im Falle eines deutsch-russischen Konfliktes um die Ukraine zu Verstrickungen führen würde.[254]

Im Hintergrund fanden folgerichtig deutsch-britische Gespräche über Fragen der Wirtschaft und der Marine statt und im Februar 1939 deuten die Signale wieder in Richtung Entspannung. In einem Gespräch mit dem deutschen Botschafter äußert Außenminister Halifax eher Sorgen im Hinblick auf italienisch-französische Spannungen.[255] In Berlin nahm man allerdings auch zur Kenntnis, dass Großbritannien offensichtlich seine Beziehungen nach Moskau verbessern wollte.[256] Diese Entwicklung war seitens des Botschafters Dirksen als eine mögliche außenpoliti-

---

251 Vgl. Bavendamm 1983, S. 178f.

252 ADAP D, Band IV, Dok. Nr. 281.

253 ADAP D, Band IV, Dok. Nr. 275, Nr. 364 und DBFP, 3. Serie, Band III, Dok. 325, S. 311, Communiqué.

254 DBFP, 3. Serie, Band III, Dok. No. 325, S. 302-307. Im Hinblick auf den am 2. Mai 1935 unterzeichneten französisch-sowjetischen Beistandspakt fragte Chamberlain besorgt: *„There had been indications that there might be in the minds of the German Government an idea that they could begin the disruption of Russia by the encouragement of agitation for an independent Ukraine. There was no question of the German Government taking military action. It was more subtle than that. But if there were any truth in these rumours it would be unfortunate if France should one day find herself entangled as a consequence of her relations with Russia. ... Mr. Chamberlain asked what the position would be if Russia were to ask France for assistance on the grounds that a separatist movement in Ukraine was provoked by Germany."* ebda. S. 306f. Vgl. auch die Analyse von Taylor 1962, S. 254f.

255 ADAP D, Band IV, Dok. Nr. 280, Nr. 321.

256 ADAP D, Band IV, Dok. Nr. 325.

Paris, Quai d´Orsay – britisch-französische Besprechungen am 24. November 1938. Die beiden künftigen Bündnispartner vereinbaren eine Abstimmung in diplomatischen und militärischen Fragen. V. l. n. r.: Premierminister Neville Chamberlain, der französische Außenmister Georges Bonnet, der französische Ministerpräsidenten Éduard Daladier. Im Hintergrund links der britische Außenminister Lord Halifax.

sche Alternative zum bisherigen Kurs kurz zuvor noch ausgeschlossen worden: In seinem politischen Bericht für das Jahr 1939 hielt Dirksen *„die Eingehung einer engeren politischen Bindung mit den Vereinigten Staaten"* für wahrscheinlicher, obwohl diese mit erheblichen Risiken verbunden sei. *„In einer solchen Verbindung würde England nur den junior partner spielen. Die ohnehin manchmal als bedrückend empfundene Sympathie von U.S.A. würde zur schweren Last werden. Sie Aufdringlichkeit, mit der Roosevelt vor einigen Monaten die Monroe-Doktrin auch auf Kanada proklamierte, ist noch nicht vergessen. Auch für den Empire-Gedanken wäre eine engere Bindung an U.S.A. abträglich."*[257]

Mit dieser Einschätzung, dass ein angelsächsisches Bündnis den Untergang des Empires beschleunigen könnte, lag Dirksen richtig und Chamberlain erkannte die Gefahr dieser Konstellation gleichwohl.[258] Diese Gefahr konnte aber nur abgewandt werden, wenn in Europa nicht neue Konflikte aufbrechen würden. Über die Bedeutung und die Unheilbarkeit des Risses in den deutsch-polnischen Beziehungen war sich Anfang 1939 in Europa keine Macht im Klaren, genauso wenig wie die Bemühungen der US-Diplomatie, Polen in eine antideutsche Front einzubeziehen, erkannt wurden.[259] Während dieser brisante, in seiner Tragweite unterschätzte Krisenherd um Danzig und den Korridor langsam eskalierte, entschied sich Hitler, die Tschecho-Slowakische Republik zu zerschlagen. Der Einmarsch deutscher Truppen in Prag am 15. März 1939, ohne zuvor die Garantiemächte des Münchner Abkommens über diesen Schritt zu informieren, war ein flagranter Bruch des Vertrages, wenn auch nicht dem Buchstaben so doch dem Geiste nach.[260] Die deutsche Aggression wurde von Chamberlain im Unterhaus erst als „Fait accompli" akzeptiert, ehe er zwei Tag später in seiner Rede in Birmingham einen schärferen Ton wählte.[261]

Aufgrund der Folgen der Neubewertung dieses Ereignisses innerhalb von zwei Kalendertagen lohnt es sich, die beiden diskrepanten Reden Chamberlains zu zitieren. Am 15. März legte er in der Unterhaussitzung den Schwerpunkt auf die Unabhängigkeitserklärung der Slowakei und erklärte:

> *„Belege für subversive Aktivitäten lägen nicht vor. … [Der Schritt der Slowaken] hatte die Wirkung, daß der Staat, dessen Grenzen wir zu garantieren beabsichtigten, von innen her zerbrach und so sein Ende fand,*

---

257   ADAP D, Band IV, Dok. 286, S. 313f.
258   Vgl. Charmley 2005, S. 20f.
259   Vgl. Roos 1964, S. 387, S. 395.
260   Vgl. Schmidt 2002, S. 306ff.
261   Vgl. Charmley 1997, S. 336. Zur ersten diplomatischen Reaktion der britischen Regierung: ADAP D, Band IV, Dok. 234 und ADAP D, Band VI, Dok. 9.

und demgemäß hat die Sachlage ... die wir schon immer als nur vor-
übergehend ansahen, nun aufgehört zu bestehen, und Seiner Majestät
Regierung kann sich infolgedessen nicht mehr länger an diese Verpflich-
tung gebunden halten. ...
In einer Rede, die ich am 30. Januar d. J. ... hielt, habe ich ausgeführt,
daß wir unsere Ziele und unsere Haltung, d.h. unsere Entschlossenheit,
uns um den Frieden zu bemühen, klar darlegen sollten. Ich fügte hinzu,
daß ich es nun an der Zeit hielte, daß auch andere ihren Beitrag zu einem
Ergebnis leisteten, das auch über die unmittelbar Betroffenen hinaus
für viele Menschen eine unendliche Wohltat sein würde. Es ist deshalb
nur natürlich, daß ich das, was jetzt geschehen ist, tief bedaure. Aber
wir wollen uns dadurch nicht von unserem Wege abbringen lassen."[262]
Das Auswärtige Amt in Berlin nahm Chamberlains Haltung als befriedigend zur
Kenntnis, es fiel den Diplomaten allerdings auf, dass *„der englische Außenminister*
Lord Halifax bei der Notifizierung des Prager Abkommens durch den deutschen
Botschafter Dirksen von vorneherein eine ablehnende Haltung ein" nahm.[263] Hit-
lers „Antwort" auf die im Ton moderate Rede des britischen Premiers, der seine
Enttäuschung über das deutsche Verhalten sachlich artikulierte, folgte am darauffol-
genden Tag: Sein Erlass vom 16. März über die Schaffung des „Reichsprotektorats
Böhmen und Mähren" war ein persönlicher Affront auf Chamberlains Reaktion
im Geiste des Appeasement. Zweifelsohne provozierte Hitler damit eine schärfere
Reaktion, die dann auch folgte, da Chamberlain mittlerweile um sein politisches
Überleben kämpfte. Der Parlamentarier Harold Nicolson fasste die Stimmung unter den Abgeordneten am 17. März wie folgt zusammen: *„Im Unterhaus hört man*
gesprächsweise die Meinung, daß Chamberlain entweder gehen oder seine Politik
vollständig ändern müsse. Wenn er heute Abend in seiner Rede nicht zugibt, daß er
unrecht gehabt hat, sieht man in seinem Rücktritt die einzige Alternative. Alle Ratten
verlassen bereits das sinkende Schiff, und wir befinden uns in der merkwürdigen
Lage, daß wir Mr. Chamberlains getreue Anhänger sind ... Man denkt daran, daß
Halifax Premierminister werden sollte."[264]
    Von allen Seiten bedrängt, sich Hitlers Politik entschlossen zu widersetzen
warnte der britische Regierungschef am Abend des 17. März öffentlich in Birmingham, nachdem er einleitend seine Politik die zum Münchner Abkommen geführt

---

262 http://hansard.millbanksystems.com/commons/1939/mar/15/czecho-slovakia-1. Teilübersetzung in:
     Zweites Weißbuch 1939, Dok. 259: *„Der Deutsche Botschafter in London an das Auswärtige Amt. Bericht.*
     London, den 16. März 1939."
263 Ribbentrop 1953, S. 152.
264 Nicolson 1969, S. 323f, Tagebucheintrag 17. März 1939

hatte rechtfertigte, England werde auf der Hut sein und einer erneuten deutschen Friedensbedrohung entschieden Widerstand entgegensetzen:

„Was ist aus der der Erklärung „keine territorialen Ansprüche mehr" geworden? Was ist aus der Versicherung „wir wollen keine Tschechen im Reich" geworden? Wieviel Rücksicht hat man genommen auf den Grundsatz der Selbstbestimmung worüber Herr Hitler in Berchtesgaden mit mir so heftig diskutierte, als er die Trennung des Sudetenlandes von der Tschecho-Slowakei und dessen Einverleibung in das Reich forderte? ... Deutschland hat der Welt unter seinem jetzigen Regime eine Serie von unangenehmen Überraschungen bereitet. Das Rheinland, der Anschluß Österreichs, die Lostrennung des Sudetengebietes – alle diese Dinge erregten und empörten die öffentliche Meinung der ganzen Welt. Jedoch, soviel wir auch einwenden mögen gegen die Methoden, die in jedem einzelnen dieser Fälle angewandt wurden, etwas ließ sich doch sagen – entweder wegen der rassenmäßigen Zugehörigkeit oder wegen allzulang mißachteter gerechter Ansprüche – etwas ließ sich doch sagen, zugunsten der Notwendigkeit einer Änderung der vorhandenen Lage.

Aber die Dinge, die sich diese Woche unter völliger Mißachtung der von der Deutschen Regierung selbst aufgestellten Grundsätze ereignet haben, scheinen einer anderen Kategorie anzugehören, und sie müssen uns allen die Frage nahelegen: „Ist dies das Ende eines alten Abenteuers, oder ist es der Anfang eines neuen?"

„Ist dies der letzte Angriff auf einen kleinen Staat, oder sollen ihm noch weitere folgen?" „Ist dies sogar ein Schritt in Richtung auf einen Versuch, die Welt durch Gewalt zu beherrschen?" Das sind schwere und ernste Fragen.... Ich fühle mich verpflichtet zu widerholen, daß ich zwar nicht bereit bin, unser Land durch neue, nicht spezifizierte und unter nicht voraussehbaren Bedingungen funktionierende Verpflichtungen zu binden, daß aber kein größerer Fehler begangen werden könnte als der, zu glauben, unsere Nation habe, weil sie den Krieg für eine sinnlose und grausame Sache hält, so sehr ihr Mark verloren, daß sie nicht bis zur Erschöpfung ihrer Kraft einer solchen Herausforderung entgegentreten werde, sollte sie jemals erfolgen."[265]

Die sogenannte Birmingham Rede vom 17. März *„enthielt auch die ersten Ansätze zur Einkreisungspolitik durch den Hinweis, daß sich England mit anderen gleichgesinnten Mächten ins Benehmen setzen werde"*, erinnerte sich der seinerzeitige

---

265   Britisches Blaubuch 1939, Dok. No. 9, S. 10-12.

deutsche Botschafter in London, Herbert von Dirksen, in seinen Memoiren.[266] Am gleichen Tag, Stunden zuvor, machte der Englische Botschafter Henderson bei Ernst von Weizsäcker seinen Abschiedsbesuch *„und suchte bei mir nach Argumenten, welche er Chamberlain zur Verwertung gegenüber seiner innerpolitischen Opposition an die Hand geben könnte"*, wie der Staatsekretär zu Protokoll gab.[267]

Ein Beleg dafür, dass Chamberlain auch weiterhin daran glaubte, mittels Zugeständnissen zu einer englisch-deutschen Gesamtregelung zu kommen, war die britische Zustimmung zur Aushändigung der in London eingelagerten tschechischen Goldreserven an Deutschland und die im geheimen weiterlaufenden wirtschaftlichen Gespräche. Diese heimliche Politik unterschied sich von der öffentlich betriebenen. Das Außenministerium unter Halifax (das natürlich von den geheimen Gesprächen wusste) versuchte zeitgleich ein auf Abschreckung basierendes Friedensbündnis aufzubauen, welches sowohl die öffentliche Meinung als auch die Amerikaner befriedigen würde.[268] Hitler, der mit seinem Verhalten aller Welt zeigte, wie wertlos seine Worte und seine Unterschrift auf Verträgen waren und der das Selbstverständnis Großbritanniens als Großmacht auf das empfindlichste getroffen hatte,[269] wurde zum Initiator eines Konflikts im Machtzentrum des Empires. Die von Außenminister Halifax, Leopold Amery und Lord Lothian sowie einflussreichen „Round-Table-Gruppen" bisher getragene Politik einer „Drei-Blöcke-Welt" bekam eine antideutsche Stoßrichtung und befand sich infolgedessen im Konflikt mit der antibolschewistischen Gruppe um Chamberlain.[270] Auch auf Druck von Halifax, für den im Gegensatz zu Chamberlain mittlerweile feststand, dass Hitler napoleonische Absichten verfolgte, vollzog sich bis zum Ende des Monats eine außenpolitische Kursänderung der britischen Regierung.[271]

Von der Historiographie wenig beachtet ist in dieser Gemengelage die Rolle Roosevelts und des Außenministeriums der USA, welche Chamberlain in der Nacht zum 16. oder am 16. März 1939 eine ultimative Note übermittelten. *„In ihr warnte der Präsident, daß England keinerlei moralische oder materielle Hilfe*

---

266   Dirksen 1949, S. 242.
267   ADAP D VI, Dok. 16. Vgl. auch ADAP D VI, Dok. 9 und ADAP D IV, Dok. 234.
268   Vgl. Quigley 2007, S. 474f.
269   Vgl. Schmidt 2002, S. 313.
270   Vgl. Quigley 2007, S. 428ff.
271   DBFP, 3. Serie, Band IV, Dok. 446, Halifax an die Botschafter in Paris, Moskau und Warschau, 20. März 1939: *„In spite of doubts as to accuracy of reports of German ultimatum to Roumania, recent German absorption of Czecho-Slovakia shows clearly that German Government are resolved to go beyond their hitherto avowed aim of consolidation of German race. They have now extended their conquest to another nation and if this should prove to be part of a definite policy of domination there is no State in Europe which is not directly or ultimately threatened."* Die Reaktion der britischen Regierung aus deutscher Sicht: ADAP D, Band IV, Dok. 234 und ADAP D, Band VI, Dok. 9.

mehr von den Vereinigten Staaten erwarten könne und daß auch der Verkauf von Flugzeugen an England eingestellt werde, falls die britische Regierung an der Politik von München festhalte."[272] Die mit dem Ultimatum einhergehenden diplomatischen Aktivitäten der USA, europäische Staaten zu einer festen Haltung gegenüber Deutschland zu ermutigen, wurden nach der Besetzung Prags erkannt. In einer Mitteilung der deutschen Botschaft nach Berlin vom 20. März 1939 wurde der Sachverhalt folgendermaßen beschrieben: *„Der hiesige amerikanische Botschafter Kennedy spielt eine Hauptrolle. Er soll mit sämtlichen Vertretungen der in Frage kommenden Staaten in persönlicher Verbindung stehen und versuchen, sie zu einer festen Haltung zu ermutigen mit dem Versprechen, daß die Vereinigten Staaten von Amerika sie in jeder Weise (short of war) unterstützen würden."*[273] Mit der Bezeichnung *„short of war"* taucht hier im deutschen diplomatischen Schriftverkehr jene Formulierung auf, die Präsident Roosevelt während dieser Zeit geprägt hatte.[274] Er meinte damit die zahlreichen Methoden unterhalb der Kriegsschwelle, über die die USA verfügten, die effektiver und stärker als reine Worte waren.[275] *„Short of war"* bildete den legalen Rahmen von Roosevelts präventiver Interventionspolitik in Europa.[276]

Von der Garantie- zur Kriegserklärung

Am 31. März 1939 wurde mit der britisch-französischen Garantieerklärung an Polen der bisher bilateral erörterte Konflikt endgültig zu einem Thema der großen europäischen Politik. An diesem Tag erklärte Chamberlain im Parlament, dass im Moment Konsultationen mit anderen Regierungen im Gange sind und bis diese Verhandlungen abgeschlossen sind *„habe ich jetzt dem Hause mitzuteilen, daß im Falle einer Aktion, welche die polnische Unabhängigkeit klar bedrohen und gegen welche die Polnische Regierung entsprechend Widerstand mit ihrer nationalen Wehrmacht als unerläßlich ansehen würde, Seiner Majestät Regierung sich während dieser Zeit verpflichtet fühlen würde, sofort der Polnischen Regierung*

---

272 Pearson / Allen 1939. Das brisante Dokument ist im Anhang publiziert und wird im Kapitel über die USA ausführlicher zitiert. Einen ersten Hinweis auf diesen Artikel liefert Wirsing, vgl. Wirsing 2005, S. 239. Wirsing bezieht sich auf die Publikation in der Zeitung „Washington Times Herald" vom 14. April 1939. Eine Bestätigung dieses Artikels findet sich bei Fish 1982, S. 69ff. Einen Hinweis, dass brisante Dokumente aus den britischen Akten verschwunden sind liefert A.J.P. Taylor, vgl. Taylor 1962, S. 315.

273 ADAP D, Band VI, Dok. 48. Im Jahr 1945 klärte Joe Kennedy den ehemaligen Präsidenten Herbert Hoover und James S. Forrestal, dem letzten US-Marineministers im Kabinettsrang über seine tatsächliche Rolle an der Schwelle zum Weltkrieg auf, vgl. Hoover / Nash 2011, S. 827f und Forrestal 1951, S. 121f.

274 Vgl. Alsop / Kintner 1940, S. 18.

275 Vgl. Gerste 2011, S. 106.

276 Vgl. Junker 2009, S. 318ff.

alle in ihrer Macht liegende Unterstützung zu gewähren. Sie hat der Polnischen Regierung eine entsprechende Zusicherung gegeben."[277] Ein anschauliches Bild von Chamberlains Auftritt liefert der Tagebucheintrag von Harold Nicolson, der als Parlamentarier den Premier aus unmittelbarer Nähe sah: *„Als Chamberlain ins Unterhaus kommt, sieht er hager und krank aus. Die Haut über seinen hohen Backenknochen ist pergamentgelb. Müde sinkt er auf seinen Platz. … Er beginnt mit der Erklärung, daß wir alle an Verhandlungen glauben und Gerüchten mißtrauen. Dann kommt er zum Kern seiner Erklärung, daß wir nämlich den Krieg erklären würden, falls Polen angegriffen würde. Das wird auf allen Seiten mit Beifallrufen aufgenommen. Mit gebeugtem grauem Kopf verliest er seine Erklärung ganz langsam. Es ist höchst eindrucksvoll."*[278]

Diese unilaterale Garantieerklärung wurde von deutscher Seite schon früh mit der Ausstellung eines Blankoschecks an die Adresse in Warschau verglichen.[279] Genau dies hatte Chamberlain aber nicht im Sinn, sondern er hegte die Hoffnung, die Reichsregierung durch ein Scheinbündnis abschrecken zu können. Deutschland sollte gewarnt werden, dass es diesmal nicht so leicht werden würde, wie im Fall der Tschechoslowakei. Beck wurde signalisiert dass er nicht das gleiche Schicksal wie Benesch zu erwarten hat. Den Polen in jeder Hinsicht freie Hand zu geben, was in den folgenden Monaten allerdings diplomatische Realität wurde, hatte er nicht vorgehabt.[280] In jedem Fall hatte die Garantieerklärung unerbitterliche Konsequenzen, denn sie legte Großbritanniens Schicksal in die Hände von Deutschland und Polen.[281] Mit der Besetzung des Staatsgebietes der Tschecho-Slowakischen Republik war der britischen Appeasement-Politik ein Schlag versetzt worden, welcher die Friedenspartei in London und Paris nachhaltig schwächte und dazu führte, dass deren Kritiker Oberwasser bekamen. Schlagartig änderte sich für den außenstehenden Beobachter die diplomatische Großwetterlage, es herrschte ein Zustand extremer Spannung, obwohl das Münchner Abkommen gerade ein halbes Jahr zurück lag. Die britisch-französische Garantieerklärung an Polen förderte nicht gerade die Kompromissbereitschaft an der Weichsel und – obwohl sie der Abschreckung dienen sollte – entschärfte die Erklärung nicht den Konflikt, sondern provozierte die Reichsregierung.

Bereits am 3. April erteilt Hitler mittels einer internen Führerweisung den Befehl zur Ausarbeitung eines Angriffsplanes gegen Polen (Fall Weiß). Roosevelts Aufforderung Mitte des Monats betreffs einer Nichtangriffserklärung seitens

---

277 Britisches Blaubuch 1939, Dok. No. 17, S. 45.
278 Tagebucheintrag Harold Nicolson 31. März 1939, Nicolson 1969, S. 324.
279 Vgl. Rein 2000, S. 11.
280 Vgl. Charmley 1997, S. 338.
281 Vgl. Kershaw 2010, S. 34f.

Deutschland (und Italien) an 31 Länder wird von Hitler in einer mehrstündigen Reichstagsrede mit der ihm eigenen Rhetorik beantwortet. Das deutsch-polnische und das deutsch-britische Abkommen werden gekündigt.[282] Im Mai 1939 lehnt die polnische Regierung ein Beistandsangebot seitens der UdSSR ab und unterzeichnet ein Militärabkommen mit Frankreich. Am 25. März 1939 kommuniziert Hitler gegenüber dem Oberbefehlshaber des Heeres eine zweistufige Strategie – Lösung der Danziger Frage friedlich auf dem Verhandlungsweg jetzt und in naher Zukunft militärischer Angriff gegen Polen unter optimalen politischen Voraussetzungen.[283] Mit dem am 26. Mai 1939 verabschiedeten „Military Training Act" führen die Briten eine begrenzte Form der Wehrpflicht ein. Die gesteuerte nationalsozialistische Presse nimmt sich des Themas der deutschen Minderheit in Polen an, nachdem die Verschärfung des polnischen Vorgehens gegen die deutsche Volksgruppe seit Oktober 1938 von der Berichterstattung bisher ausgeklammert war.

Parallel zu den seit April laufenden Gesprächen mit der Sowjetunion signalisieren die Briten Ausgleichsbemühungen auf höchster Ebene in Richtung Berlin. Im Juni erklärte sich Außenminister Halifax für die Schaffung einer *„neuen Atmosphäre"* bereit, in der man *„das Kolonialproblem, die Frage der Rohstoffe, der Handelsschranken, das Problem des Lebensraums, die Beschränkung der Rüstung"* und andere Fragen erörtern könne.[284] Kurz darauf beginnen geheime deutsch-britische Sondierungen, die sogenannten Wohlthatgespräche: Am 18., 20. und 21. Juli 1939 fanden auf Aufforderung der Briten und mit Wissen von Botschafter Dirksen insgesamt vier geheime Gespräche zwischen dem Göring-Vertrauten Helmuth Wohlthat und dem Unterstaatsekretär und Leiter der Überseeabteilung Hudson sowie mit Sir Horace Wilson – einem Vertrauten des englischen Premiers Chamberlain – statt. Die Briten versuchten bei diesen Unterredungen den Deutschen die Möglichkeiten einer deutsch-englischen Zusammenarbeit betreffs politischer, militärischer und wirtschaftlicher Fragen schmackhaft zu machen, wenn diese im Gegenzug auf eine militärische Aktion gegen Polen verzichten.[285] Durch eine Indiskretion gelangt dieser Entspannungsversuch an die britische Presse und die Geheimverhandlungen werden abgebrochen, da sich Hitler in Berlin zu diesem Zeitpunkt bereits zu einem Angriff auf Polen entschlossen hat. In seinem politischen Bericht vom 24. Juli 1939 beschreibt Dirksen das einleuchtende strategische Konzept der Briten folgendermaßen:

---

282 Domarus 1962/63, Bd. II, S. 1159; Hitler 1939, S. 30, S. 37.
283 ADAP D, Band VI, Dok. 99.
284 Zit. nach Schmidt 2002, S. 344. Schmidt zitiert aus dem Artikel von H. Hetzmacher: Deutsch-englische Ausgleichsbemühungen im Sommer 1939, publiziert in VZG 14 (1966), S. 370.
285 ADAP D, Bd. VI, Dok. 716. A.J.P.Taylor weist süffisant darauf hin, dass dieses Dokument aus den britischen Akten verschwunden ist, vgl. Taylor 1962 S. 315.

„Die allgemeinen Erwägungen, wie man einen Ausgleich mit Deutschland auf friedlichem Wege anstreben könne, scheinen sich zu einer Reihe von konkreten Punkten verdichtet zu haben, die man in ihrer Gesamtheit und gleichzeitig zur Erörterung bringen möchte. Auf einer politischen Befriedungsgrundlage aufbauend, die das Prinzip der Non-Aggression sicherstellen und die Abgrenzung der politischen Interessensphären durch eine weitmaschige Formel festlegen soll."[286]

Die innenpolitischen Probleme Chamberlains und seiner Gruppe präzisiert Dirksen indem er schreibt, *„Die Frage, die den Befürwortern dieser Gedanken am meisten Kopfzerbrechen macht, ist die Ingangsetzung dieser Gespräche. Die öffentliche Meinung ist so aufgehetzt, die Kriegshetzer und Intriganten haben derartig Oberwasser bekommen, daß eine Veröffentlichung solcher Verhandlungspläne mit Deutschland Churchill und anderen Hetzern sofort die Parole „Kein zweites München!" oder „Keine Rückkehr zur Befriedigungspolitik!" torpediert werden würde. Wie tätig und gefährlich diese Gruppe ist, hat die Veröffentlichung der Tatsache der vertraulich geführten Besprechungen Wohlthat-Sir Horace Wilson und Wohlthat – Überseehandelsminister Hudson gezeigt; weiteres Gift wurde durch Abdruck eines ganz phantastischen und erlogenen Verhandlungsprogramms gestreut. Daß Daily Telegraph und News Chronicle bei dieser Hetzkampagne führend sind, zeigt deutlich, welches die Hintermänner sind."*

Chamberlain, der wie bereits geschildert, die Auffassung vertrat, internationale Politik, wie auch das Geschäftsleben, mittels Geheimabsprachen führen zu können, war sich darüber im Klaren, wie Botschafter Dirksen berichtet, *„daß die vorbereitenden Schritte gegenüber Deutschland in größter Vertraulichkeit getan werden müssen. Erst wenn die Verhandlungswilligkeit Deutschlands festgestellt und zum mindesten Einigkeit über das Programm, vielleicht über einige allgemeine Grundsätze erzielt ist, würde sich die britische Regierung stark genug fühlen, um der Öffentlichkeit Kenntnis von ihren Absichten und von den bisher getanen Schritten zu geben. Würde sie aber auf diese Weise die Aussicht auf einen deutsch-englischen Ausgleich eröffnen können, so ist sie überzeugt, daß die Öffentlichkeit eine solche Ankündigung mit größter Freude aufnehmen und dann alle Quertreiber zum Schweigen bringen würde."*

Es ist aus heutiger Sicht völlig unverständlich, dass man in Berlin die britischen Vorschläge vom Juli 1939, den Osten und Südosten Europas als Gebiete *„besonderen Interesses und wirtschaftlichen Einflusses"* Deutschlands anzuerkennen, Afrika als *„Colonial Condominium"* gemeinsam zu erschließen, und die wirtschaftlichen und finanziellen Probleme, die sich aus der Aufrüstung ergaben, konstruktiv zu

---

286 ADAP D, Bd. VI, Dok. 710, S. 816. Auch die zwei folgenden Zitate sind daraus entnommen.

lösen, ignorierte.[287] Die einzige Bedingung, die London verlangte, war der Verzicht auf Gewaltanwendung, aber Hitler war ein Vabanquespieler und Stalin hatte zu diesem Zeitpunkt – auch durch Sondierung mittels Wirtschaftsgesprächen – einen geschickten Köder gelegt.[288] Er bot Hitler einen Handel an, der weitaus mehr nach dem Geschmack des deutschen Diktators war: Eine Expansionsgemeinschaft, die Bestrafung der widerspenstigen Polen und exklusive Interessenszonen, innerhalb derer beide kontinentale Großmächte machen konnten, was sie wollten. So endeten die deutsch-englischen Ausgleichsbemühungen im Sommer 1939 ergebnislos.

Am 4. August übermitteln die Polen an den Danziger Senatspräsidenten Arthur Greiser eine ernste Warnung über die Konsequenzen, wenn der Freistaat beabsichtigen sollte, die polnischen Zollinspektoren an der Ausübung ihrer Rechte zu hindern. Eine *„derartige Antastung der fundamentalen Rechte Polens [wird] unter keinem Vorwand von der Polnischen Regierung geduldet"* werden.[289] Die deutsche Warnung vom 9. August, dass die angedrohten Vergeltungsmaßnahmen gegen die Stadt Danzig, zumal sie auf unwahren Gerüchten beruhten, *„eine Verschärfung in den deutsch-polnischen Beziehungen herbeiführen würden"*[290] änderte nichts an dem Signal, das Beck nach Berlin gesendet hatte: Im Nervenkrieg würden die Polen im Gegensatz zu den Tschechen nicht einen Millimeter nachgeben und es werde keinerlei Einmischung in polnische Rechte geduldet. Außerdem fragte Beck bei Halifax an, wann die verschobene britisch-polnische Beistandsvereinbarung zu einem Abschluss gebracht werden könnte.[291]

Im August traf die britisch-französische Militärmission in Moskau ein, um mit der UdSSR über ein Bündnis gegen Deutschland zu verhandeln. Dank ihres hocheffizienten Spionagenetzes erhielten die Russen Einblick in die *„Weisungen der englischen und französischen Regierung an die Militärdelegation bei den Verhandlungen in Moskau"*.[292] Die Instruktionen sind mittlerweile veröffentlicht und belegen, dass die englische Militärdelegation Verhandlungen *„sehr langsam"* führen sollte und *„unter keinen Umständen konkrete Verpflichtungen, die uns die Hände binden"* eingehen sollte.[293] In der Nichtentsendung zum Vertragsabschluss bevoll-

---

287 ADAP D, Band VI, Dok. 716, S. 826ff.
288 Vgl. Besymenski 2003, S. 215f.
289 ADAP D, Band VI, Dok. 774, Anlage.
290 ADAP D, Band VII, Dok. 5.
291 Vgl. Charmley 1989, S. 198.
292 Vgl. Smirnov 2013, S. 29.
293 DBFP, 3. Serie, Band VI, Appendix V „Instructions to the British Military Mission to Moscow August 1939", Part I. – General Policy", S. 763, Ziff. 8 „... the Delegation should therefore go very slowly with the conversations, watching the progress of the political negotiations and keeping in very close touch with His Majesty's – Ambassador. ... 15. „The british Government is unwilling to enter into any detaild commitments which are likley to tie our hands in all circumstances.".

London, 2. September 1939 – Premierminister Neville Chamberlain auf dem Weg zum König.
Die Anordnung der Gesamtmobilmachung erfolgt an diesem Tag.

mächtigter Vertreter erspähten die Russen ein Doppelspiel.[294] Auf Seiten der West-mächte dominierte ebenfalls unverhohlenes Misstrauen und der unprofessionelle Einkreisungsversuch scheitert. Deutschland schließt im gleichen Monat mit der Sowjetunion einen Nichtangriffspakt ab. In einem geheimen Zusatzprotokoll wird Osteuropa in Interessensphären aufgeteilt. Die USA behalten ihr Detailwissen über den Pakt für sich.[295] Um ein *„tragisches Missverständnis"* auszuschließen schreibt Chamberlain am 22. August Hitler einen Brief, in dem er seinen Standpunkt höf-lich, aber unmissverständlich darlegt:

„Es ist behauptet worden, dass, wenn Seiner Majestät Regierung ihren Standpunkt im Jahre 1914 klarer dargestellt hätte, jene grosse Katastro-phe vermieden worden wäre. Unabhängig davon, ob dieser Behauptung Bedeutung beizulegen ist oder nicht, ist Seiner Majestät Regierung ent-schlossen, dafür zu sorgen, dass im vorliegenden Fall kein solch tragi-sches Missverständnis entsteht.

---

294 Vgl. Spiegel 6. Mai 1959, „Das Doppelspiel", S. 40-44.
295 Vgl. Herwarth 198, S. 188f. Mehr dazu im Kapitel über die USA.

Nötigenfalls ist Seiner Majestät Regierung entschlossen und bereit, alle ihr zur Verfügung stehenden Kräfte unverzüglich einzusetzen, und es ist unmöglich, das Ende einmal begonnener Feinseligkeiten abzusehen. Es würde eine gefährliche Täuschung sein, zu glauben, dass ein einmal begonnener Krieg frühzeitig enden würde, selbst wenn ein Erfolg auf verschiedenen Fronten, an denen er geführt wird, erzielt worden sein sollte."[296]

Obwohl die britische Haltung in der deutsch-polnischen Krise offen kommuniziert wurde, schreckt sie Hitler nicht ab. In seinem Antwortschreiben vom darauf folgenden Tag teilt er Chamberlain mit, dass die Lösung der Danziger Frage und der Probleme des Korridors für Deutschland eine Notwendigkeit sei. Er wirft Chamberlain vor, mit der Garantieerklärung die polnische Verhandlungsbereitschaft beseitigt zu haben, weist auf die Situation der deutschen Minderheit im Nachbarland hin und droht seinerseits Großbritannien. Der Versailler Vertrag und dessen Revision sind seiner Ansicht nach für das schlechte Verhältnis zwischen beiden Staaten verantwortlich, was er sehr bedauert. *„Ich habe Zeit meines Lebens für eine deutsch-englische Freundschaft gekämpft, bin aber durch das Verhalten der britischen Diplomatie – wenigstens bisher – von der Zwecklosigkeit eines solchen Versuchs überzeugt worden. Wenn sich dies in Zukunft ändern würde, könnte niemand glücklicher sein als ich."*[297]

Am 25. August ruft Hitler den Britischen Botschafter Henderson in die Reichskanzlei und bespricht mit ihm Vorschläge zur Lösung des deutsch-polnischen Antagonismus und über ein mögliches gemeinsames Bündnis. Mit *„Ruhe und augenscheinlicher Aufrichtigkeit"*[298] bietet Hitler eine einseitige Garantie des britischen Weltreichs an, wenn London Berlin freie Hand bei der Lösung der *„Zustände an seiner Ostgrenze"* lässt.[299] Am gleichen Tag unterzeichnen Polen und Großbritannien eine Beistandsvereinbarung für den Fall eines deutschen Angriffs. Birger Dahlerus, ein schwedischer Ingenieur, startet in Görings Auftrag an diesem Tag eine zehntägige Pendeldiplomatie zwischen Berlin und London.[300] Die Vermittlung scheitert und, nachdem Hitler noch einmal für ein paar Tage zögerte, beginnt am 1. September 1939 der deutsche Angriff auf Polen. Von den eigenen Ministern, angeführt von Halifax, wird Chamberlain unter Druck gesetzt, Deutschland schnellstmöglich jenes Ultimatum zu stellen, was zur Kriegserklärung führte.[301] *„Alles, wofür ich gearbeitet habe"*, erklärte er bei der Verkündigung des Kriegszustandes

---

296   Henderson 1940, S. 347f; Zweites Weißbuch, Dok. 454.
297   Henderson 1940, S. 350ff; Zweites Weißbuch, Dok. 456.
298   Henderson 1940, S. 299.
299   Vgl. Henderson 1940, S. 354ff.
300   Vgl. Dahlerus 1948, S. 53ff. Über dessen Geheimgespräche mit Hitler am 26.9.1939 und mit Chamberlain am 29.9.1939 vgl. auch Hillgruber 1967, S. 26ff und Schlie 1994, S. 32ff.
301   Vgl. Charmley 1989, S. 208; vgl. Kettenacker 2013, S. 87.

am 3. September 1939 im Unterhaus, *„alles worauf ich hoffte, alles, woran ich in meinem politischen Leben glaubte, ist ruiniert worden.“*[302] Auch Frankreich hält seine Zusage ein, Polens Unabhängigkeit zu verteidigen und erklärt entsprechend seinen Vereinbarungen Deutschland den Krieg.

Die offiziellen Kriegsgründe

Die britische Öffentlichkeit war im Sommer 1939 für eine härtere Politik gegenüber Deutschland, jedoch gab es laut Meinungsumfragen keine einheitliche anhaltende Forderung nach einem Krieg. Auf die Frage, ob Hitler nur bluffe, antwortet die Mehrheit am 31. August noch mit ja.[303] Nachdem Großbritannien zusammen mit Frankreich am 3. September Deutschland den Krieg erklärte, wurde als Grund die Verteidigung Polens angeführt. Diese Begründung wird auch heute noch gerne angeführt – hätte man Polen nicht „verteidigt", wäre dies einer Verleugnung all jener Freiheiten gleichgekommen, zu denen sich Demokratien bekennen und aus denen sie ihre moralische Legitimation ableiten.[304] Neben der Wiederherstellung Polens sollte auch die Tschechoslowakei wieder hergestellt werden.[305] Und selbstverständlich spielte auch die nationale Ehre eine Rolle.[306] Der Hinweis auf den preußisch-deutschen Militarismus durfte nicht fehlen, sowie die *„Vernichtung des Nationalsozialismus".*[307] *„Es kann keinen Frieden mit Hitler geben, weil es mit Hitler keinen Frieden geben kann",* hieß es in einem Leitartikel der Londoner Times.[308] Churchills eindeutige, im Unterhaus vorgetragene Devise zu Kriegsbeginn lautete: *„Das ist keine Frage des Kampfes für Danzig oder für Polen. Wir kämpfen, um die ganze Welt von der Pestilenz der Nazi-Tyrannei zu befreien und für die Verteidigung all dessen, was der Menschheit heilig ist."* [309]

In Berlin wertete die Presseabteilung das Auswärtige Amtes ab Beginn des Krieges Zeitungsartikel und Leserbriefe aus, um sich einen Überblick zu verschaffen, unter welchen Bedingungen sich die Briten einen Frieden vorstellen könnten. In einem schriftlichen Vermerk Ende 1939 wurde als eine Art Zusammenfassung folgende Analyse zu Papier gebracht:

302   http://hansard.millbanksystems.com/commons/1939/sep/03/prime-ministers-anouncment. Übersetzung in: Kettenacker 2013, S. 80.
303   Vgl. Adamthwaite 1990, S. 197f.
304   Vgl. Adamthwaite 1990, S. 213.
305   BA-Berlin, R/901, Nr. 59567, S. 45f, S. 393, S. 408.
306   Vgl. Baker 2009, S. 173.
307   BA-Berlin, R/901, Nr. 59567, S. 202. Leserbrief „The Spectator 6.10.1939".
308   Zit. nach: Baker 2009, S. 168.
309   http://hansard.millbanksystems.com/commons/1939/sep/03/prime-ministers-anouncment. Übersetzung in: Schlie 1994, S. 31.

„Nach den vorliegenden Presseäusserungen namhafter Engländer sieht das Zukunftsbild des kommenden Friedens fast übereinstimmend folgendermassen aus:

1. *„Abschaffung des „Hitlerismus" – wobei dem deutschen Volk keine von ihm nicht gewünschte Staatsform aufoktroyiert werden soll. Man hofft gewissermassen auf das bessere Einsehen der „anständigen" Deutschen.*

2. *Wiederherstellung der Staaten Polen, Tschechei, Slovakei.*

3. *Österreich soll nach einem Volksentscheid selbst über sein Schicksal bestimmen.*

4. *Keine Reparationen (die Fehler von Versailles werden eingestanden und sollen vermieden werden).*

5. *Schaffung einer neuen internationalen Institution in Form eines verbesserten Völkerbundes o.ä. mit dem Ziele der Vereinigten Staaten von Europa, an der Deutschland vollen und gleichberechtigten Anteil haben soll.*

   Diese Institution soll dann die folgenden Fragen regeln:

   a. *Teilweise oder vollständige Abrüstung,*

   b. *Schlichtung von Grenzstreitigkeiten,*

   c. *Schutz der Minderheiten,*

   d. *Abschaffung der Zollgrenzen, freier Wettbewerb im Handel,*

   e. *Gemeinsame Verwaltung der kolonialen Mandate, Zugang aller zu den kolonialen Rohstoffen."*[310]

Der Ersteller dieser Aktennotiz vermerkte am Ende:

„Diese sind die Äußerungen hauptsächlich linksstehender Kreise und Pazifisten.Von der Regierungsseite sind mit Ausnahme zu Punkt 1 vorsichtigerweise konkrete Darlegungen noch nicht erfolgt. Wilde und rachsüchtige Kriegsziele wie Vernichtung des ganzen deutschen Volkes, Zerstückelung des Reiches usw. sind nur vereinzelt und dann von Leuten zu Gehör gebracht worden, die keinerlei politischen Einfluss besitzen."[311]

Mit den *„Problems of War Aims"* beschäftigte sich die englische Presse noch Jahre.[312] Aus heutiger Sicht sind die supranationalen Ideen einiger Visionäre wie

---

310   BA-Berlin, R/901, Nr. 59567, S. 504.

311   Handschriftlicher Eintrag *„Labour+Liberal"*.

312   BA-Berlin, R/901, Nr. 59549 und Nr. 59625; TB-Eintrag Harold Nicolson 22. Januar 1941: *„Winston [Churchill] weigert sich, eine Erklärung über Kriegsziele abzugeben. Als Grund gibt er im Kabinett an, daß präzise Ziele einen festlegen würden, während verschwommene Ziele enttäuschen müßten."* Nicolson 1969, S. 424.

Lord Elton und Harold Nicolson interessant, die bereits im Dezember 1939 davon sprachen, dass *„unser erstes Kriegsziel die Vereinigten Staaten von Europa sein muss."[313]* Für die breite Masse des Jahres 1939 waren die Verteidigung von Ehre und Freiheit und der Kampf gegen den Nationalsozialismus als offizielle Kriegsgründe aber plausibler und verständlicher, als die Visionen von Politikern des Establishments. Mit seinen markigen Reden traf Churchill deshalb den Nerv seiner Landsleute und der Untertanen im Empire, was auch wichtig war, schließlich galt es die wehrfähige Bevölkerung Englands, Schottlands, Nordirlands und Wales genauso zu motivieren wie jene in den Dominions und Kronkolonien, denn von dem Viertel der Erdbevölkerung, welches im Britischen Empire lebte, waren die meisten keine Europäer und von den deutsch-polnischen Problemen nicht nur räumlich denkbar weit entfernt. Die veröffentlichte Meinung konnte aber jene positiven und negativen Stereotype bilden, die in den Köpfen der Bevölkerung zu einer scheinbaren Realität verschmolz.[314] Nur so lässt es sich erklären, dass sich zu Kriegsbeginn eine patriotische, wenn auch naive Siegeszuversicht unter der überwältigenden Mehrheit der Bevölkerung ausgebreitet hatte, ganz im Gegensatz zum Establishment, wo die Meinung vorherrschte, dass der Krieg nicht zu gewinnen war.[315] Australien, Neuseeland, Indien, die Südafrikanische Union und Kanada folgten im September 1939 dem Mutterland und erklärten Deutschland den Krieg.

Chamberlains Motive

Aller Rhetorik von Ehre und Freiheit zum Trotz, ein wesentliches Motiv im Sommer 1939 war, dass man in London den unüberwindlichen Gegensatz zwischen einer westlichen Demokratie und einer Diktatur, die unterschriebene Verträge nach kurzer Zeit missachtete, begriffen hatte. Am Tage nach der Kriegserklärung wendete sich Chamberlain aus diesem Grund an das deutsche Volk und stellte klar: *„In diesem Krieg kämpfen wir nicht gegen Sie, das deutsche Volk, sondern gegen ein tyrannisches und meineidiges Regime, das nicht nur sein Volk, sondern die gesamte*

---

313 BA-Berlin, R/901, Nr. 59567, S. 106: *„Problems of War Aims, Sunday Times 3.12.1939, By lord Elton … our first war-aim must be the United States of Europe."* Ähnlich, ebda S. 129: *„People and Things, Spectator 1.12.1939, By Harold Nicolson."* Letzter publizierte 1940 seine Vorstellungen in dem Buch „Why Britain is at War" und schrieb darin: *„I am convinced that Europe will only become a peaceful and a prosperous continent if each of the present Nation States surrender something of their independence for the good oft he whole. We must, in other words, create something far wider and higher than the old League of Nations; we must create the United States of Europe."* Nicolson 1940, S. 126.

314 Über die Wirkungsweise der öffentlichen Meinung, vgl. das von Elisabeth Noelle-Neumann verfasste Nachwort zu Walter Lippmanns epochalem Werk „Public Opinion"; Lippmann 1990, S. 286-299.

315 Vgl. Kettenacker 2013, S. 89. Kettenacker differenziert in seinem Aufsatz klug zwischen der veröffentlichten und der öffentlichen Meinung, vgl. S. 83ff.

westliche Zivilisation und alles, was Ihnen und uns teuer ist, verraten hat."[316] Die Überzeugung, dass Hitler und seine Gefolgschaft beseitigt werden muss, beruhte bei Chamberlain auf praktischer Erfahrung. Bereits in Bad Godesberg hatte Hitler ein ihm gegebenes Wort gebrochen, indem der Diktator nach einer mündlichen Einigung über die Abtretung der Sudetengebiete die Forderungen gegenüber den Tschechen einfach erhöhte.[317] Der Einmarsch in die Tschecho-Slowakische Republik am 15. März 1939 zerstörte in noch größerem Masse Vertrauen, nachdem Hitler ein im September 1938 abgegebenes Versprechen brach. *„Prag war für Chamberlain eine wahre Katastrophe – politisch und psychologisch. Beim Premierminister sind zweifellos weitreichende Veränderungen im Gange, aber noch nicht abgeschlossen.*"[318] notierte der sowjetische Botschafter in London, Iwan Maiski am 18.7.1939 in sein Tagebuch. Gegenüber dem französischen Verhandlungspartner Daladier äußerte sich Chamberlain entsprechend: *„Hitler hat mich einmal getäuscht, ein zweites Mal täuscht er mich nicht.*"[319] Von dessen Verhandlungsmethoden in Godesberg, München und Berlin fühlte sich Henderson regelrecht *„angeekelt".*[320] Durch die mehrfachen Wortbrüche und das undiplomatische Verhalten gewann London den Eindruck, dass man Hitler nicht vertrauen könne. *„Niemand in Großbritannien glaubt auch nur noch ein Wort von dem, was Hitler sagt"*[321], notierte der britische Außenminister Halifax in sein Tagebuch. *„Entweder beweist die deutsche Regierung für alle Welt sichtbar durch überzeugende Taten, dass sie ihre Friedensbeteuerungen ernst meint, und gibt uns wirksame Garantien dafür, dass sie ihre Verpflichtungen einhalten wird, oder wir werden unsere Pflicht gewissenhaft zum Ende erfüllen".* erklärte Chamberlain im Oktober 1939 vor dem Unterhaus.[322] Sein Feindbild hatte sich mehr und mehr auf Hitler fixiert und für den Premier bestanden keine Zweifel, dass für den deutschen Diktator in einer Nachkriegsordnung kein Platz sei.[323]

Auch auf deutscher Seite sahen zumindest einige Spitzenpolitiker die Problematik der gegenüber Chamberlain und Henderson gewählten Sprache ähnlich, auch wenn sie das grundsätzlich mit Hitler verbundene personifizierte Problem offensichtlich verdrängten und Ribbentrop für die Situation verantwortlich machten. In seinem Tagebuch zeichnete Alfred Rosenberg ein Gespräch mit Göring am 1. September 1939 auf:

---

316   Zit. nach Klemperer 1994, S. 139.
317   Vgl. Henderson 1940, S. 176f.
318   Zit. nach: Besymenski 2003, S. 163.
319   Zit. nach: Barbier 1990, S. 48.
320   Henderson 1940, S. 195.
321   Außenminister Halifax, zit. nach: Schlie 1994, S. 33.
322   Zit. nach: Schlie 1994, S. 26.
323   Vgl. Charmley 1989, S. 211.

„Ich habe nur das Gefühl, daß man England geflissentlich unterschätzt hat; man hat in den letzten Jahren mit ihm nicht so gesprochen, wie man eben mit einer Weltmacht spricht.
G.[öring]: … R.[ibbentrop] hatte gesehen, daß der Führer mit Henderson entschieden gesprochen hatte, u.[nd] der kleine Geist glaubte, das noch verstärken zu müssen. Henderson klagte, R.[ibbentrop] habe ihm die Vorschläge zu schnell vorgelesen. Darauf habe ich etwas getan, was ich nicht hätte tun dürfen: ich habe sie ihm per Telefon noch einmal vorgelesen. Sonst könnte man sagen, wir hätten die Vorschläge nur zur Ablenkung gemacht …"[324]

Es ist kein Geheimnis, dass Chamberlain den Krieg hasste.[325] Das Schicksal Polens berührt ihn aber dabei kaum,[326] war dieses Land doch nur Objekt im Rahmen seiner bereits vorgestellten antibolschewistischen Strategie zur Erhaltung des Empires. Zusammen mit Halifax setzte er auf die innere Spaltung Deutschlands. Beide hofften auf eine deutsche Revolution wie 1918, denn Englands Krieg war noch nicht gegen alle Deutschen gerichtet, sondern „nur" gegen den Nationalsozialismus· Chamberlains Haltung kommt in einem Privatbrief an seine Schwester am 10. September 1939 präzise zum Ausdruck:

„Natürlich, das eigentliche Problem ist Hitler. Solange bis er verschwindet und sein System kollabiert, kann es keinen Frieden geben. Was ich erhoffe, ist nicht der militärische Sieg – ich habe große Zweifel an der Durchführbarkeit – sondern ein Kollaps der deutschen inneren Front. Aus diesem Grund ist es notwendig die Deutschen zu überzeugen, dass sie nicht gewinnen können. Und die USA könnten im richtigen Moment hilfreich sein."[327]

Im Gegensatz zu Chamberlain, der die Hoffnung auf eine Vereinbarung mit deutschen Generälen nie aufgegeben hatte, verschwammen mit dem Regierungsantritt Churchills differenzierte Betrachtungen zwischen Nationalsozialisten, Militärs und Opposition immer mehr. Auf Friedensfühler, auch von Emissären des Widerstandes – sogar wenn es sich bei diesen um Deutsche aus dem Dunstkreis der „Milner-

---

324 Seraphin 1964, S. 94. TB-Eintrag vom 24. September 1939. Rosenberg bezieht sich auf ein Gespräch mit Göring im Reichstag vom 1. September 1939 unmittelbar vor der Rede Hitlers im Reichstag.

325 Vgl. Charmley 1989, S. 211. Neville an Hilda Chamberlain, 15. Oktober 1939: *„How I hate and loathe this war. I was never meant to be a War Minister."* Zit. nach ebda.

326 Bullitt schrieb am 13. September an Roosevelt: *„Daladier was really shocked by the cynical selfishness of Chamberlain's attitude toward the bombardment of Poland and his refusal to use modern, excellent and numerous English bombing planes for the bombardment of military objectives in Germany."* Bullitt 1972, S. 370.

327 Zit. nach: Feiling 1947, S. 417f.

Gruppe" handelte[328] – wurde mit absolutem Stillschweigen reagiert, oder diese als Ablenkung betrachtet. Politik als Kunst des Machbaren rückte immer mehr in den Hintergrund. Im Gegensatz zu Chamberlain galt nun die Devise, den Krieg mit militärischen Mitteln bis zum Ende durchzuziehen, koste es was es wolle. Dies war nur möglich mittels einer großen Allianz und einer maximalen Ausweitung des Krieges, an dessen Ende die bedingungslose Kapitulation, die völlige Unterwerfung des Gegners stehen würde.[329] Zwischen den Kriegszielen des Empire-Politikers und Antibolschewisten Chamberlain und des transatlantisch orientierten Freimaurers und Halbamerikaners Churchill[330] war ein gewaltiger Unterschied, den Hitler offensichtlich nicht erkennen wollte, wie seine Rede vom 30. Januar 1940 dokumentiert, in der er beide Gegner gleichermaßen angriff:

> *„Da lobe ich mir Mister Churchill. Er spricht das offen aus, was der alte Mister Chamberlain nur im Stillen denkt und hofft. Er sagt es: Unser Ziel ist die Auflösung Deutschlands. Unser Ziel ist die Vernichtung Deutschlands. Unser Ziel ist die Ausrottung, wenn möglich des deutschen Volkes. Wir wollen Deutschland schlagen."[331]*

Geopolitische Motive und Völkerpsychologie

Der aufmerksame Beobachter konnte bereits gut zwei Wochen nach Kriegsbeginn zur Kenntnis nehmen, dass nicht alle vorgebrachten Argumente, warum Großbritannien kämpfen sollte, stichhaltig waren und die Diskussion mithin germanophobe Züge trug. Am 17. September marschierten sowjetische Truppen in Ostpolen ein und eine alliierte Kriegserklärung an den russischen Aggressor unterblieb, wie auch seitens der Polen diese Forderung nicht erhoben wurde. Der Sowjetunion wurde auch nicht der Krieg erklärt, als diese am 30. November 1939 Finnland angriff und 1940 die drei baltischen Republiken annektierte und dort – wie bereits in Ostpolen – schwere Menschenrechtsverletzungen beging. Das einzige Mal, wo es wirklich auf der Kippe stand und eine Bombardierung von Zielen in der Sowjetunion erwogen wurde, hing mit der Rohstoffversorgung Deutschlands zusammen, aber die Operation gegen die Ölfelder von Baku wurde durch den Krieg im Westen

---

328 Quigley rechnet Helmuth James von Moltke und Adam von Trott zu Solz zu dieser Gruppe. Biographische Merkmale wie das Rhodes-Stipendium von Trott (1931-33) und die südafrikanische Abstammung von Moltkes Mutter Dorothy Rose-Innes (ihr Vater Sir James Rose-Innes wurde von Milner zum Obersten Richter der Südafrikanischen Union ernannt) und ein Artikel in der Juni-Ausgabe 1946 von „The round Table" stützen diese These; vgl. Quigley 2013, S. 289f, S. 315.

329 Vgl. Klemperer 1994, S. 188ff.

330 Churchill wurde 1901 in die „United Studholme Lodge Nr. 1591" in London aufgenommen, später wurde er Mitglied in der Londoner „Rosemary Lodge Nr. 2851", vgl. Minder 2004, S. 37.

331 Hitler 1940, S. 146.

und Frankreichs Zusammenbruch obsolet.[332] Londons zögerliche Haltung im Hinblick auf eine französisch-britische Luftoperation gegen die russischen Ölfelder lag aber auch daran, dass man sich schlicht und einfach im klaren war, dass man die Sowjets endgültig an die Seite Deutschlands gebunden hätte, wenn man ihre Aggressionen mit der gleichen Konsequenz wie die der Nazis bekämpfen würde, wie Raymond Leslie Buell vom Think Tank „Foreign Policy Association" bemerkte.[333] Aus diesem Grund knüpften die Londoner Diplomaten nach dem Rücktritt des Antibolschewisten Chamberlain lieber diskret Kontakte zu der zweiten großen totalitären Macht des Kontinentes und versuchten, lange vor dem 22. Juni 1941, die Sowjetunion für einen Kriegseintritt an der Seite Englands zu motivieren.[334]

Wenn schon die offiziellen Kriegsgründe nur teilweise einer Plausibilitätsprüfung standhalten, dann gab es möglicherweise weitere Motive, warum England kämpfte. Wie bereits geschildert, widersprach die Entscheidung zum Krieg britischen Interessen, denn als „saturierte Nation" war es im eigenen strategischen Interesse, die Nachkriegsordnung so lange wie nur möglich aufrechtzuerhalten, um das Weltreich nicht zu gefährden.[335] Der Grund, warum Chamberlain den Krieg so lange herauszögerte, lag in seiner gänzlich unsentimentalen Betrachtungsweise von Außenpolitik. Aus einleuchtenden ökonomischen und ideologischen Gründen war er bemüht, die Sowjetunion und die USA vom europäischen Kontinent fern zu halten. Das stillschweigende Einverständnis, ja sogar die Ermunterung zu einer begrenzten deutschen Expansion in Mittel- und Osteuropa lässt sich aus diesem Blickwinkel als eine Arbeitsteilung beider Mächte deuten – dank seiner Kontrolle über die Seewege des Atlantiks schirmt Großbritannien Europa nach Westen ab, Deutschland übernimmt die gleiche Funktion in Richtung Osten. Der zur Schau getragene tapfer-romantische Heroismus Churchills lag ihm gänzlich fern. Im Gegensatz zu seinem Nachfolger erkannte Chamberlain, dass der Kriegseintritt der USA mit dem Ausverkauf des Empires gleichzusetzen war.[336] Im Falle der Sowjetunion hatte er aufgrund seiner antibolschewistischen Grundeinstellung ein instinktives Gefühl, dass der kommunistische Staat einen Krieg im Westen auslösen wollte, um England und Frankreich gegen Deutschland zu treiben, um selbst daraus Nutzen zu ziehen.[337]

---

332   Vgl. Deschner 2009, S. 20f, S. 34ff.
333   Vgl. Buell 1939, S. 397.
334   Vgl. Bonwetsch 1998, S. 152. England versuchte auch andere neutrale Länder wie z.B. Schweden auf seine Seite zu ziehen: BA-Berlin, R/901, Nr. 59745, S. 280 „Auswärtiges Amt Presseabteilung, Berlin den 27. Februar 1940, England und die Neutralen.".
335   Vgl. Kershaw 2010, S. 29.
336   Vgl. R. Schmidt 2002, S. 236.
337   Vgl. Besymenski 2003, S. 163. TB-Eintrag Iwan Maiski vom 18.07.1939: „Im Moment nagt doppelter Zweifel

Appeasement-Politik war für ihn die Verteidigung der weltweiten Interessen des Empires. Deutschlands Revisionswünsche waren für Chamberlain ein Instrument im Rahmen seiner außenpolitischen Konzeption. Mit einem Blankoscheck, so wie ihn Hitler in Osteuropa forderte, hatte dies aber nur bedingt etwas zu tun. Ein „informal empire" der Deutschen hätte er akzeptiert, nicht aber die direkte, entmündigende Form von Herrschaft, wie es sich die Nationalsozialisten vorstellten.[338] Als demokratischer Regierungschef konnte er seine Politik auch nicht losgelöst von der öffentlichen Meinung führen. Politikberatende Privatinstitutionen wie das „Royal Institute of International Affairs", wo sein Außenminister Halifax am 29. Juni 1939 eine Rede hielt,[339] wie auch elitäre Periodika wie „The Round Table"[340] verstanden sich als Teil der veröffentlichten Meinung, die es zu beeinflussen galt und Hitlers „Handstreich von Prag" markierte im März 1939 eine tiefe Zäsur. Zum Entscheidungshintergrund gehörten natürlich auch die Massenmedien, deren Wirksamkeit beim Meinungsbildungsprozess in einer Demokratie außer Frage stand. Infolgedessen war die in den geheimen „Wohlthatgesprächen" angebotene deutsche Interessenzone in Ost- und Südosteuropa nicht gleichzusetzen mit einem exklusiven Expansionsareal, in dem alle moralischen und volkswirtschaftlichen Prinzipien von der deutschen Regierung außer Kraft gesetzt werden konnten. Zudem zogen einflussreiche Kreise hinter den Kulissen die Fäden, in dem sie beispielsweise den Inhalt der „Wohlthatgespräche" an die Presse weiterspielten, so dass Chamberlains politischer Spielraum zusehends eingeengt wurde.[341] Als es dann zur Kriegserklärung an Deutschland kam, brauchte sich die britische Regierung über mangelnde Unterstützung seitens ihrer Bevölkerung keine Sorgen zu machen. Der Grund, warum es nicht so schwer war, die Bevölkerung 20 Jahre nach Ende des Ersten Weltkrieges erneut für einen Krieg gegen Deutschland zu gewinnen, lag nicht nur in der durch den Meinungsbildungsprozess beeinflussten antideutschen Stimmung im Land, sondern auch im britischen Nationalcharakter selbst.

Der deutsche Historiker Lothar Kettenacker hat in einem Beitrag vor nicht allzu langer Zeit den Impetus von Großbritanniens Kriegserklärung 1939 als „Ehrensa-

---

an ihm [Chamberlain]: 1) Wie stark ist die R. Armee? ... 2) Welche Absichten verfolgt die UdSSR wirklich? Will sie vielleicht einen Krieg im Westen auslösen, England und Frankreich gegen Deutschland treiben, um selbst daraus Nutzen zu ziehen?".

338 Vgl. Kettenacker 2013, S. 82.

339 Britisches Blaubuch 1939, Dok. No. 25, S. 73-83.

340 Die Leitartikel der Ausgaben Juni, September, Dezember 1938 und März 1939 von „The Round Table" stützten die Politik Chamberlains. „Prag" markierte den Wendepunkt und der von Lord Lothian verfasste Leitartikel der Ausgabe vom Juni 1939 lautete „From Appeasement to Grand Alliance", vgl. Quigley 2013, S. 290-292, vgl. May 1995, S. 354, S. 506.

341 Forrestal 1951, S. 122. Über dieses Thema wird im Kapitel über die USA eingegangen.

che" bezeichnet, was beinahe nach einem Luxusproblem klingt.[342] Der Nationalcharakter ist in jedem Land von klimatischen Bedingungen, der geographischen
Lage, der eigenen Geschichte und dem Stand der Zivilisation geprägt. Englands
Bevölkerung hatte bei all diesen Bedingungen im europäischen Vergleich Glück
gehabt. Durch die Insellage und dem damit verbundenen Schutz vor feindlichen
Angriffen brauchte sie sich so gut wie nie Sorgen zu machen, dass feindliche Arme-
en das Land überrannten, und man hatte keine Erfahrungen mit den Verwüstungen,
die sich für die Zivilbevölkerung aus militärischen Konflikten ergaben. Eine starke
Flotte genügte zum Schutz. Aufbauend auf diesen Prinzipien, dass Großbritannien
sicher war, konnte man wählen, ob bei den verschieden Konflikten in Europa oder
in Übersee interveniert wurde, oder man sich lieber heraushielt. Militärische Siege
auf dem europäischen Kontinent wurden nach den negativen Erfahrungen im Hun-
dertjährigen Krieg mit Frankreich in der Regel indirekt erzielt. Entweder steuerte
man die Auseinandersetzung durch finanzielle Unterstützung kontinentaler Verbündeter oder man griff relativ spät mit überlegener Technologie in den Konflikt
ein. Grundsätzlich hatte der Bündnispartner die kämpferische Hauptlast zu tragen.
Diese relative Immunität vor eigenen schweren Verlusten führte dazu, dass man
vor militärischen Auseinandersetzungen nicht zurückschreckte und wenn es um die
Frage von Krieg oder Frieden ging, die Fehde gerne annahm.[343] Als unmittelbare
Folge dieses einzigartigen Vorteils, in wesentlichen außenpolitischen Entscheidungen frei handeln zu können und ressourcenschonend Ziele zu erreichen, ergab sich
die Möglichkeit der Schaffung eines Reiches in Übersee. Außerdem ermöglichte
der Überschuss an Energie, Menschen und Reichtum die Entwicklung einer einzigartigen Sozialstruktur und eines parlamentarischen Systems mit einem großen
Spektrum bürgerlicher Freiheiten.[344]

Ebenfalls ursächlich begründet in Englands Insellage bildet sich schon im
16. Jahrhundert ein Verständnis von Außenpolitik heraus, das unter dem Begriff
„Balance of power" bis heute ein Begriff ist. Im wesentlichen ging es dabei um
die Verhinderung der Hegemonie eines Staates auf dem europäischen Festland.
Das Grundprinzip des ungefähren Gleichgewichts der Mächte auf dem Kontinent
wurde zum zentralen Merkmal britischer Außenpolitik. Dieses System erforderte
eine Intervention in die Belange Europas, deren Ziel eine ständige Schwächung
der stärksten europäischen Kontinentalmacht war. Die Beeinflussung erfolgte militärisch nur so weit wie nötig, bevorzugt wurden jedoch finanzielle und politische
Einflussnahmen. Ein probates, aber nicht das einzige, politische Mittel war die

---

342 Kettenacker 2013, S. 79.
343 Vgl. Winkelvoß 2006, S. 205ff.
344 Vgl. Quigley 2007, S. 89f.

Einkreisung. Mit Spanien befand man sich im 16. und 17. Jahrhundert mehrfach im Kriegszustand, mit Holland einige Male (im 17. Jahrhundert), mit Frankreich wurde intensiv gefochten (vom 17. bis 19. Jahrhundert) und schließlich von 1853 bis 1856 im Krimkrieg gegen Russland, als dieses nach Ende der Napoleonischen Kriege einen Blick auf die Dardanellen warf.[345]

Ein Nebeneffekt des Krimkrieges – einem militärisch ausgetragenen Konflikt gegen die seinerzeit stärkste Kontinentalmacht[346] – war die Entzweiung der konservativen Monarchien im Osten und die Isolation Frankreichs. In dieser Gemengelage erkannte Bismarck die Möglichkeit, erstmals in der Geschichte einen mächtigen deutschen Nationalstaat zu erschaffen. Die drei Einigungskriege führten 1871 zur Reichsgründung. In der Mitte Europas war durch glückliche Umstände und dem Genie Bismarck etwas entstanden, was es seit Jahrhunderten nicht gegeben hatte – ein dominanter Staat, der stark genug war, jeden Nachbarn einzeln niederzuringen, vielleicht sogar alle Kontinentalmächte zusammen. Die neue europäische Ordnung zwischen 1871 und 1914 reduzierte sich auf fünf Großmächte, von denen zwei – Frankreich und Deutschland – dauerhaft entzweit waren.[347] Das neu gegründete Deutsche Reich war als ökonomisch und militärisch führende Macht auf dem Kontinent dafür prädestiniert, im Konfliktfall auf entscheidenden Widerstand seitens Großbritannien zu treffen. Diese Tatsache war dem System der „Balance of power" praktisch immanent. Da Bismarck 1875 die richtigen Schlüsse aus der „Krieg-in-Sicht-Krise" zog, war ihm bewusst, dass jeder Versuch, die Machtstellung des Deutschen Reiches durch eine aggressive Politik oder einen Präventivkrieg weiter auszubauen, unkalkulierbare Risiken in sich barg.[348] Bismarck erklärte Deutschland zu einer saturierten Macht und es gelang ihm mittels seiner maßvollen Außenpolitik, das nach Revanche sinnende Frankreich dauerhaft zu isolieren; als Nebeneffekt war Großbritannien von den Vorteilen der Politik der „Splendid isolation", der Verweigerung dauerhafter Bündnisse mit anderen Großmächten, selbst überzeugt.

„Am 15. März 1890 war Fürst Bismarck entlassen worden. Die spezialisierte Diät, die der große Arzt seinem heranwachsenden Lande vorgeschrieben hatte, wurde von seinen Nachfolgern weder begriffen noch befolgt",[349] notierte der

---

345   Vgl. Winkelvoß 2006, S. 205ff.

346   Orlando Figes konnte nachweisen, dass bereits im Krimkrieg die öffentliche Meinung manipuliert wurde. Russland wurde in der Presse als intolerante und rückständige Despotie dargestellt, das Osmanische Reich, das es aus geostrategischen Aspekten zu verteidigen galt, war angeblich tolerant – auch gegenüber Christen. Wie „tolerant" die Türken tatsächlich waren, belegt der Völkermord an den Armeniern und anderen christlichen Gemeinschaften im Ersten Weltkrieg, denen Pogrome im 19. Jahrhundert vorausgingen.

347   Vgl. Kissinger 2014 S. 91f.

348   Vgl. Canis 2004, S. 85ff.

349   Nicolson 1931, S. 93.

Diplomat und Politiker Harold Nicolson rückblickend, als er über seinen Vater, Sir Arthur Nicolson, einem der zentralen Akteure britischer Einkreisungspolitik vor dem Weltkrieg schrieb. Auch aus heutiger Sicht haben diese Worte nichts an ihrem Wahrheitsgehalt verloren, denn nach Bismarcks erzwungenem Rücktritt fehlten das Ziel und eine klare Linie in der deutschen Außenpolitik. In London diagnostizierte man falsche Prämissen und ein auf Unsicherheit basierendes Verhalten, das als Bedrohung wahrgenommene wurde.[350] Dies führte zur Aufgabe der englischen Politik der „Splendid isolation". Mit dem Abschluss der „Entente Cordiale" mit Frankreich 1904 und der „Triple Entente" mit Frankreich und Russland 1907 wurde jenes Bündnissystem geknüpft, welches die strategische Ausgangslage für einen Konflikt mit dem Deutschen Reich bildete und in Berlin als Einkreisung empfunden wurde. Obwohl es im Vorfeld des Ersten Weltkrieges durchaus beiderseitige Signale der Entspannung im bilateralen Verhältnis gab – Tirpitz beschrieb die Beziehungen im Frühsommer 1914 so gut wie seit 19 Jahren nicht mehr[351] – war die Zeit für eine entscheidende Bereinigung zu kurz bemessen. Es spricht zudem einiges dafür, dass die seitens des Reichskanzlers Bethmann-Hollweg initiierte deutsch-britische Annäherung erfolgreich von einer im Hintergrund die Fäden ziehenden, einflussreichen Gruppe des britischen Establishments torpediert wurde.[352]

Fest steht, nachdem das diplomatische „Konzert der Großen Europäischen Mächte" im Juli 1914 komplett versagte, dass sich beide Seiten als Kriegsgegner im Ersten Weltkrieg gegenüberstanden. Britische Kriegspropaganda, hohe Verluste und die zunehmende Dauer des Krieges führten zu einer dermaßen antideutschen Stimmung, dass sich 1917 das deutschstämmige englische Königshaus „Saxe-Coburg and Gotha" veranlasst sah, fortan auf alle deutschen Titel zu verzichten und sich in Haus Windsor umbenannte. Als der Weltkrieg gewonnen war, vertrat die englische Delegation auf der Friedenskonferenz von Versailles – dem Grundprinzip der „Balance of power" folgend – eine eher maßvolle Position und widersetzte sich französischen Forderungen nach einer territorialen Zerstückelung des Deutschen Reichs. Diese, dem Gleichgewicht der Kräfte folgende, Haltung blieb das Kennzeichen der britischen Außenpolitik gegenüber Deutschland bis ungefähr 1935: Man beteiligte sich nicht an der Ruhrbesetzung 1923 – 1925, entschärfte die Frage deutscher Reparationen und setzte sich für eine korrekte Völkerbundabstimmung im Saarland ein. Das

---

350   Vgl. Nicolson 1931, S. 190, S. 212.
351   Vgl. Tirpitz 1942, S. 204.
352   Vgl. Docherty / Macgregor 2014. Die undurchsichtige Rolle des britischen Außenministers Edward Grey, Viscount of Fallodon in der Julikrise wird von vielen Historikern anerkannt. Grey war Freimaurer in der „Apollo University Lodge 357" in Oxford, und über die „Liberal League" eng mit der „Milner-Gruppe" assoziiert, vgl. Minder 2004, S. 41, vgl. Quigley 2013, S. 58.

deutsch-britische Flottenabkommen vom 18. Juni 1935 ersetzte faktisch die Bestimmungen des Versailler Vertrages hinsichtlich der deutschen Marine.

Von Chamberlains Motiven der Appeasement-Politik war schon die Rede. Die Antwort auf die Frage, warum er Hitler 1939 nicht den geforderten Blankoscheck ausstellte, auf dem dieser nur noch die Worte „schneller Revisionskrieg in Osteuropa" einzutragen hatte, geht über den Aufschrei in der veröffentlichten Meinung von Presse, Wochenschau und Radio hinaus. Ein von Deutschland beherrschtes Mittel- und Südosteuropa als Sperrriegel gegen das kommunistische Russland war ein heikles Unterfangen, denn die Deutschen durften der englischen Gegenküste nicht zu nahe kommen, die Souveränität Hollands, Belgiens und Frankreichs musste unberührt bleiben, wenn das bis dato ausgeklügelte System des Prinzips der „Balance of Power" auf eine deutsch-russische Gegnerschaft reduziert wurde. Der US-Amerikaner, Abenteurer, Publizist und Geostratege Homer Lea beschreibt in seinem 1912 erschienenen Werk „The day of the Saxon" – 1913 in Berlin unter dem Titel „Des Britischen Reiches Schicksalsstunde" publiziert – Raumzusammenhänge und deren Wechselwirkung auf die Politik. Darin schildert er auch ein Bedrohungsszenario, welches eine Seemacht wie Großbritannien keinesfalls akzeptieren dürfe:

> „1. Die Sicherheit eines Inselstaates bestimmt sich nicht nach der Verteidigungsrüstung der [eigenen] Küsten, sondern nach dem Grade der Beherrschung derjenigen Küsten, die auf der anderen Seite des Meeres liegen, von dem das Inselreich umgeben wird.
>
> 2. Die Seemacht eines Inselstaates bemißt sich nicht nach der Zahl seiner Kriegsschiffe, sondern nach seiner Fähigkeit, zu verhindern, daß eine Macht die Seeherrschaft gewinnt, welche am jenseitigen Ufer desjenigen Meeres liegt, das die Inselmacht einschließt. Diese Fähigkeit liegt in erster Linie nicht bei der Seemacht ab, sondern bei der militärischen Macht zu Lande.
>
> 3. Wo immer ein Festlandstaat an ein Meer grenzt, in welchem ein Inselreich liegt, und dieser Festlandstaat zu einer verhältnismäßig gleichwertigen Seemacht gelangt, da liegen die Wahrscheinlichkeiten des Sieges vollständig auf Seiten des Festlandstaates."[353]

Mit anderen Worten, auf England bezogen: 1) die politische Kontrolle der Gegenküsten entlang der Nordsee und Atlantikküste war für England als Seemacht notwendig; 2) Großbritannien muss seine Fähigkeit zu amphibisch-militärischen Landungen bewahren, um ins Hinterland der kontinentaleuropäischen Gegenküste

---

[353] Lea 1913, S. 181.

vorstoßen zu können; 3) wenn Hitler seine Pläne eines autarken Großraumes in Ostmittel- und Südosteuropa verwirklicht, sich mit der Sowjetunion verständigt, kann er Frankreich, Belgien und Holland niederwerfen. Wenn im Anschluss dann der Bau einer starken deutschen Flotte erfolgt, bedeutet dies das sichere Ende Großbritanniens als souveräner Seemacht.

Die Autarkie einer expandierenden, kontinentalen Großmacht stellt für die Seemacht eine existentielle Gefahr dar, da diese sich allen Erpressungsversuchen und Kontrollen von Seeseite entziehen kann und irgendwann selbst über die Fähigkeit verfügt, die Gegenküste – d.h. die der Insel – zu beherrschen.[354] Aus diesem Grund wurde nach Chamberlains Rücktritt mit der gleichen Energie, mit der Großbritannien einst das Spanien Philipps II., das Frankreich Ludwig XIV. und Napoleons I. bekämpfte, gegen das Deutschland Wilhelms II. und Hitlers gekämpft. Sir Eyre Crowe, ein einflussreicher Analytiker des britischen Außenministeriums, hat in einer bedeutsamen Denkschrift vom 1. Januar 1907 exakt auf diesen außenpolitischen Imperativ hingewiesen: *„Sollte ein einziger Staat gleichzeitig die größte Militärmacht und die größte Seemacht sein, würde dies die Welt dazu zwingen, sich zur Befreiung von solch einem Schreckgespenst zusammenzuschließen."*[355]

Dass sich Mitglieder der britischen Regierung der unentrinnbaren Konsequenz dieses theoretischen Bedrohungsszenarios bewusst waren, belegt ein Tagebucheintrag des Unterstaatssekretärs im Außenministerium, Alexander Cadogan, der im Mai 1939 vermerkt: *„Deutschland ist im Augenblick nicht in der Lage, einen Zweifrontenkrieg zu beginnen. Wenn es jedoch freie Hand hätte, nach Osten zu expandieren und sich die Kontrolle über die Ressourcen Mittel- und Osteuropas zu verschaffen, dann könnte es kräftig genug sein, um mit überwältigender Stärke über die wesentlichen Länder herzufallen."*[356]

Fazit

Auch wenn man es Chamberlain in seinem äußeren Erscheinungsbild als „Mann mit dem Regenschirm" vielleicht nicht ansah, verfolgte er eine ausgeklügelte und letztendlich riskante antikommunistische Diplomatie, indem er mittels stillschweigendem Einverständnisses und Ermunterung die dynamische Politik der Nationalsozialisten unterstützte, die darauf hinauslief, die volkstumspolitischen Ansprüche der Deutschen anzuerkennen, mit dem Effekt, dass sich Deutschland und Russland

---

354 Vgl. Rode 2012, S. 58ff.
355 Zit. nach: Kissinger 1994, S. 203; vgl. auch Hölzle 1975, S. 135f.
356 Zit. nach: Schmidt 2003, S. 324.

in Osteuropa gegenseitig neutralisierten würden. Bis zum Abschluss des Münchner Abkommens am 29. September 1938 trugen breite Kreise des britischen Establishments diese Politik mit, wobei eine einflussreiche Gruppe (die Carroll Quigley die „Milner-Gruppe" nennt), deren Mitglieder sich im Außenministerium um Lord Halifax scharten, nur in Nuancen andere Ziele als Chamberlain verfolgten. Nach „München" musste sich Chamberlain und der ihm nahestehende Kreis von Vertrauten zunehmend gegenüber Kritik meinungsbildender Organe verteidigen, da die beunruhigenden Nachrichten aus Deutschland nicht abrissen. Zudem kam Halifax und die im nahestehende Gruppe, unterstützt durch Recherchen des Security Service MI5 (formuliert in einem Bericht vom 7. November 1938),[357] zu der Überzeugung, dass Deutschland am Anfang einer *„napoleonischen Ära"* stand und dass Großbritannien eine derartige unkontrollierte Expansion aus geostrategischen Gründen nicht hinnehmen dürfe. Die Halifax-Gruppe, die nur eine halbhegemoniale Stellung Deutschlands in Europa tolerieren wollte sowie die antikommunistische Chamberlain-Gruppe, die bereit war noch weiter zu gehen, gerieten nach Hitlers Husarenstück im März 1939 in einen schweren Konflikt, der von außen durch geheime Aktivitäten der Roosevelt-Administration zugunsten der Halifax-Gruppe entschieden wurde.

Chamberlain war gezwungen, von seinem bisherigen Kurs abzuweichen, der, wie noch darzulegen sein wird, mit allergrößter Wahrscheinlichkeit zu einem isolierten deutsch-russischen Krieg in Osteuropa um die Ukraine und das Baltikum geführt hätte. Da in London es niemand für möglich hielt, dass die beiden ideologischen Todfeinde auch nur temporär gemeinsame Sache machen könnten, wurden die Verhandlungen mit der Sowjetunion 1939 hinhaltend geführt und die folgenschwere unilaterale Erklärung zugunsten Polens abgegeben, die eigentlich nur der Abschreckung dienen sollte. Parallel zu dieser offiziellen Politik, deren Ziel darin bestand, die Welle der Empörung, deren Gravitationszentrum der amerikanische Präsident war, zu absorbieren, wurde mit Deutschland eine Zusammenarbeit auf wirtschaftlichem Gebiet sondiert. Dieser rationale Politikansatz, der einen Krieg in Westeuropa wohl vermieden hätte, scheiterte aus mehreren Gründen. Zum einen aufgrund eines gegenseitigen Missverständnisses. Chamberlain und seine Gruppe akzeptierten ein deutsches „informal empire" in Mittel- und Osteuropa, aber es war für sie nicht nachvollziehbar, warum Hitler mittels kleiner und schneller Revisionskriege gegen schwächere Nachbarn eine totalitäre Herrschaft über diese Gebiete errichten wollte, wenn bestehende Probleme mit

---

357   Vgl. Andrews 2010, S. 247, S. 807, Fußnote 94, *„Note on Information Received in Connection with the Crisis of September 1938"*.

Geduld auch auf dem Verhandlungsweg lösbar waren. Hitler wiederum konnte nie begreifen, warum Chamberlain wegen eines Landes im östlichen Mitteleuropa, dessen Bevölkerung ihm eigentlich gleichgültig war, in den Krieg eintrat, und warum er diesen Entschluss nicht revidierte, nachdem Polen erneut geteilt war. Das facettenreiche gegenseitige Missverstehen kommt deutlich zum Ausdruck, wenn man die englischen Offerten im Hinblick auf die ehemaligen deutschen Kolonien mit Hitlers Angebot, Deutschland würde das Empire verteidigen, vergleicht. Hitler zeigte nur geringes Interesse an kolonialem Besitz in Afrika, und der wirksamste Schutz des Empires wäre gewesen, in Europa auf riskante politische Manöver zu verzichten.

Das wechselseitige Missverstehen war aber nur ein Grund, warum die beiden antikommunistischen Staatsmänner, die beide außereuropäische Mächte von europäischen Angelegenheiten fernhalten wollten, auf einen militärischen Konflikt zusteuerten. Weitere Gründe waren, dass der außenpolitischen Konzeption Chamberlains viele Steine in den Weg gelegt wurden und es ihm mehr und mehr unmöglich gemacht wurde, seine Politik konsequent weiter zu verfolgen. Zum einen schoss die Opposition in England mit allen Mittel quer. Deutschfeindliche Kreise lancierten die Presse wie im Falle der „Wohlthatgespräche", und zum anderen wurde Hitler, der mittlerweile zu einem Angriff auf Polen fest entschlossen war und die Risiken einer Einkreisung falsch einschätzte, seitens der Russen ein Angebot gemacht, das nach seinem Geschmack war. Zusammengefasst lässt sich sagen, dass die Gründe, warum Chamberlain mit seiner speziellen Variante der Appeasement-Politik letztendlich scheiterte, in Berlin, Moskau, Washington, Warschau, Paris und auch in London zu suchen sind. Kurz gesagt waren dies die wesentlichen Fallstricke:

1. Iwan Maiski, der sowjetische Botschafter in London, durchschaute diese Strategie, was sein Tagebucheintrag vom 11. Mai 1939 – *„England und Frankreich wollten die UdSSR in einen Krieg gegen Deutschland treiben und sich selbst in die Büsche schlagen."*[358] – und vom 18. Juli 1939 – *„Chamberlain fürchtet, daß die UdSSR Hitler nach Westen treibt! Die Gleichung stimmt, aber mit umgekehrten Vorzeichen."*[359] – belegt. Maiski, der über das traditionelle Verhalten des britischen Establishments bei der Formulierung außenpolitischer Strategien im Bilde war (er war Gast von Lady Astor auf Cliveden), unterrichtet Stalin, der kühl und pragmatisch Hitler eine Falle stellte (die im Kapitel über Russland thematisiert wird).

---

358 Zit. nach: Besymenski 2003, S. 161.
359 Zit. nach: Besymenski 2003, S. 164.

2. Hitlers Saarbrückener Rede vom 9. Oktober 1938 und in weitaus größerem Maße die „Reichskristallnacht" provozierten einen Aufschrei der Empörung in der englischen (und amerikanischen) Presse. Eine oppositionelle Figur wie Churchill wurde über einen Akteur der Hochfinanz (Bernhard Baruch) im Sinne des amerikanischen Präsidenten instruiert, um Stimmung gegen Chamberlain und die Isolationisten in den USA zu machen. Private Akteure, die alle Möglichkeiten der Beeinflussung der öffentlichen Meinung nutzten, wurden aktiv, schossen quer und machten Chamberlain das politische Überleben schwer. Der amerikanische Präsident heizte die Stimmung geschickt an, indem er von einer Welt sprach, in der es nur Gut und Böse gab – nichts dazwischen – und suggerierte, es gäbe so etwas wie ewigen Frieden, würde man den „Schurkenstaaten" nur entschieden genug entgegentreten. (Seltsamerweise hatte es die Sowjetunion in diesem Weltbild irgendwie auf die Seite der Guten geschafft, getreu dem journalistischen Motto „was nicht berichtet wird, existiert nicht".) Kostenlose Publizität erhielten die Gegner Chamberlains zudem von der deutschen Seite, da Hitler und Ribbentrop die klugen politischen Berichte von Botschafter Dirksen ignorierten; die von Hitler eingefädelte Zerschlagung der „Rest-Tschechei" belegte die mangelhafte Vertragstreue Berlins und war für Chamberlain und seine Politik in der öffentlichen Wahrnehmung ein Desaster.

3. Präsident Roosevelt und seine europäischen Botschafter intrigierten erfolgreich im Hintergrund. Es gelang ihnen – wie noch aufzuzeigen sein wird – Polen in seiner Kompromisslosigkeit zunächst zu stärken und dann erfolgreich ins Messer laufen zu lassen, auch Frankreich wurde zum Widerstand gegen Deutschland ermuntert und – dies ist das Entscheidende – mittels Geheimdiplomatie wurde am 16. März 1939 eine Spaltung zwischen der Chamberlain-Gruppe im britischen Machtzentrum 10 Downing Street und der Halifax-Gruppe im Außenministerium erreicht. Diese Intrige war geopolitisch motiviert, die halboffene Tür zu Europa durfte unter keinen Umständen für amerikanische Interessen verschlossen werden, ein „zweites München" musste unter allen Umständen verhindert werden.

Nachdem Chamberlains Strategie der deutsch-russischen Neutralisierung durch den deutsch-sowjetischen Nichtangriffspakt vom 23. August 1939 und dem deutschen Angriff auf Polen ohne Kriegserklärung am 1. September 1939 in sich zusammengebrochen war, verfolgten die Briten weiterhin eine ambivalente Taktik. Es gab mehrere offizielle Gründe, warum Großbritannien 1939 Deutschland den Krieg erklärte: Die Motive um Wiedergutmachung für Polen und Tschechen, ideelle Werte wie Freiheit, Demokratie und die territoriale Integrität der europäischen Länder. Diese Argumente wogen schwer, aber nicht schwer genug, um die Integrität des

Empires zu riskieren. Aus diesem Grund verlief der militärische Teil der Auseinandersetzung träge, den Polen wurde, von warmen Worten abgesehen, nicht geholfen. Roosevelts Botschafter Kennedy wurde am 26. September in diesem Zusammenhang klar gemacht: *„Das Schicksal Polens wird vom letztendlichen Ergebnis des Krieges abhängen, d.h. von unserer Fähigkeit, Deutschland zu schlagen, und nicht von der Fähigkeit, den Druck auf Polen am Anfang zu mindern."*[360] Kurzum, in London spielte man auf Zeit; man konnte den Eindruck haben, wie es Quigley formuliert, dass *„der antibolschewistische Klüngel um Chamberlain, Horace Wilson und John Simon eine Politik betrieb, die einen erklärten, aber nicht geführten Krieg gegen Deutschland mit einem nicht erklärten, aber geführten Krieg gegen die Sowjetunion zu verbinden suchte."*[361] Es gab aber auch andere Gründe, über die antikommunistische Einstellung zentraler Entscheidungsträger hinaus, warum zwischen der Kriegserklärung Großbritanniens (und Frankreichs) am 3. September und dem Beginn des deutschen Westfeldzugs am 10. Mai 1940 die militärische Auseinandersetzung so passiv verlief, dass Formulierungen wie „Bore War" oder „funny war" den Zustand recht zutreffend beschrieben.

Die britische Kriegserklärung war im wesentlichen durch die seit „München" immer klarer zutage tretende mangelhafte Vertragstreue Deutschlands motiviert: *„Das Hauptproblem für die Engländer sei, eine Formel zu finden, durch die der Frieden in Zukunft gesichert würde"* [362] verklausulierte der Schwede Dahlerus gegenüber Hitler und Göring in einer vertraulichen Unterredung am 26. September 1939 die aus Londoner Sicht unlösbare Aufgabenstellung, einen „modus vivendi" mit der nationalsozialistischen Regierung zu finden. Im Gegensatz zu Churchill, dem es von Anfang an darum ging, den Krieg mit militärischen Mitteln bis zum Ende auszufechten, hatte Chamberlain nicht eine Zerstörung des europäischen Gleichgewichts im Sinn, sondern – nachdem die Verständigung mit Hitler nicht geklappt hatte – die Errichtung einer Nachkriegsordnung ohne den deutschen Diktator und seiner Nazipartei, sowie die Wiederbelebung der europäischen Konzertdiplomatie ohne den Störenfried. Gegenüber Roosevelts außenpolitischem Berater Sumner Welles äußerte der Premier am 13. März 1940, dass die Grenzen Polens und eines neuen tschechischen Staates Verhandlungssache seien. Danzig und die deutsche Minderheit in Polen könnten dem Deutschen Reich zugeschlagen werden. In Österreich müsste der Bevölkerung erlaubt werden, über die eigene Souveränität

---

360 Zit. nach: Kettenacker 2013, S. 88.
361 Quigley 2007, S. 430.
362 Hillgruber 1967, S. 30. Beide Seiten nahmen die Dienste des Schweden Dahlerus in Anspruch, das Vertrauen war aber mittlerweile in London zerstört. Unterstaatssekretär Alexander Cadogan bezeichnete Dahlerus als *„eine Wespe beim Picknick"*, die man nicht verscheuchen kann, zit. nach Baker 2009, S. 150.

abzustimmen. Dafür müsste aber das nationalsozialistische Regime abtreten und Deutschland eine Vorreiterrolle bei der Abrüstung einnehmen.[363]

Das offizielle Ziel der Europamission Sumner Welles' im Februar und März 1940 bestand darin, Präsident Roosevelt und den Außenminister über die Lage in Europa zu informieren.[364] Ein verdecktes Ziel der Mission bestand allerdings darin, Italien, das sich zu diesem Zeitpunkt weder mit Frankreich noch mit England im Kriegszustand befand, von Deutschland diplomatisch zu trennen. Welles traf Politiker in London, Paris, Rom und Berlin und hörte sich die jeweiligen Vorstellungen über die Beendigung des Krieges an. Die eigentlich recht vielversprechenden Sondierungen von Welles, Möglichkeiten für die Friedensbedingungen auszuloten, zeigten aber auch, dass Roosevelt kein Interesse zeigte, wenn es um konkrete dahingehende Schritte ging. Er wich jeder konkreten Festlegung aus.[365] In diesem Zusammenhang ist ein weiteres verborgenes Motiv erkennbar, warum England nicht nur in einen nicht gewünschten Krieg hineingezogen wurde, sondern diesen dann auch führte: Präsident Roosevelt, das State Department in Washington und die Londoner und Pariser US-Botschafter hatten seit „München" diplomatischen Druck ausgeübt, die Appeasement-Politik zu beenden. Einhergehend mit einer Medienkampagne der Funktions- und Deutungselite, welche über Stereotypen und Gewitterwolken im Meinungsklima die Stimmung der Bevölkerung beeinflusste, lautete die Botschaft von jenseits des Atlantik, dass dem antisemitischen, nationalsozialistischen Staat unter keinen Umständen weiter nachgeben werden durfte. Ein „Super-München", welches die deutsche Hegemonie über weite Teile des Kontinents bedeutet hätte, war für Roosevelt der größtmögliche Alptraum einer zukünftigen Welt.[366] Der Zeitzeuge Hamilton Fish III., 25 Jahre Mitglied des Ausschusses für Auswärtige Angelegenheiten im Kongress, fasste diese Politik mit wenigen Worten zusammen, als er schrieb „*Die britische Außenpolitik wurde schicksalshaft gegen Deutschland gelenkt.*"[367]

Für den Realpolitiker Chamberlain kam der unerwartete und schnelle Zusammenbruch Frankreichs im Sommer 1940 völlig überraschend. Es war, wie Sir Samuel Hoare in seiner Autobiographie festhielt, für ihn ein größerer Schlag als der Verlust seines Regierungsamtes und der scheinbare Fehlschlag seiner Politik,

---

363 Vgl. Klemperer 1994, S. 180.

364 Vgl. Klemperer 1994, S. 178.

365 Vgl. Post 2002, S. 455ff. Interessant ist auch das persönliche Schreiben Bullitts an Roosevelt vom 1. April 1940, in dem dieser mitteilt, falls zwei Mitglieder des Kongreßausschusses für Auswärtige Angelegenheiten, Hamilton Fish und Senator Reynolds – zwei Isolationisten – nach Europa reisen würden, er diesen aus dem Weg ginge. Die Nachricht ist publiziert in: Bullitt 1972, S. 406.

366 Vgl. Junker 2009, S. 320.

367 Fish 1982, S. 72. Die These dieses erklärten Isolationisten wird im Kapitel über die USA weiter vertieft.

die er immer noch für richtig hielt.[368] *„Zum ersten Mal zeigte sich ihm durch das schwarze Gewölk hindurch das Gespenst der Niederlage. Mochte es noch in weiter Ferne sein, so war er doch wie gelähmt von seinem Anblick. Als ich ihn verließ, war ich mir im klaren, daß er, ob mit oder ohne Amt, nicht mehr lange leben würde. Wohl würde er weiterhin mit Leib und Seele dem Staat dienen, aber seine Lebenskraft war gebrochen und mußte bald versiegen."*[369] Mit Chamberlains Rücktritt schied Großbritannien aus dem Kreis der eigenständig agierenden Großmächte aus, denn so problematisch die Appeasement-Politik aus der Perspektive historisch bedingter moralischer Überzeugungen heute gedeutet wird, so realistisch war sie im Hinblick auf die Erhaltung des Britischen Empire als Machtzentrum innerhalb einer multipolaren Welt. Die Briten hatten aufgrund ihrer territorialen Überdehnung gar nicht mehr die Möglichkeit, ihre europäischen Interessen durchzusetzen, ohne sich dafür im Fernen Osten einer japanischen Aggression schutzlos auszusetzen. Einen Kreuzzug gegen den Nationalsozialismus zu führen, wie es Churchill vorschwebte, war nur möglich, wenn Großbritannien sich auf die Intervention und ein Bündnis mit der „neutralen" Großmacht USA einlassen würde. Bei allen „moralischen" Vorzügen dieser Option – an den Idealismus zu appellieren und die USA mit ihren unbegrenzten Ressourcen als „Arsenal der Demokratien" in die Pflicht zu nehmen – für die Erhaltung der britischen Weltmacht war die Rolle des Juniorpartners an der Seite der USA ausgesprochen kontraproduktiv.

Wie kühl die Amerikaner von Anfang an die Auflösung des Empires betrieben und aus der britischen Notsituation ihre Vorteile zogen, zeigt die Überlassung der Luft- und Marinestützpunkte in Neufundland, Bermuda, St. Lucia, Bahamas, Jamaika, Antigua, Trinidad und Britisch-Guyana 1940 als Sicherheit für Kriegskredite im Rahmen des sogenannten Land-lease-Programms.[370] Im Januar 1941, nachdem die britischen Vermögenswerte in den USA auf 2,5 Milliarden Dollar zusammengeschmolzen waren, umschrieb Roosevelt den Ausverkauf des Empires stolz vor seiner Ministerrunde mit den Worten *„Wir haben die britische Geldkuh gemolken"* und fügte bedauernd hinzu, dass sie jetzt *„fast trocken"* geworden sei.[371] Die von den Freimaurern Roosevelt und Churchill am 14. August 1941 verkündete Atlantik Charta mit ihrer Erklärung über gleichberechtigten Zugang zum Welthandel und dem Selbstbestimmungsrecht der Nationen war ein extrem hoher Preis,

---

368   Vgl. Hoare 1955, S. 395f.
369   Hoare 1955, S. 396. Iwan Maiski bezeichnete Hoare als *„Clieveden-Mann bis auf die Knochen"*, Maiski 1967, S. 419.
370   Vgl. Wertz 2015, S. 87.
371   Tagebucheintrag Harold L. Ickes vom 19. Januar 1941, zit. nach: Bavendamm 2002, S. 155.

den die britischen Kolonialherren für die Unterstützung der USA zahlen mussten. Mit anderen Worten, die von Chamberlains Gegnern geforderte Alternative einer Politik der klaren Kante gegenüber den Forderungen der europäischen Diktatoren löste nicht die geostrategischen und wirtschaftlichen Probleme Großbritanniens, sondern definierte sie nur neu.[372] In seiner ganzen Tragweite bedeutete der Entschluss, Juniorpartner der Vereinigten Staaten zu werden, nichts anderes als die allmähliche, geräuschlose Auflösung des Britischen Empire.[373]

---

372   Vgl. Kennedy 1989, S. 481f.
373   Vgl. Charmley 2005.

Kapitel 3: Frankreich und die Erbfeindschaft

Die historischen Wurzeln des deutsch-französischen Antagonismus

Woher kommt der Begriff „Erbfeindschaft"? Bis zum Dreißigjährigen Krieg waren die deutsch-französischen Beziehungen relativ konfliktarm.[374] 1635 griff dann das katholische Frankreich auf Seiten der protestantischen deutschen Fürsten aus machtpolitischem Kalkül in den Konflikt ein. An dessen Ende war Deutschland ausgeblutet, zerstückelt und verwüstet. Die in Kongruenz mit seinen Verbündeten vereinbarte Friedensordnung entsprach – so der Frankreichkenner Werner Rouget – *„den Idealvorstellungen französischer Deutschlandphilosophie und -politik. Der deutsche „Flickenteppich", „l'anarchie allemande" war als „équilibre germanique" zum Kennzeichen des Heiligen Römischen Reiches deutscher Nation geworden,"[375]* wobei dies dem französischen Sicherheitsverständnis optimal Rechnung trug. Das so verstandene „Gleichgewicht der Kräfte" wurde zur Geschäftsgrundlage der deutsch-französischen Nachbarschaft und erwies sich – stets zu Lasten Deutschlands – bis zum Ausbruch der Französischen Revolution als dauerhaft und belastungsfähig.[376] Da es in dem 180 Jahren umfassenden Zeitraum zwischen Frankreichs militärischem Eingreifen in den Dreißigjährigen Krieg und dem Sturz Napoleons nur wenige Jahrzehnte gab, in denen französische Truppen nicht auf deutschen Boden Krieg führten, bildeten sich antifranzösische, nationale Ressentiments, insbesondere nach der systematischen Zerstörung der Pfalz und des mittelrheinischen Deutschland. Beispiele hierfür sind deutsche Flugblätter, auf denen die einseitigen Friedensschlüsse als „Reißweg' (Rijswick), „Nimmweg" (Nimwegen) und „Unrecht" (Utrecht) angeprangert wurden.[377] *„Nichtsdestoweniger, ja gerade wegen der Macht, des Reichtums und des diplomatischen Geschicks des französischen Königtums finden Richelieu, Mazarin, Ludwig XIV. und nach ihnen die Minister Ludwigs des XV. immer wieder Verbündete in Deutschland selbst, deren Haus- und Staatsinteressen zu denen des Kaisers als Haupt des Hauses Habsburg,*

---

374 Vgl. Rovan 1986, S. 51ff.
375 Rouget 1998, S. 28
376 Vgl. Rouget 1998, S. 28; vgl. Kissinger 2014, S. 34.
377 Vgl. Rovan 1986, S. 55f.

als Herrscher über die habsburgische Hausmacht und Souverän von Ländern au-ßerhalb des Reiches, quer liegen", urteilt der Sorbonne-Professor Joseph Rovan über die politische Logik dieser Zeit.[378]

In der Zeit des Hochbarock und Rokoko geriet Deutschland auch in eine geistige und zivilisatorische Abhängigkeit von Frankreich.[379] Diese Dominanz ging über das rein Politische hinaus und reichte in die Sphäre der Kultur. Der Gebrauch der französischen Sprache war von der Mitte des 17. Jahrhunderts bis zur Mitte des 19. Jahrhunderts in Adelskreisen „en vogue". Beispielsweise sind die Werke des Preußenkönigs Friedrich des II. in Französisch verfasst und Bismarck weist in seinen Memoiren darauf hin, dass er von St. Petersburg aus – noch 1862 – in Französisch amtlich nach Berlin zu berichten hatte.[380] Das Hauptziel der französischen Deutschlandpolitik – somit auch Europapolitik – war die Vereitelung einer deutschen Einheit mit allen zur Verfügung stehenden Mitteln der Diplomatie, was auch den Krieg als Fortsetzung der Politik mit anderen Mitteln nicht ausschloss. Diese Sicht auf den östlichen Nachbarn bestimmt die politisch-dynastische Landschaft bis zur Auflösung des „ancien régime" durch die Französische Revolution.[381]

Mit den Revolutionskriegen und den Feldzügen Napoleons vertiefen sich die deutsch-französischen Feindseligkeiten, aber im Zuge dieses Kampfgetümmels entsteht der moderne Nationalismus, die emotionale Voraussetzung für den langen Weg zur deutschen Einheit. Lieder wie „die Wacht am Rhein" oder „Sie sollen ihn nicht haben" leiteten ein politisches Klima ein, das im Schlagwort „Erbfeind" seinen Höhepunkt fand.[382] Auf dem Wiener Kongress wurden, sehr zum Leidwesen nationaler Kreise, nur die Eroberungen des revolutionären und napoleonischen Frankreich rückgängig gemacht. Die deutschen Gebiete des Elsass blieben, wie auch die Gebietsabtretungen seit dem Westfälischen Frieden, bei Frankreich.[383]

Da die Überlegenheit Frankreichs auf seiner nationalen Einheit beruhte, brachten alle Ansätze zur Lösung der nationalen Frage östlich des Rheins in Frankreich stets die Bedrohung des eigenen Status mit sich. Mit dem deutsch-französischen Krieg und der Reichsgründung von 1871 wurde das „problème allemande" zum existentiellen Problem für Frankreich. Bis zu diesem Zeitpunkt hatten zwei antagonistische Deutschlandbilder in Koexistenz existiert: Jenes von Madame de Staëls „De l'Allemagne" geprägte romantische, idealisierte Bild Deutschlands als Ort der

---

378 Rovan 1986, S. 56.
379 Vgl. Rovan 1986, S. 56f.
380 Vgl. Bismarck 1921, S. 22.
381 Vgl. Rouget, S. 27.
382 Vgl. Rouget, S. 30f. Die von den Österreichern im Zuge von Bismarcks Einigungskrieg 1866 verlorene Schlacht von Königgrätz liefert in Frankreich das Schlagwort „Rache für Sadowa" (Königgrätz). Ebda.
383 Vgl. Rovan 1986, S. 64.

Dichter und Denker, kulturellen und geistigen Schaffens, und das negative Bild von teutonischem Barbarentum und preußischem Militarismus, wie es von Gelehrten wie Voltaire geprägt war. Mit dem deutsch-französischen Krieg gewann das negative Deutschlandbild die Überhand. Rohheit und Kriegslüsternheit sind nun die wesentlichen Charakterzüge des Nachbarn, und immer wieder wird in Frankreich das Bild der „vieux démons", der „alten Dämonen", beschworen, die den Deutschen angeblich immer schon innewohnen.[384]

Im wesentlichen waren es in der Folgezeit zwei Umstände, welche die Beziehungen beider Länder über die militärische Auseinandersetzung hinaus nachhaltig beeinflussten: die Proklamation des Deutschen Reiches in Versailles und die Annexion des Elsass und Nordlothringens durch das neu gegründete Reich. Ausgerechnet im Spiegelsaal des Schlosses von Versailles, in der Residenz des Sonnenkönigs Ludwig XIV., riefen die deutschen Fürsten am 18. Januar 1871 den preußischen König Wilhelm zum deutschen Kaiser aus. Die Wahl dieses Ortes wurde von den Franzosen als beabsichtigte Demütigung empfunden, als eine Entehrung dieses bedeutsamen Raumes der eigenen Geschichte. Die Annexion des Elsass und Nordlothringens durch das Deutsche Reich im Frieden von Frankfurt wurde für das französische Nationalbewußtsein zu einer traumatischen Erfahrung. Der von breiten Gesellschaftsschichten getragene Ruf nach Revanche war, laut Joseph Rovan, eine Novum in der europäischen Geschichte:

> „Die Art und Weise, wie die öffentliche Meinung, von einer kleinen Minderheit extremer Pazifisten abgesehen, sich nicht mit dem Verlust Elsaß-Lothringens abfinden will ... und wie die Nation von den meinungsvermittelnden Notabeln, den alten (Adel, Geistlichkeit, Honoratioren) wie den neuen (Partei- und Gewerkschaftsfunktionäre, Volksschullehrer), auf Revanche festgelegt wird, sollte als ein in der europäischen Geschichte ziemlich neues Element hervorgehoben werden. Bis dahin fanden sich die Staaten doch meistens nach einiger Zeit mit erlittenen Verlusten ab."[385]

Dieses Trauma, verbunden mit dem Ziel der Rückeroberung als zentralem Motiv der französischen Deutschlandpolitik, wurde für Deutschland zur Hypothek, zur realpolitischen Tragödie. Die offene Wunde führte zu einer unheilbringenden politischen Entwicklung ab dem Zeitpunkt, als in Berlin der „Lotse Bismarck" von Bord ging. Denn das Zweite Deutsche Kaiserreich erbte mit seiner Gründung aufgrund seiner zentralen Lage in Europa und der emotionalen Erschütterung Frankreichs ein dop-

---

384   Vgl. Bruck 2003, S. 56ff.
385   Rovan 1986, S. 71.

peltes Problem: Als stärkste Kontinentalmacht war es bereits aus geostrategischer Tradition heraus Großbritanniens potentieller Gegner; um gleichzeitig langfristig in „friedlicher" Erbfeindschaft neben Frankreich koexistieren zu können, benötigte es ein politisches Genie an seiner Spitze. Wie wir heute wissen, war es ausschließlich Bismarcks politische Begabung und Erfahrung, die es ermöglichte, ein System ausgleichender Bündnisse aufrecht zu erhalten und das nach Revanche sinnende Frankreich zu isolieren. Allerdings, darauf hat Henry Kissinger hingewiesen, „*ein Land, das für seine Sicherheit in jeder Generation ein politisches Genie hervorbringen muss, stellt sich eine Aufgabe, der bislang noch keine Gesellschaft gewachsen war.*"[386] Nach Bismarcks erzwungenem Rücktritt brach mit Russland unverzüglich eine zentrale Stütze aus dem ausgeklügelten Bündnissystem heraus. Bereits zwei Jahre später war Deutschland im Osten und Westen durch ein französisch-russisches Bündnis potentiell bedroht. Zwar lavierten die europäischen Politiker noch 20 Jahre weiter, aber die „*Schicksalshafte Allianz*" (George F. Kennan), die in Deutschland mit der Zeit zu Einkreisungsängsten führte, hatte bis 1917 bestand.

Erster Weltkrieg, Versailler Vertrag und eine zaghafte Annäherung an Deutschland

Vor 1914 findet eine erneute Verschlechterung der deutsch-französischen Beziehungen statt.[387] Mit dem gebürtigen Lothringer Raymond Poincaré stand ab 1912 ein Mann an der Spitze des französischen Staates, der die nationale Haltung stark betonte und kompromisslos eine gegen Deutschland gerichtete Aufrüstungspolitik betrieb. Es spricht viel dafür, dass Poincaré im Rahmen der Julikrise 1914 dem Zarenreich unbegrenzt Beistand zusicherte, d.h. einen Blankoscheck ausstellte und das Zarenreich zu seiner unbedingten Unterstützung Serbiens anstachelte.[388] Nachdem die politischen Führer in der Julikrise die Kontrolle über die eigenen taktischen Manöver verloren hatten, entwickelte der Konflikt mit der Kriegserklärung der Donaumonarchie an Serbien und der verdeckten russischen Mobilmachung eine verhängnisvolle Eigendynamik.[389] Das Deutsche Reich erklärte erst Russland und dann Frankreich den Krieg. Nordfrankreich wurde von den deutschen Armeen in der Anfangsphase des Krieges regelrecht überrollt.[390] Der Kriegsausbruch weckt mit

---

386 Kissinger 2014, S. 93.
387 Zur Stimmungslage in der französischen Bevölkerung, vgl. Baker 2009, S. 7; Große Politik 1923 – 1927, Bd. 39, Anlage zu Dok. 15684
388 Vgl. Schmidt 2009, S. 90ff.
389 Vgl. Kissinger 2014, S. 95.
390 Zur geheimen französischen Mobilmachung: vgl. Russisches Orangebuch, S. 173, 1. August 1914 – „*In Frankreich befinden sich die fünf Grenzkorps in voller Kriegsbereitschaft*".

einem Schlag – in Frankreich wie in Deutschland – sämtliche Apperzeptionen der Vergangenheit wieder zum Leben. Der erste Weltkrieg – über dessen Grausamkeiten und Wahnsinn hier kein Wort verloren werden muss – ist kein deutsch-französischer Krieg wie 1870/71. Aber er ist zutiefst von deutsch-französischen Antagonismen geprägt. Die Ausmaße der Verluste stellten alle früheren Geschehnisse in den Schatten. Das bereits im Krimkrieg entwickelnde Bilddokumentations- und Informationswesen ermöglichte eine psychologische Kriegsführung, der insbesondere auf angelsächsischer Seite an Manipulation und Lügenpropaganda keine Grenzen gesetzt wurden. Von den Tribünen der Parlamente, von den Pulten der Universitäten und von den Kanzeln der Kirchen wurden die im Felde und auf hoher See kämpfenden feindlichen Soldaten dämonisiert, ihnen alles Menschliche abgesprochen.[391]

Nach Beendigung des Krieges und Abschluss des Versailler Vertrages sind es nun viele Deutsche, die auf Revanche sinnen. Im damaligen Duktus nationalkonservativer und rechtsextremer Kreise war Versailles ein „Diktat", die Niederlage Folge eines hinterhältigen „Dolchstoßes" in den Rücken des unbesiegten Heeres. Frankreich sah nunmehr seine Aufgabe darin, nachdem es so lange an einer Revision des Frankfurter Friedens von 1871 zu seinen Gunsten bemüht war, das vorteilhafte Ergebnis der Pariser Vorortverträge möglichst lange zu konservieren. Die dahingehende französische Politik ruhte jedoch mehr auf Hoffnungen, als auf machtvollen Tatsachen. Die Handlungsfähigkeit der französischen Außenpolitik litt von Anfang darunter, dass hier die beiden wichtigsten westlichen Verbündeten auf Distanz gingen. Einflussreiche Kreise in der britischen Politik, wie die „Round Table-Gruppen" lehnten die Bedingungen des Versailler Vertrages ab, bevor die Tinte trocken war.[392] Aufgrund der Ablehnung des Versailler Vertrages durch den Senat der Vereinigten Staaten hatten die Franzosen im Falle deutscher Revisionsbemühungen keine militärische Unterstützung durch die USA zu erwarten. In London betrachtete man, nachdem die drei mittel- und osteuropäischen Kaiserreiche geschlagen waren, Frankreich als die stärkste Kontinentalmacht. Die britische Politik richtet sich unter dem Primat der „Balance of Power" gegen Frankreich hin zu einer Politik der kollektiven Sicherheit, vor deren Durchsetzung aber zurückgeschreckte wurde.[393]

Aus diesen Gründen bemühten sich die französischen Politiker um alternative Bündnisse. Die treibende Kraft einer antideutschen Politik zu Beginn der 1920er Jahre war, wie schon kurz vor dem Ersten Weltkrieg, Raymond Poincaré, der von 1922 bis 1924 Ministerpräsident und Außenmister Frankreichs war. Er initiierte aufgrund ausgebliebener Reparationszahlungen die französisch-belgische Ruhrbesetzung. Der

391   Vgl. Rovan 1986, S. 72.
392   Vgl. May 1995, S. 331.
393   Vgl. Kissinger 1994, S. 288.

Aufbau einer bedeutenden separatistischen Bewegung scheiterte, wie auch der Versuch, mittels der Erlöse der Kohlebergwerke nennenswerte Wiedergutmachungsleistungen zu erwirtschaften. Zusammen mit Alexandre Millerand und Henri Berthelot setzte sich Poincaré nachdrücklich für ein östliches Bündnissystem ein, dessen Ziel darin bestand, die durch die Verträge von Versailles und Trianon territorial beschnittenen Länder Deutschland und Ungarn an einer Revision des Status Quo zu hindern. Die Entstehung der „Kleinen Entente" – einem zwischen 1920 und 1921 ausgehandeltem antirevisionistischen Bündnissystem zwischen der Tschechoslowakei, Rumänien und Jugoslawien – ist das Ergebnis dieser Politik. Mit der „Kleinen Entente" gelang eine dreiseitige Einkreisung Ungarns. Österreich, das an einer Vereinigung mit dem Deutschen Reich gehindert werden sollte, wurde an seiner Nord- und Südgrenze umfasst. Sicherheitspolitisch hatten die Tschechoslowakei und Polen die größte strategische Bedeutung für Frankreich.[394] Am 19. Februar 1921 schloss die Republik einen Allianzvertrag mit Polen, der am 21. Februar durch eine geheime Militärkonvention ergänzt wurde.[395] Im Mai 1923 wurden im Zusammenhang mit einem Besuch des Marschalls Foch in Warschau die Grundlinien einer gemeinsamen französisch-polnischen Militäroperation gegen Deutschland für den Kriegsfall ausgearbeitet.[396] 1924 wurde nach Verhandlungen zwischen Poincaré und dem Tschechen Bene¹ ein Freundschafts- und Bündnisvertrag zwischen Frankreich und der Tschechoslowakei unterzeichnet, der beide Staaten verpflichtete, gegen eine Revision der Pariser Vorortverträge konsequent vorzugehen. Konkret waren damit die Verhinderung einer Restauration der Hohenzollern und ein österreichischer Anschluss an Deutschland gemeint. Von den drei bilateralen Verträgen der Mitglieder der „Kleinen Entente" mit Frankreich war dies der einzige bedeutsame. Ein einheitlicher Vertrag zwischen der „Kleine Entente" und Frankreich kam nie zustande.[397]

Eine weitere Hoffnung französischer Politik nach der Beendigung der Ruhrbesetzung im Herbst 1923, dem Dawes-Plan von 1924[398] und dem Vertragswerk von Locarno 1925[399] war die deutsch-französische Verständigung. Als Mitinitiator beider Verträge erhielt Aristide Briand zusammen mit seinem Verhandlungspartner

---

394 Vgl. Ádám (o.J.), S. 29f, S. 60.

395 Vgl. Roos 1964, S. 128.

396 Vgl. Roos 1965, S. 6.

397 Vgl. Ádám (o.J.), S. 61, S. 63.

398 Der am 16. August 1924 unterzeichnete Dawes-Plan regelte die Reparationszahlungen Deutschlands an die Siegermächte. 1930 wurde der Dawes-Plan vom Young-Plan abgelöst.

399 Vom 5. bis 16. Oktober 1925 wurden im schweizerischen Locarno sieben völkerrechtliche Verträge verhandelt, die am 1. Dezember 1925 in London unterzeichnet wurden. Deutschland, Frankreich und Belgien erkannten ihre gemeinsamen Grenzen an. Eine Revision der deutschen Ostgrenze hielten sich Reichskanzler Hans Luther und Außenminister Gustav Stresemann ausdrücklich vor. Sollte Deutschland allerdings Polen aus diesem Grund angreifen, musste es einen französischen Angriff fürchten.

in Locarno, Gustav Stresemann, 1926 den Friedensnobelpreis. Paradoxerweise waren beide große Staatsmänner einerseits Freimaurer,[400] andererseits ausgesprochene Nationalisten.[401] Briand hatte am 6. November 1916 als Premier- und Außenminister die umfassendste Darlegung französischer Kriegsziele während des Ersten Weltkrieges formuliert.[402] Das linke Rheinufer wurde darin als *„das verlorene Erbe der französischen Revolution"* zurückgefordert. Von der Nordseeküste sollte Deutschland möglichst entfernt werden. Im Hinblick auf die deutsche Ostgrenze empfahl Briand *„die polnischen Provinzen Rußlands zum Schaden Deutschlands zu vermehren."*[403] Briands Verhandlungspartner Stresemann, der lange als sogenannter „guter Europäer" und Vorgänger Konrad Adenauers verharmlost wurde, war Mitglied und Ehrenmitglied mehrerer Burschenschaften und in der politischen Praxis ein gewiefter Realist. Vertrauliche Unterlagen zeichnen das Bild eines Politikers, dessen Ziel die Revision des Versailler Vertragswerkes und die Errichtung eines Großdeutschen Reichs war. Edgar Stern-Rubarth, journalistischer Mitarbeiter Stresemanns, beschrieb die Ziele seines Vorgesetzten folgendermaßen: *„Das Äußerste, was Stresemann erhoffte, war, wie er mir eingestanden hatte, Befreiung des Rheinlandes, Wiedererlangung von Eupen und Malmedy und der Saar, der Anschluß Österreichs und, als Mandat oder in anderer Form, eine afrikanische Kolonie, die zur Beschaffung wichtiger tropischer Rohmaterialien und als Ventil für überschüssige Energie der jüngeren Generation dienen konnte."*[404]

Ein nicht zu unterschätzender Effekt der deutsch-französischen Annäherung waren Befürchtungen in Warschau, dass diese Verständigung eines Tages zum Schaden Polens ausfallen werde.[405] Im Gegensatz zu den Nationalsozialisten lehnte Stresemann eine gewaltsame Revision des Versailler Vertragswerkes ab. Zum Zeitpunkt seines Todes stand die Reparationsfrage unmittelbar vor der Klärung, wie auch die Problematik der Westgrenze erledigt war. Im Hinblick auf die deutsche Ostgrenze und die Rüstungsbeschränkungen beharrte die Weimarer Republik wei-

---

400   Aristide Briand war in der Loge „Le Trait d´Union de Saint Nazaire" (Grand Orient de France) aufgenommen worden und wechselte später in die Loge „Les Chevaliers du Travail" in Paris, vgl. Minder 2004, S. 75. Gustav Stresemann war seit 1923 Mitglied der Berliner Loge „Friederich der Große", Großloge „Drei Weltkugeln" und Ehrenmitglied seiner Großloge, vgl. Minder 2004, S. 125.

401   Nach Quigleys Analyse folgte *„Briand ... einer Politik der Versöhnung gegenüber Deutschland, um Deutschland von jeder Revisionspolitik gegenüber dem Versailler Vertrag abzubringen; Stresemann folgte seiner Erfüllungspolitik gegenüber Frankreich, um Frankreich zu einer Revision des Vertrages zu bewegen. Es war eine Beziehung sich kreuzweise ausschließender Zielsetzungen, denn beim wichtigsten Thema (der Revision von Versailles) stand Briand unbeweglich wie fast alle Franzosen und war Stresemann unversöhnlich wie fast alle Deutschen."* Quigley 2007, S. 186.

402   Vgl. Hözle 1975, S. 539ff.

403   Zit. nach: Hözle 1975, S. 541f.

404   Stern-Rubarth 1947, S. 318.

405   Vgl. Roos 1965, S. 11f.

terhin auf einer Revision. Geostrategisch unlösbar blieb das Problem französischer Sicherheit bei einer gleichzeitigen Anerkennung vor Deutschlands Gleichberechtigung.[406] Einen letzten außenpolitischen Erfolg im Einblick auf die Unterbindung deutscher Revisionsforderungen gelang französischen Politikern 1931 im Einklang mit Italien und der Tschechoslowakei, als sie eine Zollunion zwischen Deutschland und Österreich verhindern konnten.[407]

Die französischen Eindämmungsversuche von 1933 bis „München"

Der labile Schwebezustand der unter Stresemann und Briand geprägten Phase der Entspannungspolitik endete 1930 mit der Weltwirtschaftskrise. Die ökonomische Krise führte in den einzelnen Staaten zu unterschiedlich stark ausgeprägten innenpolitischen Krisen. In Frankreich entwickelte sich die Arbeitslosigkeit im Vergleich zu Deutschland und Großbritannien äußerst moderat. Auf dem Höhepunkt der Krise, die 1935 mit Verspätung eintrat, wurden rund 500.000 Erwerbslose bei etwa 12,5 Millionen Beschäftigten geschätzt – ein riesiger Unterschied zu den 3 Million Arbeitslosen in Großbritannien und den 6 Millionen in Deutschland.[408] Im Gegensatz zu den relativ stabilen Arbeitslosenzahlen nahm die Anzahl der Regierungskrisen, die in der 3. Republik regelmäßig vorkamen, deutlich zu. Zwischen Juni 1932 und Februar 1934 amtierten sieben Kabinette.[409] In Paris war man also mit sich selber beschäftigt, als am 30. Januar 1933 in Deutschland Hitler zum Reichskanzler vereidigt wurde. Die Tragweite dieses Ereignisses wurde aber auch deshalb unterschätzt, da in Frankreich größere Feindseligkeit gegen die Deutschen im Allgemeinen herrschte, als gegen Hitler und den Nationalsozialismus. Im Gegensatz zu den angelsächsischen Mächten, denen es zumindest in den offiziellen Verlautbarungen um Demokratie, Freiheit usw. ging, unterschied man in Frankreich nicht zwischen „Deutschen", dem „Hitlerismus" und den „Nazis".[410]

Nachdem zu erkennen war, dass Hitler ab 1933 eine Überwindung der Versailles Ordnung vollzog, wollte man in Paris diese Absichten durchkreuzen, nicht etwa weil Hitler als böser oder gefährlicher als seine Vorgänger wahrgenommen wurde, sondern da dies – wie im vorangehenden dargelegt – den traditionellen außenpolitischen Grundsätzen entsprach. Es mangelte jedoch am politischen und

---

406 Vgl. Kissinger 1994, S. 308f.
407 Vgl. Ádám (o.J.), S. 84.
408 Vgl. Möller 1998, S. 81.
409 Vgl. Möller 1998, S. 109.
410 Vgl. Overy 2009, S. 120.

gesellschaftlichen Willen, sich deutschen Revisionsbestrebungen mit der erforderlichen Härte zu wiedersetzen und für die eigenen Überzeugungen zu kämpfen.[411] Marschall Pilsudski, der über Sonderemissäre im Zusammenhang mit dem Status um Danzig 1933 in Paris betreffs einer Strafaktion vorstellig wurde, erhielt bezüglich einer antideutschen Präventivaktion am Quai d'Orsay, dem Sitz des französischen Außenministeriums, eine Absage.[412] Ein französisch-deutscher Notenwechsel zwischen dem 18. Dezember 1933 und 1. Januar 1934 und das zeitgleiche negative Ende französisch-polnischer Besprechungen über eine militärische Präventivaktion gegen Deutschland führten zu einer derartigen Enttäuschung bei Polens Generalität und bei Marschall Polsudski, dass in Warschau ein radikaler Kurswechsel vollzogen wurde. Mit der bilateralen Nichtangriffserklärung vom 26. Januar 1934 wurde das antideutsche östliche Bündnissystem Frankreichs an seiner empfindlichsten Stelle aufgebrochen.[413] *„Die französische Diplomatie rächte sich, indem sie durch absichtliche Indiskretionen Gerüchte über die „Präventivkriegspläne" Pilsudskis vom vergangenen Jahr ausstreute. Die französische Öffentlichkeit fand sich eben außerordentlich ungern mit dem Gedanken ab, daß ihr Bündnissystem in Osteuropa einen entscheidenden Schlag erlitten hatte."*[414] Obwohl die Militärallianz von 1921 formal in Kraft blieb, begann eine Phase der polnisch-französischen Entfremdung.

Im Februar 1934 wurde der 72 jährige Louis Barthou Außenminister, ein Kenner der deutschen Kultur- und Geistesgeschichte, der Bücher über Richard Wagner verfasst hatte. Sein politischer Bezugspunkt war jedoch das Trauma von 1871 und die Politik eines Raymond Poincaré imponierte ihm weit mehr, als die Verständigungspolitik eines Briands, die er in den 1920er Jahren bekämpft hatte. Aufgrund seiner Deutschkenntnisse konnte er Hitlers „Mein Kampf" in der Originalfassung lesen und für ihn bestanden keine Zweifel im Hinblick auf die Gefährlichkeit des nationalsozialistischen Deutschland. Seine Strategie zur Eindämmung deutscher Revisions- und Expansionsbestrebungen bestand in der Errichtung einer breiten Eindämmungsfront. Als Reaktion auf die geheime deutsche Wiederaufrüstung, die dem im März 1934 veröffentlichten Reichshaushalt zu entnehmen war, klinkte sich Frankreich am 17. März 1934 aus den Rüstungskontrollgesprächen aus. Barthou entwickelte während seiner kurzen Amtszeit – er wurde am 9. Oktober 1934 zusammen mit König Alexander I. von Jugoslawien ermordet – eine rege Reisetätigkeit durch Europa um für seine Ideen zu werben. Die Staaten der „Kleinen Entente"

---

411 Vgl. Kissinger 1994, S. 309.
412 Vgl. Roos 1965, S. 65, S. 69.
413 Vgl. Roos 1965, S. 116f.
414 Roos 1965, S. 121.

wurden wieder näher zusammen gebracht. Griechenland, Rumänien, Jugoslawien und die Türkei verpflichteten sich vertraglich zur Wahrung des Status quo. Ein anvisierter „Ost-Pakt" sollte die Sowjetunion, Polen, die Tschechoslowakei, Finnland und die baltischen Staaten gemeinsam mit Deutschland unter französischer Garantie zur Bewahrung des Status quo verpflichten.

Während das Ostprojekt an seinen Gegensätzen scheiterte, gelang Barthous Nachfolger, Pierre Laval, eine Annäherung an Italien. Am 7. Januar 1935 wurde der Laval-Mussolini-Pakt mit Italien unterzeichnet.[415] Bis auf den italienischen Angriff auf Abessinien, der durch den Pakt passiv gedeckt war, blieb das Abkommen folgenlos und für die Franzosen enttäuschend. 1936 gingen das nationalsozialistische Deutschland und das faschistische Italien eine Kooperation ein, die zunächst als „Achse Berlin-Rom" bezeichnet wurde. Im Jahr 1937 trat Italien dem ein Jahr zuvor zwischen Deutschland und Japan abgeschlossenen Antikominternpakt bei, einem völkerrechtlichen Vertrag zur Bekämpfung der Kommunistischen Internationalen. Während es Deutschland so Schritt für Schritt gelang, die politische Isolierung aufzubrechen, entwickelten sich die französisch-italienischen Beziehungen in eine entgegengesetzte Richtung. *„Im Zusammenhang mit dem Besuch des Duce in Berlin suchte mich heute der Französische Botschafter auf"*, notierte der Staatsekretär und spätere Botschafter in Rom, Hans Georg von Mackensen am 2. Oktober 1937 in Berlin. *„Sein offensichtlicher Zweck war dabei mehr seinen eigenen Eindrücken über das Ereignis Luft zu machen, als Informationen einzuholen. Er erging sich in langen teilweise recht heftigen Wendungen gegenüber dem Auftreten des Duce und insbesondere seinen Reden. … Er selbst habe die Äußerungen Mussolinis über die Demokratien geradezu als einen solchen Schlag in seine Magengegend empfunden. Der Botschafter betonte klar den Unterschied, den demgegenüber die Reden des Führers auf ihn gemacht hätten, die er als sehr modéré und mesuré bezeichnete. … [Er] schloß seine langen Betrachtungen mit der Bemerkung, man werde am besten tun, in Ruhe abzuwarten, was sich aus all dem Durcheinander an wilden Gerüchten nun allmählich als Ergebnis des Mussolini-Besuchs herausschäle."*[416] Am 17. Dezember 1938 wurde der Laval-Mussolini-Pakt durch die italienische Regierung aufgekündigt.

---

415 Vgl. Schmidt 2002, S. 158ff. In Mein Kampf schriebt Hitler: *„Der unerbittliche Todfeind des deutschen Volkes ist und bleibt Frankreich. Ganz gleich, wer Frankreich regiert und regieren wird, ob Bourbonen oder Jakobiner, Napoleoniden oder bürgerliche Demokraten, klerikale Republikaner oder rote Bolschewisten: das Schlußziel ihrer Außenpolitik wird immer der Versuch einer Besitzergreifung der Rheingrenze sein und eine Sicherung dieses Stromes für Frankreich durch ein aufgelöstes oder zertrümmertes Deutschland. England wünscht kein Deutschland als Weltmacht, Frankreich aber keine Macht, die Deutschland heißt: ein denn doch sehr wesentlicher Unterschied!"* Hitler M.K. 1940, S. 699.

416 ADAP D, Band I, Dok. 3.

Die nächsten französischen Schritte zur Verbesserung der sicherheitspolitischen Situation waren abermals kontraproduktiv. Die Wiedereinführung der zweijährigen Dienstzeit am 6. März 1935 durch die französische Regierung war für die Reichsregierung das Stichwort, die allgemeine Wehrpflicht zu verkünden.[417] Nachdem auf Drängen Frankreichs die Sowjetunion 1934 in den Völkerbund aufgenommen wurde,[418] wurde am 2. Mai 1935 der französisch-sowjetische Beistandspakt unterzeichnet. Beide Parteien verpflichteten sich im Falle eines unprovozierten Angriffs einer dritten Macht zur sofortigen Hilfeleistung. Ein zwei Wochen später in Prag unterzeichneter Ergänzungsvertrag zwischen der Tschechoslowakei und der Sowjetunion verpflichtete beide Mächte ebenfalls zu sofortigem Beistand im Falle eines unprovozierten Angriffs einer dritten Macht, die nur Deutschland sein konnte. Der Bündnisfall trat aber nur dann in Kraft, wenn Frankreich seiner Bündnispflicht gegenüber Moskau oder Prag nachkam, was im Zusammenhang mit der Sudetenkrise 1938 von zentraler Bedeutung war.[419] Die für die Gewährleistung der Sicherheit der Tschechoslowakei gleichermaßen wichtige Durchmarscherlaubnis sowjetischer Truppen durch Polen und Rumänien wurde trotz Anfragen aus Moskau von Paris diplomatisch nicht unterstützt. Mögliche Verhandlungen des Generalstabs der Roten Armee mit dem französischen Oberkommando zur Abstimmung technischer Fragen unterblieben, obwohl Außenminister Georges Bonnet versprochen hatte, die französische Regierung zu informieren.[420]

Da in London schwere Bedenken gegen den mit Moskau ausgehandelten Vertrag bestanden, kann das Deutsch-britische Flottenabkommen vom 18. Juni 1935 als eine Art Antwort auf die diplomatischen Bemühungen Frankreichs gesehen werden, das Reich zu isolieren.[421] Der Ratifizierungsprozess des von Laval in Moskau ausgehandelten Vertrages mit der Sowjetunion durch das französische Parlament begann in Paris erst am 11. Februar 1936. Nachdem die Deputiertenkammer zugestimmt hatte, begann am 4. März die Ratifizierungsdebatte, die bekanntermaßen 10 Tage umfasste, im französischen Senat. Hitler nutze diesen Zeitraum für die riskante Rheinlandbesetzung am 7. März 1936. Der Ministerrat trat am darauffolgenden Tag in Paris zusammen und verlangte scharfe Gegenmaßnahmen gegen diesen sicherheitspolitisch schwerwiegenden Bruch des Versailler Vertrages. Die Generalstabschefs von Heer

---

417 Vgl. Dirksen 1949, S. 204.
418 Vgl. Schmidt 2002, S. 158.
419 Vgl. Schmidt 2002, S. 165;
420 Vgl. Besymenski 2003, S. 116.
421 Die deutsche Flotte durfte entsprechend der Vereinbarung 35% der britischen betragen, bei U-Booten 45%. Nach der britischen Garantieerklärung an Polen vom 31. März 1939 kündigte Hitler das Abkommen am 28. April 1939.

und Luftwaffe wurden aufgefordert, ins Rheinland einzumarschieren und den Status quo wieder herzustellen. Das Militär wurde in Alarmbereitschaft versetzt und die Maginot-Linie in volle Kriegsbereitschaft gebracht.

Aus zwei Gründen scheiterte im März 1936 die einmalige Chance, Hitlers Revisionsbestrebungen zu durchkreuzen. Die militärische Strategie Frankreichs bestand ab 1930 darin, sich hinter einer aufwendigen Fortifikation einzuigeln und der Generalstabschef der Armee, General Maurice Gustave Gamelin, teilte dem radikalsozialistischen Ministerpräsidenten Albert Sarraut mit, dass aktive Gegenmaßnahmen praktisch Krieg bedeuten würde. In Überschätzung der tatsächlichen deutschen Streitmacht lehnte Gamelin eine offensive militärische Aktion ab.[422] *„Die 48 Stunden nach dem Einmarsch ins Rheinland sind die aufregendste Zeitspanne in meinem Leben gewesen"*, resümierte Hitler mehrfach in den Folgejahren über seinen erfolgreichen militärischen Bluff. *„Wären die Franzosen damals ins Rheinland eingerückt, hätten wir uns mit Schimpf und Schande wieder zurückziehen müssen, denn die militärischen Kräfte, über die wir verfügten, hätten keineswegs auch nur zu einem mäßigen Widerstand ausgereicht."*[423] Der zweite Grund, warum die französische Machtdemonstration in den Ansätzen stecken blieb, war die Haltung der britischen Regierung. Außenminister Anthony Eden hatte bereits früher im Kabinett erklärt, dass das entmilitarisierte Rheinland aufgrund französischer und belgischer Sicherheitsinteressen errichtet wurde und Paris und Brüssel den Preis bestimmen müssten, den sie betreffs ihrer Sicherheit bereit waren, zu zahlen. Frankreichs Bemühungen um Unterstützung, Deutschland für den Bruch der Verträge von Versailles und Locarno, beides Eckpfeiler der eigenen Sicherheitspolitik, zu sanktionieren, wurden von den Briten abgelehnt. In London war man weder zu militärischen noch zu wirtschaftlichen Maßnahmen bereit.[424]

Für Frankreich, das außenpolitisch eng mit Großbritannien liiert war, war der fehlende Rückhalt aus London eine höchst unerfreuliche Entwicklung, die auch im Ausland nicht unbemerkt blieb. Als Reichswirtschaftsminister Hjalmar Schacht im Mai 1937 Paris einen Besuch abstattete, notierte er: *„Die politische Abhängigkeit von England ist außerordentlich groß und wird durch die miserable französische Finanzpolitik nur noch verstärkt."*[425] Je mehr Deutschland seine alte Macht aus der Zeit vor 1918 wiedererlangte, umso mehr bewegten sich die europäischen Klein- und Mittelstaaten – also Belgien, die skandinavischen Länder, Polen, Ungarn und

---

422 Vgl. Schmidt 2002, S. 193ff.
423 Schmidt 1949, S. 325.
424 Vgl. Schmidt 2002, S. 198f.
425 ADAP D, Band I, Dok. 72, S. 99.

die Staaten der „Kleine Entente" – von Frankreich weg und zu seinem kontinentalen Rivalen hin.[426]

Die beiden Umstände, die Frankreich an einer machtvollen Reaktion auf die Rheinlandbesetzung hemmten – die eigene militärische Schwäche und die Haltung Großbritanniens – blieben auch in den Folgejahren Dreh- und Angelpunkt im Rahmen der Entscheidungsfindung, wie auf die deutschen Revisionsbestrebungen zu reagieren sei. Drei Tage, nachdem am 12. März 1938 deutsche Truppen in Österreich einmarschierten, trat der ständige Verteidigungsausschuss der französischen Regierung zusammen. Auf die Frage von Außenminister Joseph Paul-Boncour, wie Frankreich bei einer Zuspitzung der tschechoslowakischen Frage dem Bündnispartner militärisch Hilfe leisten könne, antwortete Kriegsminister Éduard Daladier, dass dies nur indirekt durch eine Mobilisierung erfolgen könnte, dementsprechend dann deutsche Truppen an der Westgrenze gebunden wären. Im Falle eines Angriffs französischer Truppen auf den Westwall würden sich die Kampfhandlungen in die Länge ziehen, erklärte General Gamelin. Die Wirksamkeit einer Hilfe seitens der Roten Armee wäre von der Haltung Polens und Rumäniens abhängig und die Wahrscheinlichkeit einer feindseligen Reaktion dieser beiden Länder gegenüber militärischen Unterstützungsaktionen der Sowjetunion zu Land oder zu Luft wäre groß. Ministerpräsident Léon Blum fasste die Meinungen dahingehend zusammen, dass französische Truppen durch eine Angriffsoperation deutsche Kräfte zwar binden könnten, aber einen Angriff auf die Tschechoslowakei nicht verhindern könnten. Alternative Szenarien wie ein Vorstoß durch das mittlerweile wieder neutrale Belgien oder einen Eingriff in den Spanischen Bürgerkrieg wurden ebenfalls als nicht als zielführend erachtet. Marschall Henri Pétain gab zudem zu bedenken, dass es im Luftkrieg weniger auf die vorhanden Kräfte als auf das Rüstungspotential ankomme. Während Frankreichs Rüstungsindustrie bald 60 Flugzeuge im Monat produzieren könne, sei die deutsche Produktion bei gering geschätzt 250 Flugzeugen monatlich.[427]

Im April 1938 war Daladier, der mittlerweile Regierungschef geworden war, zu einer recht festen Haltung angesichts der französischen Bündnisverpflichtungen gegenüber der Tschechoslowakei entschlossen. Seine Bemühungen in London, die Briten zu einer Änderung ihrer Politik zu bewegen, blieben enttäuschend. Der Sommer 1938 verstrich mit Beratungen zwischen Experten, Diplomaten und Militärs. In der Zeit vom 15. bis 28. September schwankte Daladier zwischen der von seinem Außenminister Bonnet vertretenen Option, die britische Appeasement-Politik

---

426   Vgl. Schmidt 2002, S. 201f.
427   Vgl. Post 2003, S. 241f.

zu befürworten, und der von Paul Reynaud und Georges Mandel vertreten Politik des Widerstandes einschließlich des verbundenen Kriegsrisikos, die im geheimen von Churchill unterstützt wurde. Eine nie gehaltene, aber als Manuskript erhaltene Rede belegt, dass Daladier die Franzosen zur Standhaftigkeit auffordern wollte und die Möglichkeit eines Krieges ernsthaft in Betracht zog. Zwischen dem 25. und 28. September erwartete er, dass Großbritannien zusammen mit Frankreich mobil machen würde. Nachdem durch Mussolinis Initiative eine diplomatische Lösung in greifbare Nähe rückte, hoffte Daladier zusammen mit Chamberlain in München zumindest den Status Quo der tschechischen Fortifikationslinien halten zu können.[428]

Nach „München" – Frankreichs Außenpolitik unter dem Einfluss der USA

Das Münchner Abkommen von 29. September 1938 ist beispielhaft für einen moralischen Niedergang, gemessen an den eigenen Ansprüchen. Frankreich hatte um des Friedens willen einen Verbündeten geopfert und in Osteuropa politische Interessen preisgegeben. Die französische Öffentlichkeit nahm das Abkommen als ein „Diktat" wahr.[429] Die Sorgen, die Daladier nach dem Münchner Abkommen bewegten, führten am 3. Oktober 1938 zu einem Gespräch im engsten Kreis des Regierungschefs, an dem William C. Bullitt, der Botschafter der USA in Paris, teilnahm.[430] Bullitt, der Paris aus seiner Zeit als Teilnehmer der amerikanischen Delegation der Friedenskonferenz kannte,[431] war seit Herbst 1936 US-Botschafter in Paris. Er gehörte zu jenen zwei oder drei Männern, die das besondere Privileg genossen, ohne Angabe von Gründen zu jeder Tages- und Nachtzeit mit Roosevelt sprechen zu können.[432] Mit ihm begann eine verstärkte Aktivität der US-amerikanischen Politik in Frankreich und gleichzeitig eine Verbesserung der bilateralen Beziehungen, denn diese waren aufgrund der französischen Säumigkeit im Hinblick auf die Weltkriegsschulden belastet. Außerdem hatte sich Frankreich in der Zwischenkriegszeit in Fragen der Reparations- und Rüstungspolitik wenig kompromissbereit gezeigt. Bullitt entfaltete auf gesellschaftlichem Gebiet ein großes Engagement, reiste viel und hielt viele Reden, anfangs ausschließlich zur Verbesserung der gegenseitigen Beziehungen.[433] Mit Roosevelts Verschärfung der außenpolitischen Tonlage wurden auch

---

428   Vgl. Réau 1990, S. 180f.
429   Vgl. Rouget 1998, S. 45.
430   Vgl. Réau 1990, S. 186.
431   Bullitt warnte Präsident Wilson am 17. Mai 1919 schriftlich über die Folgen der territorialen Veränderungen, die künftige Konflikte wahrscheinlich machen würden, vgl. Bullitt 1972, S. 11f
432   Vgl. Alsop / Kintner 1940, S. 1.
433   Vgl. Dieckhoff 1943, S. 72.

Paris, Botschaft der USA – Ministerpräsident Éduard Daladier besucht den amerikanischen Botschafter William C. Bullitt am 22. August 1939. Der äußere Anlass ist ein Frühstück zu Ehren des amerikanischen Postministers Jim Farley.

Bullitts Äußerungen schärfer. Der damalige deutsche Botschafter in Washington, Hans-Heinrich Dieckhoff, brachte dieses Verhalten folgendermaßen auf den Punkt:

> *„Von Anfang 1938 ab wurde die Zusammenarbeit zwischen Bullitt und dem Präsidenten noch enger, der Botschafter in Paris wurde immer mehr das Sprachrohr Roosevelts nicht nur für Frankreich, sondern für den ganzen europäischen Raum. Kam er auf Urlaub nach Washington, wurde er vom Präsidenten mit besonderer Aufmerksamkeit empfangen und ausgezeichnet, war er in Paris, so stand er fast täglich in telefonischem Kontakt mit dem Weißen Haus, erhielt Aufträge, berichtete und gab Anregungen. Immer mehr wurde er zur zentralen amerikanischen Stelle in Europa, die alle Nachrichten sammelte und die die Weisungen des Präsidenten weiterleitete."[434]*

Seinen Gesprächspartnern hat Daladier am 3. Oktober 1938 anvertraut: *„Wenn ich drei- oder viertausend Flugzeuge gehabt hätte, dann hätte es München nicht*

---

434   Dieckhoff 1943, S. 72.

Jean Monnet, Fotographie von 1947. Der französische Bankier war 1938 bis 1940 der persönliche Repräsentant von Ministerpräsident Éduard Daladier gegenüber Präsident Franklin D. Roosevelt.

gegeben.[435] Bullitt, der mittlerweile ein Freund und Vertrauter des französischen Regierungschefs geworden war, wurde beauftragt, den Franzosen Jean Monnet, eine Art Tausendsassa, bei Präsident Roosevelt einzuführen. Ziel dieser mit größter Diskretion geknüpften Kontakte war die militärische Aufrüstung Frankreichs mit Unterstützung der USA. Sowohl in den französischen Quellen als auch im Archiv des State Departments belegen Dokumente, dass Frankreich bereits in der Vorkriegsperiode eine erste Bestellung von amerikanischen Flugzeugen vornahm.[436] Monnet, der als zentrale Figur amerikanischer Einflussnahme auf dem Kontinent in der Nachkriegszeit eine prägende Rolle beim europäischen Einigungsprozess übernahm, war zu diesem Zeitpunkt mit der amerikanischen Hochfinanz bereits bestens vernetzt.[437] Monnet sah sich bei der Bewältigung seiner Aufgabe, die französische Aufrüstung durch die USA zu organisieren, mit zwei diffizilen Problemen konfrontiert: Zum einen hatte Frankreich Probleme bei der Bezahlung und der amerikanische Finanzminister Henry Morgenthau bestand auf einer gesicherten Finanzierung. Zum anderen musste die Neutralitätsgesetzgebung umgangen oder außer Kraft gesetzt werden.[438] Eine von der Regierung Daladier in Abstimmung mit Roosevelt gesandte Einkaufskommission prüfte die Voraussetzungen zur Belieferung der französischen Armee mit amerikanischen Maschinen.[439]

Daladier, der bemerkte, wie vielversprechend die Kontakte zum Weißen Haus waren, hoffte, dass sich die Unterstützung von der anderen Seite des Atlantiks nach einem ähnlichen Schema entwickeln würde, wie dies zwischen 1916 und 1918 der Fall war. Eine Front des Widerstandes der drei großen Demokratien gegen Deutschland würde sich dank der amerikanischen Unterstützung organisieren lassen. Die Finanzierung für den geplanten Kauf von 1.000 Flugzeugen lies Daladier auf die Tagesordnung einer im Dezember 1938 geplanten Sitzung aufnehmen. Einem Vertrauten und guten Freund von Bullitt vertraute Daladier an, dass „München" für ihn nur einen Aufschub bedeutete und Hitler einen Vorwand für einen militärischen Konflikt finden werde, bevor er seinen Rüstungsvorsprung eingebüßt hat. Das be-

---

435 Monnet 1978, S. 151. Die vermutlich erste publizierte Darstellung der nachfolgenden Ereignisse liefert der sehr gut informierte William Henry Chamberlin, vgl. Chamberlin 1952, S. 74.

436 Vgl. Réau 1990, S. 186f; vgl. Fransen 2001, S. 66ff.

437 Zu einer biographischen Würdigung, welche die mannigfaltigen Aktivitäten dieses Insiders aufzeigt, vgl. Bracher 2001, S. 79ff. Im folgenden wird Monnet als „Diplomat", „Ökonom" und „Finanzier" bezeichnet, wobei dies den eigentlichen Kern von Monnets Wirken nicht umfassend beschreibt. Nach Bracher war er ein *„Erfinder und Lenker von Institutionen einer übernationalen Zusammenarbeit und ... ein Zentrum angelsächsischer Einflussnahme auf dem Kontinent."* Bracher 2001, S 81. In den DDF wird Monnet als *„banquier francais, représentant personnel du président Daladier auprès du président Roosevelt"* bezeichnet, DDF, 2. Serie, Band XIX, S. 494,

438 Vgl. Zeit-Fragen, Nr. 25 vom 20.6.2011: „Jean Monnet als Sondergesandter das amerikanischen Präsidenten Roosevelt", abrufbar im Internet unter: www.zeit-fragen.ch.

439 Vgl. Bavendamm 2002, S. 331f. Elisabeth du Réau schreibt von einem geplanten Kauf von 1.000 Flugzeugen.

drohlichste Szenario, dass Frankreich an seiner Nordost- und Südostgrenze gegen beide Diktatoren zeitgleich kämpfen müsste, wurde von ihm ins Auge gefasst.[440] Am 23. November 1938 äußerte sich Daladier gegenüber Bullitt und Monnet über seine mittelfristigen Pläne: *„Wir müssen die absolute Herrschaft in der Luft haben. … Und deshalb müssen die Alliierten zehntausend Maschinen von den Vereinigten Staaten kaufen. Erste Lieferung Anfang 1940 und dann verteilt bis zum Frühjahr 1941."*[441] Die Finanzierung war auch im ersten Halbjahr 1939 noch nicht unter Dach und Fach und Anlass zu Gesprächen auf höchster Ebene. Der Vorschlag, Flugzeuge gegen französische Überseestützpunkte zu tauschen – im Schriftverkehr Bullitts mit dem Präsidenten als *„idea of X"* genannt – gestaltete sich in der praktischen Abwicklung zäh.[442] Am 3. Mai 1939 fand diesbezüglich ein weiteres Treffen zwischen Roosevelt und Monnet statt.[443] Roosevelt informierte am 16. Mai 1939 seinen Pariser Botschafter über die Knackpunkte:

> *„Ich hatte ein nettes Gespräch mit M. [Monnet] und seitdem traf er Morgenthau zweimal. Der Kern ist, dass wir uns einig sind, dass eine dehnbare Formel für die Zukunft Hoffnung gibt, zum gegenwärtigen Zeitpunkt dies aber nicht opportun ist. Ich sagte ihm ehrlich, dass ich denke, es wäre ein Fehler seiner Regierung, eine verbesserte Bargeldlage für kurze Zeit auszuschöpfen.*
>
> *Im Hinblick auf X, erklärte ich ihm, dass ein oder zwei größere Lokalitäten uns Kopfschmerzen bereiten würden, wenn wir sie in Betrieb nehmen würden und dass der Geldwert von zwei oder drei kleineren Plätzen so gering sei, dass selbst wenn sie von einigem militärischem Nutzen wären, der Betrag nur ein Tropfen auf den heißen Stein wäre, verglichen mit den Gesamtschulden oder im Vergleich zu einer Siedlung.*[444]

Obwohl die Amerikaner nichts zu verschenken hatten, entfaltete die geheime Rückendeckung, die US-Präsident Roosevelt seinem französischen Amtskollegen über Botschafter Bullitt zukommen ließ, in Paris Wirkung. Roosevelts Unterstützung beeinflusste auch das Kräfteverhältnis der französisch-englischen Beziehungen, zumal zeitgleich in London US-Botschafter Kennedy auf Anforderung des Weißen Hauses Druck auf Chamberlain ausübte, die Appeasement-Politik aufzugeben.[445]

---

440 Vgl. Réau 1990, S. 186f.
441 Monnet 1978, S. 168. Treffen zwischen Daladier, Bullitt, Monnet und La Chambre.
442 Bullitt 1972, S. 326. Bullitt an Roosevelt 23. März 1939: Daladier *„was not at all horrified by the idea of X (French overseas possessions)."*
443 Vgl. Bullitt 1972, S. 318.
444 Bullitt 1972, S. 353. *„I told him frankly that I thought it would be a mistake for his government to deplete a bettering cash condition for a little while."*
445 Forrestal 1951, S. 121f (Dt. Übersetzung in: Tansill 1956, S. 597) und: Hoover / Nash 2011 S. 828f.

*Paris, Deutsche Botschaft – Éduard Daladier und der deutsche Reichsaußenminister Joachim
von Ribbentrop am 6. Dezember 1938 auf einem großen Empfang.
An diesem Tag erfolgte die Unterzeichnung der Deutsch-französischen Erklärung über friedliche
und gutnachbarliche Beziehungen und der endgültigen Anerkennung der gemeinsamen Grenze.*

Auch die deutschen Diplomaten bemerkten Veränderungen in der Kräftekonstella-
tion nach München. In seinem politischen Bericht vom 3. Januar 1939 bemerkt der
Londoner Botschafter Dirksen: *„Waren die Beziehungen zu Frankreich seit München keineswegs frei von Reibungen und Enttäuschungen, so beginnt sich in dem
taktischen Verhältnis beider Länder eine Verschiebung zu Englands Ungunsten ab-
zuzeichnen: wenn England im Verlauf der tschechoslowakischen Krise die Führung
und Initiative gegenüber Frankreich innehatte, so hat es jetzt den Anschein, als ob
nunmehr Daladier und Bonnet die britische Regierung zu entschiedenerem Auftreten ermuntern, indem sie klarmachen, daß jede Einbuße der französischen Machtstellung in Europa, etwa durch Nachgiebigkeiten gegenüber Italien und Franco,
automatisch eine entsprechende Schwächung Großbritanniens zur Folge habe.“*[446]
   Daladiers Entscheidung, dass für eine unnachgiebige Haltung gegenüber den
Diktatoren Hitler und Mussolini nunmehr die Zeit gekommen war, beruhte aber

---

446   ADAP D, Band IV, Dok. 286, S. 310f.

nicht nur auf hoffnungsvollen Signalen aus Washington, sondern auch aus weiteren Quellen. Carl Friedrich Goerdeler, der Kopf des zivilen Widerstandes gegen das NS-Regime, hatte sich im Frühjahr 1938 in Paris mit Alexis Léger, dem Generalsekretär des französischen Außenministeriums getroffen. Goerdeler drängte die Franzosen zu einer unnachgiebigen Haltung gegenüber Hitler.[447] Ein Jahr später traf sich Goerdeler erneut mit Léger und möglicherweise auch mit dem Ministerpräsidenten. Der „Motor" des deutschen Widerstandes wiederholte sein Drängen nach Festigkeit und forderte u.a. wirtschaftliche Sanktionen gegen die Diktatoren.[448] Goerdeler, der mittlerweile auch über die „Verschwörung der Generäle" vor dem Münchner Abkommen unterrichtet worden war,[449] informierte seine Gesprächspartner vermutlich über diese Option und weckte so Hoffnungen, wie man die Nationalsozialisten loswerden könnte.[450]

Aus nachrichtendienstlichen Quellen war Daladier noch als Kriegsminister im Kabinett des Ministerpräsidenten Camille Chautemps zu Beginn des Jahres 1938 über den Wortlaut jener vertraulichen Besprechung Hitlers mit seinen führenden Militärs unterrichtet worden, welche nach dem am 10. November 1937 angefertigten Gedächtnisprotokoll als „Hoßbach-Niederschrift" bekannt wurde. Obwohl Daladier also über bestimmte Pläne in Ostmitteleuropa unterrichtet war, mangelte es ihm zu diesem Zeitpunkt an Informationen über die wahren Zustände in der eigenen Armee. Die Anfang 1938 aufziehende Krise unterschätzte er. Nach „München" lies der französische Militärattaché in Berlin in mehreren Briefen durchblicken, dass Deutschland mit volkswirtschaftlichen Problemen zu kämpfen hatte. Hitler werde im Rahmen eines kurzen Krieges im Herbst 1939 möglicherweise Polen angreifen. Die nachrichtendienstlichen Informationen aus Rom warnten vor Mussolinis ehrgeizigen Plänen. Für Daladier war erkennbar, dass der Zeitpunkt der schicksalshaften Entscheidungen näher rückte und er musste innenpolitisch eine Reihe von Maßnahmen verabschieden, damit Frankreich besser vorbereitet war. Bei der Verfolgung seines Zieles, das Rüstungspotenzial anzuheben und Frankreichs militärische Aufrüstung zu forcieren, bewegte er sich innenpolitisch auf schwierigem Terrain. Die 40-Stunden Woche musste abgebaut werden, einfallsreiche Finanzierungsmaßnahmen für die Industrie waren erforderlich und, da er seine linke Mehrheit schwinden sah, musste er sich mehr der politischen Mitte zuwenden. Nur so lässt sich die ambivalente Politik gegenüber Deutschland im Herbst und Winter

---

447 Vgl. Klemperer 1994, S. 93.
448 Vgl. Klemperer 1994, S. 117f.
449 Vgl. Ritter 1954, S. 198.
450 Chamberlain und Halifax gaben ihre Hoffnungen auf eine „Generalverschwörung" nie auf, vgl. Klemperer 1994, S. 188. Es spricht viel dafür, dass Goerdeler auch in Paris diese Hoffnungen ansprach.

1938/39 erklären, in der dem Außenminister und Appeasement-Befürworter Bonnet die Rolle zukam, gegenüber Deutschland geschmeidig zu agieren.[451] Die Deutschen bemerkten nichts von der sicherheitspolitischen Neuorientierung in Paris, wie die Nachricht die Botschafter Welczeck vom 19. Oktober 1938 nach Berlin übermittelte, dokumentiert: *„Besuchte gestern Daladier, heute Bonnet zum ersten Mal seit [meiner] Rückkehr. Fand Stimmung im Gegensatz zu starker in öffentlicher Meinung eingetretener Ernüchterung herzlich und zuversichtlich. Beide wünschen aufrichtig Fortsetzung Münchner Atmosphäre, Bereinigung aller schwebenden Fragen durch direkten Meinungsaustausch und Basis zu finden für dauerhafte freundschaftliche Beziehungen zu Deutschland. Daladier stark beeindruckt von Münchner Empfang und Persönlichkeit des Führers, von dem er mit großer Anerkennung sprach. ... Bonnet wiederholte seinen bei jeder Unterredung vorgetragenen Wunsch, daß Regelung der tschechischen Frage nicht Abschluß, sondern Auftakt für deutsch-französische Aussprache bilden möge. In diesem Zusammenhang bat mich Bonnet, Reichsminister [Rippentropp] auszurichten, daß er auf herzlichsten Empfang rechnen könne, wenn er nach Paris komme."*[452] Die deutsch-französische Erklärung der beiden Außenminister vom 6. Dezember 1938 anlässlich Ribbentrops Besuch in Paris, in der sich beide Regierungen verpflichteten, die gemeinsame Grenze anzuerkennen und friedliche und gutnachbarschaftliche Beziehungen zu pflegen, ist unter dem Gesichtspunkt einer ambivalenten, trügerischen französischen Politik zu verstehen.[453] Ähnlich gespalten war auch das Echo in der französischen Presse, wobei negative und zurückhaltende Beurteilungen überwogen.[454] In Paris war Daladier entschlossen, dass sich ein zweites „München" nicht wiederholen sollte, aber aus Hitlers Perspektive war Frankreich Anfang 1939 keine bedrohliche Macht mehr. Paris schien Interesse zu signalisieren, das deutsche Interessengebiet in Ostmittel- und Südosteuropa anzuerkennen und sich mit dem Nachbarn zu arrangieren.[455] In der „Kolonialfrage" lehnte es im Gegensatz zu Großbritannien aber deutsche Forderungen ab.[456]

---

451 Vgl. Réau 1990, S. 187ff.
452 ADAP D, Band IV, Dok. 339. Die Abstimmung der gemeinsamen Erklärung: Dok. 346, Dok. 358, Dok.
453 ADAP D, Band IV, Dok. 369.
454 BA-Berlin, R/901, Nr. 60390, S. 98-100, *„Die französische Presse unmittelbar vor der Unterzeichnung der deutsch-französischen Erklärung, Berlin, den 7. Dezember 1938."* Nach Einschätzung des deutschen Pressespiegels waren die Bewertungen *„Negativ"* in: Humanité, Peuple, Populaire, Ce Soir, Epoque, Ordre, Action Francaise, Petit Journal, Figaro, Journal des Débats, Dépeche; *„Positiv"* in: Matin, Liberté, Jour, Intrangigeant, Petit Parisien; *„Dazwischen"* in: Temps, Journal, Excelsior und République.
455 Vgl. Müller 2011, S. 114f; vgl. 1939, S. 46. Der französische Botschafter in Berlin, Coulondre teilte Ribbentrop am 7. Februar 1939 mit, *„daß es für Frankreich schwer sei, im Osten Verzicht zu leisten und gleichzeitig im Mittelmeer Konzessionen zu machen. Frankreich werde aber selbstverständlich keinerlei Politik im Osten betreiben, die Deutschland störe."* ADAP D, Band IV, Dok. 383.
456 ADAP D, Band IV, Dok. Nr. 269.

Die für Frankreich so wichtige Haltung Großbritanniens entwickelte sich zu Beginn des Jahres 1939 hoffnungsvoll. Dabei agierte Daladier geschickt, indem er die diplomatische Unterstützung der USA auf vertraulichen Kanälen einforderte, damit diese die Briten auf Spur in Richtung effektive französische Unterstützung bringen sollten. Eine zentrale Rolle spielte dabei Roosevelts Vertrauensmann Bullitt. Am 6. Februar gab Daladier über ihn Informationen nach Washington weiter, in denen er die Briten der Passivität und Dekadenz anklagte. Die seitens London zugesagte militärische Unterstützung Frankreichs sei völlig unzureichend und beruhte dazu noch auf Gegenforderungen. In dem Vieraugengespräch mit Bullitt empörte sich Daladier, dass Großbritannien im Moment *„das schwächste Rohr ist, an das man sich anlehnen kann."* Chamberlain sei ein *„verdorrter Stock; der König ein Trottel … Eden ein junger Idiot."*[457] Der Hilferuf des französischen Ministerpräsidenten kam dem Weißen Haus wie gerufen. Im Februar 1939 willigten die Briten der Wiederaufnahme echter Generalstabsgespräche ein und von März bis August prüften beide künftige Bündnispartner die militärischen Optionen unter der Perspektive eines langen Krieges.[458]

Zwei aggressive Akte – der Einmarsch deutscher Truppen in die Tschecho-Slowakische Republik am 15. März 1939 und der Einmarsch italienischer Truppen in Albanien am 7. April 1939 – waren dann der äußere Anlass, dass London und Paris zu einer gemeinsamen Politik der Entschlossenheit zurückfanden, sich den Expansionsbestrebungen der Diktatoren zu widersetzen. Beinahe zeitgleich mit der amerikanischen Regierung,[459] verweigerte die französische die völkerrechtliche Anerkennung des „Reichsprotektorates Böhmen und Mähren" mit den Worten: *„Die Umstände, unter denen das Abkommen vom 15. März den Leitern der tschechoslowakischen Republik aufgezwungen wurde, vermögen in den Augen der Regierung der Französischen Republik dem in dem Abkommen unterzeichneten Tatbestand keine Rechtskraft zu verleihen."*[460] Nachdem Chamberlain am 31. März

---

457 Bullitt 1972, S. 309f.

458 Vgl. Réau 1990, S. 189f.

459 FRUS 1939 I, S. 56: *„The Acting Secretary of State to the German Chargé (Thomsen)*
Washington, March 20, 1939
Sir: I acknowledge the receipt of your note of March 17 in which, by direction of your Government, you inform the Government of the United States of the terms of the decree issued on March 16 by the Government of the Reich announcing the assumption of a protectorate over the provinces of Bohemia and Moravia.
The Government of the United States has observed that the provinces referred to are now under the de facto administration of the German authorities. The Government of the United States does not recognize that any legal basis exists for the status so indicated.
The views of this Government with regard to the situation above referred to, as well as with regard to related facts, were made known on March 17. I enclose herewith for the information of your Government a copy of the statement in which those views were expressed.
Accept [etc.] Sumner Welles".

460 Französisches Gelbbuch 1940, Dok. No. 76, S. 102.

1939 eine einseitige Garantieerklärung an Polen abgegeben hatte, bekräftigte der Quai d'Orsay am 13. April 1939 das französisch-polnische Bündnis von 1921 und präzisierte, dass *„Frankreich und Polen sich unmittelbare und direkte gegenseitige Zusicherungen für den Fall einer direkten oder indirekten Bedrohung geben, die ihre vitalen Interessen beeinträchtigen könnte.“*[461]

Frankreich entwickelte mit britischer und US-amerikanischer Rückendeckung eine beachtliche diplomatische Aktivität und gab mehrere Garantien für südosteuropäische Länder ab. Ein Problem blieb aber weiterhin auf militärischem Gebiet, nämlich die Möglichkeit einer Unterstützung Polens. Der zur Vorsicht neigende französische Generalstabschef Gamelin schlug Daladier eine Annäherung an die Sowjetunion vor. Aus Gamelins Perspektive war die Hilfe der Roten Armee eine ausgezeichnete Lösung. Je mehr russische Soldaten das deutsche Landheer niederzwingen würden, desto geringer wären im Kriegsfall die eigenen Opfer. Da Polen sich einem Durchmarschrecht sowjetischer Heeresverbände hartnäckig widersetzte, die britisch-französischen-sowjetischen Verhandlungen scheiterten und die französischen Militärs sehr zurückhaltend waren, blieb die polnische Sicherheitslage prekär.[462] Deutschland verbesserte währenddessen den Westwall, das Festungssystem zum Schutz des eigenen Territoriums entlang der französischen Grenze und schnitt Frankreich und Großbritannien mehr und mehr diplomatisch von Nord- und Osteuropa ab: Am 22. Mai 1939 schloss Deutschland mit Italien ein Freundschafts- und Militärbündnis ab, der sogenannte „Stahlpakt". Am 31. Mai 1939 wurde der deutsch-dänische Nichtangriffspakt und am 7. Juni der Nichtangriffspakt mit Lettland und Estland abgeschlossen.[463]

Trotz der umfangreichen diplomatischen Aktivitäten war der entscheidende Pakt – ein französisch-britisch-sowjetisches Abschreckungsbündnis – nicht zustande gekommen. Im Gegenteil, am 21. August 1939 kündigte die Sowjetunion ihre Entscheidung an, einen Nichtangriffsvertrag mit Deutschland abzuschließen. Am 23. August wurde der „Hitler-Stalin-Pakt" in Moskau unterzeichnet. Aufgrund des Verrats des deutschen Botschaftssekretärs Herwarth von Bittenfeld war dessen Inhalt in allen Einzelheiten, einschließlich des geheimen Zusatzprotokolls, in dem die vierte Teilung Polens vereinbart wurde, am Morgen des 24. August dem in Moskau ansässigen US-Diplomatem Charles E. Bohlen bekannt.[464] Dieser eilte in die amerikanische Botschaft, informierte seinen Vorgesetzten und um die Mittags-

---

461 Zit. nach: Barbier 1990, S. 49f.
462 Vgl. Réau 1990, S. 189ff.
463 Vgl. Barbier 1990, S. 50f.
464 Vgl. Herwarth 1982, S. 188f; vgl. Bohlen 1973, S. 82f. Bohlen hatte über Monate hinweg zu Bittenfeld Vertrauen aufgebaut, beide sahen sich beinahe täglich, vgl. Herwarth 1982, S. 75f, S. 175.

zeit ging ein chiffriertes Telegramm mit dem brisanten Inhalt an das Außenministerium in Washington.[465] Dort verzichteten die Entscheidungsträger dann darauf, diese Nachricht, welche die Warschauer Regierung möglicherweise noch zu Verhandlungen bewegt hätte, bekannt zu geben. Auch Paris und London wurden nicht informiert und die Entscheidungsfindung der letzten friedlichen Tage in Europa erfolgte ohne diese Information. Bohlen beschreibt den Vorgang in seinen Memoiren folgendermaßen:

> *„Wir waren die einzige Regierung neben der sowjetischen und der deutschen, die alles von den Verhandlungen wußte, und deshalb waren Präsident Roosevelt und das Außenministerium vorbereitet auf den Schock. Washington hat, wie erwähnt, [am 16. August] versucht, die Engländer und Franzosen zu warnen, aber ohne Wirkung. Auf jeden Fall gab Washington keine Stellungnahme heraus und ergriff auch keine Maßnahmen, welche die Vereinigten Staaten in Verlegenheit gebracht hätten, nachdem der Vertrag angekündigt worden war."[466]*

Am Frieden in Europa interessierte Staatsmänner hätten wohl anders reagiert. Aber Roosevelt beherrschte die für einen demokratischen Politiker wichtige Fähigkeit des Nichtstuns im entscheidenden Augenblick, um dann im Nachhinein auf eine scheinbar unentrinnbare Tatsache zu reagieren.[467] Nach dem deutsch-sowjetischen Nichtangriffsvertrag machte das französische Außenministerium eine schwere Krise durch. Bonnet sucht nach Möglichkeiten, den Krieg zu verhindern und hoffte auf die Anberaumung einer Konferenz. Am 31. August um 11 Uhr unterrichtete der französische Botschafter in Rom seinen Außenminister, dass Mussolini *„sich erböte, Deutschland, falls Frankreich und England hiermit einverstanden sind, zu einer Konferenz auf den 5. September einzuladen, bei*

---

465 FRUS 1939 I, S. 342f: *„The Ambassador in the Soviet Union (Steinhardt) to the Secretary of State Moscow, August 24, 1939 – noon [Received August 24-11:15 a.m.] ... I am informed in strict confidence that a full „understanding" was reached last night between the Soviet and German Governments in reference to territorial questions in Eastern Europe whereby Estonia, Latvia, eastern Poland, and Bessarabia are recognized as spheres of soviet vital interest. Apparently Finland was not mentioned. My informant added that article 4, which prohibits the contracting parties from joining any group of powers directed against the other, in addition to precluding Soviet adherence to any Anglo-French alliance will also preclude any German-Japanese collaboration. I am informed that the negotiations were conducted personally by Stalin who did not disguise from Ribbentrop that he had long been in favor of a Soviet-German rapprochement. When the treaty was concluded Stalin drank a toast to Hitler an to „the revival of the traditional German-Russian friendship". As a result of the discussions dealing with territorial questions involving countries lying between Germany and the Soviet Union I am informed that there was a tacit agreement to the effect that the Soviet Union would be given territorial compensation, if it so desired, for both territorial changes which might be introduced by Germany in those regions."*

466 Bohlen 1973, S. 85; vgl. Post 2003, S. 372.

467 Über Roosevelts passive Reaktion auf wichtige nachrichtendienstliche Informationen am 6. Dezember 1941, unmittelbar vor dem japanischen Angriff auf Pearl Harbor, vgl. Farago 1967, S. 298f.

welcher Gelegenheit die Bestimmungen des Versailler Vertrages, die die Ursache der augenblicklich herrschenden Unruhe sind, geprüft werden sollen. Deutschland würde erst eingeladen werden, nachdem Frankreich und Großbritannien ihre Zustimmung erteilt hätten. Graf Ciano hat dem englischen Botschafter eine gleichlautende Mitteilung gemacht. Er [Ciano, der ital. Außenminister] ersucht um beschleunigte Antwort, da er befürchtet, daß in der Zwischenzeit die Feindseligkeiten beginnen können.[468]

Bonnet und andere aus der Fraktion der „Weichen" waren überzeugt, dass Hitler es ernst meinte und sie waren bereit, die französische Verpflichtung gegenüber Polen zurückzuziehen. Auch nach Kriegsbeginn bestanden sie im Gegensatz zu den Briten nicht darauf, dass die deutsche Wehrmacht polnisches Gebiet vor Verhandlungsbeginn räumen sollte. Die Fraktion der „Harten" wiederum war nicht zum Einlenken bereit.[469] Coulondres Nachricht an Daladier vom 30. August lautete *„Wir müssen durchhalten, durchhalten, durchhalten."*[470] Durch den Konferenzvorschlag flammten die internen Auseinandersetzungen, zwischen den „Harten", die den Konferenzvorschlag ablehnten und Polen volle Unterstützung gewährten, da sie vermuteten, dass Hitler bluffte, und den „Weichen", die verhandeln wollten, wieder auf.[471] Die internen Streitigkeiten erreichten einen Höhepunkt, und je mehr die „Weichen" zu Kompromissen bereit waren, umso unnachgiebiger zeigten sich die außenpolitischen „Harten". Sie wurden zu „unbeugsamen Kriegstreibern" getreu dem Motto der jahrhundertealten französischen Außenpolitik:[472] *„Wir müssen siegen, Deutschland muß zerschlagen werden, und wir sind dazu imstande."*[473]

Nachdem der Krieg erklärt war, setzte die französische Politik auf eine Strategie des Abwartens, da sie sich sicher war, dass aufgrund der begrenzten eigenen Ressourcen Deutschland den Krieg gegen beide Westmächte nicht gewinnen könnte. Der amerikanische Historiker und Publizist William Henry Chamberlin, der seinerzeit in Paris weilte, veröffentlichte als Augenzeuge am 6. Oktober 1939 einen interessanten Stimmungsbericht, der die Situation authentisch schilderte. Die Presseabteilung des Auswärtigen Amtes in Berlin fertigte davon eine Übersetzung an:

„Sowohl in Frankreich als auch in Großbritannien betrachtet man den Zeitpunkt noch nicht für gekommen, um ins einzelne gehende formelle

---

468 Französisches Gelbbuch 1940, Dok. No. 306, S. 375.
469 Vgl. Souton 2013, S. 78.
470 DDF, 2. Serie, Band XIX, S. 234, Dok. Nr. 235, M. Coulondre, Ambassadeur de France à Berlin, à M. Daladier, Président du Conseil, Aout 30 1939: *„Il n'est que de continuer à tenir, tenir, tenir.".*
471 Vgl. Souton 2013, S. 78.
472 Vgl. Barbier 1990, S. 52f.
473 Zit. nach: Barbier 1990, S. 53.

Kriegsziele zu verkünden. Die beiden Kriegsziele, welche in Frankreich den größten allgemeinen Beifall finden, seien, so paradox das auch klinge, Frieden und Sicherheit.

Frankreich habe seine äußerst starke Maginotlinie gebaut, um damit seiner Hoffnung Ausdruck zu geben, seinen Grund und Boden gegen jeden neuen Einfall gesichert zu haben. Eine kurze Zeit nach dem Münchner Abkommen habe es so ausgesehen, als ob Frankreich die Absicht habe, sich politisch sowohl als auch militärisch hinter dieser Linie zurückzuziehen, auf Osteuropa zu verzichten und nur eine reine verteidigungsmäßige Haltung gegenüber Deutschland einzunehmen. Man habe gehofft, die „Dynamik des Dritten Reiches" nach Osten ablenken zu können.

Diese Politik sei im März sowohl in Frankreich als auch in England im Begriff gewesen, aufgegeben zu werden. Man sei zu der Ansicht gekommen, daß die deutsche Ausdehnung nach Osteuropa nur der Vorläufer für einen späteren Überfall auf Frankreich sein würde.

Was einem amerikanischen Beobachter am meisten in Frankreich auffalle, sei der umfassende Charakter der französischen Mobilisation. Die Mehrzahl seiner französischen Freunde und Bekannten, die noch nicht über 50 Jahre alt seien, sei zu den Fahnen einberufen. [Der] Verfasser sei während der ersten Wochen des Weltkrieges in Paris gewesen. Seine französischen Freunde hätten ihn auf zwei bedeutende Unterschiede aufmerksam gemacht. Erstens sei das Land heute auf den Krieg besser vorbereitet als damals. 1914 sei der Krieg eine vollkommene Überraschung gewesen. Der heutige Krieg sei durch wiederholte Krisen angekündigt gewesen. Der zweite Unterschied zwischen heute und damals sei das vollkommene Fehlen jeder überschäumenden Begeisterung. Die Franzosen seien in diesen Krieg, ohne sich falsche Vorstellungen hinzugeben, eingetreten. Diejenigen, welche im vollen Mannesalter stünden, kennten den Schützengrabenkrieg aus Erfahrung, die jüngeren aus den Erzählungen ihrer Väter. ... Die überwältigende Überlegenheit Großbritanniens und Frankreichs an natürlichen Hilfsquellen und an Gold werde als ein überzeugender Grund angesehen, warum Deutschland einen längeren Krieg nicht gewinnen könne. Die französische Mobilmachung und die Maginotlinie würden als zuverlässige Bürgschaften angesehen gegen einen schnellen deutschen Sieg, gleichgültig was Italien tun werde.

Natürlich herrscht Enttäuschung über den schnellen Zusammenbruch Polens, auch sei man empört über den verräterischen Dolchstoß der

Russen. Man tröstet sich mit der Tatsache, daß die Sowjet-Union den deutschen Heeren den Zugang zu Rumänien versperrt habe. Infolge des deutsch-russischen Bündnisses habe die Furcht vor dem Bolschewismus zugenommen."[474]

Fazit

Dreh- und Angelpunkt der französischen Perspektive auf Europa war über Jahrhunderte hinweg die Verhinderung, ab 1871 die Schwächung eines Machtzentrums in dessen Mitte. Aus diesem Grund wurde der Status Quo des Versailler Vertrages so hartnäckig verteidigt. Da die französische Außenpolitik in diesem Punkt so berechenbar war, hatte das Ansehen Frankreichs zwischen 1936 und 1938 stark gelitten. Die Abneigung, auf die Besetzung des entmilitarisierten Rheinlandes im März 1936 scharf zu reagieren, die Nichteinmischung in den Spanischen Bürgerkrieg, die Hinnahme des Anschlusses Österreichs an das Deutsche Reich, das Fallenlassen des Bündnispartners Tschechoslowakei erfolgte in einer Phase, in der es Frankreich an einer Unterstützung seitens angelsächsischer Mächte mangelte, um eine Politik der Standhaftigkeit durchzusetzen. Die offizielle Politik der französischen Regierung nach „München" trug ebenfalls nicht zur Erhöhung der Glaubwürdigkeit bei und auch die Verhandlungen mit Moskau, mit dem Ziel die Sicherheitslage seiner osteuropäischen Verbündeten zu verbessern, scheiterten. Im Geheimen wurde allerdings unmittelbar nach „München" von Ministerpräsident Daladier ein Kurswechsel vollzogen. Der Oktober 1938 war ein Wendepunkt, als die Einführung des französischen Finanziers Jean Monnet bei Präsident Roosevelt dank der Unterstützung des Botschafters Bullitt eingefädelt wurde. Daladiers persönlicher Repräsentant und Roosevelt verstanden sich auf Anhieb; Waffenlieferungen der USA rückten plötzlich in greifbare Nähe. Die amerikanische Unterstützung reichte nicht für den östlichen Verbündeten und – wie sich 1940 zeigte – bewahrte sie die französische Armee auch nicht vor ihrer vernichtenden Niederlage. Aber sie war, wie der britische Beistand, ein Ansporn für die französische Diplomatie, sich der deutschen Expansion in Osteuropa mit militärischen Mitteln zu widersetzen.[475]

Gab es nach „München" für die französische Politik eine Alternative? Wie der Streit zwischen den „Weichen" und „Harten" am Quai d'Orsay zeigte, war die damalige Entscheidung, innerhalb einer Generation wieder gegen das Deutsche Reich zu kämpfen, nicht unumstritten. In jedem Fall war sie erschreckend einfallslos, wie

---

474   BA-Berlin, R/901, Nr. 59567, S. 456f.
475   Vgl. Réau 1990, S. 194f.

Georges-Henri Souton in einer aktuellen Studie schreibt: „*Frankreich wollte sich im Falle eines neuen Krieges zunächst zwei oder drei Jahre hinter der Maginotlinie rein defensiv verteidigen, um Zeit für seine Aufrüstung zu gewinnen. Gleichzeitig sollte das Reich durch strenge Blockade geschwächt werden. Nach zwei oder drei Jahren würde man zur Offensive übergehen und zwar mit Unterstützung der zunächst noch weniger kampfbereiten britischen Streitkräfte und, wenn möglich, auch der Amerikaner. Das war eine vollkommen fantasielose Wiederholung der alliierten Strategie von 1917-1918.*"[476] William Henry Chamberlin bezeichnete bereits 1952 das politische Unvermögen, das in „Mein Kampf" präsentierte Beweismaterial von Hitlers Absichten zu deuten und das Versäumnis, dass Paris und London die deutschen Expansionsbestrebungen nicht dauerhaft in den Osten ablenkten, „*als eines der größten politischen Fehlschläge der Geschichte.*"[477] Der konservative amerikanische Politiker und Journalist Pat Buchanan vertritt aktuell die gleiche These und verweist dabei explizit auf seinen Landsmann Chamberlin.[478] Im Falle eines Konflikts zwischen dem nationalsozialistischen Deutschland und der kommunistischen Sowjetunion wäre es für die französische Politik vermutlich nicht unklug gewesen, zuerst einmal abzuwarten, da ein schneller Sieg für keine von beiden Parteien wahrscheinlich war. Mit seiner Kriegserklärung an Deutschland, der dann kaum Taten folgten, stellte Frankreich am 3. September 1939 nicht nur seine militärische Hilflosigkeit unter Beweis, sondern auch seinen Mangel an politischer Phantasie. Mit dieser Kriegserklärung verschaffte sich Frankreich weder den Vorteil eines kurzen, offensiven Krieges zu einem Zeitpunkt, als der Großteil der deutschen Armeen im Osten operierten, noch nutzte es die Möglichkeit, als „lachender Dritter" neutral zu bleiben und verspätet in einen größeren Konflikt gewinnbringend einzutreten.

Der Aufstieg des katholischen Frankreich begann, als es 1635 aufseiten der protestantischen deutschen Fürsten aus machtpolitischem Kalkül in den Dreißigjährigen Krieg eingriff, der bereits 1618 ausgebrochen war. 1939 wäre es theoretisch für das demokratische Frankreich eine Alternative gewesen, in einem Krieg der totalitären Ideologien eine abwartende Haltung einzunehmen. Das nationalsozialistische Deutschland hatte die Unvereinbarkeit der eigenen Ideologie mit dem Kommunismus immer wieder betont und – falls es zu einem Krieg der beiden totalitären Großmächte gekommen wäre – war es doch ein recht unwahrscheinliches Szenario, dass es den Deutschen gelingen würde, das Riesenreich im Osten zu

---

476 Souton 2013, S. 68.
477 Chamberlin 1952, S. 36f.
478 Vgl. Buchanan 2014, S. 252ff. Vgl. auch die kontrafaktischen Überlegungen von Niall Ferguson in: Ferguson 1998, S. 393ff.

erobern und zu befrieden, wenn nebenbei viele Millionen unzufriedener Polen und Tschechen unter Kontrolle zu halten waren.

In der Praxis waren dieser Form von Realpolitik aber enge Grenzen gesetzt. Die öffentliche Meinung, Frankreichs Ansehen in der Welt, die jahrhundertealte antideutsche Tendenz der französischen Geopolitik, die Unterstützung der Vereinigten Staaten mit dem Ziel der deutschen Expansion endlich Einhalt zu gebieten – jedes dieser Argumente war an sich ein möglicher Grund für einen Kriegseintritt. Kumuliert gaben sie den Ausschlag, dass Frankreich pflichtgemäß Polens Unabhängigkeit verteidigte, obwohl es dabei paradoxerweise gar nicht um Polen ging. Frankreich verteidigte seinen eigenen Status. Nachdem der 1939 begonnene Krieg mit der vollständigen Ausschaltung Mitteleuropas als eigenständiger Machtfaktor endete, war das seit 1871 existierende „problème allemande" aus französischer Perspektive – über den Umweg einer vernichtenden Niederlage – für Jahrzehnte gelöst. Mit dem Ende der nationalstaatlichen Einheit Deutschlands im Jahr 1945 wurde ein bereits in Versailles anvisiertes Ziel erreicht. Durch den Aufstieg der Sowjetunion zur zweiten Supermacht und der machtpolitischen Deklassierung Europas waren die mit Frankreichs Selbstverständnis als „une très grande Nation" verbundenen Ansprüche allerdings weiterhin ungelöst. Der Untergang des Kolonialreiches war das sichtbarste Zeichen eines bis in die Gegenwart fortschreitenden Niedergangs. Deshalb gehört auch Frankreich zu den Verlierern des Zweiten Weltkrieges.

Kapitel 4: Deutschland –
Revision und Expansion

Der Versailler Vertrag

Eines der umwälzenden Ergebnisse des Ersten Weltkrieges war die Tatsache, dass es den europäischen Großmächten das erste Mal nicht mehr gelang, einen militärischen Konflikt ohne die Hilfe einer außereuropäischen Macht zu einem Ende zu bringen. Die Weichen zu diesem Dilemma wurden früh, zwischen Kriegsbeginn und Sommer 1915 gestellt: 1) Am 5. September 1914 wurde mit dem Londoner Sonderfriedensabkommen die entscheidende Kriegsallianz zwischen den Entente-Mächten England, Frankreich und Russland gebildet. Ab diesem Zeitpunkt ist ein Separatfrieden einer Entente-Macht mit den Kriegsgegnern Deutschland und Österreich-Ungarn vertraglich verboten. Der Krieg soll bis zum gemeinsamen Sieg durchgefochten werden, die einzelnen Kriegsziele der Verbündeten wurden kumuliert. Eine Entscheidung zur Einstellung des Krieges sollte nicht vor einer vernichtenden Niederlage der Gegner getroffen werden.[479] Während das Londoner Sonderfriedensabkommen letztendlich eine schicksalshafte Einbahnstraße in Richtung Friedensbedingungen von Versailles war, hatte eine weitere, unmittelbar nach Kriegsbeginn getroffene politische Entscheidung nachhaltigen Einfluss auf die künftige deutsche Geopolitik. 2) Die britische Handelsblockade, mit der amerikanische Nahrungsmittellieferungen für Deutschland abgefangen wurden. Diese dem Völkerrecht und moralischen Prinzipien widersprechende Handlung hätte eigentlich eine entschlossene Reaktion von Präsident Wilson provozieren müssen. Der amerikanische Präsident entschied sich aber für eine Tolerierung der britischen Blockade, mit der er sich im Gegensatz zum deutschen U-Boot-Krieg meinte arrangieren zu können, obwohl Deutschland als auch Österreich-Ungarn bereit waren, hohe Preise für die benötigten Produkte zu zahlen. Er beließ es nur im Wesentlichen bei Ankündigungen, Großbritannien für die direkte Verletzung US-amerikanischer Rechte zur Verantwortung zu ziehen.[480] Somit war bereits im Herbst 1914 jene parteiische Politik der Wilson-Administration erkennbar, die den

---

479 Vgl. Hözle 1975, S. 399ff und S. 592; vgl. auch die britische Sicht von Harold Nicolson in: Nicolson 1931, S. 439f.

480 Vgl. Sedlmaier 2003, S. 50ff, Zusammenfassung und Resümee betreffs Wilsons negativ geprägtem Deutschlandbild und seiner germanophoben Politik auf S. 157ff.

alliierten Mächten Hoffnung machte, mittels Unterstützung der USA den Krieg gewinnen zu können. 3) Im Sommer 1915 hob der amerikanische Präsident das Verbot für die Ausgabe von Anleihen kriegsführender Länder auf.[481]

Nachdem diese dritte entscheidende Weiche gestellt war, mussten die Entente-Mächte weder von ihren angehäuften Kriegszielen abrücken, noch mussten sie sich Sorgen machen, ob ihnen die Mittel ausgehen würden, die Zentralmächte vernichtend zu schlagen. Zwischen August 1914 und Januar 1917 wurden für die Alliierten in den USA Anleihen in Höhe von 1.913.400.000 $ aufgelegt.[482] Damit diese von internationalen Bankern unter der Federführung von J.P. Morgan eingefädelten Anleihen und die Profite der amerikanischen Rüstungsunternehmen nicht verloren gingen, steuerte eine plutokratische Elite die amerikanische Außenpolitik gegen die Interessen der Mehrheit der amerikanischen Bevölkerung in den Weltkrieg. Die subtile britische Propaganda in den Salons, Universitäten und der Presse in den östlichen Teilen der USA, wo die einflussreiche Gruppe der anglophilen verortet war, unterstütze diesen Prozess. Geostrategische Aspekte, die einen Sieg Deutschlands über Großbritannien als nicht hinnehmbar erscheinen ließen, waren ein weiterer Faktor, eine Niederlage der Entente durch die Mittelmächte zu verhindern. Der äußere Anlass des Kriegseintritts waren die deutschen U-Boot-Angriffe auf die neutrale Schifffahrt, um die „Freiheit der Meere" zu verteidigen.[483]

Mit Hilfe dieser außereuropäischen Großmacht gingen Großbritannien, Frankreich und alle ihre Verbündeten (mit Ausnahme Russlands) siegreich aus dem Ersten Weltkrieg hervor. Der zu zahlende Preis offenbarte sich, als am gleichen Ort, an dem einst die deutschen Fürsten und Generäle ihren Sieg feierten und die Gründung des Deutschen Reichs vereinbarten, die Friedensverhandlungen 1919 begannen: Im Spiegelsaal des Schlosses von Versailles und – wie damals – am 18. Januar. Die Botschaft, die von diesem Ort ausging war eindeutig: Das Ergebnis von 1870/71 sollte rückgängig gemacht, „Versailles" sollte von der Schmach des 18. Januars 1871 gereinigt werden. Elsass-Lothringen wurde wieder französisch – ohne die versprochene Volksabstimmung, dafür aber in Analogie zu 1871, denn auch damals wurde die Bevölkerung nicht gefragt.[484] Dies entsprach dem französischem Verständnis, demnach die Rückgewinnung beider Provinzen weder Vorteil noch eine Neuerwerbung war. Der Londoner Botschafter Paul Cambon äußerte

---

481 Vgl. Chernow 1993, S. 218f.
482 Tabellarische Aufstellung der Anleihen in: Tansill 2001, S. 420. Zum Vergleich: Für Deutschland wurden im gleichen Zeitraum Anleihen in Höhe von 45.000.000 $ aufgelegt, weniger als ein 1/45stel, Ebda. Ein Sieg der Zentralmächte hätte die Abschreibung der alliierten Anleihen zur Folge gehabt.
483 Vgl. Quigley 2007, S. 152. Über die zentrale Rolle von J.P. Morgan bei der alliierten Kriegsfinanzierung, vgl. Tansill 2001, S. 49f, S. 53, S. 57, S. 60f, 63, S. 67, S. 76, S. 80, S. 82, S. 86, S. 88, S. 349 und Tabelle 1, S. 418f.
484 Bariéty, S. 48 f.

sich gegenüber dem britischen Außenminister Grey 1916 diesbezüglich unmissverständlich: *„Wir holen uns unser Gut zurück, das gegen den Willen der Bevölkerung geraubt worden ist."*[485]

Während für die Franzosen der Gedanke der Revanche und Schwächung des Nachbarn zentrale Bedeutung hatte, ging es den Briten um das Machtgleichgewicht auf dem Kontinent, ihr traditionelles Ziel. Beide europäischen Großmächte saßen aber auch auf einem gewaltigen Schuldenberg und die USA machte keine Anstalten, auf die Forderungen zu verzichten. Die amerikanische Delegation, die im Hinblick auf die Normalisierung der Kapitalströme gut daran getan hätte, ihre Rolle als beharrlicher Kreditgeber zu überdenken, strebte nichts Geringeres an, als eine kopernikanische Wende in der Beziehung der Staaten untereinander. Entsprechend der amerikanische Theorie sollte nicht mehr das Gleichgewicht der Kräfte der Maßstab sein, der ein mehr oder weniger friedliches Nebeneinander von Staaten sicherstellte, sondern in Zukunft sollte die Moral (über die man Deutungshoheit beanspruchte) und die Verbreitung der Demokratie diese Rolle übernehmen. Henry Kissinger brachte diesen revolutionären Bruch mit den bisherigen Grundsätzen zwischenstaatlicher Beziehungen folgendermaßen auf den Punkt:

„Der Friede hängt von der Verbreitung der Demokratie, nicht vom Gleichgewicht der Kräfte ab; Staaten seien nach denselben ethischen Kriterien zu beurteilen wie Individuen; außerdem sei es von nationalem Interesse, sich einem weltweit gültigem Rechtssystem anzuschließen."[486]

Verstanden die Sieger die Pariser Vorortverträge als gerecht, so wirkten sie auf die Besiegten, insbesondere Deutschland, wie eine Bestätigung alter Vorurteile und Ängste. Entgegen aller Bräuche der europäischen Diplomatie wurde der Versailler Vertrag ohne jegliche Mitwirkung der Besiegten verhandelt und deshalb in Deutschland, nicht ohne Grund, das „Diktat von Versailles" genannt.[487] Deutschland hatte auf der Basis von Versprechungen kapituliert, die dann nicht gehalten wurden und anstatt darüber zu schweigen, triumphierten die sogenannten Staatsmänner darüber. Der Vertrag rief starke antifranzösische Gefühle hervor, verursachte ökonomisches und politisches Chaos und nationale Demütigung. „Versailles" entwickelt sich zum Schimpfwort, dessen sich die nationalkonservative und nationalsozialistische Propaganda bald darauf geschickt bediente. Das Entscheidende aber war, der Vertrag stellte einen Kompromiss dar, den die Sieger untereinander ausgehandelt hatten und mit dem aufgrund des Einflusses der USA diplomatisches Neuland betreten

485   Zit. nach: Hölzle 1975, S. 541.
486   Kissinger 1994, S. 26.
487   Vgl. Post 2003, S. 47ff.

wurde: Die „Kriegsschuldklausel" wäre noch im 18. Jahrhundert als absurd abgetan worden, da Kriege der Monarchen zwar unmoralisch, aber angesichts der gegenläufigen Interessen nicht zu vermeiden waren. Die Sieger in Versailles suchten dagegen die Ursache des Krieges im absoluten Bösen, glaubten ihrer eigene Propaganda vom „hässlichen Deutschen" und forderten Bestrafung.[488] Der britische Diplomat Sir Arthur Nicolson, vor 1914 maßgeblich an der Isolation Deutschlands beteiligt, war geradezu entsetzt über den Vertrag von Versailles und am meisten empörte ihn genau jener Paragraph, den er für würdelos und sinnlos hielt: *„Ich begreife nicht, ... wie man über ein ganzes Volk einen moralischen Urteilsspruch fällen kann. Ich bin überzeugt, daß wir alten Diplomaten so etwas nicht getan hätten. Ich glaube ja, daß einige tatsächlich verantwortlicher waren als andere, ... aber nicht ein ganzes Volk"* [489]

Da Großbritannien und Frankreich ihren Sieg fremdfinanziert hatten, fanden sich beide Länder 1918 in der Rolle von Siegern als auch der von Schuldnern wieder. In den USA stand Großbritannien mit 4,7 Milliarden Dollar in der Kreide. Frankreich wiederum schuldete Großbritannien 3 Milliarden Dollar und den USA weitere 4 Milliarden. Beide Länder hatten aber auch Russland und Italien gewaltige Summen für ihre Kriegsführung gegen Deutschland geliehen, aber seit der Oktoberrevolution bedienten die Russen die Darlehen nicht mehr und Italien erkläre sich kurzerhand für zahlungsunfähig. Kurzum, 1919 konnte kein Schuldnerland seine Kredite bedienen. Was lag näher, als Deutschland eine finanzielle Rechnung zu präsentieren, die theoretisch jeden Gläubiger befriedigen konnte, wenn es denn funktioniert hätte. In der Praxis führten die Reparationsforderungen zu einer verhängnisvollen Verzahnung nicht bedienbarer Staatsschulden, die sich zu einem unüberwindlichen Hindernis für eine Normalisierung der Kapitalströme entwickelte.[490] Die unbezahlbaren Reparationen führten aber nicht nur zu internationalen Spannungen, sondern erschwerten auch die Startbedingungen der ersten deutschen Republik in erheblichem Maße. Früh wurde von Seiten der Experten die moralische Angemessenheit als auch die volkswirtschaftliche Tragfähigkeit der Reparationssummen bezweifelt. Die Abhandlung des britischen Ökonomen John Maynard Keynes über „Die wirtschaftlichen Folgen des Friedensvertrages" steht hierfür exemplarisch.[491] Und sogar Winston Churchill, der einzige Politiker der in beiden Weltkriegen zu den zentralen Entscheidungsträgern gehörte und eine herausragende Rolle bei der Selbstentmachtung Europas spielte, formulierte rückblickend:

---

488 Vgl. Kissinger 1994, S. 260ff.
489 Nicolson 1931, S. 445.
490 Vgl. Rickards 2015, S. 85-88.
491 Vgl. Kissinger 1994, S. 278.

*„Die wirtschaftlichen Bestimmungen des Vertrages waren so bös-
artig und töricht, dass sie offensichtlich jede Wirkung verloren.
Deutschland wurde dazu verurteilt, unsinnig hohe Reparationen
zu leisten. Diese Diktate drückten sowohl die Wut der Sieger aus
wie den Irrtum ihrer Völker, die nicht begriffen, dass keine besiegte
Nation oder eine besiegte Gemeinschaft die Kosten des modernen
Krieges ersetzen kann.*

*Die breiten Massen hatten von den einfachsten wirtschaftlichen Tat-
sachen keine Ahnung, und die Parteiführer wagten mit Rücksicht auf
ihre Wähler nicht, sie darüber aufzuklären. ... Die siegreichen Alliierten
versicherten nach wie vor, dass sie Deutschland ausquetschen würden,
„bis die Kerne krachen". Das alles übte auf das Gedeihen der Welt und
auf die Stimmung des deutschen Volkes gewaltigen Einfluss aus."*[492]

Ein Paradox schlechthin war die Schaffung eines geostrategischen Machtvakuums
von der Ostsee bis zur Adria, das weder der deutschen noch der sowjetrussischen
Einflusssphäre zufallen durfte. Wie ein Riegel schirmten Finnland und die baltischen Staaten Russland von der Ostsee ab. Polen trennte Deutschland von Russland.
Dort wo einst die Großmacht Österreich-Ungarn lag, befand sich jetzt eine Puffer-
zone kleinerer und mittlerer Staaten: Österreich, die Tschechoslowakei, Ungarn,
Jugoslawien und Rumänien. Die drei größten Staaten des „cordon sanitaire" waren
Vielvölkerstaaten – Polen, die Tschechoslowakei und Jugoslawien – die alle ausei-
nandergebrochen sind, die Tschechoslowakei sogar zweimal (1939 und 1992), trotz
ethnischer Säuberungen gegenüber Minderheiten. Frankreich und Großbritannien
wiederum waren völlig überfordert, wenn Deutschland und Russland versuchen
sollten, dieses „Zwischeneuropa" unter ihre Hegemonie zu bringen oder einver-
nehmlich aufzuteilen. Genau dies war aber aufgrund ihrer geostrategischen Lage
nur eine Frage der Zeit, denn trotz ihrer Phase der Schwäche waren und blieben
Deutschland und Russland echte Großmächte, denen bewusst war, dass die Hegemonie über die Staaten des „cordon sanitaire" das europäische Gleichgewicht
entscheidend beeinflussen würde. So entstand mit der Schaffung dieses aus zwölf
Staaten bestehenden „Zwischeneuropa" genau das Gegenteil eines Friedensfaktors
– ein Unruheherd.[493] Deutschland hatte mit Frankreich an seinen Grenzen nur noch
einen, einigermaßen gleichwertigen Gegner. Der Sowjetunion, nachdem sie keine
gemeinsame Grenze mehr mit Deutschland hatte, mangelte es überhaupt an einem
auch nur ansatzweise gleichwertigen Gegner in unmittelbarer Nachbarschaft. Die

---

492 Churchill 1949, S. 22.
493 Vgl. Bavendamm 1983, S. 190.

Verlierer des Weltkrieges wurden also durch den Versailler Vertrag geostrategisch gestärkt.[494]

Die sogenannten Staatsmänner von Versailles, die erfolgreich das bis 1914 effektive „Konzert der Mächte" zerstört hatten, beschlossen die Gründung einer Weltorganisation, die den Frieden in Zukunft regeln sollte. Gründungsmitglied im Völkerbund war ein völlig rückständiger Staat wie Abessinien, Deutschland dagegen trat der Weltorganisation erst 1926 bei, die Sowjetunion erst 1934, die USA nie. Trotz der Vielzahl kleinlicher Festlegungen in Sachen Abrüstung erhielt das gesamte Vertragswerk keine einzige Vorschrift, was geschehen sollte, wenn Deutschland mit der Wiederaufrüstung beginnen würde, was nur eine Frage der Zeit war.[495] Genauso wenig wurde die Transitsituation zwischen Deutschland und seiner östlichen Provinz Ostpreußen geregelt. Würden sich die Polen stur stellen, blieb der Korridor eine offene, nie heilende Wunde. Diese Mängelliste ist unvollständig, aber es lässt sich klar sagen, wenn der Erste Weltkrieg die „Urkatastrophe des Zwanzigsten Jahrhunderts" war (George F. Kennan), dann war Versailles seine „Folgekatastrophe"(Dirk Bavendamm).[496]

Die einzige konstruktive, nachhaltige Wirkung auf die Gestaltung internationaler Beziehungen fand so im Verborgenen statt, dass man sie in den Geschichtsbüchern vergeblich sucht: Die Pariser Friedenskonferenz war die Initialzündung für die Gründung der bis heute führenden angelsächsischen privaten Think Tanks auf dem Gebiet auswärtiger Beziehungen, dem „Royal Institute of International Affairs" und des „Council on Foreign Relations". Ohne die in Paris gemachten Erfahrungen und geknüpften Beziehungen der Konferenzteilnehmer wären diese einflussreichen Organisationen 1920 bzw. 1921 wohl nicht geschaffen worden. Beide Denkfabriken ermöglichen es, seit ihrer Gründung, der Funktionselite der amerikanischen Ostküste und dem britischen Establishment Einfluss auf den Formulierungsprozess von außenpolitischen Maßnahmen ihrer Länder zu nehmen.[497]

Der janusköpfige Charakter des deutsch-sowjetischen Nichtangriffspakts

Im vorherigen Kapitel wurde schon darauf hingewiesen, dass mehrere der neu geschaffenen oder vergrößerten Staaten des „cordon sanitaire" enge Bindungen

---

494 Vgl. Kissinger 1994, S. 260. Kissinger bezieht sich ausschließlich auf Deutschland. Da bei Kissinger aber wichtig ist, was er nicht schreibt, erfolgte die Ergänzung um Russland durch den Verfasser.
495 Vgl. Bavendamm 1983, S. 189.
496 Diese Formulierung wurde von Dirk Bavendamm gewählt, vgl. Bavendamm 1983, S. 190.
497 Vgl. Wala 1990, S. 9, S. 18ff.

zu Frankreich hatten. Nachdem es Hitler zwischen 1934 und 1939 gelungen war, Österreich und die Tschechoslowakei zu absorbieren und Ungarn an die Seite Deutschlands zu ziehen, hielt er im Herbst 1938 die Zeit für gekommen, mittels einer „Gesamtlösung" alle gemeinsamen Reibungspunkte mit Polen zu beseitigen. Zusammen mit Ribbentrop unterbreitet er der Warschauer Regierung Vorschläge, die im Vergleich zu den Absichten Stresemanns so moderat waren, dass es nur Hitler möglich war, diese ohne Gesichtsverlust der deutschen Öffentlichkeit zu präsentieren. Seine Bemühungen neben Japan, Italien und Ungarn auch Polen mittels Beitritt zum Antikominternpakt als Verbündeten einer gegen die Sowjetunion gerichteten Außenpolitik zu gewinnen, entspricht einer theoretischen Bündniskonfiguration, die es in der Praxis jedoch nie gegeben hat. Trotzdem führte an der Hegemonie über die Staaten „Zwischeneuropas" kein Weg vorbei, wenn Deutschland das europäische Gleichgewicht entscheidend zu seinen Gunsten verändern wollte. Die polnische Ablehnung, als verbündete Macht an einem antisowjetischen deutschen Kreuzzug teilzunehmen, oder diesen zumindest wohlwollend zu tolerieren, führte im Sommer 1939 zu einer diplomatischen Verständigung, die keiner erwartet hatte, die aber als Alternative innerhalb des Machtvakuums zwischen Deutschland und der Sowjetunion immer möglich war und deren Grundstein bereits in der Weimarer Zeit gelegt wurde: Die Teilung des „Niemandslandes" in Einflusssphären.

Der am 23. August 1939 nach hektischen diplomatischen Aktivitäten abgeschlossene deutsch-sowjetische Nichtangriffspakt mit dem geheimen Zusatzprotokoll über die vierte Teilung Polens warf trotz seiner geostrategischen Logik viele Ungereimtheiten und verschiedene Theorien auf. Der zentrale Knackpunkt war die bis dato für sicher gehaltene Unvereinbarkeit nationalsozialistischer und kommunistischer Ideologie. Schließlich war aus der Perspektive der Nationalsozialisten die Sowjetunion ein jüdischer Staat, von Juden geschaffen und nahezu vollständig beherrscht. Kommunismus und Judentum bildeten für die NS-Ideologen eine Einheit, waren untrennbar miteinander verbunden, wie es in einem 1938 erschienenen Pamphlet folgendermaßen zum Ausdruck kommt:

> *„Der Bolschewismus ist eine typisch jüdische Erscheinung, und seine Geschichte läuft mit der des Judentums gleich. Das heißt: er ist etwa so alt wie das geschichtliche Judentum und somit keineswegs eine neuere Erscheinungsform, sondern eine uralte und bewährte jüdische Waffe zur Zerstörung der zu unterwerfenden bzw. auszubeutenden Völker; ferner entspricht er in jeder Hinsicht dem jüdischen Wesen, dessen entscheidender Grundzug die Umkehrung aller natürlichen Werte ist."*[498]

---

[498]   Bley 1938, S. 1.

Wie kamen die Nationalsozialisten zu solch einer Einschätzung? Unter den zehn Hauptverantwortlichen der russischen Revolution – Lenin, Trotzki (Bronstein), Sokolnikow (Brilliant), Sinowjew (Radomyslski), Kamenew (Rosenfeld), Swerdlow, Uritzki, Stalin, Dserschinski und Bubnow – befanden sich sechs Personen mit jüdischen Wurzeln.[499] Aus Sicht der Nationalsozialisten hatte sich trotz innerer Machtkämpfe in den Führungspositionen am Verhältnis zwischen slawischstämmigen Russen und Ukrainern, Juden und Nichtrussen in der Sowjetunion nicht allzu viel geändert. Rudolf Kommoss, der Leiter der Pressestelle des Antikomintern und des „Instituts zum Studium des Bolschewismus und des Judentums" stellte in seiner mehrfach aufgelegten und fortgeschriebenen Schrift „Juden hinter Stalin" fest:

„Die höchste Macht im Sowjetstaat ist in der Stalin-Kaganowitsch-Clique zusammengefaßt: 13 Männer, von denen vier Juden und zwei weitere jüdisch versippt sind. Dabei sind die drei zentralen Figuren, deren Macht die aller anderen weit in den Schatten stellt, Stalin, Lazarus Kaganowitsch und Molotow: ein jüdisch versippter Kaukasier, ein Jude und ein jüdisch versippter Russe. Ihnen folgen an Bedeutung Berija und Mechlis – ein Kaukasier und ein Jude. ...

Die GPU [KGB] wird in der Ära Stalin nacheinander von dem Juden Jagoda, dem jüdisch versippten Jeschow und dem Kaukasier Berija geleitet. Unter diesen obersten Chefs bekleiden in jeder Epoche massenhaft Juden wichtige Stellungen.

Die Außenpolitik machte neun Jahre lang der Jude Finkelstein [Litwinow], nach dessen Abgang der jüdisch versippte Molotow mit dem Juden Losowski als Stellvertreter und jüdischen Botschaftern auf den wichtigsten Außenposten.

Die Rote Armee wird durch das System der politischen Kommissare, die sich größtenteils aus Juden rekrutieren, zu einem gefügigen Instrument der Stalin-Kaganowitsch-Clique gemacht. An der Spitze dieses Systems stehen nacheinander die Juden Gamarnik und Mechlis.

In der Leitung der Sowjetindustrie sitzen während der ganzen Ära Stalin Juden an entscheidender Stelle ... Das Verkehrswesen ist unter der Leitung von Lazarus Kaganowitsch in entscheidendem Maße unter jüdischen Einfluß geraten.

---

499 Vgl. Kommoss 1989, S. 11f. Jüdische Wurzeln hatten: Trotzki (Bronstein), Sokolnikow (Brilliant), Sinowjew (Radomyslski), Kamenew (Rosenfeld), Swerdlow, Uritzki. Die 1938 erstmalig publizierte Schrift wurde bis 1944 mehrfach neu aufgelegt und aktualisiert. Das Namensregister ist geteilt in „I. Juden", 12 Seiten und „II. Nichtjuden", weniger als eine Seite. Neuere Forschungen von Johannes Rogalla von Bieberstein und Alexander Solschenizyn bestätigen den hohen Anteil von Bolschewiken mit jüdischen Wurzeln.

Im Handel dürften 45 bis 70 Prozent der leitenden Funktionäre Juden sein. ...

Die Stellung der Juden in der Sowjetpresse kann nur als Monopol bezeichnet werden.

Das kulturelle Leben endlich ist völlig jüdisch überfremdet. Jede Religionsäußerung wird durch den staatlich sanktionierten Atheismus unter Führung des Juden Gubelmann-Jaroslawski und zahlreicher anderer Juden unterdrückt. Die Wissenschaft wird durch jüdisch-marxistische Zwangsglaubenssätze vergewaltigt; ihr Personalapparat ist stärkstens jüdisch durchsetzt. In der Literatur, dem Kunstleben, der Musik, der Architektur, im Film usw. haben überall Juden die Angehörigen der anderen Völker der Sowjetunion von den ersten Plätzen verdrängt.

Für diesen klaren Tatbestand gibt es nur eine Bezeichnung: Judenherrschaft über der Sowjetunion"[500]

Da die Nationalsozialisten ihre eigene Propaganda glaubten, war es nicht verwunderlich, dass der „Chefideologe" Alfred Rosenberg am 25. August 1939, als er seine Bedenken über den deutsch-sowjetische Nichtangriffspakt in seinem Tagebuch festhielt, für das epochale Ereignis keine andere Erklärung fand, als die Reaktion auf eine politische Notlage:

„Ich habe das Gefühl als ob sich dieser Moskau-Pakt irgendwann am Nationalsozialismus rächen wird. Das war nicht ein Schritt aus freiem Entschluß, sondern die Handlung einer Zwangslage, ein Bittgesuch seitens einer Revolution gegenüber dem Haupt einer anderen, die niederzukämpfen das vorgehaltene Ideal eines 20-jährigen Kampfes gewesen ist."[501]

Ernst von Weizsäcker, der Leiter der politischen Abteilung des Auswärtigen Amtes, deutet die 180°-Kehre der nationalsozialistischen Außenpolitik in seinen Erinnerungen ebenfalls als eine Art Notsituation, um eine Tripel-Allianz zwischen Großbritannien, Frankreich und der Sowjetunion zu verhindern:

„Ich glaube, daß es zuerst Stalin war, der im März 1939 öffentliche Andeutungen machte, er wäre für eine Verständigung mit Deutschland zu haben. Stalin fühlte sich seit München isoliert. Hitler war es seit Prag auch. In dieser beiderseitigen Isolierung mag Hitler, zunächst in defensiver Absicht, eine etappenweise Annäherung an Rußland für möglich und nützlich gehalten haben. ... Hitler hatte nichts unterlassen, um sich mit dem Moskauer Partner zu verfeinden, ja er hatte sein ganzes politisches

---

500   Kommoss 1989, S. 189f.
501   Seraphin 1964, S. 92f.

Gewicht auf die Anti-Moskau-Ideologie aufgebaut. Im April 1939 erfuhr man, daß Hitler erwog, sich mit den Sowjetrussen zu vertragen. Er hatte für Stalin mehr Anerkennung als für irgendeinen anderen Gegner. Stalin hielt er für ebenbürtig. Im Mai entließ Stalin den Außenkommissar Litwinow ohne erkennbaren Grund. Wollte er diesen Exponenten einer Sowjetischen Freundschaft mit den westlichen Demokratien nun aus den Augen schaffen? ... Die Sowjetunion war indessen plötzlich wieder stark umworben. Am Horizont zeichneten sich seit April oder Mai 1939 die Umrisse einer neuen Triple-Allianz, ähnlich der vor den ersten Weltkrieg, ab, wie sie Bismarck kunstvoll verhindert hatte. In Moskau begannen Engländer und Franzosen über ein Militärabkommen zu verhandeln. Schaltete sich hier Hitler erfolgreich und störend ein, so konnte das auf die polnischen Heißsporne abkühlend wirken. Ohne Deckung im Rücken blieb für Warschau die Hilfe Englands und Frankreichs von zweifelhaftem Wert. ... Nachdem Hitler die Hand Stalins zu ergreifen suchte, nachdem er ihn bisher nicht genug hatte beschimpfen können, so konnte sich seine ursprünglich defensive Absicht schließlich auch in einen offensiven Plan verwandeln. Mit einem handfesten deutschsowjetrussischen Abkommen in der Tasche konnte er dann sehr wohl glauben, der Weg nach Warschau sei nunmehr frei, Polen sei ihm verfallen. Bei Hitlers Mentalität lag also auch Risiko für den Frieden darin, wenn er seine Rußland-Feindschaft opferte.

Früher hatte Hitler erklärt, die deutschen Kolonien seien nicht in Afrika zu suchen, sondern im osteuropäischen Kontinent. Seine und Rosenbergs „Lebensraum"-Vorstellungen bezogen sich auf russisches Gebiet. War die Annäherung an Rußland erst einmal eingeleitet, dann konnten Hitlers lüsterne Augen sich nicht mehr auf sowjetrussisches Territorium richten. Andererseits konnte Hitlers Appetit nicht auf polnisches Gebiet übergehen, solange er der Haltung Moskaus nicht ganz sicher war.[502]

Bei aller Vorsicht, die aufgrund des über weite Strecken apologetischen Charakters der Erinnerungen angebracht ist, liegt Weizsäcker in Bezug auf die Triebfedern der sowjetischen Politik richtig. Die Stoßrichtung der deutschen Expansion sollte von Russland und der Ukraine weg in Richtung Polen gelenkt werden, so das Kalkül des Genossen im Kreml. Wenn dies gelänge, war Deutschland automatisch als Aggressor gebrandmarkt und die Westmächte würden den Kriegszustand erklären; die kapitalistischen Staaten würden sich gegenseitig militärisch neutralisieren und

---

502   Weizsäcker 1950, S. 230ff.

unterdessen könnte die Rote Armee, nachdem sie in Ostpolen einmarschiert ist, massiv aufrüsten.[503] Die Sowjetunion würde – genau wie Stalin es richtig erkannte – trotz der Expansion aus zweierlei Gründen friedlich erscheinen. Zum einen, da die neu erworbenen Gebiete mehrheitlich von Ukrainern und Weißrussen bewohnt waren. Zum anderen, da es der Westen sich gar nicht erlauben konnte, auch Russland zu ächten oder den Krieg zu erklären, da dies die deutsch-russische Allianz nur vertiefen würde.[504]

Mit Hans-Heinrich Herwarth von Bittenfeld meldete sich Jahrzehnte nach den Ereignissen ein Experte zu Wort, der die diplomatischen Aktivitäten im Sommer 1939 aus nächster Nähe erlebte. Auch wenn der große zeitliche Abstand seiner Erinnerungen zu den schicksalhaften Ereignissen bei der Bewertung seiner Schilderung berücksichtigt werden muss, zeigt Bittenfeld sehr plausibel auf, dass man auf deutscher Seite aus einer selbst geschaffenen Zwangslage heraus operierte, während die Sowjets in der Position der allseits umworbenen Macht ein lukratives Geschäft entdeckten:

„Es war eine traurige Ironie des Schicksals, daß der Garantievertrag [Englands mit Polen vom 31. März 1939] Hitler veranlasste, sein Verhältnis zur Sowjetunion ernsthaft zu überdenken. Ebenso wie der früher geschlossene französisch-polnische Beistandspakt war der britische Garantievertrag für sich allein genommen für Hitler kein Grund zur Unruhe und zum Handeln. Kein deutscher Diplomat, den ich kannte, glaubte, daß Hitler die britischen Garantien gegenüber Polen wirklich ernst nahm, schon allein weil England wegen seiner geographischen Lage gar nicht imstande war, selbst wenn es gewollt hätte, Polen wirksam zu Hilfe zu kommen. Dabei hatten die deutschen Botschafter in London und Paris, Dirksen und Graf Welczeck, immer wieder gewarnt, daß Großbritannien und Frankreich ihren Garantieverpflichtungen gegenüber Polen nachkommen würden. Hitler hatte ihnen nicht geglaubt. Was Hitler schließlich zum Handeln trieb, weil es ihn wirklich beunruhigte, waren die Verhandlungen, die Großbritannien und Frankreich mit der Sowjetunion aufnahmen. Hitler befürchtete nun, im Falle eines Angriffs auf Polen womöglich drei Großmächten gegenüber zu stehen. Er entschloss sich daher, unter allen Umständen zu einem Arrangement mit Stalin zu kommen, selbst wenn ihn dies weitreichende Zugeständnisse kosten würde, um Stalins Zustimmung zur Teilung Polens zu erreichen.

---

503   Dimitroff 2000, S. 273f.
504   Vgl. Buell 1939, S. 397.

Letztlich war Stalin natürlich ebenso interessiert daran wie Hitler, dies Geschäft zu machen."[505]

Die These, dass Hitler in einer Notsituation aus Angst vor einer Einkreisung ein (temporäres) Bündnis mit Stalin einging, so wie es Rosenberg, Weizsäcker und Bittenfeld vermuteten, ist eng verbunden mit Hitlers zentraler politischer Konzeption – seiner langfristigen Strategie einer deutschen Hegemonie in Mittel- und Osteuropa. Über Hitlers außenpolitische Absichten gibt es eine unüberschaubare Flut von Publikationen, bei denen sich unter den etablierten Forschern einige Deutungslinien herauskristallisiert haben: Die einen meinen, Hitler war ein Revisionspolitiker innerhalb der Traditionslinie klassischer deutscher Machtpolitik mit dem unverkennbaren Drang nach Osten.[506] Für andere war er ein gewissenloser, größenwahnsinniger Opportunist.[507] Prozessanalytiker lokalisieren das Problem in der Eigendynamik seines Herrschaftssystems.[508] Andere wiederum vermuten, dass er einen lange gehegten festen Plan (den er bereits in „Mein Kampf" formulierte) verfolgte und die Frage ist, ob er „nur" die Herrschaft über den Kontinent erringen wollte[509] oder gar die Weltherrschaft.[510] Diese Theorien sind bis heute nicht eindeutig aufgeklärt und sie werden es wohl auch nie sein, obwohl das tonangebende und dominierende Lager der Geschichtswissenschaft die Ansicht vertritt, dass Hitlers frühe Schrift „Mein Kampf" so etwas wie das zentrale „Kompassbuch" (Rainer F. Schmidt) nationalsozialistischer Außenpolitik ist.[511]

Signifikant erschwert wird das Problem dadurch, dass Hitler selbst eine extrem problematisch zu bewertende Quelle ist, er kein Kronzeuge in eigener Sache sein kann, aber man seine Äußerungen auch nicht ignorieren darf.[512] Die frühen Schriften sind anders zu bewerten als seine öffentlichen Reden während seiner Regierungszeit. Die vertraulichen Gespräche mit Staatsmännern und Diplomaten wieder anders als die mit Militärs. Es existieren Aufzeichnungen der sogenannten Tischgespräche, von Zusammenkünften mit seinen Architekten, die testamentarischen Bormann-Protokolle von 1945 – kurzum die Menge und Natur des Quellenmaterials lässt eindeutige Aussage eigentlich nicht zu. Die Analyse erschwerend ist auch das Wesen der Politik als die Kunst des Machbaren, der Improvisation, des Taktie-

---

505 Herwarth 1982, S. 164f, vgl. auch S. 176 ebda.
506 Vertreten von A.J.P. Taylor. Nachfolgende Darstellung lehnt sich an Rainer F. Schmidt an, vgl. Schmidt 2002, S. 121ff.
507 Vertreten von Alan Bullock und Walther Hofer.
508 Vertreten von Hans Mommsen, Martin Broszats und Wolfgang Schieders.
509 Zu den „Kontinentallisten" gehören Hugh Trever-Roper, Axel Kuhn, Geoffrey Stoakes, Hans Adolf Jacobsen.
510 Zu den „Globalisten" gehören Andreas Hillgruber, Klaus Hildebrand, Günther Moltmann, Jochen Thies.
511 Vgl. Schmidt 2002, S. 125. Schmidt analysiert die unterschiedlichen Aspekte gleichwohl differenziert.
512 Vgl. Overy 2009, S. 116.

rens, Bluffens. Hitler selbst äußerte sich dahingehend: *„Ich bin kein Schriftsteller, ich bin Politiker; meine Korrekturen nehme ich an meiner Außenpolitik vor, meine Korrekturen trage ich in das große Buch der Geschichte ein."*[513] Anders formuliert: Eine sozialdarwinistische Grundeinstellung und phantastische Pläne sind das eine, Systemzwänge im Inneren und strukturelle Bedingungen der Außenpolitik, auf die je nach Fall individuell zu reagieren ist, etwas anderes.

Es spricht – wie bereits im Kapitel über die deutsch-polnischen Beziehungen rekonstruiert – viel für die These, dass Hitler, wie in „Mein Kampf" geschildert seinem Ziel, *„die Vernichtung des Bolschewismus und damit gleichzeitig die Sicherung des für die Zukunft unseres Volkes unentbehrlichen Lebensraumes im Osten"*[514] bis zum Schluss treu blieb. Im Folgenden werden zentrale Argumente vorgestellt, die um misslungene taktische Manöver, strategische Ziele und volkswirtschafte Zwänge kreisen, um eine Antwort auf die Frage zu finden, warum Deutschland 1939 Krieg führte.

Eine taktische Fehleinschätzung

Sowohl Chefideologe Rosenberg als auch die Diplomaten Weizsäcker und Bittenfeld treffen mit ihren Analysen den Kern des Problems, wenn sie die Situation, in der sich Deutschland im Sommer 1939 befand, als schwierig bezeichnen. Das Reich hatte jahrelang eine erfolgreiche Revisionspolitik gegen die Bestimmungen des Versailler Vertrages vollzogen und war in das geostrategische Machtvakuum, welches von der Ostsee bis zur Adria existierte, eingebrochen. Mit der Zerschlagung der Tschechoslowakei war ein Schlüsselstaat einer antideutschen Front als potentieller Machtfaktor ausgeschaltet worden und einige Staaten, allen voran Ungarn und die Slowakei, erkannten offen den nationalsozialistischen Führungsanspruch an. Allerdings war Hitler mit seinem „Coup", den tschechoslowakischen Staatspräsidenten Emil Hacha nach Berlin zu zitieren, diesen massiv einzuschüchtern und vor vollendete Tatsachen in Bezug auf den Einmarsch deutscher Truppen zu stellen, ein großer strategischer Fehler unterlaufen.[515] Die von Hacha erzwungene Unterschrift änderte nichts an der Tatsache, dass Hitlers Vorgehen diplomatisch als das angesehen wurde, was es war – ein flagranter Bruch des Münchner Abkommens dem Geiste nach. Hitler hatte die Wertlosigkeit seiner eigenen Unterschrift und seiner vielen Worte über den Frieden vor aller Welt offenbart. Zwei tragende Pfeiler der Appeasement-Politik

---

513 Zit. nach: Rein 2000, S. 25f, dort Verweis auf „Völkischen Beobachter" vom 29. Februar 1936, Gespräch Hitlers mit Bertrand de Jouvenel am 21. Februar 1936.
514 Hitler 1981, S. 46.
515 Vgl. Schmidt 1949, S. 437ff.

Berlin, Reichskanzlei 14./15. März 1939 – Besprechung mit dem tschechischen Staatspräsidenten Emil Hacha (2.v.l.), daneben Adolf Hitler, Hermann Göring, Offiziere.

waren mit einem Mal weggebrochen: Die Annahme, Hitler sei berechenbar, und die Überzeugung, dass Deutschland mittels der Rückgabe in Versailles verlorenen Territoriums saturiert werden könne.[516] Hitler verstärkte durch diese Tat mehre politische Entwicklungen, die bereits gegen Deutschland im Gange waren. Im Londoner Außenministerium war kaum jemand mehr bereit, Hitlers „Husarenstücken" zukünftig tatenlos zuzusehen. England und Frankreich rückten näher zusammen. Die Annäherung Polens an den Westen wurde beschleunigt. Roosevelts Bemühungen, England, Frankreich und Polen zu einer antideutschen Eindämmungsfront zusammenzuschweißen erhielten den entscheidenden Anstoß. Die Westmächte aktivierten ihre diplomatischen Fühler in Richtung Moskau. Der spektakulärste und folgenreichste Schritt war eine Garantieerklärung Großbritanniens und Frankreichs für die staatliche Unabhängigkeit Polens.

Ebenfalls äußerst folgenreich war der Entschluss auf die positiven Signale, welche aus Moskau gesendet wurden, zu reagieren. War eine deutsche Annäherung an Russland schon zu Bismarcks Zeiten ein Balanceakt, wurde diese bei dem

---

516   Vgl. Schmidt 2002, S. 312ff.

gegenseitigen Misstrauen zwischen Hitler und Stalin sowie dem ideologischen Gegensatz beider Staaten eine noch fragilere Angelegenheit. Im Auswärtigen Amt erkannte man nicht die Janusköpfigkeit der französischen Politik, zum einen positive Signale im Hinblick auf Deutschlands Hegemonieanspruch in Osteuropa zu senden, zum anderen sich gleichzeitig an die Rockschöße Großbritanniens zu heften und in den USA Waffen einzukaufen, um ein zweites München zu Gunsten des „Erbfeindes" unter allen Umständen verhindern zu können. Gegenüber den angelsächsischen Mächten war die Fehleinschätzung eine totale. Anstatt Chamberlain zu stärken, wie dieser über Vertraute kommunizierte,[517] und offen für eine konstruktive Zusammenarbeit zu sein, schlüpfte man lieber in die Rolle des PR-Agenten Roosevelts und leistete sich gegenüber Chamberlain mehrere Affronts. Die irrige Annahme, möglicherweise einen Vorteil aus Chamberlains Sturz ziehen zu können, bedarf keines Kommentars. Die größte Fehleinschätzung unterlief Hitler allerdings im Hinblick auf die Rolle der USA, da er nicht wahrhaben wollte, über welche Möglichkeiten im Hinblick auf die Entfesselung von Konflikten dieser Staat verfügte. *„Fast unfaßlich erscheint, wie wenig man in jenem Entscheidungsjahr in Berlin das ungeheure Gewicht der Vereinigten Staaten in die engen kontinentalen Anschläge, die nun vorbereitet wurden, einzukalkulieren vermochte"* [518] vermerkte der ehemalige Völkerbundskommissar des Freistaats Danzig, Carl J. Burckhardt in seinen Memoiren.

Der deutsche Rüstungsvorsprung schmolz 1939 dahin, da mittlerweile ein weltweites Wettrüsten begonnen hatte, welches in allen Ländern zu ökonomischen Belastungen und wirtschaftlichen Zwängen führte. Erschwerend kam hinzu, dass sich die deutsche Politik in der Streitsache Danzig und Korridor weit aus dem Fenster gelehnt hatte und eigentlich ohne Gesichtsverlust keinen Rückzieher mehr machen konnte. Wäre dies der Fall gewesen, hätte auch das Ansehen Deutschlands innerhalb des Staatenraums des „cordon sanitaire" gelitten. In dieser Gemengelage waren Polen und die Sowjetunion zum Zünglein an der Waage geworden, die aufgrund ihrer gegenseitigen Antipathie nicht gemeinsam auf einer Seite stehen würden. Nachdem Hitler am 25. März 1939 gegenüber dem Oberbefehlshaber des Heeres zu erkennen gab, dass eine friedliche Eingliederung von Danzig die kurzfristig wünschenswerteste Lösung sei,[519] änderte er im Folgemonat seine jahrelang verfolgte Strategie, Polen in einen antirussischen Block einzubinden. Vermutlich Ende April entschied sich Hitler, das Nachbarland strategisch auszuschalten, nachdem er in einer Reichstagsrede am 28. April 1939 sowohl den 1934 unterzeichneten

---

517   ADAP D, Band IV, Dok. Nr. 250.
518   Burckhardt 1960, S. 256.
519   ADAP D, Band VI, Dok. 99.

Nichtangriffspakt mit Polen als auch das 1935 mit Großbritannien abgeschlossene Flottenabkommen aufkündigte.[520] Die Reaktion der Westmächte im Hinblick auf eine militärische Lösung wurde von der deutschen Seite dabei völlig unterschätzt, wie eine Schilderung über die Stimmungslage in Berlin, die der junge John F. Kennedy am 20. August 1939 verfasste, belegt:

„Ich denke immer noch nicht, dass es Krieg geben wird, trotzdem sieht es nicht gut aus, weil die Deutschen mit ihren Propagandageschichten über Danzig + den Korridor intern schon so weit gegangen sind, dass man sich kaum vorstellen kann, sie könnten noch einlenken. England wirkt dieses Mal entschlossen, aber da man das hier nicht richtig begreift, besteht die große Gefahr, dass die Deutschen auf ein weiteres München setzen + und sich dann in einem Krieg wiederfinden, wenn Chamberlain sich weigert nachzugeben."[521]

Gegenüber den Oberbefehlshabern der Wehrmacht erläuterte Hitler am 22. August 1939 seinen Entschluss zum Angriff auf Polen und begründet ihn damit, dass trotz des großen Risikos der Zeitpunkt günstig sei, da die Westmächte noch nicht kriegsbereit seien, demnach Polen nicht helfen könnten und die ganze Angelegenheit ein *„Propaganda-Krieg"* sei. Da Deutschland autark sei und ein Angriff aus der Maginot-Linie heraus unmöglich sei, würden die Westmächte kein Risiko eingehen. *„Unsere Gegner sind kleine Würmchen. Ich sah sie in München. ... Die persönliche Verbindung mit Stalin ist hergestellt. Von Ribbentrop wird übermorgen den Vertrag schließen. Nun ist Polen in der Lage, in der ich es haben wollte. ... die Einwirkung auf Polen wird ungeheuer sein."[522]*

Vor dieser Selbsttäuschung hatten die deutschen Spitzendiplomaten in London, Paris und Washington seit Oktober 1937 gewarnt, indem sie in ihren Berichten darauf hinwiesen, dass die „Kriegshetzer" der Presse und der politischen Opposition eines Tages in diesen Ländern die Oberhand gewinnen würden, wenn es zu Gewaltakten gegen einzelne Nationen in Europa kommen würde.[523] Die alten Elitediplomaten wollten verhindern, dass die Verantwortlichen in Berlin *„eines Tages eine böse Überraschung erleben"* werden.[524] Die Adressaten, Reichsaußenminister von

---

520   Vgl. Müller 2011, S. 127f.
521   Kennedy 1013, S. 148.
522   ADAP D, Band VII, Dok. 192, S. 169f.
523   Herbert von Dirksen aus London: ADAP D, Band I, Dok. 793, ADAP D, Band IV, Dok. Nr. 244, Nr. 250, Nr. 269, Nr. 281,
       Johannes von Welczeck aus Paris: ADAP D, Band IV, Dok. 245, Dok. 364.
       Hans-Heinrich Dieckhoff aus Washington: ADAP D, Band I, Nr. 413, Nr. 415, Nr. 422, Nr. 423, Nr. 424, Nr. 427, Nr. 440, Nr. 444, Nr. 447, Band II, Nr. 651
524   ADAP D, Band I, Nr. 445, S. 567.

Ribbentrop und Ministerialdirektor von Weizsäcker, waren aber Hitler zu ergeben, um diese Warnungen mit dem nötigen Nachdruck vorzutragen.[525]

Da Hitler persönlichen Begegnungen mit den Botschaftern systematisch aus dem Weg bin, schnitt er sich von wesentlichen Informationen auch noch selbst ab – im Gegensatz zu Roosevelt, der beinahe täglich mit seinem Pariser Botschafter telefonierte. Es ist bezeichnend, dass die einzige Unterhaltung, die Hitler mit Herbert von Dirksen (London) und Hans-Heinrich Dieckhoff (Washington) im Herbst 1938 geführt hatte, gerade einmal sieben Minuten in Anspruch nahm. Ribbentrop äußerte zu dieser Zeit sogar die Absicht, die Botschafter aus Paris und London abziehen zu lassen, obwohl deren Anwesenheit auf ihrem Posten gerade im Falle außenpolitischer Spannungen besonders wichtig war.[526] Unterstützt durch eine *„manchmal als bedrückend empfundene amerikanische Freundschaft"*[527], war eine scharfe britische und französische Reaktion auf eine fortgesetzte Revision des Versailler Vertrages nur für diejenigen Personen eine Überraschung, denen es an Informationen und politischer Empathie mangelte. Oder wie es Donald C. Watt formuliert: *„Hitler wurde sorglos, beinahe nachlässig, er begann zu glauben, was er zu glauben wünschte, statt sich auf seinen Instinkt zu verlassen. Er ließ sich von dem mitreißen, was er selbst fühlte, statt die wahre Haltung Englands abzuschätzen. Er spekulierte auf etwas, was ein immer aussichtsloseres Unternehmen war, ohne anscheinend zu erkennen, wie sich die Chancen seit 1936 und 1938 verringert hatten."*[528]

Das fehlgeschlagene Kalkül Hitlers, mittels *„kleiner, schnell und erfolgreich zu beendender Revisionskriege in Europa"*[529] eine Hegemonie in Ost-, Südost und Mitteleuropa errichten zu können, war eng mit einem Zeitfaktor verbunden. Die Zeit spielte gegen Deutschland, dies ist unstrittig, aber es ist problematisch daraus abzuleiten, dass Hitler 1939 alles auf eine Karte setzte aufgrund der subjektiven Vermutung, ihm laufe die (Lebens-)Zeit davon.[530] Es existiert zwar ein zeitnahes Dokument, das diese Auffassung stützt,[531] allerdings trägt Hitler bei dieser Ansprache eigentlich jedes nur irgendwie greifbare Argument vor, um seine Militärs von

---

525 Beim Adressaten Weizsäcker kommt erschwerend hinzu, dass er als Staatssekretär nicht den persönlichen Zugang hatte, wie der Außenminister. Zudem hatte Weizsäcker Kontakte zum Widerstand.

526 Vgl. Dirksen 1949, S. 230f. Vgl. auch Taschka 2006, S. 175ff.

527 ADAP D, Band IV, Dok. Nr. 252.

528 Watt 1965, S. 325.

529 Münkler 2015, S. 97.

530 Vgl. Kissinger 1994, S. 316, der sogar folgende Theorie aufstellt: *„Die Geschichte kennt kein anderes Beispiel für einen Krieg, der aufgrund medizinischer Mutmaßungen eingeleitet wurde."* Ebda.

531 ADAP D, Band VII, Dok. 192. Am 22. August 1939 äußert sich Hitler gegenüber seinen Oberbefehlshabern dahingehend, dass von seinem Dasein, seinen Fähigkeiten Wesentliches abhängt: *„In Zukunft wird es wohl niemals wieder einen Mann geben, der mehr Autorität als ich hat. Mein Dasein ist also ein großer Wert-Faktor. Ich kann aber jederzeit von einem Verbrecher, von einem Idioten beseitigt werden."*

der Notwendigkeit des Polenkrieges zu überzeugen. Die greifbaren Argumente deuten eher in Richtung einer taktischen Fehleinschätzung, so wie John F. Kennedy, Rosenberg und Bittenfeld vermuteten. Von hoher Aussagekraft ist der Augenzeugenbericht von Chefdolmetscher Dr. Paul Schmidt, der am 3. September 1939 anwesend war, als die englische Kriegserklärung übergeben wurde:

„Wie versteinert saß Hitler da und blickte vor sich hin. Er war nicht fassungslos, wie es später behauptet wurde, er tobte auch nicht, wie es wieder andere wissen wollten. Er saß völlig still und regungslos an seinem Platz. Nach einer Weile, die mir wie eine Ewigkeit vorkam, wandte er sich Ribbentrop zu, der wie erstarrt am Fenster stehen geblieben war. „Was nun?" fragte Hitler seinen Außenminister mit einem wütenden Blick in den Augen, als wolle er zum Ausdruck bringen, daß ihn Ribbentrop über die Reaktion der Engländer falsch informiert habe."[532]

Hitler war ganz offensichtlich über das Vorgehen aus London überrascht und hatte die britische Reaktion anders einkalkuliert Am 3. September 1939, als der Krieg gegen England begann, notierte Großadmiral Erich Raeder nach einer Besprechung bei Hitler: *„Krieg ist ausgebrochen, da England – entgegen der Annahme des Führers „England braucht wegen der polnischen Frage nicht zu kämpfen" – glaubte, in Verbindung mit der polnischen Frage als Vorwand kämpfen zu sollen, da es seiner Auffassung nach früher oder später mit Deutschland doch hätte kämpfen müssen."*[533]

In London notierte Unterstaatssekretär Alexander Cadogan am 7. September 1939 in sein Tagebuch: *„Plan der Deutschen jetzt ziemlich klar: zuerst Polen erobern und dann fragen, warum wir eigentlich kämpfen."*[534] Auf diesen Händel ließen sich die Briten, wie im Vorangehenden dargestellt, jetzt nicht mehr ein und trotz reger Bemühungen zwischen September 1939 und Mai 1941 Frieden zu schließen,[535] entwickelte sich der deutsch-polnische Krieg, ähnlich wie 1914 der österreichisch-serbische Krieg, zum globalen Flächenbrand. Gegenüber dem japanischen Außenminister Matsuoka äußert sich Hitler am 1. April 1941 – also zu

---

532 Schmidt 1949, S. 473. Bestätigung durch Sonnleithner, F. von: Als Diplomat im Führerhauptquartier, München Wien, 1989, S. 13, vgl. Schlie 1994, S. 365, Fußnote 9.
533 Niederschrift über Vorträge und Besprechungen beim Führer – September 1939 – Dezember 1940, BA-MA, RM 7/177.
534 Zit. nach: Schlie 1994, S. 31. Ähnlich äußerte sich der Britische Botschafter Nevile Henderson 1940 als er Hitler der Unehrlichkeit bezichtigte: *„In Wirklichkeit wollte Hitler „keine friedliche Lösung" haben. Ich meine nicht damit, dass er den Krieg mit Grossbritannien wünsehte – davor schrak er sicher zurück – aber er brannte danach, seine neue Kriegsmaschinerie zu erproben, und war erpicht auf billige Siege über Tschechen, Polen oder andere, die gegenüber der organisierten und disziplinierten militärischen Macht Deutschlands keine Erfolgsaussichten hatten."* Henderson 1940, S. 129.
535 Vgl. Schlie 1994

einem Zeitpunkt als der ursprünglich deutsch-polnische Antagonismus eine verhängnisvolle Eigendynamik entwickelt hatte – folgendermaßen:

> *„Deutschland sei der Krieg aufgezwungen worden. Es sei allerdings nicht vom Krieg überrascht worden; denn es habe Gelegenheit gehabt, jahrelang die Hetzkampagnen gewisser englischer, französischer und amerikanischer Kreise zu verfolgen und sich daher auf alles vorbereitet. Trotz dieser gründlichen Vorbereitung sei jedoch der Ausbruch des Krieges nicht ein politisches Ziel gewesen. Deutschland hatte politische Forderungen, hoffte jedoch, sie auf dem Wege der Vernunft bereinigen zu können. Im Jahre 1939 wurde das bisher mit Erfolg angewandte Verfahren einer friedlichen Revision unmöglicher Zustände durch das Vorschieben Polens und der daraus erwachsenen Konsequenzen unterbrochen."*[536]

Die Aussage ist erstaunlich kohärent zu Hitlers politischem Testament vom 29. April 1945.[537] Untermauert wird diese Aussage auch in den zuvor von Bormann aufgezeichneten testamentarischen Gesprächen, den sogenannten Bormann-Diktaten vom Februar und April 1945: *„Es ist unser Verhängnis in diesem Krieg, daß er für Deutschland zugleich zu früh und andererseits etwas zu spät ausgebrochen ist. Vom Standpunkt der Rüstung aus wäre es zu unserem Vorteil gewesen, wenn er ein Jahr früher begann. Ich hätte von mir aus den Entschluß dazu im Jahr 1938 fassen und ihn mir nicht 1939 aufdrängen lassen sollen, da der Krieg auf jeden Fall unvermeidlich war. Aber, es war ja nicht meine Schuld, wenn die Engländer und Franzosen in München alle meine Bedingungen akzeptierten."*[538] Gegenüber dem Leiter der Parteikanzlei spricht Hitler davon, dass Deutschland keine Alternative zum Krieg hatte, da die Feinde sich einig waren: *„Der Wille unserer Feinde hat uns diesen Krieg aufgezwungen."*[539]

Für eine taktische Fehleinschätzung im Sommer 1939, einen begrenzten Krieg in Osteuropa zu eigenen Bedingungen führen zu können, einem Irrtum im Hinblick auf die Eigendynamik und die Konsequenzen dieses lokalen Konfliktes, eine Theorie die gegenwärtig von namhaften Historikern vertreten wird,[540] sprechen weitere gewichtige, kongruente Fakten – Hitlers Leidenschaft für Architektur und sein unsystematischer Arbeits- und Regierungsstil.

---

536 Hillgruber 1967, S. 503.
537 Faksimile in: Sudholt o.J. S. 63f.
538 Hitler 1981, S. 72.
539 Hitler 1981, S. 98 und vgl. S. 47f.
540 Vgl. Overy 2009, S. 20f.; vgl. Müller 2011, S. 137; vgl. Münkler 2015, S. 97; vgl. Nolte 2015, S. 35.

Bruchstücke einer gescheiterten Politik

Der verhinderte Künstler

Die Demonstration von Macht ist die Grundlage monumentaler Repräsentationsarchitektur seitdem Hochkulturen eine Bautätigkeit entwickelten. In den 1930er Jahren kann auch bei den Bauherren Mussolini und Stalin eine auf Monumentalarchitektur abzielende Bautätigkeit nachgewiesen werden. Hitlers Einflussnahme auf die Gestaltung ging aber, wie übereinstimmende Zeitzeugenberichte belegen, über das gängige Maß weit hinaus. Nach aktuellem Kenntnisstand wurden von Hitler viele Architekturskizzen angefertigt und Aktennotizen belegen bis 1945 eine direkte persönliche Einflussnahme in die Details der architektonischen Planung. Ohne Unterbrechung tritt der Diktator von 1933 bis 1945 gegenüber seinen Architekten als Ideengeber oder Entscheidungsträger in Erscheinung.[541] Vermutlich übersteigt Hitlers Einflussnahme als Staatsoberhaupt auf städtebauliche und architektonische Projekte quantitativ und qualitativ sogar bekannte Beispiele wie Papst Alexander VII. (1599–1667) und Ludwig I. von Bayern (1786–1868).

Bereits 1961 hat A.J.P. Taylor darauf hingewiesen, dass ein längerer europäischer Krieg nicht ins Konzept des Bauherren Hitler passte, denn Architektur war auf seiner Agenda ganz oben, rangierte vor der Außenpolitik.[542] Monumentalarchitektur war für Hitler Leidenschaft und Instrument der Macht gleichermaßen.[543] Der Britische Botschafter Henderson besuchte 1937 das Zeppelinfeld auf dem Nürnberger Reichsparteitag und berichtete: *„Man hatte den Eindruck – feierlich und schön zugleich –, dass man sich im Inneren einer Kathedrale aus Eis befände."*[544] Die Rauminszenierungen der Neuen Reichskanzlei, auch von Hitlers Lieblingsarchitekt Albert Speer entworfen, schufen eine Atmosphäre imperialer Größe, wie Diplomaten berichteten.[545]

Eine reale Möglichkeit zur Verwirklichung von Hitlers Architekturfantasien war nur dann gegeben, wenn die Feldzüge zeitlich und räumlich begrenzt blieben, also keine globale, unkontrollierbare Kettenreaktion auslösten.[546] Es gibt keinen plausiblen Grund, warum Hitler 1939 arbeitsvorbereitende Maßnahmen an der

---

541 Die monographische Erschließung der Werke von Hitlers Architekten Paul Ludwig Troost, Albert Speer, Roderich Fick und Hermann Giesler liegt mittlerweile vor und stützt diese These. Über Hitlers Architekturverständnis und seine Mitwirkung am Entwurfsprozess, vgl. Tesch 2016, S. 178-187.

542 Vgl. Taylor 1962, S. 98. Taylors folgende Bemerkung – *„Die Außenpolitik stand am Ende der Liste"* – ist jedoch völlig überzogen, wie diverse weitere Thesen Taylors in diesem über weite Strecken interessanten Buch.

543 Vgl. Schlie 2000, S. 55ff.

544 Henderson 1940, S. 80.

545 Vgl. Besymenski 2003, S. 123.

546 Gerade im militärischen Bereich haben große Bauherren des 19. Jahrhunderts, wie Kaiser Napoleon III, Kaiser Franz-Joseph I., die Bayernkönige Ludwig I. und Ludwig II. enttäuscht oder Vermeidungsstrategien bevorzugt.

Obersalzberg 1938 – Albert Speer und Adolf Hitler besprechen Baupläne.

„Großen Halle" in Auftrag gab und 1941 einen Schwerbelastungskörper als objekt-
bezogene geologische Maßnahme für den Berliner Triumphbogen errichten ließ,
wenn er nicht einen großen Krieg ausgeschlossen oder an dessen baldigen erfolgreichen Abschluss geglaubt hätte. Aus gleichem Grund wurden auch die weit fortge-
schrittenen Bauten an der Kongresshalle in Nürnberg und dem Gauforum in Weimar
bis ca. 1943 fortgeführt und nicht etwa 1939 stillgelegt. Werner Maser hat darauf
hingewiesen, wie unlogisch es ist, zu glauben, dass *„ein Mensch, der sich zeitlebens
nichts sehnlicher wünscht, als Architekt zu sein, auf Zerstörung „programmiert"
sein kann."*[547] Historiker, die Hitler eine *„Architektur der Weltherrschaft"*[548] (Jochen
Thies) bzw. eine Architekturpolitik mit *„Anspruch auf Globalhegemonie"*[549]
(Klaus Backes) unterstellen, bauen ihre Argumentation im Wesentlichen auf Aussagen seines Architekten Speer aus der Zeit nach seiner Haftentlassung auf. Sie
ignorieren dabei, dass dieser in Spandau 20 Jahre Zeit hatte, sich seine eigene
Geschichte auszudenken, d.h. sich reinzuwaschen und alle anderen zu belasten.[550]

---

547 Maser 1997, S. 400.
548 Vgl. Thies 1980, S. 98, Fußnoten, 150, 152.
549 Vgl. Backes 1988, S. 189ff, Fußnoten 13, 14, 21, 23, 26, 30, 36, 40, 41, 42.
550 Matthias Schmidt war der erste, der 1982 Speer Apologie in eigener Sache nachweisen konnte und auf den
     geringen Quellenwert von dessen Erinnerungen hinwies.

Ein Vergleich von Speers „Erinnerungen" und „Spandauer Tagebücher" mit den authentischen Aussagen von Speers Geheimdienstprotokollen von 1945 offenbart, dass hier eine Geschichtsverfälschung stattgefunden hat. Im zeitnahen Dokument aus dem Sommer 1945 war von einem *„Diplomatenweg zum Herren der Welt"* keine Rede. Im Gegenteil. Speer äußerte sich sachlich und nachvollziehbar: *„Architektur und politische Ziele waren ihm [Hitler] eng verbunden. Er fühlte sich als verhinderter Künstler. Nach seiner Meinung gab es nur drei erstrebenswerte Berufe: „Architekt, Soldat und Bauer, niemals aber Politiker". ... Seine Vorbilder waren die Bauten des 19. Jahrhunderts in Wien ... Seine Pläne waren weitgehend von Paris beeinflußt. ... Als seinen größten Lebenswunsch bezeichnete er, seine Bauten noch fertig sehen zu können. Diese waren allerdings so groß, daß sie auch bei angestrengter Tätigkeit fünf bis zehn Jahre zu ihrer Verwirklichung benötigen. Ihre Gesamtkosten jedoch waren viel geringer als unsere Kriegskosten von nur einigen Monaten."[551]*

Die geopolitische Grundtendenz

Die Wurzeln und die speziellen ideologischen Komponenten der Idee des „Lebensraums", die von Hitler aufgegriffen wurde, reichen Jahrzehnte, in gewisser Weise sogar Jahrhunderte zurück. Ging es den deutschen Siedlern im Mittelalter um bessere soziale, wirtschaftliche und rechtliche Verhältnisse, die sie im Osten Europas zu finden glaubten, behaupteten im 19. Jahrhundert deutsche, polnische und russische Historiker, dass es so etwas wie einen „deutschen Drang nach Osten" gegeben hat. Von slawischer Seite wurde dabei eine 1000 Jahre alte aggressive Tendenz der deutschen Geschichte verurteilt, während Historiker, Publizisten und Literaten im Reich eine „kolonisatorische Großtat des deutschen Volkes im Mittelalter" zu erkennen glaubten. Dieses Bild der mittelalterlichen deutschen Ostsiedlung war auf beiden Seiten ein ideologisches Konstrukt, ein Gebilde das nicht der Wirklichkeit entsprach, da eine nationaldeutsche Zielsetzung den mittelalterlichen Siedlern völlig fremd war. Trotzdem war dieses verzerrte Bild wirksam, weil es die historische Realität des 19. bis in die Mitte des 20. Jahrhunderts in schicksalhafter Weise beeinflusst hat.[552] Der Endpunkt dieser Entwicklung war die Vertreibung der deutschen Bevölkerung aus ihren jahrhundertealten Siedlungsräumen.

---

551 Schlie 2000, S. 55, S. 57. Zum aktuellen Forschungsstand im Hinblick auf die publizistische Selbstinszenierung Speers nach seiner Haftentlassung und den problematischen Quellenwert seiner Nachkriegsaussagen, vgl. Tesch 2016, S. 13ff und 218ff. Tesch vermutet auch, dass das Zitat *„Die Zentrale des Reichs ... muß wie eine Festung verteidigt werden können"* von Speer Hitler nachträglich in den Mund gelegt wurde, ebda. S. 274.
552 Wippermann 1981, S. 187ff.

Das „Lebensraummotiv" als konkrete politische Forderung taucht in Deutschland gegen Ende des 19. Jahrhunderts auf. 1895 publizierte der Reichstagsabgeordnete Ernst Hasse seine Vorstellungen in der Schrift „Großdeutschland und Mitteleuropa um das Jahr 1950". Bis zu diesem Zeitpunkt sollte das Deutsche Reich um Luxemburg, die Niederlande, die deutschsprachige Schweiz und das österreichische Kaiserreich erweitert werden. Östlich und südöstlich dieses ethnisch weitgehend homogenen Kerns sollten die baltischen Fürstentümer Estland und Lettland, ferner Polen, Ruthenien, Rumänien und Großserbien als „großdeutscher Zollverein" die Außengrenzen eines Imperiums bilden.[553] In der deutschen Großmachtpolitik lassen sich vergleichbare Ideen und weite Ziele seit Beginn des Ersten Weltkrieges nachweisen.[554] Auch die praktische Möglichkeit der Verwirklichung eines deutschen Ostimperiums, welches 1918 für einen historischen Augenblick real existierte, war im Weltkrieg bewiesen worden.[555] Das Thema geriet in rechten und rechtsextremen Kreisen während der Weimarer Republik nicht in Vergessenheit. In seiner programmatischen Schrift „Mein Kampf" widmete Hitler der „Ostorientierung" ein eigenes Kapitel und fasst seine geopolitischen Gedanken folgendermaßen zusammen:

> „Damit ziehen wir Nationalsozialisten bewußt einen Strich unter die außenpolitische Richtung unserer Vorkriegszeit. Wir setzen dort an, wo man vor sechs Jahrhunderten endete. Wir stoppen den ewigen Germanenzug nach dem Süden und Westen Europas und weisen den Blick nach dem Land im Osten. Wir schließen endlich ab die Kolonial- und Handelspolitik der Vorkriegszeit und gehen über zur Bodenpolitik der Zukunft.
>
> Wenn wir aber heute in Europa von neuem Grund und Boden reden, können wir in erster Linie nur an Rußland und die ihm untertanen Randstaaten denken."[556]

Maßgeblich für die These, dass Deutschland ein „Volk ohne Raum" sei,[557] waren ursprünglich demographische Probleme. Die Geburtenüberschüsse in der zweiten Hälfte des 19. Jahrhunderts verbunden mit der Frage, wie die fortstrebenden Arbeitskräfte und Familien der eigenen Volkswirtschaft erhalten bleiben konnten, waren eine Triebfeder für den „Erwerb" von Kolonien, zumal zwischen dem eig-

---

553 Vgl. Hasse 1895, S. 42f.
554 Vgl. Münkler 2014, S. 268ff. Paradoxerweise basierte die Maßlosigkeit deutscher Kriegsziele auf dem Fehlen klarer Kriegsziele 1914, ebda. S. 288.
555 Vgl. Golczewski 2010, S. 240ff; vgl. Münkler 2014, S. 661ff.
556 Hitler M.K. 1940, S. 742.
557 „Volk ohne Raum" war der Titel eines 1926 erschienenen, populären Romans des völkischen Schriftstellers Hans Grimm.

nen Volk, anderen Europäern und nichteuropäischen Rassen, sowie Christen und anderen Konfessionen in allen europäischen Ländern differenziert wurde und es für die Europäer nicht als Unrecht galt, die Heimat anderer, zivilisatorisch unterlegener Völker in Besitz zu nehmen. Im Zusammenhang mit demographischen Problemen wurden Darwins Theorien vom Überlebenskampf der Arten Gegenstand der Geographie und der Machtpolitik, da das Lebensraumprinzip immer mit einem Gebietsanspruch verbunden war. Dies führte im 19. Jahrhundert zu einer territorialen europäischen Expansion, die in der Geschichte der Menschheit singulär war – um 1900 war Weltpolitik gleichbedeutend mit europäischer Politik, da die Geschicke Asiens, Afrikas und Australiens in den europäischen Hauptstädten entschieden wurden. Zu dem Zeitpunkt, als Hitler die Idee des Lebensraums aufgriff, hatte sich allerdings in Deutschland die durchschnittliche Anzahl der Kinder je Frau im gebärfähigen Alter bereits von rund 4,2 zu Beginn des 20. Jahrhunderts knapp halbiert.[558] Objektiv betrachtet war also die Idee des fehlenden „Lebensraumes" ein Problem, was nur subjektiv in den Köpfen existierte und somit ein vorgeschobenes, obwohl Hitler das Thema in seiner Argumentation nach 1933 immer wieder aufgriff. Er kombinierte allerdings die angebliche Überbevölkerung Deutschlands mit geo-, macht- und wirtschaftspolitischen Aspekten, was dann, wie im „Schmundt-Protokoll" vom 23. Mai 1939 festgehalten, folgendermaßen klang:

„Die 80 Millionen Masse hat die ideellen Probleme gelöst. Die wirtschaftlichen Probleme müssen auch gelöst werden. … Es darf nicht der Grundsatz gelten, sich durch Anpassung an die Umstände einer Lösung der Probleme zu entziehen. Es heißt vielmehr die Umstände den Forderungen anzupassen. Ohne Einbruch in fremde Staaten oder Angreifen fremden Eigentums ist dies nicht möglich.
Der Lebensraum, der staatl. Größe angemessen, ist die Grundlage für jede Macht. Eine Zeitlang kann man Verzicht leisten, dann kommt die Lösung der Probleme so oder so. Es bleibt die Wahl zwischen Aufstieg oder Abstieg. In 15 oder 20 Jahren wird für uns die Lösung zwangsweise notwendig. Länger kann sich kein deutscher Staatsmann um die Frage herumdrücken[559]

Die Erklärung, warum Hitler sich Osteuropa zur Expansion aussuchte, wird heute primär rasseideologisch begründet. Die deutsche „Herrenrasse" unterwirft unterlege Rassen, wie die im östlichen Mittel- und Osteuropa siedelnden Slawen. Die dortige Bevölkerung wird zu einem Teil assimiliert („germanisiert") und zu einem

---

558   Vgl. www.sozialpolitik-aktuell.de.
559   ADAP D, Band VI, Dok. 433, S. 478.

Teil verdrängt. Diese gängige Argumentation ignoriert weitgehend geographische, wirtschaftliche und politische Aspekte.

Die künftige Stoßrichtung deutscher Geopolitik hatte der amerikanische Geostratege Homer Lea kurz vor dem Ersten Weltkrieg bereits präzise umrissen, als er eine Expansion als unvermeidbar vorhersagte. Ausgehend von der Theorie, dass
- eine Nation sich im Rahmen des Ausdehnungsprozesses ihrer politischen Umgebung immer dorthin wendet, wo der geringste Widerstand zu erwarten ist und
- dass das Zurückweichen einer Nation an dem Punkt erfolgt, wo die eigene Widerstandskraft am geringsten und der Druck von außen größer ist als auf andere Punkte,[560]

kommt Lea zu folgendem Schluss:

> *„Der grundsätzliche Irrtum in der englischen Auffassung von der deutschen Expansion liegt in dem Glauben, daß dies das Ergebnis eines kurzsichtigen Planes, die Idee einzelner Menschen sei, welche augenblicklich gerade Wiederhall im deutschen Volke fände. Verhältnisse sind es aber, nicht Einzelwesen, welche die Expansion von Nationen bestimmen."*[561]

Die Expansion von Staaten hängt demzufolge nicht von einzelnen Individuen ab, sondern vielmehr von den geopolitischen Umständen. Für Lea ist 1912 der künftige Zusammenstoß beider Mächte eine nicht abzuwendende Tatsache, da Deutschland noch nicht einmal mit einer Expansion, anderen Großmächten vergleichbar, begonnen hat:

> *„Was Deutschland bisher getan hat, ist nur Vorbereitung gewesen. Diese ist noch nicht zu Ende. Bis jetzt hat Deutschland noch keine Eroberung gesucht. Seine Kriege hat es nur zur Konsolidierung seiner Rasse geführt. Es ist nicht im wirklichen Sinne einer „Expansion" über seine Grenzen hinausgegangen, ist aber mächtiger geworden als die angelsächsischen Nationen."*[562]*... Deutschland ist so eng durch die angelsächsische Rasse eingeschlossen, daß es nicht einmal den Versuch zur Ausdehnung seines Landgebietes oder seiner politischen Oberherrschaft über nicht angelsächsische Staaten machen kann, ohne die Integrität der angelsächsischen Welt zu gefährden. Deutschland kann nicht gegen Frankreich marschieren, ohne in die Niederwerfung Frankreichs die des britischen Weltreichs einzuschließen. Es kann nicht nach Norden gegen Dänemark, nicht im Osten [sic!] gegen Belgien und die*

---

560   Vgl. Lea 1913, S. 151.
561   Lea 1913, S. 153.
562   Lea 1913, S. 155.

Niederlande oder im Süden gegen Österreich vordringen, ohne die britische Nation in einen Entscheidungskampf um das politische Dasein des Angelsachsentums zu verwickeln. Jede Ausdehnung der deutschen Oberherrschaft über diese nichtbritischen Staaten hat mit Sicherheit die politische Auflösung des britischen Weltreiches zu Folge."[563]

Die künftige Auseinandersetzung mit Deutschland beruht auf der jahrhundertealten Logik der Macht, die in den Prinzipien der „Balance of power" ihren Ausdruck fand. Lea erkannte dies mit bewundernswerter Klarheit als er schrieb:

„Wenn ein europäischer Staat sich einen solchen Einfluß auf das Gleichgewicht der europäischen Kräfte sichert, daß er durch keine Koalition einschließlich des britischen Weltreichs mehr vernichtet werden kann, dann ist es mit der britischen Weltherrschaft zu Ende."[564]

„Es ist wesentlich für die zukünftige Größe Deutschlands, die angelsächsische Weltherrschaft zu vernichten und aus seinen Trümmern die eigene Weltmacht aufzubauen. Deshalb ist es die erste Pflicht der britischen Nation, die deutsche Machtstellung nicht größer werden zu lassen oder sie zu vernichten."[565]

Wie bereits im Vorangehenden aufgezeigt, waren weder Großbritannien noch Frankreich bereit, das deutsche Projekt „Lebensraum im Osten" zu tolerieren. Sollte Deutschland versuchen, Eroberungen „napoleonischen Ausmaßes" vorzunehmen, um eine totalitäre Herrschaft zu errichten, war ein Krieg mit den Westmächten vorprogrammiert. Gleiches galt für die USA, wobei diese aufgrund der Neutralitätsgesetze nur verdeckt in den Konflikt eingreifen konnte. Selbstverständlich waren die deutschen Pläne auch ein Alarmsignal für die Sowjetunion, die von Hitlers Plänen am meisten betroffene Großmacht. Sowohl aus völkerrechtlichen, ideologischen als auch geopolitischen Beweggründen war eine Realisierung, so wie die Nationalsozialisten es sich vorstellten, nicht möglich, ohne dass andere Großmächte einschritten, um den Machtzuwachs Deutschlands zu unterbinden.

Völkerrechtlich deutete sich seit dem Versailler Vertrag ein Paradigmen-Wechsel in den internationalen Beziehungen an, der darauf hinauslief, offene Gewaltanwendung mehr und mehr zu vermeiden. Sichtbare Zeichen waren der am 27. August 1928 in Paris unterzeichnete „Briand-Kellogg-Pakt", dessen Unterzeichner den Krieg als Werkzeug der Politik ächteten, und die Stimsondoktrien – benannt nach der Note des damaligen Staatssekretärs Henry Lewis Stimson – vom 7. Januar 1932, mit denen die USA völkerrechtswidrig geschaffene Grenzverän-

---

563 Lea 1913, S. 159.
564 Lea 1913, S. 163.
565 Lea 1913, S. 238.

derungen nicht anerkannten.[566] Der dahinter verborgene Gedanke, die gewaltsame Expansion von Staaten zu ächten, war aus machtpolitischer Perspektive der saturierten Staaten charmant, da sie den Status Quo ihres oft geraubten Besitzstandes konservieren wollten. Für Staaten, die eine Revision von völkerrechtlichen Verträgen anstrebten oder grundsätzlich wachsen wollten, beherbergte diese Tendenz das Völkerrecht zu verschärfen, praktisch unlösbare Probleme. Die Teilung der Welt in „arme" – da ohne Wachstumsmöglichkeiten – und „reiche" Staaten, also jene, die im 19. Jahrhundert bereits zu Lasten außereuropäischer Völker expandiert hatten, sollte so für alle Zeiten festgeschrieben werden.

Ideologisch sind die liberal-demokratischen, internationalistischen Ideen aus dem intellektuellen Umfeld der Roosevelt-Administration von Bedeutung, die heute stärker denn je das Leitmotiv etwa bundesrepublikanischer Eliten sind. Demzufolge sollten nicht mehr die Interessen von „egoistischen" Nationalstaaten das verbindliche Regulativ einer künftigen Weltordnung sein, sondern *„bestimmte gesellschaftliche und wirtschaftliche Aggregatszustände, die den Menschen unabhängig von Nation, Rasse und Konfession staatsübergreifend beherrschen sollten – und zwar, wie sie vorgaben, nicht um selbstsüchtiger Herrschaft, sondern um der Freiheit, des Friedens und des Wohlstands willen."*[567] Diametral entgegengesetzt zu dem amerikanischen Modell eines globalen Schmelztiegels, der sämtliche Unterschiede zwischen den Völkern und Kulturen verschwinden lässt,[568] stand die faschistisch-autoritäre Idee, deren Startschuss Mussolinis 1922 mit seinem „Marsch auf Rom" gegeben hatte. Im Europa der Zwischenkriegszeit mit seinen diversen politisch rechtsausgerichteten, antikommunistischen, mehr oder weniger antisemitischen und rassistischen Staatsformen war der deutsche Nationalsozialismus der ideologisch radikalste. Die radikalste Staatsideologie in einem technologisch und organisatorisch so hoch entwickelten Land wie Deutschland war per se aus der globalen Perspektive der USA betrachtet schon eine Herausforderung, die eine präventive Interventionspolitik in Europa provozieren konnte. Die Idee der „Rasseneinheit" stellte dagegen die nordamerikanische Einwanderungsgesellschaft in toto infrage und folgerichtig schrieb Botschafter Dieckhoff aus Washington über die diametralen Gegensätze: *„Wenn es etwas gibt, was den Amerikaner aufregt, so ist es ein Rütteln an seiner Volksidee. Er steht nun mal auf dem Standpunkt, daß es möglich ist, aus den nach Amerika eingewanderten Rassen ein einheitliches Volk zu gestalten."*[569] Jeder Machtzuwachs des nationalsozialistischen Deutsch-

---

566 Vgl. Meiertöns 2005, S. 97ff.
567 Bavendamm 2002, S. 83.
568 Vgl. Dugin 2015, S. 29.
569 ADAP D, Band I, Dok. 420, S. 531.

lands (ähnlich wie der Japans) hätte das multipolare Staatensystem mit seinen unterschiedlichen Ideologien weiter gestärkt, da „Lebensraum" ein Synonym für Großraumordnung ist. Es hätte das Ende des liberalen Weltmarktes bedeutet. „One world"- und „open door"-Ideen, wie sie in Washington und New York ansässige Eliten ersannen, die Rolle der USA als künftigen globalen Schiedsrichter, all das wäre in weite Ferne gerückt.

Geopolitisch ist relativ unstrittig, dass sowohl Polen als auch die Ukraine Schlüsselstaaten sind, die ihrem jeweiligen Hegemon außerordentliche Vorteile verschaffen. Dmytro Doncov (1883-1973), der Schöpfer des ukrainischen Konzeptes des Nationalismus, hatte 1913 in einem Referat auf dem 2. ukrainischen Studentenkongress in Lemberg darauf hingewiesen, dass Russland auf die Ukraine nicht verzichten könne, denn „*es verdankt ihrem Besitz seine Großmachtstellung, züchtet mit ihren Säften die rußländische Industrie und das Staatsbudget ... Die Geschichte kennt keine Beispiele einer solchen Selbstaufopferung.*"[570] Doncov forderte den vollständigen politischen und kulturellen Bruch mit Russland und die Zusammenarbeit mit einer fremden Macht, denn – dieser Satz erlangte für die ukrainischen Politiker zentrale Bedeutung – man solle bedenken, „*daß die Geschichte kein Beispiel kennt, daß sich eine versklavte (ponevolena) Nation aus fremden Joch nur durch eigene Kräfte befreit hätte.*"[571] 1913 war diese Macht noch Österreich, seit 1914 antichambrierten die ukrainischen Repräsentanten aber mit Deutschland und boten die Zusammenarbeit und Dienstleistungen an.[572] Mit der Ukraine wurde dann auch am 9. Februar 1918 der erste Friedensvertrag des Ersten Weltkrieges abgeschlossen,[573] nachdem Russland geschlagen und das gegenseitige Interesse geweckt war. Die imperialistischen Ziele, die Deutschland zu dieser Zeit verfolgte, waren vielfältig: Die Ukraine als Lebensmittellieferant, als strategisches Gebiet und als ein noch nach deutschen Vorstellungen zu erziehender Zögling.[574] Die Motive der ukrainischen Eliten kommen gut in einem Brief des Hetmans der Ukraine, General Skoropadski, zum Ausdruck, in dem er seiner jüngsten Tochter seine politischen Überlegungen erläutert. Kontakte habe er in viele Länder, vor allem England, „*aber für den wichtigsten Partner der Ukraine hielt er Deutschland, da sich die Interessen beider Länder in hohem Maße gegenseitig ergänzten. Deswegen müsse er in Deutschland leben. Aus der Zeit des Het'manats habe er in Deutschland viele Freunde, die er achtete und die ihm halfen.*"[575]

---

570   Zit. nach Golczewski 2010, S. 61.
571   Zit. nach Golczewski 2010, S. 61.
572   Vgl. Golczewski 2010, S. 62, S. 761.
573   Vgl. Golczewski 2010, S. 13.
574   Vgl. Golczewski 2010, S. 249.
575   Zit. nach: Golczewski 2010, S. 472.

Nach 1934 war die deutsche Politik von Unsicherheit gegenüber den Ukrainern geprägt. Um das Verhältnis zu Polen nicht zu belasten, hielt man die geknüpften Verbindungen, versuchte aber sie nicht öffentlich werden zu lassen. Ab Ende 1937 widmeten die Deutschen der ukrainischen Frage wieder mehr Aufmerksamkeit, was den Polen nicht entging.[576] Dieses handgreifliche deutsche Interesse aus der Zeit des Ersten Weltkrieges war auch Anfang und Mitte 1939 – zu einem Zeitpunkt als sich das deutsch-polnische Verhältnis in der Krise befand – immer noch präsent. Zu den geopolitischen Motiven und den Bestrebungen nach Autarkie kam mittlerweile auch eine ideologische Komponente hinzu, denn aus nationalsozialistischer Sicht war das ukrainische kulturelle und politische Leben – so das Urteil eines bedeutenden NS-„Judenforschers" – nicht jüdisch beeinflusst.[577]

Eine ukrainische Dimension hatte auch der Angriff auf Polen, worauf in dieser Arbeit schon hingewiesen wurde. Bereits der Zeitzeuge John F. Kennedy deutete 1939 einem Freund gegenüber an, dass Polen so etwas wie der Schlüssel zu Europa sei.[578] Der Historiker Timothy Snyder wies darauf hin, dass für Hitler – als auch für Stalin – die Ukraine mehr als eine Nahrungsquelle war. *„Sie war der Ort, der es ihnen ermöglichen würde, die Regeln der traditionellen Ökonomie zu brechen, ihre Länder aus Armut und Isolation zu führen und den Kontinent nach ihrem Ebenbild umzuformen. Ihre Programme und ihre Macht hingen von der Kontrolle des fruchtbaren Bodens und seiner Millionen von Landwirten ab."*[579] Folgt man dem einflußreichen „Council on Foreign Relations"-Mitglied Zbigniew Brzezinski, bildet Polen aus russischer Perspektive eine Brücke in Richtung Deutschland, erleichtert die Kontrolle über Tschechen, Slowaken und Ungarn und riegelt das Baltikum vor westlichem Einfluss ab. Zwischen Polen und diesen Ländern bestehen tiefe historische und religiöse Bindungen.[580] *„Polen ist ein ruheloser Besitz, kostspielig für Moskau, ihn zu beherrschen, aber noch kostspieliger, ihn aufzugeben."*[581]

Entsprechendes galt 1939 umgekehrt aus deutscher Sicht, blickte man in Richtung Osten und Südosten des Kontinents. Für Berlin führte ein engeres Bündnis mit Warschau aufgrund der ökonomisch-militärischen Asymmetrien automatisch zu einer Form von Hegemonie. In diesem Fall war Polen eine Brücke in die Ukra-

---

576   Vgl. Golczewski 2010, S. 760.
577   Vgl. Golczewski 2010, S. 721. Vortrag von Peter Heinz Seraphim vom 17. Februar 1939 am Ukrainischen Wissenschaftlichen Institut in Berlin.
578   Vgl. Kennedy 2013, S. 138. Das letzte Kapitel des Buches, in welchem der Verfasser die Bedeutung Polens für die USA erläutert, wurde in der überarbeiteten, nach Kriegsbeginn erschienenen 3. Auflage gestrichen.
579   Synder 2013, S. 41.
580   Vgl. Brzezinski 1989, S. 64ff.
581   Brzezinski 1989, S. 67.

ine und nach Rumänien, Länder, die für deutsche Autarkiebestrebungen essentiell waren. Für Deutschland war die Existenz eines verbündeten polnischen Staates sicherheitspolitisch einer Liquidierung, wie sie 1939 erfolgte, in jedem Fall vorzuziehen.[582] Erfahrungsgemäß, dies hatte die Zeit vor 1914 gezeigt, vergrößerte sich das Konfliktpotential für die bilateralen deutsch-russischen Beziehungen durch die Beseitigung des Pufferstaates Polen erheblich. Die größten europäischen Landmächte teilen sich ab September 1939 eine lange, gemeinsame Grenze. Äußerungen und vorbereitende Maßnahmen Hitlers und Stalins deuten darauf hin, dass beide Diktatoren die Möglichkeit eines neuzeitlichen Armageddon, einer Entscheidungsschlacht der Systeme, nie aus den Augen verloren haben, auch wenn 1939/40 eine Phase relativer Entspannung in den bilateralen Beziehungen eintrat. Die Wesensverwandtschaft der Systeme wurde auch in dieser kurzen Zeit hartnäckig geleugnet, wie es auch nie zu einem persönlichen Treffen der Diktatoren kam. Erschwerend kam bei dieser Konstellation hinzu, dass – den historischen Prinzipien der „Balance of power" und der praktischen Kriegsführung folgend – England nach Chamberlains Rücktritt Unruhe verbreitete.[583]

Autarkiepolitik

Ein von den Motiven der Geopolitik nicht zu trennender Aspekt war die Autarkiepolitik des nationalsozialistischen Deutschland. Hitler hatte bereits in „Mein Kampf" darauf hingewiesen, dass Deutschland mittels einer höchstmöglichen ökonomischen Selbstversorgung blockaderesistent gemacht werden mußte.[584] Die NS-Propaganda ist von diesem Ziel nie abgerückt und im Hinblick auf die Hungerblockade des Ersten Weltkrieges genoss diese Politik breite Unterstützung in der Bevölkerung. „Raumfrage" und „Lebensraumkonzept" gehen Hand in Hand mit der Reduzierung der Abhängigkeit von westlichen Devisen, der ökonomischen Eigenständigkeit und der Vertiefung der Außenhandelsbeziehungen benachbarter, politisch abhängiger Staaten. Den planerischen Ausdruck dieses Bemühens fand die Autarkieströmung im nationalsozialistischen Vierjahresplan von 1936, der bis in das Kriegsjahr 1942 greift. Dieser Zeitraum ist deckungsgleich mit einer intensiven militärischen und wehrwirtschaftlichen Aufrüstung. Der Einfluss des Vierjahresplanes auf das Rüstungspotential und die Volkswirtschaft Deutschlands kann wohl nicht überschätzt werden.[585] Expansionsbestrebungen, Geopolitik und Autarkiebestrebungen können

---

582 Zu den geostrategischen Vorteilen vgl. Kissinger 1994, S. 368. Für Kissinger ist Hitler ein *„ebenso skrupelloser wie geschickter Psychopath, der zum Krieg entschlossen war, solange er sich noch auf der Höhe seiner körperlichen Kräfte befand."* Ebda.
583 Vgl. Gorodetsky 2001, S. 206.
584 Vgl. Hitler M.K. 1940, S. 732, S. 739ff.
585 Vgl. Petzina 1968, S. 10, S. 20ff.

nicht isoliert betrachtet werden. Im Gegenteil, eine autarkistische wirtschaftspolitische Zusammenfassung mehrerer Völker unter deutscher Führung und ihre politisch-strategische Abgrenzung nach außen ist identisch mit nationalsozialistischer Großraumpolitik.[586]

Autarkie war aber kein singuläres deutsches Phänomen. Die damit verbundenen protektionistischen Maßnahmen und die Devisenbewirtschaftung waren im Wesentlichen auch eine volkswirtschaftliche Reaktion auf die globale Wirtschaftskrise und auch andere Länder betrieben in der Zwischenkriegszeit ebenfalls eine national-egozentrische Wirtschaftspolitik.[587] Dass bei der „Desintegration der internationalen Wirtschaftsbeziehungen" – eine Folge der Autarkiepolitik – die Sowjetunion die Rolle des Vorreiters spielte, wird selten erwähnt. Es ist aber unbestreitbar, dass der eurasische Riesenstaat der erste war, der aus dem weltwirtschaftlichen Kreislauf ausschied und zu einer isolierten Wirtschaftspolitik übergegangen war. Auch Italien war ein Vorreiter ökonomischer Eigenständigkeit.[588] Die „Desintegration der internationalen Wirtschaftsbeziehungen" hing aber auch mit den USA zusammen, die – nachdem Großbritannien seit der Währungskrise 1931 einen protektionistischen Kurs verfolgte – nicht die internationale ökonomische Verantwortung übernahm, wie es der volkswirtschaftlichen Größe entsprochen hätte.[589] Infolge der durch den Wall-Street-Crash ausgelösten Weltwirtschaftskrise breitete sich die Idee der Autarkie, einhergehend mit antiwestlichen Gefühlen, auch in Japan aus.[590]

Betrachtet man die seinerzeitigen internationalen Bestrebungen nach Autarkie aus unterschiedlichen nationalstaatlichen Perspektiven, so zeigt sich schnell, dass zwischen den „reichen" und den „armen" Ländern zu unterscheiden ist. „Reiche" Länder – also jene die aufgrund ihres Kolonialbesitzes oder der Größe ihres Territoriums saturiert sind – können eine „Desintegration der internationalen Wirtschaftsbeziehungen" vornehmen, wie dies im Falle der USA und der Sowjetunion der Fall war, ohne eine extreme Konfliktsituation mit anderen Mächten zu provozieren. „Arme" Länder – die sich erst Mitte des 19. Jahrhundert als Akteure der multipolaren Welt etablierten – verfügten weder über den Raum, noch über die Bodenschätze, die für eine autarke Volkswirtschaft erforderlich sind. Da seit Ende des 19. Jahrhundert die Territorien der Welt als Kolonialbesitz verteilt waren, war letztendlich der Konflikt zwischen den „reichen" und den „armen" globalen Akteuren für das 20. Jahrhundert potentiell vorprogrammiert. Durch die

---

586   Vgl. Gruchmann 1962.
587   Vgl. Möller 1998, S. 90.
588   Vgl. Möller 1998, S. 89.
589   Vgl. Möller 1998, S 92; vgl. Bavendamm 1983, S. 131ff.
590   Vgl. Kershaw 2010, S. 124.

britische Fernblockade des Ersten Weltkriegs, deren Ziel darin bestand, die gesamte deutsche Bevölkerung wie in einer belagerten Festung durch Aushungern zur Unterwerfung zu zwingen, verschärfte sich das strategische Dilemma.[591] Dieses Mittel der Kriegsführung führte zu einer Unterstützung der deutschen Bevölkerung im Hinblick auf die nationalsozialistischen Autarkiebestrebungen. Damit eine Blockade kein zweites Mal greifen konnte, war zur Vermeidung ökonomischer Abhängigkeit, die im Konfliktfall eine politische nach sich zog, volkswirtschaftliche Unabhängigkeit für Deutschland genauso eine Notwendigkeit, wie dies auch für Japan der Fall war.[592]

Der Umfang der sich hieraus ergebenden Interessenskonflikte zwischen „armen" und „reichen" Staaten des multipolaren Staatensystems kann gar nicht groß genug eingeschätzt werden. Die drei wesentlichen Konfliktfelder waren: 1) Nach Ansicht der Befürworter der Autarkie genoss eine Großmacht nur dann volle Souveränität, wenn sie im Krisenfall innerhalb ihrer politischen Einflusssphäre wirtschaftlich unabhängig agieren konnte, also mittels Sanktionen nicht mehr erpressbar war. Umgekehrt ist innerhalb des Portfolios der Machtsorten die Anwendung ökonomischer Macht eine legitime Methode und insbesondere westliche Demokratien messen ihr eine große Bedeutung zu. Da eine Hegemonialmacht innerhalb eines ökonomisch geeinten, autarken Großraumes diese Form der Machtausübung mehr oder weniger ignorieren kann, wären die westlichen Demokratien in ihren politischen Handlungsmöglichkeiten eingeschränkt worden. Sie hätten an Einfluss verloren. 2) Die nach wirtschaftlicher Unabhängigkeit strebenden „armen" Großmächte kamen nicht umhin, ihre politische und ökonomische Einflusssphäre auf angrenzende, mittlere und kleinere Staaten auszudehnen, mit dem Ziel, deren ökonomische Ressourcen zu absorbieren. Die dabei von Deutschland, Italien und Japan angewendeten Methoden wurden von den saturierten Großmächten als illegitim angesehen. 3) Im Falle einer Vertiefung der bereits bestehenden multipolaren Strukturen hin zu einer Blockbildung wäre der internationale Handel noch stärker geschrumpft, als es in den 1930er Jahren bereits der Fall war. Für die amerikanische Wirtschafts- und Sicherheitspolitik hätte die Verwirklichung der Autarkiepläne eine Katastrophe schlechthin bedeutet; in den Worten des Roosevelt-Biographen Detlef Junker auf den Punkt gebracht:

> *„Ein Sieg Hitlers und Mussolinis in Europa, Japans im Fernen Osten würde beide Regionen in ein System fast autarker Planwirtschaft zwingen, das Ende des liberalen, unteilbaren Weltmarktes bedeuten und das*

---

591 Vgl. Baker 2009, S. 8.
592 Zu den Motiven Japans, vgl. Kershaw 2010, S. 122ff Kershaw geht nicht explizit auf die „Asia Monroe-shugi" – Japans Antwort auf die Monroedoktrin der USA – ein.

amerikanische Wirtschafts- und Sozialsystem schwer gefährden. Wenn die USA und ihre Verbündeten die Kontrolle über die Weltmeere verlören, so Roosevelt, könnten diese durch die Achsenmächte zum Angriff auf die westliche Hemisphäre genutzt werden.[593]

Aufrüstung

Zum Zeitpunkt von Hitlers „Machtübernahme" war Deutschland von vergleichsweise hochgerüsteten Nachbarn umgeben. Frankreich, Polen und die Tschechoslowakei rekrutierten ihre Soldaten auf Grund der Allgemeinen Wehrpflicht und hatten zahlenmäßig weit überlegene Armeen. Die durch den Versailler Vertrag erzwungene Machtlosigkeit zeigte sich auch dahin, dass Deutschland eine kleine Armee und kein Festungssystem zum Schutz seines Territoriums hatte. Am 3. Februar 1933 hielt Hitler vor den Befehlshabern von Heer und Marine eine Rede, in der er den Kampf gegen Versailles, Gleichberechtigung beim Völkerbund, Sorge um Bundesgenossen und den Aufbau der Wehrmacht als wichtigste Voraussetzung zum Wiedererringen der politischen Macht als Ziel benannte.[594] Die fortan erfolgte massive Aufrüstung war eine Reaktion auf hochgerüstete Nachbarn.[595] Die deutsche Aufrüstung nach 1933 lässt sich deshalb prinzipiell gut nach dem „Tu-quoque-Argument" („auch du") begründen, d.h. was man sich selbst an Waffen billigt, muss auch dem anderen gebilligt werden. Von wenigen Schlüsseldokumenten, wie der „Hoßbach-Niederschrift" von 1937 abgesehen, gibt es kaum belastende Dokumente, aber jede Menge Äußerungen von Hitler, mit denen er seine Maßnahmen rechtfertigte. Das historische Dilemma, Hitler hieb- und stichfest einen von langer Hand geplanten Vernichtungskrieg im Osten nachzuweisen, formulierte Gerhard Meinck bereits 1959 im Rahmen einer Spezialuntersuchung zu diesem Thema: *„Ohne Frage gehört die Sorge für die Sicherheit der Nation vor äußeren Bedrohungen, die Hitler angeblich so sehr beschäftigten, zu den ureigenen Aufgaben jeder Staatsführung. ... Mit Recht erhob ... Deutschland die Forderung nach Gleichberechtigung. Hitler griff diese auf, um die deutsche Aufrüstung zu begründen. Letzten Endes ging es ihm um etwas ganz anderes: um die Ausdehnung des deutschen Lebensraumes oder – ganz klar gesagt – um die Eroberung fremder Gebiete."*[596]

Dieser 1959 formulierte Standpunkt hat nichts von seiner Gültigkeit eingebüßt und ist eine der am wenigsten bestrittenen Thesen der von Steuergeldern finanzier-

---

593   Junker 2009, S. 319.
594   Vgl. Meinck 1959, S. 17.
595   Vgl. Kennedy 1989, S. 447, Tabelle 27; S. 489, Tabelle 29; S. 500, Tab. 31 und 32. Eine aktuelle Darstellung des Rüstungswettlaufes findet sich in: Maiolo 2010.
596   Meinck 1959, S. 188

ten und vom Staat abhängigen Interpreten der Geschichtsschreibung. Der Krieg, so die gängige These, wurde entfesselt, da der Rüstungsvorsprung Deutschlands zusehends zusammenschmolz. Folgende Gegenargumente wurden vorgebracht: A.J.P. Taylor weist darauf hin, dass es 1939 der deutschen Rüstung an strategischer Tiefe für die Umsetzung eines allgemeinen Krieges fehlte.[597] Anhand von Projekten lässt sich exemplarisch das Fehlen wichtiger Komponenten für eine strategisch-weitreichende, längere Kriegsführung belegen: Die für die Umsetzung des maritimen Z-Plans erforderlichen Kapazitäten der Kriegsmarinewerft Wilhelmshafen waren 1939 noch nicht einmal geschaffen.[598] Deutschland verfügte weder über einen Langstreckenbomber noch vor 1942 über einen schweren Kampfpanzer. Außerdem, bei der Marinerüstung begann nicht Deutschland das Wettrüsten, sondern Italien 1934 und Deutschland zog, nachdem sich eine Eigendynamik entwickelt hatte und ein globales maritimes Wettrüsten begann, eigentlich immer nur nach.[599]

Kurzum: Wenn die Eroberung von Lebensraum im Osten von Hitler angestrebt wurde – was anzunehmen ist – so war die militärische Vorbereitung entweder mangelhaft, oder der Zeitpunkt der „Entfesselung" (Walther Hofer) des Krieges falsch gewählt, oder es war 1939 kein Krieg mit dem Westen geplant. Letzteres Argument deckt sich mit Hitlers vertraulichen Äußerungen und Stalins strategischem Kalkül. Im Folgenden wird noch darauf eingegangen.

Wirtschaftliche Probleme

Im Alter von 24 Jahren publizierte Timothy W. Mason 1964 seinen Aufsatz „Some Origins oft the Second World War" in der Zeitschrift „Past and Present".[600] Masons revolutionäre These lautete, dass sich Hitler 1939 in einer innenpolitisch ausweglosen Situation befand, da der Trend zur Autarkie, der enorme Anstieg öffentlicher Ausgaben und die Vollbeschäftigung Effekte auslösten, die das Regime auf friedlichem Weg unmöglich lösen konnte. Folgen der Überbeschäftigung waren aus seiner Sicht: *„Das Unvermögen, die Lieferungstermine einzuhalten, eine Lohnspirale, die Abwerbung der wenigen Facharbeiter von einer Firma zur anderen, eine sehr hohe und in ökonomischer Hinsicht unrentable Arbeitsmobilität, in vielen Fällen ein Rückgang der Produktivität pro Kopf der Arbeiter und ein Sinken der „Arbeitsfreude".[601]* Das Regime, das an die Macht gekommen war, um die Arbeitslosigkeit zu beenden, zeigte sich unfähig zur *„Umorientierung und Reorganisation".* Es konnte dem

---

597 Vgl. Taylor 1962, S. 279f.
598 Vgl. Breyer 1981, S. 158f.
599 Vgl. Breyer 1970, S. 95ff.
600 Die deutsche Übersetzung wurde 1976 publiziert: Mason 1964.
601 Mason 1964, S. 118.

Mangel an Arbeitskräften nicht durch wirtschaftliche Einschränkungen begegnen, da dies die Wiederaufrüstung verlangsamt hätte, zu einem Zeitpunkt, wo andere Länder auf diesem Gebiet nachzogen und – da das NS-Regime auf die Loyalität jener Klasse angewiesen war *„die am meisten Grund hatte, es zu hassen"* – war der Eingriff in den Arbeitsmarkt nicht opportun. Der Angriffskrieg blieb das einzige Mittel, die wirtschaftlichen, sozialen und politischen Spannungen zu entschärfen. [602] *„Die einzige für das Regime mögliche „Lösung" der strukturellen Spannungen und Krisen, die durch die Diktatur und Wiederaufrüstung entstanden waren, war noch mehr Diktatur und noch mehr Wiederaufrüstung, dann Expansion, dann Krieg und Terror, dann Plünderung und Versklavung."[603]*

Ähnlich argumentierte 1987 Paul Kennedy in seinem einflussreichen Buch „The Rise an Fall of the Great Powers". Der deutsche Untertitel „Ökonomischer Wandel und militärischer Konflikt von 1500 bis 2000" weist bereits auf die Kernthese Kennedys hin, die da lautet, dass die Macht und der Einfluss von Staaten im Wesentlichen auf Ihrer Ökonomie beruhen. Die Ursache des deutschen Angriffs 1939 sieht Kennedy – wie eine Generation zuvor Mason – in volkswirtschaftlichen Problemen, welche durch die schnelle Aufrüstung verursacht wurden. Die Versuchung Polen auszuplündern war groß, nachdem der Anschluss Österreichs und die Zerschlagung der Tschecho-Slowakischen Republik große Mengen an Devisenvorräten, Gold, Vorräte an Erzen und Metallen, einige Ölfelder und eine beträchtliche Metall- und Rüstungsindustrie eingebracht hatten. Die durch die Aufrüstung verursachten strukturellen Spannungen des Regimes konnten gemäß dieser Argumentation nur durch noch mehr Aufrüstung, mehr Diktatur und Plünderung von Menschen- und Kriegsmaterial gelöst werden. Der Anreiz des deutschen Angriffs auf Polen war räuberischer Natur.[604] Aus Hitlers Perspektive war es 1939 aufgrund ökonomischer Zwänge sinnvoll, schnell zuzuschlagen und nicht zu warten.[605]

Für jemanden, der die Methodik der Deutungseliten in der Historiographie erahnt, ist es keine Überraschung, dass die Zentrierung der Perspektive auf Deutschland und das bewusste Ignorieren der ökonomischen Situation in anderen Ländern dazu führte, dass die These von der wirtschaftlichen Zwangssituation alle Merkmale erfüllt, in die Schulbücher Eingang zu finden. Die selektive Betrachtungsweise hat ihre Gründe. Der angesehene amerikanische Historiker Charles Beard bemerkte *„Es sei nun einmal einfacher, einen Krieg zu führen als eine Krise zu*

---

602   Vgl. Mason 1964, S. 119ff.
603   Mason 1964, S. 122.
604   Vgl. Kennedy 1989, S. 464f.
605   Vgl. Tooze 2007, S. 335ff; vgl. Volkmann 2003, S. 45ff.

bewältigen. "[606] Sein Landsmann Charles Callan Tansill schrieb in den 1950er Jahren „*Es ist eine Jahrhunderte alte Erfahrung, daß Regierende in Zeiten großer wirtschaftlicher Schwierigkeiten durch eine gewagte Außenpolitik die Aufmerksamkeit von der Heimatfront auf ferne sturmbewölkte Horizonte abzulenken suchen*"[607] Die beiden Intellektuellen bezogen ihre Zeilen aber nicht auf Hitler, sondern auf den amerikanischen Präsidenten Roosevelt. Dieser Befund ist insoweit von Bedeutung, als der grundsätzliche Zusammenhang von Innenpolitik als Rahmenbedingungen für die Außenpolitik 1939 – mit Ausnahme der stalinistischen Sowjetunion – bei keinem Akteur zu leugnen ist. Verfolgt man den Ansatz von Mason und Kennedy jedoch weiter, werden einige Fragen aufgeworfen, die nicht ohne weiteres bei einer schlüssigen Analyse umgangen werden können:

- Hatte der Boykott deutscher Erzeugnisse aufgrund der Maßnahmen der „American Leage for the Defense of Jewish Rights" (ALDJR) zu wirtschaftlichen Schwierigkeiten geführt, die von Relevanz für die weiteren Entscheidungsprozesse waren?[608]
- Wie ist es zu bewerten, dass die USA Anfang 1939 die Verhandlungen zu einem deutsch-englischen Handelsvertrag torpedierten?[609]
- Konnten die jeweiligen Wirtschaftssysteme der am Konflikt beteiligten Länder die Lasten eines Wettrüstens tragen?

Über einen bevorstehenden Zusammenbruch des deutschen Wirtschafts- und Finanzsystems wurde seinerzeit bereits vor dem Ausbruch des Krieges in der ausländischen Presse spekuliert, wobei mehrheitlich die Rüstungsausgaben als das zentrale Problem angesehen wurden. Hohe Kosten bei der Errichtung von Fortifikationswerken sowie aufgrund der Integration von Österreich und dem Sudetenland nach dem Anschluss wurden vermutet. Ereignisse wie die Entlassung des Freimaurers Dr. Hjalmar Schacht als Reichsbankpräsident am 20. Januar 1939 erregten in der ausländischen Presse deshalb lebhaftes Aufsehen und führten zu „*ausführlichen Betrachtungen über die vermeintlichen Hintergründe der Sensation, die gegenwärtige deutsche Wirtschafts- und Finanzlage*".[610] Es ist zutreffend,

---

606 Zit. nach Pijl 1996, S. 212.
607 Tansill 1954, S. 380.
608 Da Deutschland mit diesem Boykott relativ gut klar kam, wird dieses Thema im Kapitel über die USA im Zusammenhang mit der Beeinflussung der öffentlichen Meinung noch einmal aufgegriffen.
609 Vgl. Pearson / Allen 1939.
610 Eine Dokumentation von Presseartikeln: „Der Rücktritt Dr. Schachts in der französischen Presse vom 21.1 – 23.1.39, Berlin, den 25.1.39", BA-Berlin, R901, Nr. 60390, S. 77-79. Es ist zutreffend, dass sich die volkswirtschaftlichen Ansichten von Schacht zunehmend von denen anderer Nazis unterschieden, aber diese Meinungsverschiedenheit bedeutete nicht gleichzeitig einen Systemkollaps, vgl. Hearden 1987, S. 121. Schacht war 1906 in die Berliner Loge „Urania zur Unsterblichkeit" aufgenommen worden. 1949 Mitglied der Loge „Zur Brudertreue an der Elbe" in Hamburg, vgl. Minder 2004, S. 123.

dass sich die volkswirtschaftlichen Ansichten von Schacht zunehmend von denen anderer Nazis unterschieden, aber diese Meinungsverschiedenheit implizierte nicht gleichzeitig einen Systemkollaps. Für Schacht stand fest, dass ein friedlicher Handel mit dem Rest der Welt Deutschlands ökonomische Probleme lösen würde. Hitler dagegen hatte andere Ideen. Er war der Meinung, dass eines Tages Deutschland militärisch so stark sei, dass niemand es davon abhalten könnte, sich die benötigten natürlichen Ressourcen von seinen Nachbarn unter Androhung von Gewalt anzueignen. Auch so könnte man die wirtschaftlichen Probleme lösen.[611] Aus diesem Grund verlangte er von Göring im Herbst 1938 die Rüstungsanstrengungen enorm zu steigern. In seiner Funktion als Kommissar des wirtschaftlichen Vierjahresplanes hielt Göring am 14. Oktober 1938 im Reichsluftfahrtministerium eine Besprechung ab, in der er folgendes im Hinblick auf die Erfüllung der extremen Forderungen – u.a. sollte die Luftwaffe schnellstens verfünffacht werden – sagte: *„Er stände vor ungeahnten Schwierigkeiten. Die Kassen seien leer, die fabrikatorischen Kapazitäten für Jahre hinaus mit Aufträgen vollgepfropft. Trotz dieser Schwierigkeiten werde er die Lage unter allen Umständen ändern. ... Er werde die Wirtschaft, wenn es notwendig sei, mit brutalen Mitteln umdrehen, um dieses Ziel zu erreichen. Es sei jetzt der Moment da, wo die Privatwirtschaft zeigen könne, ob sie eine Daseinsberechtigung hätte. Wenn sie versagte, ginge er rücksichtslos zur Staatswirtschaft über.“[612]*

Die multipolare Welt befand sich zu dieser Zeit faktisch in der heißen Phase eines Rüstungswettlaufes. Die Akteure waren darauf unterschiedlich gewappnet. Aktuelle, multiperspektivische Forschungen deuten darauf hin, dass Deutschland im internationalen volkswirtschaftlichen Vergleich 1939 nicht schlecht dastand – es gab praktisch keine Arbeitslosigkeit, die Wirtschaftspolitik erschien zumindest mittelfristig als äußerst effizient.[613] Die Folgen der Weltwirtschaftskrise waren durch ein gigantisches kreditfinanziertes Konjunkturprogramm relativ rasch in Vergessenheit geraten. Allerdings war der Aufschwung durch massive Strukturverzerrungen erkauft worden und in materieller Hinsicht an der Arbeiterschaft weitgehend vorbei gegangen. Unter Ökonomen ist der Charakter dieses „Wirtschaftswunders" deshalb umstritten.[614] Im Hinblick auf einen Rüstungswettlauf war Deutschland 1939 im Bereich zukunftsweisender Militärtechnologie weltweit führend (Flugzeugantriebe, Raketentechnik und Nuklearforschung). Kurzum, man war im Ver-

---

611   Vgl. Hearden 1987, S. 121. Schacht war 1906 in die Berliner Loge „Urania zur Unsterblichkeit" aufgenommen worden, vgl. Minder 2004, S. 123.
612   Nürnberger Prozesse, Bd. XXVII, S. 161, Dok. 1301-PS.
613   Vgl. Möller 1998, S. 92.
614   Vgl. Hesse / Köster / Plumpe 2014, S. 76.

gleich zu den Konkurrenten gut aufgestellt, auch wenn der Rüstungsvorsprung bei Flugzeugen dahinschmolz.

Großbritannien dagegen bekam im Gegensatz zu Deutschland seine Arbeitslosigkeit nicht wirklich in den Griff.[615] Durch die Folgen der Weltwirtschaftskrise hatte sich der Charakter des britischen Kapitalismus verändert und es wurde immer schwieriger die traditionell negative Handelsbilanz mit Erträgen aus dem Finanzsektor zu finanzieren.[616]

In Frankreich tendierte das volkswirtschaftliche Wachstum gegen Null. Nachdem das Land zu lange am Goldstandard festgehalten hatte, fiel zwischen 1936 und 1939 der Wert des Franc um 57%, und bei stagnierender Produktivität explodierten die Preise um 40%.[617] Über Frankreichs Schwierigkeiten, den Einkauf von Rüstungsgütern in den USA zu finanzieren, wurde im Vorangehenden schon geschrieben. Demografische Stagnation, mangelnde Produktivität und ein chronisches Leistungsbilanzdefizit waren jedenfalls keine tragfähige Basis für ein Wettrüsten.

In den USA dauert die Große Depression 10 Jahre und erst der Ausbruch des Krieges in Europa markierte ihr Ende.[618] Die Arbeitslosenzahlen in den USA lagen 1933 bei 12,83 Millionen, 1938 bei 10,39 Millionen, 1939 bei durchschnittlich 9,48 Millionen und 1940 immer noch bei 8,12 Millionen.[619] Nach einer zögerlichen Erholung bis zum Sommer 1937 folgte bis zum Sommer 1938 ein scharfer Rückschlag.[620] Nach Ansicht von Wirtschaftshistorikern als auch von Roosevelts Vorgänger Herbert Hoover konnte die tiefe und lange Wirtschaftskrise in den USA nur durch den Krieg beendet werden.[621]

Der ökonomische Flächenbrand, der mit dem Zusammenbruch der New Yorker Börse die Welt erfasste, hatte in den jeweiligen Ländern eine spezifische Prägung. Die These von Timothy W. Mason und Paul Kennedy, dass hinter dem deutschen Angriff auf Polen ein ökonomischer Zwang stand, ist mindestens genauso kontrovers diskutierbar, wie die grundsätzliche Frage, warum es überhaupt volkswirtschaftliche Krisen gibt. Da aber bereits die Volkswirtschaftslehre über Ursachen und Therapiemöglichkeiten großer Krisen kontrovers diskutiert,[622] ist es nach Ansicht des Verfassers dieser Zeilen nicht überzeugend, wenn Historiker meinen, in ökonomischen Zwängen ein schlüssiges Erklärungsmodell für den deutschen An-

---

615   Vgl. Möller 1998, S. 91.
616   Vgl. Hesse / Köster / Plumpe 2014, S. 101f.
617   Vgl. Möller 1998, S. 91f.
618   Vgl. Hesse / Köster / Plumpe 2014, S. 121.
619   Vgl. Jaeger 1974, S. 8, Tab. 1.
620   Vgl. Jaeger 1974, S. 7.
621   Vgl. Hoover 1952, S. 449; vgl. Jaeger 1974, S. 7; vgl. Fijl 1996, S. 212.
622   Vgl. Hesse / Köster / Plumpe 2014, S. 178ff.

griff auf Polen gefunden zu haben. In keinem europäischen Land war 1939 das Wirtschaftssystem tragfähig genug, um ein Wettrüsten langfristig durchzuhalten, wenn man von Stalins Despotie einmal absieht.

Im Gegensatz zu Europa sah in den USA die Lage allerdings anders aus und – ob Zufall oder nicht[623] – drei Tage nachdem Roosevelt am 5. Oktober 1937 in Chicago die aufsehenerregende „Quarantäne-Rede" hielt, äußerte er sich im kleinen Kreis deprimiert über die Zähigkeit der Großen Depression: *„Ich weiß, daß die gegenwärtige Situation das Ergebnis bewußter Bemühungen des Großkapitals und der großen Vermögen ist, den Markt hinabzudrücken, um eine für mich ungünstige Lage zu schaffen . . Die ganze Situation wird in der Wall Street künstlich geschaffen."[624]* Zu dieser Zeit neigte Roosevelt dazu, den scharfen volkswirtschaftlichen Rückschlag *„durch eine Art von Konspirations- und Sabotage-Theorien zu erklären."[625]* Die Möglichkeit, eine ökonomisch ausweglose Situation, eine vermutete „Verschwörung der Wall Street" in andere Bahnen zu lenken, deutet sich hier zumindest an, wenn sie auch nicht beweisbar ist. Völlig unstrittig ist, dass das gigantische Konjunkturprogramm, welches durch den Zweiten Weltkrieg begründet wurde die wirtschaftlichen Problem der USA nachhaltig löste, wie auch Hitlers Aufrüstung als gigantisches Konjunkturprogramm die durch die Weltwirtschaftskrise verursachten wirtschaftlichen Probleme Deutschlands sechs Jahre zuvor gelöst hatte.

Eine weiteres Argument, das gegen die Theorie von Mason und Kennedy spricht, sind die greifbaren Quellen, die Hitler selbst betreffen. In vertraulichen Gesprächen mit Staatsmännern und Diplomaten während des Krieges, in seinen sogenannten Tischgesprächen und Monologen sowie in den testamentarischen Gesprächen mit Bormann im Jahre 1945 taucht dieses Argument nicht auf. Hinweise, die Masons und Kennedys Argument stützen, sind selten: Unmittelbar vor dem Angriff auf Polen gab Hitler die existierenden wirtschaftlichen Probleme bei seiner Darstellung des Entscheidungsprozesses am 22. August 1939 gegenüber seinen Generälen in einem Nebensatz zu und verwies dabei paradoxerweise noch auf den weniger risikobereiten Göring, der einen Krieg verhindern wollte: *„Unsere wirtschaftliche Lage ist infolge unserer Einschränkungen so, daß wir nur noch wenige Jahre durchhalten können. Göring kann dies bestätigen Uns bleibt nichts anderes übrig, wir müssen handeln."[626]* Das klingt mehr danach, als ob jemand jedes nur

---

623   Vgl. Tansill 1956, S. 380f.

624   Kabinettssitzung vom 8. Oktober 1937, zit. nach: Hoover 1952, S. 459.

625   Jaeger 1974, S. 56.

626   ADAP D, Band VII, Dok. 192. Nach Hitler Ansicht tangierten ökonomische Probleme als Folge der Aufrüstung nicht nur die deutsche Volkswirtschaft, wie er in einer Unterredung mit dem Rumänischen König Carol II. am 24. November 1938 andeutet: *„Zur allgemeinen europäischen Lage meinte der Führer, man sei derzeit in einer Phase, in der man scheinbar allerseits den Frieden wünsche, diesen aber nur durch ein Maximum an Aufrüstung*

irgendwie greifbare Argument vorträgt. Seit Jahren führte Hitler keine Kabinettsitzungen mehr durch und es ist unwahrscheinlich, dass er jemals ein Gutachten über die volkswirtschaftliche Situation Deutschlands gelesen hat. Seine Reden und vertraulichen Äußerungen kreisen um viele Themen, aber eben so gut wie überhaupt nicht um komplexe volkswirtschaftliche Fragen und Finanzierungsmodelle. Kurzum: Die These, dass ökonomische Zwänge Hitler bewogen, alles auf eine Karte zu setzen und die Flucht nach vorne anzutreten, ist im Rahmen einer multiperspektivischen Betrachtung nicht hinreichend überzeugend.

Die Sowjetunion in Hitlers Kalkül

Eine militärpolitische Studie der Kriegsmarine beschreibt im April 1939 die Kriegsziele Deutschlands mit *„freie[r] Hand in Mittel- und Osteuropa, gegenüber den europäischen Staaten: Herbeiführung des Anschlusses an ein unter der Führung der Achsenmächte stehendes Mittel- und Osteuropa vom Rhein bis zur Grenze des asiatischen Russlands."*[627] Wo auch immer diese östliche Grenze exakt verlaufen sollte, unstrittig dürfte sein, dass Berlin ein Auge auf die Ukraine geworfen hatte und selbige unter deutsche Kontrolle kommen sollte. Dies hätte aus der Perspektive Berlins idealerweise mit einer Duldung oder Sympathie seitens der Großmächte England und Frankreich vonstatten gehen sollen. Die Ukraine war kein originär nationalsozialistisches Ziel, sondern befand sich im Einklang mit geopolitischen Erfahrungen aus dem Ersten Weltkrieg, basierend auf der Idee einer kontinentalen und blockaderesistenten Großraumwirtschaft.[628] Dieses Ziel würde auch dem mehrjährigen deutschen Werben um Polen einen Sinn geben, denn *„wenn Deutschland mit Ungarn und Polen einen großen Block formen würde, nichts endgültig sei"*, wie es Hitler am 14. Oktober 1938 andeutet.[629] Die geostrategische Ausgangslage eines von Deutschland geführten großen Blocks in Ostmitteleuropa hätte sich hervorragend für eine Expansion in Richtung Ukraine geeignet. Der Arbeit des renommierten Militärhistorikers Rolf-Dieter Müller *„Der Feind steht im Osten. Hitlers geheime Pläne für einen Krieg gegen die Sowjetunion im Jahr 1939"* ist für den aktuellen Stand der Forschung von erheblicher Bedeutung, da der Verfasser überzeugend belegen kann, dass Polen seit 1934 umworben wurde, damit Deutschland seine aggressiven Pläne gegenüber der Sowjetunion

---

sicherstellen zu können glaube. Die Antwort auf München sei in der ganzen Welt Rüstung gewesen. Deutschland sehe dem zwar mit souveräner Ruhe entgegen, rüste aber ebenfalls entsprechend. Deutschland habe heute nicht nur die stärkste Armee, sondern auch die stärkste Luftwaffe der Welt, und es werde dafür sorgen, daß dies so bliebe." ADAP D, Band V, Dok. 254, S. 283.

627   1/Skl. Ia 109, geheime Kommandosache, Studie Ostseekriegsführung, BA-MA, RM 20/1134, S. 9.
628   Vgl. Overy 2009, S. 115. Über das „kurzlebige Ostimperium der Deutschen" im Ersten Weltkrieg, vgl. Münkler 2014, S. 661ff und Golczewski 2010, S. 162, S. 249.
629   ADAP D, Band IV, Dok. 62.

verwirklichen konnte.[630] Müller greift auf die bruchstückhaft erhaltenen Unterlagen der Heeresführung und die vollständig erhaltenen strategischen Planspiele und Studien der Kriegsmarine zurück. Die Planspiele der Jahre 1938/39 lassen Rückschlüsse auf die seinerzeitigen politischen Zielsetzungen und Annahmen zu.

Eine im August 1938 gedruckte „Übungsanordnung für die strategische Übung 1938" der Kriegsmarine beschreibt das angenommene Szenario eines Zweifrontenkrieges folgendermaßen:

> *„Anfang August 1940 ist es zwischen Blauland (Deutschland) und Gelbland (Frankreich) – Schwarzland (Rußland) zu kriegerischen Auseinandersetzungen gekommen.*
>
> *Während von allen anderen Staaten zunächst Beibehaltung der Neutralität zu erwarten ist, erscheint die Haltung Rotlands (Englands) und Grünlands (Italien) unsicher. Vor allem bei Rotland (England) liegen Anzeichen vor, die ein aktives Eingreifen dieses Landes in den Krieg zu Gunsten von Gelbland (Frankreich) in absehbarer Zeit möglich erscheinen lassen."*[631]

In der zu Beginn des Jahres 1939 angefertigten Studie „Nordseekriegsschauplatz in einem deutsch-englischen Seekriege" ging die Kriegsmarine von einem deutsch-italienischen Krieg gegen die beiden Westmächte Frankreich und England aus. Die militärpolitische Lage wurde in der Studie wie folgt beschrieben:

> *„Eine seit längerer Zeit bestehende Spannung zwischen den europäischen Mächtegruppen hatte im Winter 1943 zu einem Kriegsausbruch zwischen Deutschland – Italien einerseits und England – Frankreich andererseits geführt.*
>
> *Die englischen Dominien hatten sich dem Mutterland angeschlossen.*
>
> *Von den Großmächten verhielten sich die Vereinigten Staaten von Amerika, Rußland und Japan bisher neutral.*
>
> *Die Haltung der Vereinigten Staaten und Rußlands war ausgesprochen england-frankreichfreundlich.*
>
> *Japan hielt an einer durchaus deutsch-italienisch-freundlichen Neutralität fest".*[632]

Am 30. Januar 1939, also ungefähr zur gleichen Zeit als die Kriegsmarine in ihrer Studie von einem Konflikt in einigen Jahren ausgeht, unterzeichnete der Oberbefehlshaber des Heeres, Walter von Brauchitsch, den Entwurf einer Aufmarschanweisung mit der Bezeichnung „Fall Ost" über die Annektierung des Memellandes, des Frei-

---

630   Müller 2011.
631   BA-MA, RM 20/1096, S. 15.
632   BA-MA, RM 20/1117, S. 128.

staates Danzig und die Zerschlagung der Tschecho-Slowakischen Republik.[633] Zwei dieser Ziele, die *„Erledigung der Rest-Tschechei"* und die *„Inbesitznahme des Memellandes"* hatte Hitler bereits unmittelbar nach „München", am 21. Oktober 1938 in einem Geheimbefehl anvisiert.[634] Der Entwurf der Aufmarschanweisung „Fall Ost" sah entlang der deutsch-polnischen Grenze defensive Maßnahmen vor. *„Die 2. Armee sichert die deutsche Ostgrenze gegen Polen.... Grenzzwischenfälle müssen vermieden werden. ... Für den Fall eines Angriffs der polnischen Wehrmacht kommt es darauf an, das feindliche Vorgehen von der Grenze ab ... nachdrücklich zu verzögern."* Die in Ostpreußen stationierte 3. Armee ist dafür verantwortlich, *„unter Einsatz aller Mittel bis zum letzten um die Erhaltung der Provinz beim Reich"* zu kämpfen. Im Hinblick auf die offensiven Ziele heißt es in der Studie, dass neben der *„Erledigung der Rest-Tschechei ... Die politische Lage [es] ... erforderlich machen [kann], überraschend das Memelgebiet zu besetzen und zu halten. ... Die politische Lage kann ferner die überraschende Besetzung der Stadt und des Freistaates Danzig verlangen."*[635]. Da nicht klar war, wie Polen, Litauen oder Russland auf die deutsche Aktion reagieren würden, wurden Anweisungen für eine *„kriegerische Verwicklung mit Polen bei litauischer Neutralität"* und als Alternative, wie *„im Falle eines Konfliktes mit Litauen bzw. Rußland bei polnischer Neutralität"* zu verfahren sei, gegeben.[636] Ein gemeinsames Vorgehen Polens und Russlands gegen Deutschland wurde ausgeschlossen und mit einem Eingreifen der Westmächte rechneten die Ersteller der Aufmarschanweisung „Fall Ost" ebenfalls nicht. Nachdem im März 1939 deutsche Truppen in die Tschechoslowakei einmarschiert waren und die Angliederung des Memelgebiets ohne Konflikt vonstatten gegangen war, wurde die Aufmarschanweisung obsolet.

Im März/April 1939 erarbeitete man dann unter der Führung von Generaladmiral Conrad Albrecht eine Studie zum Thema „Ostseekriegsführung", in der sowohl die deutschen Kriegsziele als auch die militärpolitische Lage klar umrissen wurden.[637] Die antirussische Stoßrichtung der deutschen Expansion wurde präzise formuliert:

„Das große Ziel deutscher Politik wird darin gesehen, Europa von der Westgrenze Deutschlands bis einschließlich des europäischen Russlands unter der militärischen bzw. wirtschaftlichen Führung der Achsenmächte zusammenzufassen. Ein solches Mittel- und Osteuropa würde stark

---

633   BA-MA, RH 2/830.
634   ADAP D, IV, Dok. Nr. 81 und Nr. 152.
635   BA-MA, RH 2/830, S. 4f, S. 49 -51.
636   BA-MA, RH 2/830, S. 4f, S. 52.
637   Rolf-Dieter Müller publizierte die Seiten 7 bis 10 in Auszügen: Müller 2011, S. 125f. In den Archivalien steht allerdings *„Russland ist demnach als wahrscheinlicher Kriegsgegner einzusetzen"* und nicht wie bei Müller *„als wahrscheinlichster Kriegsgegner..."*.

genug sein, um sich im Kriege selbst zu ernähren und unter Verzicht auf Rohstoffe anderer Kontinente aus eigenen Mitteln und eigener Macht zu verteidigen. … Die politische Zielsetzung mit der Stoßrichtung nach Osten kann nur <u>gegen Russland</u> verwirklicht werden; ob bolschewistisch oder autoritär spielt dabei nicht die entscheidende Rolle, denn Deutschland fordert von Russland Raum und Rohstoffe. Russland ist demnach als wahrscheinlicher Kriegsgegner einzusetzen."[638]

Die Rolle von Polen sowie der nordischen und baltischen Staaten in einem deutsch-russischen Krieg wird in der Studie unterschiedlich bewertet. *„Für Finnland und die baltischen Staaten ist aber nicht die Frage massgebend, ob sie ihre Neutralität wahren wollen, sondern nur ob ihre Neutralität von den Großmächten geachtet wird.*"[639] Ob Schweden seine Neutralität gegenüber Russland wahren kann, wird bezweifelt. *„Polen … sieht in Rußland seinen Todfeind und hasst Deutschland. Es wird trotz des mit England abgeschlossenen Militärbündnisses … bestrebt sein, seine Neutralität zunächst zu wahren und wird versuchen, erst dann für einen der beiden Gegner Partei zu ergreifen, wenn der voraussichtliche Sieger mit hoher Wahrscheinlichkeit zu erkennen ist. In Anbetracht der polnischen militärischen Machtmittel werden sowohl Russland wie auch Deutschland durch Achtung der Neutralität zu vermeiden suchen, dass Polen auf die Seite des Gegners gedrängt wird*"[640]

Das Paradoxe an der Studie von Generaladmiral Conrad Albrecht war, dass Deutschland und Russland gar keine gemeinsame Grenze hatten, um Krieg gegeneinander zu führen. Da sich die polnische Seite aber den deutschen Avancen hartnäckig verweigerte, existierte kein Aufmarschgebiet, nicht einmal eine exterritoriale Verbindung nach Ostpreußen, um einen so ambitionierten Plan zu verwirklichen. Hitler sah sich also gezwungen, einen antipolnischen Kurswechsel zu vollziehen und das Land als politischen Faktor im Sommer 1939 auszuschalten. Am 11. April 1939 erteilte Hitler die Weisung für den „Fall Weiß", den Angriff auf Polen. Offensichtlich schwebte ihm aber auch nach der militärischen Niederwerfung des Nachbarlandes eine Zusammenarbeit mit einer neuen Regierung aus polnischen Kollaborateuren vor. Nach der Einnahme Krakaus bildeten Soldaten der Wehrmacht eine Ehrenwache an der Gruft Pilsudskis.[641] In seiner Danziger Rede am 19. September 1939 lobte Hitler ausdrücklich die vernünftige Politik des 1935 verstorbenen Marschalls und verteidigte seine Korridorvorschläge.[642] Das polnische Volk hat diesen

---

638   1/Skl. Ia 109, geheime Kommandosache, Studie Ostseekriegsführung, BA-MA, RM 20/1134, S. 7f.
639   1/Skl. Ia 109, geheime Kommandosache, Studie Ostseekriegsführung, BA-MA, RM 20/1134, S. 19.
640   1/Skl. Ia 109, geheime Kommandosache, Studie Ostseekriegsführung, BA-MA, RM 20/1134, S. 15.
641   UfA Ton-Woche, 20. September 1939.
642   Hitler 1940, S. 44f.

Krieg gewählt, so Hitler, *„weil andere es in diesen Krieg hineinhetzten*[643]. Nachdem es nunmehr besiegt wurde, hat Deutschland *„damit jenen Zustand herbeigeführt, der es vielleicht ermöglicht, in Vernunft und in Ruhe dereinst mit Vertretern dieses Volkes sprechen zu können.*"[644] Aber Hitler täuscht sich. Die Polen blieben auch nach ihrer Niederlage verschlossen, ein „polnischer Marschall Petain" ließ sich nicht finden, es gab keine Kollaboration, keine Freiwilligen für eine polnische Waffen-SS-Division. Von den spezifischen Eigenschaften des polnischen Nationalcharakters mittlerweile desillusioniert stellte Hitler 1942 fest, *„eine nachsichtige Behandlung des Polentums sei keinesfalls angebracht.*"[645]

Wie bereits dargestellt, war aufgrund der polnischen Verweigerung und den Avancen der Westmächte gegenüber dem Kreml Hitler gezwungen, die Rolle der Sowjetunion zu überdenken. Damit er die Gefahr eines Zweifrontenkriegs und eine Einkreisung vermeiden konnte, war er in seiner Bedrängnis bereit, ein Bündnis mit Stalin einzugehen. Für Danzig und den Korridor zahlte Deutschland im August 1939 einen hohen Preis: Die gesamte baltische Küste, ein rund 200 Kilometer breiter Streifen in Ostpolen und Teile Finnlands kamen unter sowjetische Kontrolle.[646] Da die Westmächte nur Deutschland den Krieg erklärt hatten und sich Friedensgesprächen verweigerten, war Hitler gezwungen, sich mit dem roten Diktator noch eine Zeit lang zu arrangieren.

Analysiert man anhand der vertraulichen Aufzeichnungen die Unterredungen Hitlers mit Staatsmännern und Vertretern des Auslands, so können wir entnehmen, dass seine Beurteilung Russlands und Stalins temporär einem Wandel unterworfen war. Zu Beginn seiner politischen Tätigkeit bildeten Judentum und Bolschewismus eine Einheit, wie er in „Mein Kampf" zu Papier gab:

„Man vergesse doch nie, daß die Regenten des heutigen Rußland blutbefleckte gemeine Verbrecher sind, daß es sich hier um einen Abschaum der Menschheit handelt, der, begünstigt durch die Verhältnisse in einer tragischen Stunde, einen großen Staat überrannte, Millionen seiner führenden Intelligenz in wilder Blutgier abwürgte und ausrottete und dann seit bald zehn Jahren das grausamste Tyrannenregiment aller Zeiten ausübt. ... Man vergesse nicht, daß der internationale Jude, der Rußland heute restlos beherrscht, in Deutschland nicht einen Verbündeten, sondern einen zu gleichem Schicksal bestimmten Staat sieht. ... Im russischen Bolschewismus haben wir den im zwanzigsten Jahrhundert

---

643   Hitler 1940, S. 50.
644   Hitler 1940, S. 53.
645   Picker 1951, S. 69, Tischgespräch vom 5. April 1942
646   Vgl. Müller 2011, S. 127, S. 150.

unternommenen Versuch des Judentums zu erblicken, sich die Weltherrschaft anzueignen."[647]

Diese „Weltverschwörung" zu stoppen und der Kampf gegen den „Jüdischen Bolschewismus" war eines seiner zentralen Anliegen. Den deutschen Diplomaten war aber nicht entgangen, dass der jüdische Einfluss in Moskau durch Stalin in der zweiten Hälfte der 1930er Jahre zurückgegangen war und ein russischer Chauvinismus sich bemerkbar machte.[648] Möglicherweise unter dem Eindruck des deutsch-sowjetischen Nichtangriffspaktes, dem noch ungewissen Ausgang des Westfeldzuges und Schilderungen Ribbentrops, der Stalin ja persönlich kennen gelernt hatte, änderte Hitler seine Ansicht. Gegenüber dem schwedischen Entdecker und Publizisten Sven Hedin betont Hitler am 4. März 1940, dass Stalin eine *„nationalrussische Politik"* mit einem Drang nach eisfreien Häfen betreibe.[649] Mussolini teilt Hitler am 18. März 1940 mit: *„Da aber England den Kampf gesucht habe, so sei er zum Zusammengehen mit Rußland gezwungen gewesen. Im übrigen mache Rußland auch eine große Wandlung durch. Stalin sei ein absoluter Autokrat, und wenn man statt Stalin 1940 einen russischen Zaren von 1540 setzte, so habe sich eigentlich nichts ge*ändert."[650]

Ein halbes Jahr später erkennt man, dass der Kampf gegen den „Jüdischen Bolschewismus" wieder zu seinem Hauptanliegen wird und er die temporäre Annäherung der Systeme als das sieht, was es war – eine Notlösung. Am 28.10.1940 erklärt er Mussolini, dass *„das Zusammengehen mit Rußland lediglich Überlegungen der Nützlichkeit entspräche. Genauso mißtrauisch wie Stalin ihm (dem Führer) gegenüber, sei auch er Stalin gegenüber."*[651] Nach den aus deutscher Sicht unbefriedigend verlaufenen Verhandlungen mit Molotow in Berlin im November 1940 teilt Hitler dem bulgarischen Gesandten Draganoff am 3. Dezember 1940 mit, dass *„die russische Armee nicht mehr als ein Witz sei. Stalin sei klug und wolle eben Geschäfte machen, wo er sie machen könne."*[652] Dem italienischen Außenminister Graf Ciano sagte er am 25. März 1941, dass Deutschland im Herbst und Winter *„wehrlos jeder russischen Erpressung ausgesetzt [sei]. Das wüßte Stalin genau. Daher sei auch der Sommer die Saison rus-*

---

647 Hitler M.K. 1940, S. 750f.

648 Vgl. Herwarth 1982, S. 230.

649 Hillgruber 1967, S. 79. Auch wenn Hitler, wie andere Politiker auch, als ein Meister der Verstellung und Manipulation gilt, sind diese vertraulichen Mitteilungen im Vergleich zu anderen greifbaren Aussagen doch von hoher Tragfähigkeit, da zeitnah und im Gesamtkontext sich hier ein relativ schlüssiges Bild ergibt.

650 Hillgruber 1967, S. 96.

651 Hillgruber 1967, S. 288. Hitler erörtert bereits einen Monat nach dem Waffenstillstand mit Frankreich am 21. Juli 1940 den möglichen Zeitpunkt eines Beginns eines Feldzuges gegen die Sowjetunion, vgl. Ueberschär 1998, S. 23.

652 Hillgruber 1967, S. 385; ADAP D, Band XI, Dok. 438, S. 643.

sischer Höflichkeit, während im Winter sich die russische Haltung ins Gegenteil verwandelt."[653]

Nach dem deutschen Angriff auf die Sowjetunion betont Hitler gegenüber dem japanischen Botschafter Oshima[654] und dem Grafen Ciano[655] den menschenverachten Charakter des stalinistischen Systems und prognostiziert dessen zeitnahen Zusammenbruch. Am 18. Dezember 1942 teilt Hitler Graf Ciano mit: *„Im Winter 1940/41 habe er daher auch versucht, die russischen Aspirationen auf einen anderen Weg zu lenken, wie überhaupt die Zusammenarbeit mit Rußland keine Liebesehe, sondern eine Vernunftsregelung sein sollte, um der russischen Dynamik eine andere Richtung zu geben.*"[656] Als sich das Kriegsglück an der Ostfront wendet und die Kapitulation der 6. Deutschen Armee in Stalingrad bevorsteht, zollt er Stalin in einem vertraulichen Gespräch mit dem rumänischen Marschall und Staatsführer Ion Antonescu Respekt. Im Gegensatz zu Churchill und Roosevelt sei Stalin *„als großer Gegner zu bewerten.*"[657] Und während Hitler im Sommer 1941 noch prophezeite, dass die Rote Armee wie ein Kartenhaus zusammenbreche werde, behauptete er am 10. Januar 1943, dass er *„bei Ausbruch des russischen Krieges … die Russen für … beachtenswerte militärische Gegner hielte.*"[658] 1944 äußert er sich gegenüber Mussolini: *„Die Russen hätten ihren Stalin"*[659] und im gleichen Duktus zu Antonescu *„Ohne Stalin wäre damals Rußland auch sicherlich zusammengebrochen. Nur dessen fanatischer Wille und unbezähmbare Energie hätten es Rußland ermöglicht, die Krise durchzustehen.*"[660]

In der Zeit zwischen dem deutsch-sowjetischem Nichtangriffspakt und dem Besuch Molotows in Berlin – also einem Zeitraum von rund 15 Monaten – hatte Hitler bei allem Misstrauen gegenüber Stalin zumindest alternativ auch über die Möglichkeit einer friedlichen Koexistenz der deutsch-sowjetischen Beziehungen nachgedacht. Im Gegensatz zu Stalin erkannte er aber nicht die geopolitischen Vorteile, über die die UdSSR verfügte, wie z.B. Transit zwischen Deutschland und Japan.[661] Eine Anerkennung des „Wrotsch" (Führer) als „überragende Persönlichkeit" ist bei allen Gesprächen erkennbar,[662] obwohl auch hier Differenzierungen dokumentiert sind – vom absoluten Autokraten zum klugen Geschäftemacher, vom

653 Hillgruber 1967, S. 496.
654 Am 15. Juli 1941, vgl. Hillgruber 1967, S. 601 bzw. Hillgruber 1970, S. 544.
655 Am 25. Oktober 1941, vgl. Hillgruber 1967, S. 628.
656 Hillgruber 1970, S. 170.
657 Hillgruber 1970, S. 207.
658 Hillgruber 1970, S. 208.
659 Hillgruber 1970, S. 425.
660 Hillgruber 1970, S. 490.
661 Vgl. Wolkow 2003, S. 49; vgl. Besymenski 2003, S. 187ff.
662 Vgl. Hillgruber 1970, S. 19.

menschenverachtenden Tyrannen zum großen Gegner. Gleichwohl verneint Hitler die Wesensverwandtschaft beider Systeme beinahe durchgängig.[663] Eine Ausnahme bildet das Gespräch mit Mussolini am 18. März 1940, wo er bei den vermeintlichen Wandlungen des russischen Staates auf einen für ihn extrem wichtigen Aspekt hinweist: *„Auch die Juden würden in immer größerem Ausmaße aus den Zentralstellungen der russischen Verwaltung herausgedrängt."*[664]

Mit dieser Feststellung lag Hitler nicht grundsätzlich falsch. Es war eine nicht zu übersehende Tatsache, dass den Stalinistischen Säuberungen ehemalige Mitglieder des Politbüros der KPdSU und der Regierung mit jüdischen Wurzeln zum Opfer fielen. Eine mit dem Nationalsozialismus vergleichbare systematische Ausgrenzung und Entrechtung der Juden fand allerdings nie statt. Die Stellung von Lasar Moissejewitsch Kaganowitsch (Kogan) als einer der mächtigsten Männer in der sowjetischen Führung verringerte sich erst Ende 1948 im Zusammenhang mit der von Stalin geförderten antisemitischen Kampagne.[665] Eine Anekdote die angeblich Molotow erzählte, deutet an, dass 1940 dieses Thema für Stalin noch wenig Gewicht hatte und er Antisemitismus für eine Marotte Hitlers hielt: *„Auf der Sitzung des Politbüros las Stalin die Liste der Delegationsteilnehmer vor, die an den Verhandlungen mit den Deutschen teilnehmen sollten, und fragte: „Will jemand etwas entgegnen oder hinzufügen?" Wie immer meldete sich niemand. „Dann will ich euch etwas sagen. Wir nehmen noch Kaganowitsch auf die Liste. Er soll nichts sagen, aber schon der Anblick eines Juden wird Hitler ärgern."*[666]

Fazit

Es gestaltet sich schwierig, die im vorangehenden aufgezeigten Fragmente einer gescheiterten Politik so zusammenzufügen, dass man eine schlüssige Antwort auf die Frage erhält, warum Deutschland 1939 Krieg führte. In jeder Hinsicht, ob man die architektonischen Visionen Hitlers, die geopolitische Grundtendenz, die Autarkiepolitik, den Stand der Aufrüstung, die wirtschaftliche Lage, die gescheiterte Polenpolitik oder das Bündnis mit der Sowjetunion betrachtet, *„gemessen an seinen Erfahrungen, Zielen und Visionen"*, so das Urteil des Historikers Rainer F. Schmidt, befand sich Hitler ideologisch, geostrategisch und machtpolitisch am 3. September

---

663   Eine Auflistung von Gemeinsamkeiten beider Systeme folgt im nächsten Kapitel.

664   Hillgruber 1967, S. 96.

665   Stalin warf den sowjetischen Juden primär „Kosmopolitismus" vor, da sie vereinzelt Kontakte zu Juden und jüdischen Organisationen außerhalb des sowjetischen Machtbereichs pflegten. Molotows Machtverlust 1949, nachdem sich seine Frau Polina Schemtschuschina mit den israelischen Botschaftern Golda Meir getroffen hatte, ist exemplarisch für diese antisemitische Periode des Stalinismus.

666   Borew 1992, S. 37.

„im falschen Krieg ... Statt Europa mit Du'dung des konservativen England vom Bazillus des Kommunismus zu befreien, san er sich nun auf das Wohlwollen und die materielle Unterstützung der Sowjetunicn angewiesen."[667] Oder wie es Ribbentrop in Nürnberg formulierte: *„Hitler war bis zum Schluß der Überzeugung, es sei die große Tragik dieses Krieges, daß in der Auseinandersetzung zweier Welten – zwischen dem Osten und dem Abendland – der Westen dem Volk, das diesen Kampf für Europa und die Kulturwelt führe, in den Rücken falle."*[668]

Wie konnte dieses Desaster eintreten, wo doch Hitler jahrelang mit seinem politischen Instinkt richtig gelegen hatte? Im Gegensatz zu Bismarck, der im Zusammenhang mit der „Krieg-in-Sicht-Krise" 1875 erkannte, dass jeder Versuch, Macht und Einfluss des Deutschen Reichs mittels Präventivkrieges oder aggressiver Politik weiter auszubauen, unabsehbare Gefahren für die deutsche Nation nach sich ziehen würde, glaubte der Diktator, dass Frankreich, Großbritannien und die USA passiv bleiben würden, wenn Deutschland die Hegemonie über Mittel- und Osteuropa mit militärischen Mitteln erzwingen würde. Alle vorgetragenen Argumente lassen darauf schließen, dass Hitler beabsichtigte, einen politischer Block unter deutscher Führung in Mittel- und Südosteuropa zu erschaffen – einen Raum, der zumindest in Teilen von Deutschen bereits über Jahrhunderte hinweg besiedelt wurde. Dieser Block sollte mittels einer annähernd autarken Planwirtschaft unter deutscher Führung auch ökonomisch kontrolliert bzw. „ausgebeutet" werden. Konsequenterweise war eine direkte Form von Herrschaft angestrebt. Die Hegemonie über die Ukraine spielt im Zusammenhang mit diesen Autarkiebestrebungen eine zentrale Rolle. Die Autarkiebestrebungen, die in den 1930er Jahren ein weltweites Phänomen waren, wurzelten in den Erfahrungen des Ersten Weltkrieges und den Folgen der Weltwirtschaftskrise.

Der deutsch-sowjetische Nichtangriffspakt war eine Notlösung, ein Produkt von Einkreisungsobsessionen. Wäre es Deutschland gelungen, seinen offenen Problemkatalog mit Polen diplomatisch abzuarbeiten, hätte es eine deutsch-sowjetische Annäherung nie gegeben. Stalin gegenüber blieb Hitler sehr misstrauisch, einerlei ob dieser eine Transformation des vermeintlichen „jüdischen Charakters" des Kommunismus hin zu einer „nationalrussischen Politik" vollzog oder nicht. Im Anschluss an den deutsch-sowjetischen Nichtangriffspakt vom Sommer 1939 beobachtete Hitler die Politik Stalins eine Weile. In der zweiten Hälfte des Jahres 1940 kam er zu dem Schluss, dass es unmöglich sei, langfristig mit der Sowjetunion zusammenzuarbeiten. Der Kampf gegen den „jüdischen Bolschewismus" wurde

---

667   Schmidt 2002, S. 375.
668   Ribbentrop 1953, S. 268.

nach dem Intermezzo 1939/40 erneut zur treibenden Kraft nationalsozialistischer Außenpolitik. Ein Krieg mit den Westmächten, wenn er denn je geplant war, hatte eine bedeutend geringere Priorität. Dass es vorher dazu kam, wurde in nicht geringem Maße dadurch verursacht, dass Hitler und Ribbentrop den politischen Einfluss der USA unterschätzten und die mahnenden Worte der deutschen Botschafter in Washington und London nicht zur Kenntnis nahmen. Ferner, dies wird im folgenden beleuchtet, wurden im „Pokerspiel der Diktatoren" die diplomatischen Schachzüge Stalins unterschätzt; der gebürtige Georgier stellte dem gebürtigen Österreicher mit seinen Annäherungssignalen eine Falle.

DRITTER TEIL – DIE SIEGER

Kapitel 5: Moskauer Realpolitik

Als „orientalischer Despotie"[669] (Karl A. Wittfogel) kann man im Falle der Stalinistischen Sowjetunion auf eine Analyse der Innenpolitik als Rahmenbedingungen für die Außenpolitik getrost verzichten. Auch die Vorgeschichte mit der russischen Revolution, dem Bürgerkrieg, Stalins Aufstieg und seinem Kampf um die Macht ist für die Vorgeschichte des Zweiten Weltkriegs von untergeordneter Bedeutung.[670] Stalin war ab 1927 der uneingeschränkte Alleinherrscher der Sowjetunion und im Folgejahr begann mit dem ersten Fünfjahresplan die Industrialisierung der Sowjetunion. Die rasante Umstrukturierung vom Agrarstaat zum Industriestaat bildete die Basis für die Aufrüstung der Roten Armee. Im Vorfeld des Zweiten Weltkriegs verfügte die Sowjetunion über eine riesige, teilweise modern ausgerüstete Streitmacht. Keine andere Armee war in Bezug auf die Anzahl der Panzer, der Geschütze, der Flugzeuge und U-Boote mit der russischen numerisch vergleichbar.

Aufgrund der totalen, personifizierten Macht ist es im Hinblick auf die Ursprünge des Zweiten Weltkrieges aus Moskauer Perspektive ausreichend, sich mit den Gedanken Stalins an der Schwelle zum Weltkrieg vertraut zu machen. Als alter Bolschewik war er von ideologischen Überzeugungen geprägt, aber taktisch außerordentlich flexibel und moralisch unterschied er nicht zwischen den einzelnen kapitalistischen Staaten, zu denen er auch das nationalsozialistische Deutschland zählte. Seine Ideologie stand von Beginn an im Dienste der Realpolitik.[671] Und obwohl er für ungeheure Verbrechen vor Kriegsbeginn verantwortlich war, seinem brutalem Regime waren bis 1939 schon Millionen Menschen zum Opfer gefallen, *„bei der Pflege internationaler Beziehungen war er in höchstem Maße Realist –*

---

669 Vgl. Wittfogel 1962, S. 188ff, S. 199ff, S. 505ff. Wittfogel versteht unter dem Begriff „orientalische Despotie" eine „nichtwestliche Lebensordnung". Wesentliches Merkmal der orientalischen Gesellschaft und Staatsordnung ist die Fähigkeit zu außerordentlichen Baumaßnahmen, weshalb Wittfogel auch den Begriff „hydraulische Gesellschaft" benutzt. Eine bürokratisch-despotische Klassenherrschaft besteht im Wesentlichen aus dem Herrscher, seinem Hof, Beamten, politischem Eunuchentum, „gemeinen Freien" und Sklaven. Für die Beherrschten gibt es kaum Eigentum und Freiheit.

670 Einen interessanten Einblick in die Vorgeschichte der russischen Revolution liefert Anthony C. Sutton mit seinem Buch „Wall Street and the Bolshevik Revolution". Diese Ereignisse sind aber, wie auch der Aufstieg Hitlers, über den Sutton ebenfalls investigativ recherchierte, nicht Gegenstand dieser Arbeit.

671 Vgl. Kissinger 1994, S. 351ff.

geduldig, schlau, unerbittlich, der Richelieu seiner Zeit"[672] so das Urteil eines ausgewiesenen Experten. Es überrascht deshalb nicht, dass Stalin, nachdem zuerst mit London und Paris verhandelt wurde, er sich praktisch in allerletzter Minute – wahrscheinlich zwischen dem 18. und dem 21. August 1939 – für ein Abkommen mit Berlin entschied.[673] Die sowjetische Bündnispolitik von 1939 stand der zaristischen von 1914, als Russlands Allianz mit dem wichtigsten Bündnispartner Frankreich schon Jahrzehnte bestand hatte, in diesem Punkt diametral entgegen.

Die Quellenlage

Die Historiker waren lange mit der deprimierenden Tatsache konfrontiert, dass der Zugang zu wesentlichen Quellen verschlossen war. Die Sowjetunion hielt es nicht einmal für nötig, die Existenz des geheimen Zusatzprotokolls zuzugeben, in dem die Interessensphären zwischen Deutschland und der UdSSR in Osteuropa aufgeteilt waren. Zeitnahe Schlüsseldokumente, wie sie auf der deutschen Seite vorliegen und die bei den Kriegsverbrecherprozessen 1945 eine zentrale Rolle spielten – erinnert sei an die „Hoßbach-Niederschrift" (10.11.1937), das Protokoll von Oberstleutnant Schmundt (23.5.1939) und die „Ansprache des Führers vor den Oberbefehlshabern am 22. August 1939" – waren nicht greifbar. Zur Rekonstruktion dessen, was Stalin 1939 im Schilde führte, war man auf weniger belastbare Aussagen angewiesen. Glaubt man einer russischen Anekdote, brach Stalin, nachdem Molotow den Nichtangriffspakt unterzeichnet hatte, in schallendes Gelächter aus: *„Ich habe Hitler betrogen und er glaubt er habe mich betrogen."*[674] Vergleichbares enthüllte der entmachtete, ehemalige Generalsekretär Chruschtschow 1971. Stalin soll nach der Vertragsunterzeichnung im Kreis seiner Gefährten damit geprahlt haben, dass er Hitler reingelegt hatte: *„Natürlich ist alles ein Trick, um zu sehen, wer wen zum Narren halten kann. Ich weiß was Hitler im Schilde führt. Er glaubt, er ist schlauer als ich, aber in Wirklichkeit habe ich ihn überlistet!"*[675]

Wie wir heute wissen, da mittlerweile außerordentlich belastbare Dokumente aufgetaucht sind, sagte Chruschtschow die Wahrheit und die geschilderte Anekdote war vielleicht doch eine authentische Geschichte. Das Problem: Der seinerzeitige Entscheidungsprozess über den künftigen außenpolitischen Kurs der Sowjetunion fand nicht etwa im Zentralkomitee statt, sondern es war ein kleiner Kreis weniger Mitglieder dieses Gremiums, der über das Geschick des Landes befand.

---

672   Kissinger 1994, S. 351.
673   Vgl. Cubarjan 1990, S. 286.
674   Zit. nach: Borew 1992, S. 37.
675   Chruscev 1971, S. 141.

„Inoffizielle Dreier- und Fünfergruppen entschieden über das Schicksal der Sowjetunion – natürlich streng nach dem Willen des Generalsekretärs. Diese Besonderheit des Stalinistischen Regimes war Ende der dreißiger Jahre bereits voll ausgeprägt",[676] so lautete das Urteil des russischen Zeitzeugen und Historikers Lew Besymenski, der in den 1990er Jahren Zugang zu Dokumenten erhielt, die eigentlich nie ein Historiker zu Gesicht bekommen sollte.[677] Ein bis dato unbekannter Vermerk belegte, dass Stalin, Lasar Kaganowitsch, Woroschilow und Molotow, also vier Personen, im Juli 1939 über eine *„Reihe der schwebenden Fragen der deutschen Seite"* im Vorfeld des Nichtangriffpaktes entschieden.[678] Bisher unbekannte Notizen vom Politbüromitglied und Sekretär des ZK, Andrej Shdanow, mit dem Stalin ebenfalls vertraulich die außenpolitischen Beziehungen der Sowjetunion erörterte, undatiert aber aus dem Jahr 1939, sind vermutlich Äußerungen Stalins über Deutschland und dessen Politik:

„Kann man sich mit Deutschland einigen?

Rußland ist der beste Kunde.

Ach wie rührend ist doch das deutsche Herz.

Hitler begreift nicht, daß man den Dolchstoß für ihn vorbereitet.

Daß es sinnlos für ihn wäre, sich im Osten zu schwächen.

Ihn nach Westen lenken.

Der Drang nach Osten hat Deutschland schon einmal enorme Opfer gekostet.

Mit Deutschland übereinkommen.

In Deutschland gibt es Sympathien für das russische Volk und seine Armee."[679]

Derartige auf Zetteln festgehaltene Gedanken sind kein Vergleich zu den umfangreichen Dokumenten, die vertrauliche Äußerungen Hitlers belegen – aber der Historiker muss mit ihnen arbeiten, wenn er nichts besseres zur Verfügung hat. Denn selbst zugängliche Archive können nur das offenbaren, was schriftlich festgehalten wurde. Im Falle von Stalin existiert ein doppeltes Problem: Es gibt kaum Aufzeichnungen und Stalin hielt nicht viel davon, anderen seine Schritte zu erläutern. Wenn er dies tat, dann äußerst selten.[680] Auch gegenüber der Führung der Roten Armee offenbarte er nie in einer mit Hitler vergleichbaren Gesprächigkeit die Motive seines

---

676 Besymenski 2003, S. 228f.
677 Vgl. Besymenski 2003, S. 15ff.
678 Vgl. Besymenski 2003, S. 216: Der Vorschlag ist publiziert in: ADAP D VII, Dok. 685 – Anlage.
679 Zit. nach: Besymenski 2003, S. 214f.
680 Vgl. Besymenski 2003, S. 233.

Handelns.[681] Es bleibt also festzuhalten, dass sich die Herkunft, Dichte und Aussagekraft der Quellenüberlieferungen im Hinblick auf die Absichten der deutschen und der sowjetischen Seite ganz erheblich unterscheiden. Es wäre allerdings voreilig, nur weil es sich schwerer belegen lässt, Stalin weniger aggressive Absichten zu unterstellen als seinem deutschen Gegenspieler.

Eine strukturelle Verwandtschaft der Systeme

Relativ unberücksichtigt in der Geschichtsschreibung ist die strukturelle Verwandtschaft der beiden revolutionären Bewegungen der Zwischenkriegszeit. Dies ist insoweit erstaunlich, da bereits 1951 die bedeutende Gesellschafts- und Politikwissenschaftlerin Hannah Arendt im dritten Teil ihres Hauptwerkes „The Origins of Totalitarianism" die Gemeinsamkeiten des nationalsozialistischen und des stalinistischen Regimes herausgestellt hat. Der bereits im Vorangehenden zitierte Historiker und Publizist William Henry Chamberlin verglich 1952 die totalitären Regime von Deutschland, Italien und Russland miteinander und stellte erstaunliche Ähnlichkeiten fest. Da Chamberlin in seiner Jugend Sympathisant der kommunistischen Ideologie war, lange Jahre in Moskau als Zeitungskorrespondent arbeitete, als Zeitzeuge den ukrainischen „Holodomor" – die Vernichtung durch Hunger – miterlebte und auch im nationalsozialistischen Deutschland sowie in Frankreich arbeitete, ist er ein Zeitzeuge von hoher Authentizität. Die Erfahrungen, die er in beiden totalitären Staaten machte, nährten in ihm die Überzeugung, dass individuellen Rechten und Freiheiten große Bedeutung zuzumessen ist. In seinem Buch „Amerikas Zweiter Kreuzzug – Kriegspolitik und Fehlschlag Roosevelts" betont er, dass Kommunismus und Nationalsozialismus/Faschismus wenig Neigung hatten, die beiderseitige Wesensverwandschaft anzuerkennen. Trotzdem zählt Chamberlin zehn Charakteristika politischer, ökonomischer und moralischer Natur auf, die diesen totalitären Systemen immanent sind:

1. Drei plebejische Diktatoren aus kleinen Verhältnissen, werden als allmächtig und als unfehlbar hingestellt – *„Führer, befiehl, wir folgen Dir!"* – *„Il Duce ha sempre ragione"* – *„Sonne der ganzen Welt!"*, wie Stalin in orientalischer Anbetung verherrlicht wurde – der Personenkult und die persönliche Macht von Hitler, Stalin und Mussolini unterschieden sich kaum.
2. Das Einparteiensystem.
3. Die Kombination von Propaganda, Terror und Verführung der Massen als Herrschaftsinstrument.

---

681   Vgl. Besymenski 2003, S. 89f.

4. Die Verherrlichung des Militarismus.
5. Die vollständige Kontrolle des Staates über die Volkswirtschaft und die Arbeitskraft der Bevölkerung.
6. Der umfassende Einsatz von Zwangsarbeit.
7. Die Bekämpfung der Religion.
8. Ein primitiver Chauvinismus, wobei Chamberlin auf den Unterschied zwischen kommunistischer Theorie und russischer Praxis hinweist – etwa die Behauptung, dass wenig oder so gut wie unbekannte Russen wichtige Entdeckungen und Erfindungen gemacht haben und die Herabsetzung ausländischer Kultur, da dieser kein kommunistischer Geist inhärent sei.
9. Die Pflege von Furcht und Hassgefühlen auf die Welt jenseits der eigenen Grenzen.
10. Die an einen Aberglauben grenzende Gewissheit einer Weltmission. Die vergleichbare Autorität von Stalins Buch „Probleme des Leninismus" mit Hitlers „Mein Kampf", welche beide trotz größer Auflage zu den am wenigsten gelesenen Büchern gehören. Die kommunistische Betonung, langfristig nicht Seite an Seite mit Staaten anderer Gesellschaftsordnungen existieren zu können findet ihr Äquivalent in Hitlers Bestimmung der arischen Rasse und Mussolinis Devise, das 20. Jahrhundert werde das faschistische Jahrhundert sein.[682]

Die eine oder andere Schnittmenge darf in ihrer Trinität bezweifelt werden; die Bekämpfung der Religion hatte in der UdSSR singuläre Formen angenommen und die dortige, fundamental revolutionierte gesellschaftliche Struktur war nicht mit den totalitären, gleichgeschalteten Gesellschaften Italiens und Deutschlands zu vergleichen, wo es keine Änderung der Eigentumsordnung gegeben hatte.[683] Die Moskauer Schauprozesse der 1930er Jahre wurden in diesem Umfang in keiner anderen Diktatur organisiert.[684] Die offene Bekennung zu nationalen und imperialen Zielen war dem Sowjetkommunismus fremd. Trozdem, eine grundsätzliche, strukturelle Verwandtschaft der totalitären Weltanschauungen ist in ihrem unbedingten Willen zur Vernichtung des Gegners, ihrem Gegensatz zu westlichen Werten nicht von der Hand zu weisen: Die Deportation von Millionen Menschen in den Gulag war in Intention und Brutalität mit den nationalsozialistischen Konzentrationslagern in Deutschland vergleichbar. Die 1941/42 errichteten nationalsozialistischen Vernichtungszentren waren *„demgegenüber von vornherein stärker als „Todesmaschinen" für viele Millionen Opfer, denn als Ausbeutungsinstrumente – die sie teilweise auch waren – konzipiert worden"* (Horst Möller).[685] 2010 hat Timothy Snyder in seinem

---

682 Vgl. Chamberlin 1952, S. 22ff.
683 Vgl. Möller 1998, S. 99.
684 Vgl. Möller 1998, S. 102.
685 Möller 1998, S. 103.

Buch „Bloodlands – Europa zwischen Hitler und Stalin" die Gemeinsamkeiten und Unterschiede der stalinistischen Terrorkampagnen und der nationalsozialistischen Unterdrückungs- und Vernichtungspolitik anhand vieler Einzelschicksale eindrucksvoll beschrieben.[686]

In der heutigen osteuropäischen Historiografie im Baltikum und Ungarn wird keine trennende Mauer, wie in Deutschland, zwischen beiden totalitären Systemen gezogen. Neville Chamberlains späte Erfahrung, dass es unmöglich sei, mit dem nationalsozialistischen Deutschland konstruktiv zusammenzuarbeiten, war der Eindruck, zu dem 1945 sowohl die britischen Regierungen unter Churchill und Attlee als auch die amerikanische unter Truman kam – allerdings im Hinblick auf eine längerfristige Zusammenarbeit mit der Sowjetunion.

Stalins geopolitisches Kalkül

Die Auswertung der in den 1990er Jahren zugänglich gemachten vertraulichen Dokumente ergab, dass der russische Diktator schon länger darüber nachdachte, wie er die seit 1933 zerrütteten deutsch-sowjetischen Beziehungen normalisieren konnte.[687] Erste Warnungen vor einer antisowjetischen Politik Berlins kamen schon früh von prominenter Seite. Auf dem XVII. Parteitag der KPdSU klärte Nikolai Bucharin am 31. Januar 1934 seine Genossen über die Gefahr eines deutschen Überfalls auf, indem er explizit auf die Inhalte von Hitlers „*Werbebroschüre Mein Kampf*" einging.[688] Der sowjetische Marschall Tuchatschewski legte Stalin 1935 eine mahnende Denkschrift über Hitlers Angriffspläne vor, indem er sowohl auf die Politik des „Lebensraums", so wie in „Mein Kampf" geschildert, einging, als auch auf Wiederaufrüstung und das gewaltige Rüstungspotential Deutschlands.[689]

Durch einen Agenten im polnischen Außenministerium wurde Stalin 1937 über die deutschen Bemühungen, Polen zum Beitritt zum Antikominternpakt zu bewegen, im Detail unterrichtet.[690] Um einer Einkreisung zu entgehen, versuchte der sowjetische Diktator als Reaktion darauf diskret, jedoch vorerst erfolglos, die deutsch-sowjetischen Handelskontakte zu verbessern. Zu diesem Zeitpunkt lehnte Hitler diese Avancen strikt ab.[691] Dessen ungeachtet verfolgte Stalin sein Ziel, eine

686   Snyder 2013.
687   Vgl. Besymenski 2003, S. 183.
688   Vgl. Besymenski 2003, S. 20ff.
689   Vgl. Müller 2011, S. 76.
690   Vgl. Müller 2011, S. 82, Fußnote 18 mit Verweis auf S. 269.
691   Vgl. Müller 2011, S. 84f.

Einkreisung durch Deutschland, Polen und Japan zu verhindern, geduldig weiter. In einer Anweisung gab das Politbüro dem Volkskommissariat im Februar 1938 grünes Licht für die Aufnahme von bilateralen Verhandlungen mit deutschen Vertretern und im April 1938 deutete die deutsche Seite an, an erhöhten Rohstofflieferungen seitens der Sowjetunion interessiert zu sein. Im Juli 1938 gab es einen ersten Sondierungsversuch durch Ernst von Weizsäcker. Ein inoffizieller Block von deutschen Vertretern der Wirtschaft und Wirtschaftsbehörden setzte sich im November 1938 für einen Ausbau der Handelsbeziehungen ein. Am 10. Januar 1939 erklärte sich die Sowjetunion bereit, das erste Mal seit 1932 wieder eine deutsche Verhandlungsdelegation in Moskau zu empfangen. Während es „offiziell" um Handel und Kredite ging, verliefen im Hintergrund politische Kontakte in alle Richtungen. Seit Anfang 1939 wurde in Europa quasi über Kreuz verhandelt. Die Russen verhandelten mit England und Frankreich, während Deutschland zu gleicher Zeit versuchte mit Polen seinen offenen Problemkatalog abzuarbeiten. Die Polen verhandelten wiederum mit England und Frankreich.[692] Die Amerikaner intrigierten im Hintergrund.

Durch die Garantieerklärung der Westmächte an Polen am 31. März 1939 befand sich Stalin im Hinblick auf den sich anbahnenden europäischen Konflikt nunmehr in einer Schlüsselposition. Er war sich seiner neuen Rolle des Umworbenen bewusst, denn am 10. März 1939 äußerte er in einer Rede auf dem Kongress der Kommunistischen Partei, dass die Sowjetunion nicht gewillt sei, sich „*in Konflikte durch Kriegsprovokateure hineinziehen zu lassen, die gewohnt sind, sich von anderen die Kastanien aus dem Feuer holen zu lassen.*"[693] Zwei Tage vor der Zerschlagung der Tschecho-Slowakischen Republik kabelte am 13. März 1939 die deutsche Botschaft in Moskau nach Berlin, dass Stalin öffentlich leichte Signale der Entspannung gegenüber Deutschland durchblicken ließ.[694] Ribbentrop, der aus wachsender Sorge hinsichtlich der englischen Einkreisungspolitik „*schlaflose Nächte*" hatte, legte Hitler Stalins Rede „*vor und bat dringend um die Ermächtigung zu den erforderlichen Schritten, um festzustellen, ob hinter der Rede wirklich ein ernsthafter Wunsch Stalins stehe. Adolf Hitler zeigte sich zunächst abwartend und zögernd. Als aber die bis dahin eingefrorenen Verhandlungen über einen deutsch-sowjetischen Handelsvertrag in Gang kamen, sondierte ich [Ribbentrop] doch in Moskau, ob die Möglichkeit einer Überbrückung der politischen Gegensätze und eine Bereinigung der zwischen Berlin und Moskau bestehenden Fragen zu erreichen sei. Die*

---

692   Vgl. Besymenski 2003, S. 183ff.
693   ADAP D, Band VI, Dok. 1.
694   Vgl. ADAP D, Band VI, Dok. 1. Dass die Deutschen mit Ihrer Interpretation richtig lagen, bestätige Molotow am 24. August 1939, vgl. Besymenski 2003, S. 134.

Handelsvertragsverhandlungen, die der Gesandte Schnurre sehr geschickt führte, kamen nach verhältnismäßig kurzer Zeit in Gang."[695]

Am 4. Mai 1939 fand ein Wechsel in der Führung des Volkskommissariats für auswärtige Angelegenheiten statt. Wjatscheslaw Molotows überraschende Ernennung wird in ihrer Symbolik von deutscher Seite richtig interpretiert: *„Molotow (kein Jude) gilt als „engster Freund und nächster Mitarbeiter" Stalins. Seine Ernennung soll offenbar Gewähr dafür bieten, daß die Außenpolitik streng im Stalinistischen Sinn fortgesetzt wird."*[696] Auch in der Berliner Botschaft gab es personelle Veränderungen, denn bereits im April 1939 war der sowjetische Botschafter Merekalow unerwartet aus Berlin abberufen worden. Für mehrere Monate oblag dem Botschaftsrat Georgi Astachow die schwierige Aufgabe, die deutsch-russischen Beziehungen voranzubringen und mit Ribbentrop, Weizsäcker und Schnurre zu verhandeln.[697] Einmal traf er sogar Hitler persönlich. Unmittelbar vor der Unterzeichnung des Paktes wurde Astachow dann aber am 19. August 1939 abberufen. In Moskau hatte niemand für ihn Verwendung und Anfang Februar 1940 wurde er verhaftet, gefoltert und verstarb schließlich 1942 in einem Lager. Astachow arbeitete während der entscheidenden Monate des Jahres 1939 auch „unter den Augen" des KGB-Vorsitzenden Lawrenti Berija und musste deshalb ganz offensichtlich „verschwinden", vermutet der Historiker Lew Besymenski.[698] Genauso einleuchtend ist die Vermutung, dass Stalin seine Spuren vor der Nachwelt verwischen wollte, getreu seinem Motto *„Ist der Mensch erst tot, ist das mit ihm verbundene Problem gelöst".*[699] Astachow bezahlte seine Nebenrolle im Pokerspiel der Diktatoren mit dem Leben.

Am 21. Mai 1939 fordert Stalin alle Akten über den Abschluss des sowjetisch-deutschen Vertrages von 1926 und den nachfolgenden Berliner Vertrag an.[700] Die Abstimmungen nehmen weiter Fahrt auf. Der Begriff „Geheimprotokoll" taucht am 3. August 1939 das erste Mal in einem Gespräch zwischen dem Botschaftsrat Astachow und dem Vortragenden Legationsrat Schnurre auf: *„Einleitend wurde der Stand der Wirtschaftsverhandlungen besprochen, wobei Astachow mir bereitwillig seine Sekundanten-Dienste anbot. Die Frage eines politischen Gedankens in der Präambel oder in einem geheimen Schlußprotokoll wurde von mir in unverbindlicher Form zur Erörterung gestellt. Astachow zeigte sich persönlich an*

---

695   Ribbentrop 1953, S. 170-172.
696   ADAP D, Band VI, Dok. 325.
697   Vgl. Besymenski 2003, S. 193ff.
698   Vgl. Besymenski 2003, S. 209ff.
699   Dieses Motto Stalins wurde dem Verfasser während eines Aufenthaltes in Moskau 1997 mitgeteilt.
700   Vgl. Besymenski 2003, S. 215.

Moskau, Kreml 23. August 1939 – nach hektischen diplomatischen Aktivitäten wird ein deutsch-sowjetischer Nichtangriffspakt mit einem geheimen Zusatzprotokoll u.a. über die vierte Teilung Polens abgeschlossen. Josef Stalin und der deutsche Reichsaußenminister Joachim von Ribbentrop nach der Unterzeichnung im Gespräch.

diesem Gedanken positiv interessiert", gibt der Deutsche zu Protokoll.[701] Während die Deutschen mit den Sowjets die Zeit nutzen und mit ihren Verhandlungen zügig vorankamen, verhandelte zwischen dem 11. und 17. August eine britische und französische Militärmission erfolglos in Moskau. Die britisch-französischen Vorschläge bestanden darin, einen gegen Deutschland gerichteten Dreimächtepakt zu bilden. Eine von Boris Schaposchnikow, dem Stabschef der Roten Armee, erarbeitete Denkschrift über die Kriegsvarianten ging zu dieser Zeit von folgenden Möglichkeiten aus:

„(1) Deutscher Angriff auf Frankreich und England;

(2) deutscher Angriff auf Polen;

(3) Ungarn, Bulgarien überfallen mit deutscher Unterstützung Rumänien;

(4) Deutschland greift die Sowjetunion über das Territorium von
Estland, Lettland und Finnland an."[702]

Da die Sowjets während der Gespräche für den Kriegsfall die Durchmarscherlaubnis sowjetischer Truppen durch polnisches und rumänisches Territorium fordern, Polen sich dem aber trotz britischer und französischer Bemühungen widersetzt, scheitern die Gespräche.[703] In dem diplomatischen Durcheinander bis zum 24. August 1939 erwies sich Stalin als kühler Rechner und Stratege an zwei Fronten. Denn während er in Europa eine gefährliche Situation mit diplomatischem Geschick abwenden konnte, gelang ihm zeitgleich in Asien – wo es seit 1937 immer wieder zu Kämpfen mit der japanischen Armee gekommen war – ein militärischer Befreiungsschlag. Zwischen dem 20. und 31. August 1939 vernichtete die Rote Armee im Länderdreieck Innere und Äußere Mongolei – Mandschurei eine komplette japanische Division.[704]

Wie nüchtern und ideologisch unbefangen sich Stalin einem Sachverhalt näherte, zeigt eine der wenigen handschriftlich erhaltenen Dokumente des Diktators, undatiert. Mittels einer Gegenüberstellung hält er fest, auf welche Stoffe und Komponenten sich die Wirtschaftsbeziehungen zwischen Deutschland und der Sowjetunion beziehen könnten:[705]

---

701   ADAP D, Band VI, Dok. Nr. 761.

702   Musial 2008, S. 402. Denkschrift vom 10. Juli 1939, die folgende Denkschrift vom 11. August 1939 unterscheidet sich kaum.

703   Vgl. Musial 2008, S. 403f.

704   Vgl. Coox 1985, S. 663ff. In der Literatur wird auch über die Vernichtung einer kompletten japanischen Armee geschrieben.

705   Besymenski 2003, S. 187f, dort auch Faksimile des Dokuments.

„Jährlich:

Wir	*Die Deutschen*
1) Erdöl	*1) Flugzeuge*
2) Getreide	*2) Marzow ? [Kreuzer Lützow – M.S.]*
3) Baumwolle	*3) Metalle (laut Liste)*
4) Eisenerz	*4) Kleinigkeiten*
5) Schrott	*5) Kohle*
6) Apatit	
7) Buntmetalle."	

Interessant ist der Hinweis auf den Schweren Kreuzer Lützow, ein Schwesterschiff der Admiral Hipper, die unfertig im April 1940 nach Leningrad überführt wird und während der Blockade der Stadt deutsche Truppen beschoss. Es ist kaum bekannt, dass die Sowjetunion ab Mai 1935 ein Flottenbauprogramm initiierte und 1936 offiziell formulierte, welches die seit 1935 erfolgte deutsche Aufrüstung zur See bei weitem übertraf. Das fehlende Know-how zum Großkampfschiffbau versuchten sich die Russen 1935 erst in Italien und dann ab 1936/37 aus den USA zu besorgen. Von dem dortigen Marinekonstruktionsbüro Gibbs & Cox – ein privates Unternehmen – liegt ein Schiffsentwurf in der Größenordnung von 62.000 Tonnen Wasserverdrängung vor. Die mit amerikanischen Regierungsstellen geführten Verhandlungen über die Ausfuhrbewilligung von 40,6 cm Geschützen, Panzermaterial und den Bau eines Großkampfschiffes in den USA auf sowjetische Rechnung ziehen sich hin und führen zu keinem Ergebnis. Die Russen beschließen fortan, die Schiffe auf sowjetischen Werften zu bauen und ab 1939 in Deutschland Leistungen einzukaufen. Wäre diese Flotte mit Neubauten bis 1947 in Dienst gestellt worden – mit 15 Schlachtschiffen, 69 Schlachtkreuzern, zwei Flugzeugträgern, 28 Kreuzern, 243 Torpedobooten, 370 Torpedoschnellbooten und 400 U-Booten, von den Flugzeugträgern abgesehen – wäre sie die numerisch Größte der Welt geworden.[706]

Die Bestelllisten sahen Lieferfristen bis zum Jahr 1943 vor und die wichtigsten Aufträge an Krupp und Rheinmetall wurden Stalin persönlich vorgelegt.[707] Durch den Handel und die wirtschaftliche Zusammenarbeit mit dem hochindustrialisierten Deutschland sollte ein Technologietransfer stattfinden und die sowjetische Wirtschaft entscheidend vorangebracht werden. Priorität hatte dabei der Aufkauf

---

706 Technische Details, vgl. Breyer 1979, S. 140ff. Zur Flottengröße und den Jahreszahlen, vgl. Besymenski 2003, S. 188ff.
707 Vgl. Besymenski 2003, S. 190.

kriegswichtiger Güter.[708] Stalins Ziel war es offensichtlich bis 1942/43 das Land und die Rote Armee in einen kriegsbereiten Zustand zu versetzen.[709]

Welches Ziel verfolgte Stalin mit der Aufrüstung und Modernisierung der Armee? War die Ausrichtung defensiv oder offensiv? Sollte die Armee militärisch eingesetzt werden oder war sie nur ein Druckmittel, um Ziele unter der Androhung von Gewalt zu erreichen? Es gibt immer noch zu viele Ungereimtheiten und offene Fragen, die bis heute Historiker beschäftigen, aber es ist nicht das Ziel dieser Arbeit, diese über das Jahr 1939 hinaus aufzuklären. Der geneigte Leser wird deshalb auf die Bestandsaufnahme des Historikers Rainer F. Schmidt verwiesen: *„Appeasement oder Angriff". Eine kritische Bestandsaufnahme der sog. „Präventivkriegsdebatte" über den 22. Juni 1941."*[710] Hitler – und das ist entscheidend – unterstellte zumindest Stalin erpresserische Absichten. Umgekehrt konnten sich die Sowjets seit der Veröffentlichung des Weißbuches der polnischen Regierung mit der Vielzahl der dort dokumentierten antirussischen Avancen ein gutes Bild über die deutschen Absichten machen.[711] In vertraulichen Gesprächen hat der deutsche Diktator immer wieder betont, *„er sei überzeugt, dass Rußland in einem günstigen Augenblick Deutschland angegriffen haben würde."*[712] Selbst als der Krieg für Deutschland verloren war, stand Hitler zu diesem Entschluss: *„Das Verhalten der Sowjets im Sommer 1940, die sich das Baltikum und Bessarabien einverleibten, während wir alle Hände voll zu tun hatten, ließ nicht den geringsten Zweifel über die wahren Ziele aufkommen. Und wenn solche wirklich bestanden hätten, der Besuch Molotows im November hätte sie völlig zerstreut. Auch die Vorschläge Stalins nach der Rückkehr seines Außenministers konnten mich nicht täuschen. Stalin, dieser geborene Erpresser, wollte Zeit gewinnen und seine Ausgangspositionen in Finnland und auf dem Balkan verbessern. Ein regelrechtes Katz- und Mausspiel!"*[713]

Es dürfte unbestritten sein, dass Hitler nach dem Besuch Molotows in Berlin im November 1940 Stalin Erpressungs- und Angriffsabsichten unterstellte, dass dieser – bevor er zur Tat schreitet – durch *„eine Art kalte Infiltration"* versuchen würde seine territorialen Ziele zu erreichen.[714] Lag er damit in der Grundtendenz Stalinscher Realpolitik richtig? Es ist anzuerkennende Realität, dass der

---

708   Vgl. Semirjaga 1990, S. 296.
709   Vgl. Besymenski 2003, S. 154.
710   Vgl. Schmidt 2003. S. 220ff.
711   Vgl. Polnisches Weissbuch 1939.
712   Hillgruber 1970, S. 92, gegenüber Mussolini am 13.7.1942. Vgl. auch Hillgruber 1967, S. 587f, S. 590, S. 600, S. 609 und vgl. Hillgruber 1970, S. 50, S. 96, S. *170*, S. 370f, S. 485.
713   Hitler 1981, S. 114.
714   Hillgruber 1970, S. 371.

Japanisch-Sowjetische Neutralitätspakt vom 13. April 1941 am 8. August 1945, zwei Tage nach dem Abwurf der Atombombe auf Hiroshima von Stalin gebrochen wurde. Der Angriff war für die Russen zu diesem Zeitpunkt vom Risiko her betrachtet eine absolut sichere Sache. Stalins 1945 praktizierte Forderungen, nach freier Handhabe gegenüber Nachbarstaaten zwecks bilateraler Beilegung von Konflikten, war seit langem gängige großrussische Praxis. Im Fall von Widerstand griffen die Russen regelmäßig auf Gewalt zurück.[715] Das Jahr 1945 zeigte, dass Hitlers Misstrauen 1939/40 nicht unberechtigt war. Dem Realpolitiker Stalin ist ein Vabanquespiel nicht nachzuweisen. Aber die Quellen bestätigen, dass er sowjetrussische Machtinteressen skrupellos verfolgte und spätestens im Frühjahr 1941 mit einen Krieg – die meisten Indizien sprechen für das Jahr 1942 – gegen Deutschland rechnete. Vier Varianten eines deutsch-russischen Konfliktes hat der Historiker Bernd Bonwetsch für möglich gehalten: *„1. einen sowjetischen Präventivschlag; 2. einen deutschen Angriff auf die Sowjetunion; 3. einen sowjetischen Angriff auf Deutschland nach einer für beide Seiten verlustreichen Auseinandersetzung zwischen England und Deutschland. Dafür fehlte im Sommer 1941 jedoch die Voraussetzung, da keine der beiden Kriegsparteien zu diesem Zeitpunkt ermattet war; 4. den Kriegseintritt der Sowjetunion an der Seite Englands, was die britische Regierung schon seit langem zu erreichen trachtete.“*[716] Variante zwei wurde historische Realität. Variante vier wäre – wenn Nummer zwei nicht stattgefunden hätte – nach heutigem Kenntnisstand die plausibelste.

Es ist ein großes Glück für die Forschung, darauf wurde bereits hingewiesen, dass zumindest eine zeitnahe glaubwürdige Notiz erhalten geblieben ist, in der Stalin seinem engsten Kreis sein geopolitisches Kalkül offenbart, also eine glaubwürdige Begründung liefert, warum er einen Pakt mit Hitler abgeschlossen hat und was er sich davon erhoffte. Es lohnt sich, dieses außerordentlich wichtige Schlüsseldokument, dessen Echtheit von niemandem bezweifelt wird, in voller Länge zu zitieren.[717]

Eine Woche nach Kriegsbeginn trifft sich Stalin mit seinem Außenminister Molotow, seinem engen Mitarbeiter Andrei Shdanow und dem Bulgaren Georgi Dimitroff, Generalsekretär des Exekutivkomitees der Kommunistischen Internationalen (Komintern), im Kreml. Der eigentliche Zweck des Gesprächs ist, dem Bulgaren zu erklären, dass der Pakt mit Hitler der Kommunistischen Internationalen nützt. Was Stalin erläutert, hält Dimitroff akribisch in seinem Tagebuch fest:

---

715 Vgl. Kissinger 1994, S. 462.
716 Bonwetsch 1998, S. 152.
717 Vgl. Besymenski 2003, S. 233ff; vgl. Bonwetsch 1998, S. 146, dort gekürzt.

„7.9.39 – Im Kreml (Stalin, Molotow, Shdanow).
Stalin:
- *Der Krieg wird zwischen zwei Gruppen von kapitalistischen Staaten geführt – (arme und reiche im Hinblick auf Kolonien, Rohstoffe usw.) um die Neuaufteilung der Welt, um die Weltherrschaft!*
- *Wir haben nichts dagegen, daß sie kräftig aufeinander einschlagen und sich schwächen.*
- *Nicht schlecht, wenn Deutschland die Lage der reichsten kapitalistischen Länder (vor allem Englands) ins Wanken brächte.*
- *Hitler selbst zerrüttet und untergräbt, ohne es zu verstehen und zu wollen, das kapitalistische System.*
- *Die Haltung der Kommunisten an der Macht ist eine andere als die der Kommunisten in Opposition.*
- *Wir sind bei uns Herren im Hause.*
- *Die Kommunisten in den kapitalistischen Ländern sind in der Opposition, dort ist die Bourgeoisie der Hausherr.*
- *Wir können manövrieren, eine Seite gegen die andere aufbringen, damit sie sich noch stärker in die Haare kriegen.*
- *Der Nichtangriffsvertrag hilft Deutschland in gewissem Maße.*
- *Der nächste Schritt ist der, die andere Seite anzuspornen.*
- *Die Kommunisten der kapitalistischen Länder müssen entschieden gegen ihre Regierungen, gegen den Krieg auftreten. Bis zum Krieg war es völlig richtig, dem Faschismus das demokratische Regime entgegenzusetzen.*
- *Während des Krieges zwischen den imperialistischen Mächten ist das schon nicht mehr richtig.*
- *Die Unterscheidung der kapitalistischen Länder in faschistische und demokratische hat ihren Sinn verloren.*
- *Der Krieg hat einen grundlegenden Bruch herbeigeführt.*
- *Die Einheitsvolksfront von gestern diente dazu, die Lage der Sklaven im kapitalistischen Regime zu erleichtern.*
- *Unter den Bedingungen des imperialistischen Krieges steht die Frage nach der Vernichtung der Sklaverei!*
- *Heute die Position des gestrigen Tages einzunehmen (Einheitsvolksfront, Einheit der Nation) -bedeutet auf die Positionen der Bourgeoisie abzugleiten.*
- *Diese Lösung wird zurückgenommen.*
- *Der polnische Staat war früher (in der Geschichte) ein Nationalstaat. Deshalb haben ihn die Revolutionäre gegen Teilung und Versklavung verteidigt.*
- *Heute ist er – ein faschistischer Staat, der Ukrainer, Weißrussen usw. knechtet.*

- *Die Vernichtung dieses Staates unter den gegenwärtigen Bedingungen würde einen bourgeoisen faschistischen Staat weniger bedeuten!*
- *Was ist schlechtes daran, wenn wir im Ergebnis der Zerschlagung Polens das sozialistische System auf neue Territorien und die Bevölkerung ausdehnen.*

Wir haben Verträge mit den sogenannten demokratischen Staaten vorgezogen und deshalb Verhandlungen geführt.

- *Aber die Engländer und Franzosen wollten uns als Knechte und zudem nichts dafür bezahlen!*
- *Wie ließen uns selbstverständlich nicht zu Knechten machen, auch wenn wir nichts bekamen.*

Man muss der Arbeiterklasse sagen –

- *Dass der Krieg um die Weltherrschaft geführt wird;*
- *Dass die Herren der kapitalistischen Länder für ihre imperialistischen Interessen kämpfen;*
- *Dass dieser Krieg den Arbeitern, den Werktätigen nichts bringen wird außer Leid und Entbehrung.*
- *Wir müssen entschieden gegen den Krieg und seine Schuldigen auftreten.*
- *Entlarven Sie die Neutralität, die bourgeoise Neutralität der Länder, die bei sich für Neutralität eintreten und den Krieg in anderen Länder mit dem Ziel der Bereicherung unterstützen.*
- *Es ist notwendig, Thesen des Präsidiums des EKKI [Kommunistische Internationale] vorzubereiten und zu veröffentlichen."*[718]

Diese Aufzeichnungen sind sorgfältig zu interpretieren. Die Handlungsanweisungen für die Komintern sind für die Rekonstruktion der Außenpolitik Stalins von untergeordneter Bedeutung. Interessant sind die strategischen Ziele und seine realpolitische Begründung, wie diese zu erreichen sind. Ob er ein Bündnis mit dem Westen vorgezogen hätte, wenn die „Bezahlung" gestimmt hätte, bleibt offen, da sein Misstrauen gegenüber England groß war und wie im vorhergehenden dargestellt, auch gerechtfertigt war. Sich zum „*Knecht*" zu machen, war für Stalin gleichbedeutend, die Hauptlast des Krieges für Dritte zu tragen, die „*nichts dafür bezahlen*" wollten. Was Stalin unter Bezahlung verstand, war wohl nichts anderes als das, was ihm Hitler kurze Zeit später in dem geheimen Zusatzprotokoll zum deutsch-sowjetischen Nichtangriffspakt einräumte. Die Polen, das stand für beide Diktatoren im Sommer 1939 fest, erhielten ihre gerechte Strafe, zum einen weil sie aus Berliner Perspektive die deutsche Minderheit unterdrückten und sich nicht in eine Zusammenarbeit mit

---

718 Dimitroff 2000, S. 273f.

Deutschland einbinden ließen, und zum anderen, aus Stalins Sicht, weil es dann *„einen bourgeoisen faschistischen Staat weniger"* gab, *„der Ukrainer, Weißrussen usw. knechtet."*

Ihm eine defensive Strategie zu unterstellen ist naiv. Im Gegenteil, sein Einlassung *„wenn wir im Ergebnis der Zerschlagung Polens das sozialistische System auf neue Territorien und die Bevölkerung ausdehnen"* war ein klares Bekenntnis zur Expansion. Seine Erläuterung gegenüber Dimitroff, dass *„Der Krieg ... zwischen zwei Gruppen von kapitalistischen Staaten geführt [wird] – (arme und reiche im Hinblick auf Kolonien, Rohstoffe usw.) um die Neuaufteilung der Welt, um die Weltherrschaft! ... Wir können manövrieren, eine Seite gegen die andere aufbringen, damit sie sich noch stärker in die Haare kriegen. Der Nichtangriffsvertrag hilft Deutschland in gewissem Maße. Der nächste Schritt ist der, die andere Seite anzuspornen"* ist ein Schlüsseldokument, welches beweist, dass Stalin die beiden Bündnisse kapitalistischer Staaten in Konfrontation zueinander bringen wollte. Aus der Perspektive des Herrn im Kreml war der Krieg zwischen Deutschland und den Westmächten unvermeidlich. Außerdem wurde der Vertrag abgeschlossen, um die Sowjetunion für einen bestimmten Zeitraum aus dem Konflikt herauszuhalten, bis entweder Deutschland oder die reichen kapitalistischen Staaten Großbritannien und Frankreich geschwächt sein werden. Bis dahin sollte der militärische Konflikt in Mittel- und Westeuropa angeheizt werden.[719] In dieser Gedankenwelt war Deutschlands Rolle gar nicht so weit entfernt von der eines „Eisbrechers" (Viktor Suworow). Dass dieser Krieg um die künftige Weltordnung ging, die besitzenden Länder, die den Status Quo erhalten wollten, gegen die aufsteigenden, die am Reichtum partizipieren wollten, hat Stalin klar erkannt. Die Rolle der Sowjetunion sollte beim Kampf der kapitalistischen Räuber die des „lachenden Dritten" sein.[720] Zweifelsfrei offenbart Dimitroffs Tagebucheintrag eine brillante Analyse, die Stalin als „Richelieu des 20. Jahrhunderts" im „Zweiten dreißigjährigen Krieg" alle Ehre macht.

---

719   Vgl. Smirnov 2013, S. 31.
720   Vgl. Bonwetsch 1998, S. 146f; vgl. Besymenski 2003, S. 235.

Fazit

Hätte Stalin diesen Tagebucheintrag gekannt und wäre er Dimitroffs Notiz Punkt für Punkt vor seiner Abreise zur Siegerkonferenz nach Berlin am 17. Juli 1945 durchgegangen, so hätte er hinter beinahe jedem strategischen Ziel einen Haken setzen können:

* Nicht nur Schwächung, sondern die Vernichtung Deutschlands wurde erreicht.
* Die reichsten kapitalistischen Länder, allen voran England, sind mit einer Ausnahme (USA) geschwächt aus dem Krieg hervorgegangen.
* Innenpolitisch hat das stalinistische System den Krieg uneingeschränkt überstanden.
* Der Zweite Weltkrieg hat zu einem grundlegenden Bruch, einer historischen Zäsur geführt. Die bipolare Weltordnung hat die multipolare abgelöst.
* Der geopolitische Schlüsselstaat Polen ist unter sowjetischer Kontrolle.
* Das sozialistische System wurde auf neue Territorien und Völker ausgedehnt.

Das einzig nicht erreichte Ziel bestand darin, dass das kapitalistische System in keiner Weise zerrüttet war, im Gegenteil – die USA waren nicht nur die unbestrittene Führungsmacht des Westens geworden, sondern alle ökonomischen Probleme, mit denen die New Dealer neun Jahre lang gekämpft hatten, gehörten 1945 der Vergangenheit an.

Stalins Prognose dieser neuzeitlichen Entscheidungsschlacht hatte rückblickend noch zwei weitere Schönheitsfehler. Auch wenn die 1939 zutreffend angenommene Grundtendenz der sich entwickelnden globalen Auseinandersetzung in wesentlichen Zügen richtig prognostiziert war, gab es 1940 und 1941 zwei böse Überraschungen. Der schnelle Zusammenbruch Frankreichs entsprach nicht seinen Erwartungen. Er hatte auf einen langen Zermürbungskrieg gehofft.[721] Die zweite Überraschung, zu der wiederum eine passende Tagebucheintragung von Dimitroff vorliegt, war deutlich schmerzhafter: *„22.6.41 – Sonntag ... Stal[in] zu mir: „Sie haben uns angegriffen, ohne irgendwelche Forderungen zu stellen, ohne irgendwelche Verhandlungen zu verlangen, haben uns niederträchtig überfallen, wie Räuber.“*"[722] Stalins Entsetzen, seine Missachtung von Warnungen im Vorfeld,[723] seine Niedergeschlagenheit nach den anfänglichen Siegen der deutschen Wehrmacht haben dazu geführt, dass viele Historiker sich verleiten haben lassen, ihm defensive, friedliche Absichten zu unterstellen.[724] Es spricht aber zu viel dafür, dass diese Beurteilung am Kern vorbeigeht.

---

721 Vgl. Besymenski 2003, S. 255.
722 Dimitroff 2000, S. 392.
723 Vgl. Andrew / Mitrochin 1999, S. 138ff.
724 vgl. Schmidt 2003, S. 224; exemplarisch hierfür: Gorodetsky 2001.

Bei der Bestimmung des Zeitpunktes eines Krieges mit Deutschland unterlief Stalin ein schwerer strategischer Fehler.[725] Aus diesem Grund war der Realpolitiker so erschüttert. Im Hinblick auf die grundsätzliche Unvermeidlichkeit einer deutsch-russischen Entscheidungsschlacht sowie im Hinblick auf die künftige Hegemonie über Europa teilte er die Sicht Hitlers. Durch den Pakt der beiden Diktatoren verschaffte sich Stalin nicht nur zeitlich einen Puffer. Die Sowjetunion verschaffte sich ein wichtiges räumliches Vorfeld, indem der rund 200 km breite Streifen Ostpolens und das komplette Baltikum einverleibt wurde. Die deutsche Konzeption kriegsentscheidender Schlachten in grenznahen Bereichen verschob sich um diese Territorien nach Westen. Die Eroberung dieser Gebiete, deren Preis 1939 circa 700 gefallene Soldaten der Roten Armee waren, kostete die deutsche Wehrmacht 1941 rund 200.000 Tote. Durch Stalins Schachzug vergrößerte sich die Distanz der deutschen Heeresgruppen nach Leningrad und Moskau sowie dem Fernziel Kaukasus dementsprechend – und es waren wohl die entscheidenden Kilometer, die 1941 fehlten, um die raumgreifende Blitzkriegsoperation im Osten erfolgreich abzuschließen.[726]

Der polnische Historiker Bogdan Musial hat auf sowjetische Kriegspläne gegen Deutschland hingewiesen.[727] Wie auch immer diese Thesen zu bewerten sind, es lässt sich zumindest nachweisen, dass Deutschland als geopolitischer Schlüsselstaat in der Mitte Europas schon früh im Denken des sowjetischen Diktators eine Rolle spielte. Einige Wochen bevor sich Hitler und Ludendorff mit ihren Getreuen vom Münchner Bürgerbräukeller Richtung Innenstadt bewegten und der Marsch vor der Feldherrnhalle endete, publizierte Stalin am 10. Oktober 1923 in der „Roten Fahne", dem Organ der KPD, auf der ersten Seite in russischer und deutscher Sprache folgenden Aufruf:

> *„Die kommende Revolution in Deutschland ist das wichtigste Weltereignis unserer Tage. Der Sieg der Revolution in Deutschland wird für das Proletariat Europas und Amerikas von größerer Bedeutung sein als der Sieg der russischen Revolution vor sechs Jahren. Mit dem Sieg des deutschen Proletariats wird sich das Zentrum der Weltrevolution unweigerlich von Moskau nach Berlin verlagern.*
> *Die „Rote Fahne" kann sich zu einem großartigem Erfolg gratulieren, denn sie hat sich als sehr verläßlicher Leuchtturm erwiesen, der dem deutschen Proletariat den Weg zum Siege gezeigt und ihm geholfen hat, wieder zum Führer des europäischen Proletariats zu werden. Von ganzem Herzen wünsche ich der „Roten Fahne" weitere entscheidende*

---

725 Vgl. Besymenski 2003, S. 191
726 Der Verfasser folgt der Analyse von Rolf-Dieter Müller, vgl. Müller 2011, S. 163f.
727 Musial 2008.

Erfolge in den bevorstehenden Kämpfen für die Eroberung der Macht durch das Proletariat, für die Einheit und Unabhängigkeit des im Entstehen begriffenen Deutschlands der Werktätigen.
J. Stalin"[728]

Abschließend soll der Frage nach den russischen Alternativen im Jahr 1939 nachgegangen werden. War Neutralität eine Option? Man kann dies wohl ausschließen, da Stalin zu gut über Hitlers Absichten informiert war und eine Abneigung gegen Krieg und Gewalt nicht vorhanden war. Variante zwei: Ein Bündnis mit London oder Paris? Gerade im Hinblick auf England darf man hier nicht vergessen, dass Stalin bis zum deutschen Angriff 1941 Churchill im besonderen und die Briten im allgemeinen weit mehr als Hitler beargwöhnte. Stalin litt schon seit den 1920er Jahren an einer Art „antibritischem Syndrom." (Lew Besymenski).[729] Vielleicht war ihm auch nicht entgangen, dass bis zu Chamberlains Sturz eine antibolschewistische Clique um den Premier, Sir Horace Wilson und Sir John Simon versuchte, einen erklärten, nicht geführten Krieg gegen Deutschland mit einem nicht erklärten, aber geführten Krieg gegen die Sowjetunion zu verbinden.[730] Sein Nachfolger Churchill war für Stalin der böse Geist, der im russischen Bürgerkrieg zum antisowjetischen Kreuzzug aufgerufen hatte, und den er der Konspiration gegen die Sowjetunion verdächtigte.[731] Bestätigt wurde sein Misstrauen durch nachrichtendienstliche Berichte, die er aus der Londoner Botschaft erhielt. Iwan Maiski, der seinerzeitige Botschafter der Sowjetunion, stellvertretender Außenminister der ersten Nachkriegsjahre, notierte am 11. Mai 1939 in sein Tagebuch: *„Gestern sprach Chamberlain in der Kammer über die britisch-sowjetischen Verhandlungen und erklärte nebenbei, die brit. Reg. unternehme alles, um den Verdacht der sow. Reg. zu zerstreuen, England und Frankreich wollten die UdSSR in einen Krieg gegen Deutschland treiben und sich selbst aus dem Staub machen."* [732] Zwei Monate später hält der Botschafter fest, *„Chamberlain fürchtet, daß die UdSSR Hitler nach Westen treibt! Die Gleichung stimmt, aber mit umgekehrten Vorzeichen."*[733] Auch nach dem Krieg stand für Maiski fest, dass der „Cliveden-Clique" um Chamberlain überhaupt nicht zu trauen war: *„Diese Regierung spekulierte auch weiterhin auf die Entfesselung eines deutsch-sowjetischen Krieges und wollte sich deshalb um keinen Preis mit Hitler entzweien."*[734]

---

728 Zit. nach: Besymenski 2003, S. 35.
729 Vgl. Besymenski 2003, S. 215.
730 Vgl. Quigley 2007, S. 430.
731 Vgl. Andrew / Mitrochin 1999, S. 139.
732 Zit. nach: Besymenski 2003, S. 161.
733 Zit. nach: Besymenski 2003, S. 164.
734 Maiski 1967, S. 423.

Zu Stalins geheimdienstlichen Quellen gehörten auch die „Cambridge Five", jene legendäre Agentengruppe um Kim Philby, die bestens vernetzt, entweder im Außenministerium oder beim britischen Geheimdienst, jene Dokumente lieferten, die Stalin in seinem Verdacht bestätigten, Ziel der Appeasement-Politik sei es, Hitler auf die Sowjetunion zu hetzen.[735] Im Mai 1941 wurde Stalin nochmals in seinem Misstrauen gegenüber den Briten bestätigt, als der Hitler-Stellvertreter Rudolf Hess in der abwegigen Hoffnung, einen separaten Frieden vereinbaren zu können, nach Schottland flog.[736] Dieses Unternehmen war für Stalin ein Alarmsignal ersten Ranges und er war sich auf Basis seiner Agentenberichte sicher, dass der Hess-Flug Teil eines umfangreichen Planes sei. Die deutsche Invasion im Juni vertiefte sein Misstrauen nicht zu unrecht.[737] Um es abzukürzen: Der Realpolitiker Stalin vermutete in der britischen Politik das „perfide Albion", das getreu dem Motto „Divide et impera" versuchte, die Kontinentalmächte aufeinander zu hetzen. Was lag aus dem Blickwinkel Stalins näher, den erwarteten Stoß Hitlers Richtung Osten in den Westen abzulenken und selbst die Profite einzustreichen? Aus der Sicht des Kremls war in einer aus den Fugen geratenen Welt das temporäre Bündnis mit Deutschland die gewinnbringendere Alternative.

Die deutsch-russische Geschichte und die des 20. Jahrhunderts wäre wohl anders verlaufen, hätte man 1906 im kaiserlichen Berlin den Worten des russischen Ministerpräsidenten Graf Witte – geäußert gegenüber dem deutschen Botschafter in Petersburg – mehr Gehör geschenkt. Treffsicher äußert sich der Russe mit deutschen Wurzeln über die künftige Rolle der USA und die Zukunft Europas:

„Es drohe den europäischen Mächten eine große politische und wirtschaftliche Gefahr in dem empordrängenden, mit gewaltigen Machtmitteln und skrupelloser Brutalität seine Ziele verfolgenden Amerika. Zur Abwehr dieser Gefahr müßten die kontinentalen Mächte sich eng aneinander schließen und ihre Differenzen begraben, und zwar möglichst gründlich und rasch, damit der Zeitpunkt, der beinahe schon versäumt ist, nicht vorübergehe. Europa zeige schon jetzt die Züge eines alten Weibes; zögere es noch lange mit einer verjüngenden Kräfteauffrischung, so werde es bald zu einer kläglichen Jammergestalt heruntersinken. Der unverschämten Monroedoktrin, die jede Einmischung europäischer Mächte in angeblich ausschließlich amerikanische Interessen abweise,

---

735   Vgl. Andrew / Mitrochin 1999, S. 99. Wie diese diskreten Kontakte sowjetischer Agenten mit britischen Eliten abliefen, beschreibt Harold Nicolson in seinem Tagebuch. Dem Verfasser der Tagebucheinträge war die Agententätigkeit Guy Burgess, einem Spion der „Cambridge Five" nicht bewusst. Nicolson 1969, S. 395, S. 411, S. 416.

736   Vgl. Schmidt 1997, S. 266f. Eine vom britischen Geheimdienst gesteuerte Intrige veranlasste Heß nach Schottland zu fliegen, vgl. S. 277 ebda.

737   Vgl. Schmidt 2003, S. 231f; vgl. Andrew / Mitrochin 1999, S. 174.

die Amerikaner aber keineswegs von anmaßenden Einmischungen in europäische Dinge abhalte, müsse ein fester europäischer Bund entgegengesetzt werden. ... Die amerikanischen Anmaßungen seien schon jetzt unerträglich und würden bei weiterem Zusehen ins Unermeßliche steigen."[738]

---

738 Große Politik 1923 – 1927, Band 21, Erster Teil, Dokument 7029.

Kapitel 6: Die USA und
der moralische Imperialismus

Im vorangehenden wurde bereits skizziert, dass die Außenpolitik der USA an der Schwelle zum Weltkrieg die Entscheidungsfindung in den europäischen Hauptstädten London, Paris und Warschau beeinflusste. Führte dies in Europa zu einer verminderten Kompromissbereitschaft gegenüber den Zielen des nationalsozialistischen Deutschland oder wäre die Geschichte völlig analog verlaufen, auch ohne die Einflussnahme einer außereuropäischen Macht? Aufgrund ihrer großen Entfernung zum Konfliktherd Danzig und dem polnischen Korridor, dem eher diskreten Auftreten US-amerikanischer Politiker und Diplomaten und der seinerzeit geltenden Neutralitätsgesetze ist die Rolle der USA in der komplexen Gemengelage der Jahre 1937 bis 1939 deutlich schwerer zu rekonstruieren, als die der anderen beteiligten Mächte. Im folgenden wird versucht, auf dieses schwierige Thema näher einzugehen.

Die bereits geschilderten außergewöhnlichen geographischen Bedingungen Großbritanniens gelten in weit größerem Maße auch für die USA. Kein schmaler Ärmelkanal trennt diesen Staat von benachbarten Großmächten, sondern Ozeane. Aus der globalen Perspektive betrachtet bildet Eurasien und Afrika die mit Abstand größte Landmasse der Erde und Nordamerika ist die größte Insel innerhalb der Weltmeere. Nach der Unabhängigkeit von der britischen Krone 1783 gab es nur einmal (im Britisch-Amerikanischen Krieg 1812 – 1815) Kampfhandlungen einer fremden Macht auf eigenem Territorium. Danach wurden die USA nie wieder von einer Invasion bedroht. Die US-Politik des 19. Jahrhunderts war von der Strategie des Isolationismus und einer Expansion kontinentalen Ausmaßes geprägt. Dieses gelang im wesentlichen durch Krieg, Raub der Heimat der Urbevölkerung und vorteilhafte völkerrechtliche Verträge. Es ist sicher kein Zufall, dass der Übergang der USA vom kontinentalen oder hemisphärischen Isolationismus zu einer global ausgerichteten maritimen Politik just zu dem Zeitpunkt stattfand, als die Landnahme in Nordamerika praktisch abgeschlossen war.[739] Nachdem im Februar 1898 ein amerikanisches Schlachtschiff unter mysteriösen Umständen im Hafen von Havanna explodierte, erklärten die USA zwei Monate später Spanien den Krieg, um für die Unabhängigkeit Kubas zu kämpfen. *„Amerikas Auftau-*

---

739 Exemplarisch hierfür sei Alfred Thayer Mahans einflussreiches Werk „The Influence of Sea Power Upon History" aus dem Jahre 1890 genannt, ein Buch das den späteren Präsidenten Franklin D. Roosevelt stark beeindruckte, vgl. Junker 1979, S. 14.

chen auf der Bühne der Weltmächte" – so das Urteil des Historikers Carroll Quigley – *„setzte sich mit der Annexion Hawaiis 1898, der Intervention beim Boxeraufstand 1900, der Eroberung Panamas 1903, der diplomatischen Intervention im russisch-japanischen Krieg 1905, der Weltumrundung der amerikanischen Marine 1908, der militärischen Besetzung Nicaraguas 1912, der Öffnung des Panamakanals 1914 und der militärischen Intervention in Mexiko 1916 fort."*[740]

Einher mit der Expansion ging die innerstaatliche Konsolidierung. Als Land der „unbegrenzten Möglichkeiten" war und ist es bis heute für europäische Auswanderer attraktiv. Im 19. Jahrhundert kam ein nicht enden wollender Strom aus Engländern, Iren, Deutschen, Skandinaviern, Süd- und Osteuropäern über den Atlantik. Die USA wurden durch die Menge an qualifizierten Einwanderern, ihre gelungene Integration und der Entdeckung und Erschließung der natürlichen Reichtümer eine ökonomische Großmacht. Der „American Dream", die Möglichkeit vom Tellerwäscher zum Millionär aufzusteigen, auch wenn es den allerwenigsten gelang, war der Schlüssel zu ihrer kulturellen Attraktivität und die USA wurden auch eine ideologische Macht. Aufgrund ihres Sendungsbewusstseins, dem „Idealism", mischten sich nordamerikanische Politiker mit großer Selbstverständlichkeit in die Angelegenheiten anderer Länder ein.[741] Dabei sind bis heute zwei Faktoren von zentraler Bedeutung für die US-Außenpolitik: *„Messianismus – der Anspruch, eine Weltordnung nach amerikanischen Grundsätzen aufzubauen – und globale Hegemonie, die keine Konkurrenz zuläßt."*[742] In dieser Klarheit war die auf US-Präsident Woodrow Wilson zurückgehende politisch motivierte „moralische" Reform internationaler Beziehungen 1939 noch nicht Allgemeingut geworden.[743] Heute, nachdem die Politik der USA ein beispielloses Chaos im Nahen Osten verursacht hat und Flüchtlingsströme Europa verändern, dekuvriert sich die Berufung auf „Recht" und „Moral" mehr und mehr als machiavellistische Phrase, die im Klartext eine unmissverständliche Drohung impliziert: „Entweder seid ihr für uns, oder die Demokratie kommt zu euch".

Durch ihre einzigartige Lage, kontinentale Größe und Leistungsfähigkeit war die USA in den 1930er Jahren in jeder Hinsicht unangreifbar und sie stand bereits auf Feldern wie wirtschaftlicher und finanzieller Leistungsfähigkeit an der Spitze der globalen Machtpyramide. Dennoch war die führende Wirtschafts- und Finanzmacht der Welt militärisch und außenpolitisch nur ein Pol – wenn auch der bedeutendste – innerhalb des multipolaren Staatensystems.[744] In Paris und London wurde, trotz eines

---

740   Quigley 2007, S. 84f.
741   Vgl. Seller 2007, S. 62, S. 124ff.
742   Rode 2012, S. 46.
743   Vgl. Kissinger 1994, S. 266ff.
744   Vgl. Junker 1979, S. 100f.

ähnlichen Wertekodex, eine eigenständige, von der USA unabhängige Außenpolitik betrieben. Es gab keine US-amerikanischen Militärstützpunkte auf dem eurasischen Festland. Mit seinen vielen Marinebasen vor der Gegenküste hatte Großbritannien die Herrschaft über den Atlantik inne. Mit der kommunistischen Sowjetunion, dem nationalsozialistischen Deutschland und dem kaiserlichen Japan existierten machtvolle Akteure mit eigenen Ideologien, die andere Werte- und Gesellschaftssysteme vertraten. Außenpolitisch war die USA gehemmt, da ein Interessenkonflikt einflussreicher Kräfte eine klare Zielsetzung verhinderte. Es gab gewisse Signale, die auf ein stärkeres internationales Engagement hindeuteten, beispielsweise Roosevelts aufsehenerregende „Quarantäne-Rede" vom 5. Oktober 1937, aber die Stimmung im Kongress und in der Bevölkerung pendelte in Richtung Isolationismus. Eine Beteiligung an einem Krieg wurde von einer großen Mehrheit abgelehnt.

Unabhängig vom innenpolitischen Interessenkonflikt, als die Mehrheit im Kongress eine außenpolitische Abschottung favorisierte und der Präsident das Gegenteil propagierte, existierten über die internationalen Beziehungen Leitlinien in Form von Doktrinen, Prinzipen, Gesetzen und halbgeheimen Handlungsempfehlungen. Diese waren mit Ausnahme des Briand-Kellogg-Paktes einseitige politische Erklärungen, die allein dem Willen der USA unterworfen waren. Die USA hatten es dabei verstanden, indem sie bei der Formulierung ihrer Doktrin auf eine zeitlich nahe Androhung von Gewaltanwendung verzichteten, diese Theorien einer völkerrechtskonformen Auslegung zugänglich zu machen. In ihnen kam außenpolitisch ein vor- bzw. unterrechtlicher Wille zum Ausdruck. Sie konnten jederzeit durch eine einseitige Erklärung der USA geändert werden.[745] Zur Ergründung der Motivlage, warum die USA im deutsch-polnischen Konflikt Partei ergriffen, und der von der Roosevelt-Administration hierbei angewendeten Methoden, ist es sinnvoll, auf die außenpolitischen Leitlinien einzugehen, die seinerzeit galten.

Die außenpolitischen Leitlinien

Die Monroedoktrin

Mit der sogenannten Monroedoktrin, benannt nach dem 5. Präsidenten der Vereinigten Staaten, James Monroe (1758-1831), wurde auf eine konkrete Bedrohungssituation reagiert, da der russische Zar 1821 das Gebiet des amerikanischen Kontinents bis hin zum 51. Breitengrad nördlicher Breite beanspruchte. Außerdem bestanden Befürchtungen, Spanien könne mit Hilfe anderer europäischer Staaten

---

745 Folgt man der These von Heiko Meiertöns, bezieht sich die in der Doktrin angedrohte Gewaltanwendung auf eine in der Zukunft liegende, ungewisse Situation, die gerade durch die Erklärung der Doktrin verhindert werden soll, vgl. Meiertöns 2005, S. 253f.

versuchen, die seit 1810 losgesagten Kolonien – die von den USA größtenteils als unabhängige Staaten anerkannt worden waren – zurückzuerobern.[746] Die Monroedoktrin, bei denen es im Kern um eine Beschränkung der politischen Betätigungsfreiheit europäischer Staaten in Amerika und der USA in Europa ging, durchlief mehrere Phasen. Die anfänglich defensiv-isolationistische Doktrin wurde von den 1890er Jahren bis in die 1920er Jahre zu einem Instrument US-amerikanischen Hegemonieanspruchs, also einem Rechtfertigungsversuch der Einmischung in die inneren Angelegenheiten lateinamerikanischer Staaten.[747] Das während diesen Zeitraums – insbesondere durch den sogenannten Roosevelt Korollar – beanspruchte Recht der USA, in Lateinamerika auch offensiv zu Mitteln der Gewalt greifen zu können, widersprach dem damals geltenden Völkerrecht.[748] Nach dem Urteil von Giselher Wirsing wurde *„Aus einem zunächst rein defensiven Prinzip zur Abgrenzung der Erdteile … ein imperialistisches Offensivinstrument erster Ordnung."[749]* Unter den Präsidenten Herbert Hoover und Franklin D. Roosevelt entwickelte sich dann eine Phase der „Mulitilateralisierung", nach US-amerikanischen Verständnis „Good-Neighbour Policy" genannt. Auf mehreren Konferenzen bemühten sich die USA, ihre Beziehungen gegenüber lateinamerikanischen Staaten zu verbessern. Der imperialistische Habitus Washingtons wurde zugunsten einer gemeinsamen Verantwortung der amerikanischen Staaten für die Verteidigung der „westlichen Hemisphäre" fallen gelassen.[750]

Rückblickend war die Entscheidung, vom offenen Imperialismus zu einem verdeckten überzugehen, ein genialer Schachzug, der einer stetigen Wandlung der Rechtmäßigkeit von Gewaltanwendung in internationalen Beziehungen Rechnung trug. Die Monroedoktrin als Mittel US-amerikanischer Hegemonialpolitik in Mittel- und Südamerika wurde, durch die scheinheilig „Good-Neighbour Policy" genannte Strategie, in ihrer imperialen Zielsetzung nicht entwertet: In der Dominikanischen Republik, in El Salvador, Paraguay, Bolivien, Kuba, Argentinien, Panama und Holländisch-Guyana wurde unter den Regierungen Hoover und Franklin D. Roosevelt interveniert.[751] Der wesentliche Vorteil der modifizierten Monroedoktrin

---

746   Vgl. Meiertöns 2005, S. 44.

747   Vgl. Meiertöns 2005, S. 49f.

748   Vgl. Meiertöns 2005, S. 95. Der „Roosevelt Korollar" von 1904 war eine Erklärung des damaligen Präsidenten, auf fortgesetztes Fehlverhalten einer Nation in der westlichen Hemisphäre internationale Polizeigewalt anwenden zu müssen.

749   Wirsing 2005, S. 184.

750   Vgl. Meiertöns 2005, S. 52ff. Der Krieg in Europa führte dazu, dass die Konsultationsmechanismen im Falle einer Einmischung außeramerikanischer Staaten um konkrete gegenseitige Sicherheitsgarantien erweitert wurden.

751   Vgl. Wertz 2015, S. 82 – 89. In den Chaco-Krieg zwischen Bolivien und Paraguay mischte sich 1932 nicht die US-Regierung sondern die Standard Oil Company von New Jersey auf Seiten Boliviens ein, ebda S.86.

lag in der völkerrechtlichen Verschleierung imperialer Politik. Fortan konnten die USA die anderen großen Mächte der multipolaren Welt theoretisch ins Unrecht setzen, wenn diese entweder offen imperialistische Ziele verfolgten, oder ihren kolonialen Status Quo verteidigen wollten. In beiden Fällen, sei es im Kampf gegen die seinerzeitigen Rivalen Deutschland, Italien und Japan, oder im Hinblick auf die für die Eroberung neuer Märkte wichtige Entkolonialisierung sahen die USA sich fortan in der Rolle „der Guten". Denn im Gegensatz zu den in den 1930er Jahren geschaffenen japanischen und deutschen Theorien, einer auf Asien bzw. Europa zugeschnittenen Großraumordnung, die – auch unter biologisch-rassischen Aspekten – ein „Interventionsverbot für raumfremde Mächte" (Carl Schmitt) vorsahen[752], war das US-amerikanische Paradigma nach seiner Wandlung einer völkerrechtskonformen Auslegung zugänglich und die darin dargelegten Grundsätze für Gewaltanwendung mit dem seinerzeit geltenden „ius ad bellum" vereinbar.[753]

Das Open-Door-Prinzip

War schon die Monroedoktrin eine Absage an die Kolonialpolitik Europas, so galt dies in noch stärkerem Maße für das um 1900 postulierte Prinzip der „offenen Tür". Ziel der „Open Door Policy" war ursprünglich die erklärte Gleichheit der Handelschancen fremder Staaten in China innerhalb ihrer jeweiligen Einflusszone bei gleichzeitiger Garantie der territorialen Integrität Chinas. Es ging dabei aber nicht um den Schutz chinesischer Interessen, sondern ausschließlich um die eigenen, da die USA befürchteten, dass europäische Mächte und Japan durch ihr rasches Vorgehen in China sich Vorteile verschaffen könnten. In gewisser Weise war das „Open-Door-Prinzip" das asiatische Gegenstück zur Monroedoktrin.[754] Die amerikanische Forderung nach freien, d.h. zugänglichen ostasiatischen Märkten entwickelte sich mit einem stetig wachsenden Außenhandel weiter. Nach dem Ersten Weltkrieg war die USA zur führenden Wirtschafts- und Finanzmacht aufgestiegen und definierte ihre Handels- und Kapitalinteressen nunmehr global. Präsident Coolidge stellte konsequenterweise 1928 fest, dass amerikanische Investitionen und Handelbeziehungen derart weltumspannend seinen, dass es unmöglich sei, sich einen irgendwo verorteten Konflikt vorzustellen, der nicht die Interessen der USA berühren würde.[755]

In der Konsequenz der wirtschaftlichen Durchdringung anderer Staaten richtete sich die amerikanische Expansion letztendlich gegen 1) die europäischen Demokratien und ihre Tendenz zur Aufteilung der Welt in Einflusszonen (Kolonien) und 2)

---

752 Vgl. Gruchmann 1962, S. 12, S. 20ff.
753 Vgl. Gruchmann 1962, S. 119ff; vgl. Meiertöns 2005, S.253.
754 Vgl. Meiertöns 2005, S. 99f.
755 Vgl. Junker 1979, S. 100.

die totalitären Mächte, deren Ziel die Errichtung autarker, ökonomisch abgeschotteter Großräume war. Infolgedessen war es auch nicht überraschend, dass noch vor dem Ende des Zweiten Weltkrieges das „Open-Door-Prinzip" ein Motiv war, welches die USA zu einer harten Haltung gegenüber der Sowjetunion veranlasste: Die amerikanischen Führer befürchteten, dass das Wirtschaftssystem der USA erneut in eine schwere Depression geraten würde, wenn es seine Expansion in Übersee nicht fortsetzen könnte, der amerikanische Einfluss in Osteuropa nicht wiederhergestellt werde und wenn es nicht gelang, Russland wieder auf seine traditionellen Grenzen zurückzudrängen.[756] Langer Rede kurzer Sinn – die Politik der „offenen Tür" war die amerikanische Variante zur politischen Beherrschung der Welt, wie es die Kolonialmächte praktizierten und wie es die totalitären Staaten anvisierten.[757]

Die Stimsondoktrin

Eine Folge der Weltwirtschaftskrise war die japanische Expansion in China, von der sich viele Politiker des Inselreiches eine Lösung der ökonomischen Probleme versprachen.[758] Die USA sahen hierdurch die Gleichheit ihrer seit Mitte des 19. Jahrhundert bestehenden Handelschancen in China verletzt. Als Reaktion auf den japanischen Einmarsch in die Mandschurei erfolgte 1932 die Bekanntgabe der sogenannten Stimsondoktrin, benannt nach dem Staatssekretär Henry Lewis Stimson. Dieser sandte am 7. Januar 1932, nachdem sich abzeichnete, dass Japan einen unabhängigen Satellitenstaat auf dem eroberten chinesischen Territorium ausrufen wollte, eine Note an Japan und China. Die USA erklärten in diesem Dokument, dass sie die durch die japanische Besetzung chinesischen Territoriums geschaffene Situation völkerrechtlich nicht anerkennen werden.[759] Auch zukünftig würden durch einen Aggressor verursachte politische Veränderungen nicht anerkannt werden.[760]

Nachdem Präsident Hoover die Wahl verloren hatte und feststand, dass Gouverneur Roosevelt seine Nachfolge antreten würde, traf sich der künftige Präsident mit Staatsekretär Stimson zu einem längeren Vieraugengespräch. Obwohl über den Inhalt des Gesprächs nichts an die Öffentlichkeit drang, war danach offensichtlich, dass Roosevelt die Stimsondoktrin voll unterstützen würde. Am 18. Januar 1933 traten deshalb zwei von Roosevelts engsten Beratern an den künftigen Präsidenten heran und rieten ihm, die Stimsondoktrin nicht zu unterschreiben. Diese Doktrin würde

---

756   Vgl. Williams 1973, S. 261-264.
757   Vgl. Rohde 2012, S. 55f.
758   Vgl. Kershaw 2010, S. 124. Weitere Gründe der japanischen Expansion waren kolonialer Ehrgeiz, soziale Probleme und damit einhergehende antiwestliche Gefühle nach dem Wall-Street-Crash von 1929 sowie prinzipielle Autarkiebestrebungen, ebda, S. 122ff.
759   Vgl. Meiertöns 2005, S. 97;
760   Vgl. Moley 1939, S. 94f.

nichtneutrale Handlungen wie Sanktionen gegen Aggressoren nach sich ziehen und der Außenpolitik in Ostasien eine Richtung geben, die eines Tages zu einem Krieg mit Japan führen könnte. Roosevelt ließ sich von den Warnungen nicht beirren und hielt die Gültigkeit der Stimsondoktrin nach seinem Amtsantritt aufrecht.[761]

Wie wirkungsvoll Wirtschaftssanktionen sein konnten, bewiesen die USA im Herbst 1941 gegenüber Japan.[762] Giselher Wirsing hob den globalen Charakter dieser Doktrin hervor, da die Anerkennung bzw. Nichtanerkennung einer Regierung innerhalb der westlichen Hemisphäre vor 1932 bereits ein hegemonialpolitisches Instrument Washingtons gewesen war: *„Diese Waffe sollte nunmehr im Fernen Osten, gegebenenfalls aber auch in Europa angewendet werden. … Die Stimson-Doktrin stellt daher den Übergang der Vereinigten Staaten vom imperialistischen Isolationismus der Zeit nach dem [Ersten] Weltkrieg zu einem neuen expansiven Imperialismus dar, der in der Epoche Franklin Roosevelts sich dann voll entfalten sollte."[763]* Es ist keine allzu große Überraschung, dass Henry Kissinger, ein Bewunderer der Politik Wilsons und Franklin D. Roosevelts, Staatssekretär Stimson als einen der *„hervorragendsten und geschicktesten US-Politiker der Zwischenkriegszeit"* charakterisiert.[764]

Der Briand-Kellogg-Pakt

Der am 27. August 1928 in Paris abgeschlossene Vertrag, der anfangs von 11 Staaten unterzeichnet wurde, war nach dem französischen und US-amerikanischen Außenminister benannt.[765] Der unbefristete Vertrag ächtete den Krieg als Werkzeug der Politik. Angriffskriege wurden für völkerrechtswidrig erklärt, das Recht auf Selbstverteidigung blieb davon unberührt. Dem sehr vage formulierten Vertrag mangelte es an Sanktionsmechanismen und der verbindliche „Kriegsverzicht" war von geringer Tragweite, lautete der Tenor damaliger Kritiker. Im Zusammenhang mit der Stimsondoktrin – die sich ausdrücklich auf den Briand-Kellogg-Pakt bezieht – ist die weite Auslegung seitens der USA von Bedeutung.[766] Die terminologische Unklarheit und die unpräzisen Formulierungen öffneten Tür und Tor für eine Interpretation zu Gunsten der USA, folgt man der Kritik Dirk Bavendamms:

---

761 Vgl. Moley 1939, S. 95.

762 Vgl. Kissinger 1994, S. 400.

763 Wirsing 2005, S. 189f. Konsequenterweise verweigerten die USA auch der Schaffung des „Reichsprotektorates Böhmen und Mähren" am 16. März 1939 die völkerrechtliche Anerkennung: FRUS 1939 I, S. 56: *„The Acting Secretary of State to the German Chargé (Thomsen), Washington, March 20, 1939."*

764 Kissinger 1994, S. 398.

765 Aristide Briand und Frank Billings Kellogg waren Freimaurer. Kellogg war 1880 in die „Rochester Lodge Nr. 21" in New York aufgenommen worden, vgl. Minder 2004, S. 74f, S. 253

766 Vgl. Meiertöns 2005, S. 103, S. 106.

„Der Kellogg-Pakt erklärte den Krieg zwar als Mittel der nationalen Politik für abgeschafft, nicht aber als Mittel der internationalen Politik, sprich der kollektiven Sicherheit. Außerdem definierte er nicht, was verbotener „Krieg" und was erlaubte „Selbstverteidigung" sei. Das sollte – ohne daß der Text sagte, von wem und wie – von Fall zu Fall entschieden werden mit der stillschweigend erwarteten Folge, daß die Vereinigten Staaten dann ihre Neutralität aufheben und in den gerechten Krieg gegen den nicht gerechtfertigten Aggressor eintreten würden. ... Auf jeden Fall war der diskriminierende Unterschied zwischen einem ungerechten „nationalen" Krieg und einem gerechten „internationalen" Krieg jetzt festgeschrieben, und es lag fortan faktisch in der Hand der Vereinigten Staaten, welchen Staat der Bannstrahl des Aggressionsvorwurfs im Falle eines Konfliktes treffen würde."[767]

Die Neutralitätsgesetze

1934 hatte ein Senatskomitee begonnen, die Zusammenhänge zwischen der nordamerikanischen Munitionsindustrie und der Beteiligung der USA am Ersten Weltkrieg zu untersuchen. Vorsitzender war der republikanische Senator Gerald Prentice Nye.[768] Ein juristischer Mitarbeiter des Komitees war Alger Hiss, dem später eine steile Karriere im Außenministerium gelang, bevor er 1948 als sowjetischer Agent enttarnt wurde.[769] Der Untersuchungsbericht förderte zu Tage, dass zwischen Vertretern der Rüstungsindustrie, Regierungsbeamten und Vertretern ausländischer Staaten ein undurchsichtiges Geflecht entstanden war;[770] *„die Vereinigten Staaten wurden von einer Verschwörung von internationalen Bankern und Rüstungsfabrikanten, die ihre Anleihen an die Ententemächte oder ihre Profite aus Kriegsverkäufen an diese Mächte beschützen wollten, in den Krieg hineingelockt."*[771] Es wurde zudem aufgedeckt, dass Eliten der Wirtschaft dazu beigetragen hatten, jene feindliche Stimmung gegen Deutschland zu erzeugen, die 1917 zur amerikanischen Intervention in den Weltkrieg führte.[772] Damit es zu keiner Wiederholung dieser Vorgänge kommen konnte, wurden zwischen 1935

---

767   Bavendamm 1983, S. 101.
768   Vgl. Schlesinger 1975, S. 2736.
769   en.wikipedia.org, abgerufen am 20.12.2015. Über Alger Hiss als Agent, Deckname ALES, vgl. Andrew / Mitrochin 1999, S. 153-157, S. 193ff und Weiner 2012, S. 623.
       Vgl. Schlesinger 1975, S. 2736.
770   Vgl. Schlesinger 1975, S. 2907f.
771   Quigley 2007, S. 152.
772   Vgl. Tansill 1956, S. 246f; vgl. Tansill 2001, S. 49ff, S. 427f; Die Anhörungen von Lammot du Pont und J.P. Morgan finden sich bei Schlesinger 1975, S. 2821ff und 2879ff.

und 1937 drei Neutralitätsgesetze verabschiedet. Kriegführenden durften keine Anleihen oder andere Finanzhilfen gewährt werden, der Verkauf oder Transport von Waffen an kriegführende Staaten wurde untersagt. Barverkäufe nicht-militärischer Waren an kriegführende Staaten waren nur dann erlaubt, wenn diese den Transport mit nichtamerikanischen Schiffen organisierten. Für US-Amerikaner galt ein Reiseverbot auf Schiffen kriegführender Länder.[773] Die Neutralitätsgesetze waren der juristische Rahmen einer Geisteshaltung großer Teile der Bevölkerung der Vereinigten Staaten, die der angesehene Historiker Charles Beard folgendermaßen beschrieb:

> *„Im Mittelpunkt dieser amerikanischen Lebensanschauung stand die Idee, daß durch innerpolitische Maßnahmen die amerikanische Zivilisation verbessert werden soll, nachdem mindestens ein Drittel des Volkes schlecht behaust, schlecht gekleidet, schlecht ernährt und schlecht erzogen ist. Zur Verteidigung dieser Zivilisation und ihres Kontinents genügt bei einer entsprechend klugen Politik eine kleine, aber schlagkräftige Armee und Flotte. Verbunden mit dieser Anschauung war die Überzeugung, daß die amerikanische Demokratie nicht versuchen sollte, die Altlast der „Bürde des weißen Mannes" in der Form eines weltüberspannenden Imperialismus auf sich zu laden und sie nicht versuchen sollte, in die schwierigen Probleme der europäischen Nationen einzugreifen."*[774]

Der Council on Foreign Relations

Im Kapitel über Großbritannien wurde bereits über die angelsächsischen Wurzeln dieses einflussreichen, 1921 gegründeten elitären Instituts berichtet. Die Beziehungen der in New York ansässigen privat finanzierten Organisation zum Londoner „Royal Institute of International Affairs" waren von Anfang an eng.[775] Wie bei ihrem Londoner Schwesterinstitut waren die Verflechtungen der amerikanischen Denkfabrik mit der herrschenden Klasse von Anfang an durchdringend. Im Gegensatz zu den Briten, wo die im Hintergrund wirkende „Milner-Gruppe" entscheidenden Einfluss auf die Formulierung außenpolitischer Strategien ausübte, saßen beim „Council on Foreign Relations" von Anfang an international agierende Banker, allen voran des Bankhaus Morgan, in den wichtigsten Gremien.[776] Die Besetzungsliste

---

773   Vgl. Kissinger 1994, S. 401f und S. 949. Nach Kissingers Darstellung liegt die Verantwortung für den Kriegseintritt der USA nur bei der Rüstungsindustrie.
774   Zit. nach: Wirsing 2005, S. 206.
775   Vgl. Quigley 2013, S. 191.
776   Vgl. Quigley 2013, S. 192.

des Board of Directors bis 1939 liest sich wie ein Who is Who der Hochfinanz: Russell Cornell Leffingwell (Morgan) Paul M. Warburg, Otto H. Kahn (beide Kuhn, Loeb & Co), Georg O. May (Price Waterhouse & Co), Frank Altschul (Lazard Freres), Leon Fraser (First National Bank of New York und Federal Reserve Bank of New York) und John Henry Williams (Federal Reserve Bank). Außerdem waren zu dieser Zeit der Vorsitzende von General Electric Owen D. Young (Young Plan 1929), der spätere CIA-Direktor Allen W.Dulles sowie einige Präsidenten und Professoren von Eliteuniversitäten, Wall Street Anwälte und zwei namhafte Journalisten Direktoren und Funktionäre des „Council on Foreign Relations".[777] Der Amsterdamer Professor für internationale Politik und Völkerrecht Kees van der Pijl fasst diesen Sachverhalt folgendermaßen zusammen: *„Besonders der Einfluß bestimmter Kreise der Hochfinanz ist kaum zu unterschätzen."*[778]

Nie offen und ausdrücklich festgelegt, aber in seiner Grundtendenz klar verifizierbar, herrschte von Anfang an Anfang innerhalb des „Council on Foreign Relations" stillschweigendes Einverständnis darüber, dass die Vereinigten Staaten eine aggressive, ihrer Rolle als mächtigste Nation der Welt gerecht werdende Außenpolitik betreiben sollten. Wo immer möglich sollte mit allen Nationen Handel getrieben werden und die heimische Industrie sollte einen Zugriff auf die Rohstoffe der Welt haben.[779]

Die Verschränkung ökonomischer und politischer Interessen in der politischen Praxis brachte der amerikanische Außenminister Cordell Hull rückblickend auf den Punkt: *„Die politische Ausrichtung folgte der ökonomischen Ausrichtung."*[780]

Mittels der hauseigenen Zeitschrift „Foreign Affairs" sollte das amerikanische Volk vor irrigen, d.h. isolationistischen Meinungen „geschützt" werden. Die geringe Auflage von 11.000 (1927) bzw. 17.000 (1945) Exemplaren belegt, dass die Zeitschrift sich nicht als Massenmedium verstand und nicht die breite Öffentlichkeit ansprechen wollte. Das Hauptziel ist die interaktive Vernetzung von Politikern, Finanziers, Industriellen und Vertretern der Wissenschaft. Die wichtigsten Autoren bis 1939 waren Gustav Stresemann, Raymond Poincaré, Nikolai Bucharin, Leo Trotzki, Hjalmar Schacht, Franklin D. Roosevelt, Cordell Hull und Henry L. Stimson.[781] Prominente Vortragende waren die ehemaligen Regierungschefs Georges Clemenceau, Ramsey MacDonald, Heinrich Brüning, Edvard Benes, Jan Smuts,

---

777 Wala 1990, S. 282.
778 Pijl 1996, S. 200.
779 Vgl. Wala 1990, S. 38f; vgl. Pijl 1996, S. 200.
780 Hull 1948, S. 365.
781 Vgl. Wala 1990, S. 39f, S. 70. Sogar Lenin und Karl Radek versahen ein Exemplar mit Anmerkungen, ebda. S. 37.

die Außenminister Yosuke Matsuoka (Japan), Anthony Eden (England) und Maxim Litwinow / Max Wallach-Finkelstein (UdSSR).[782]

Nicht ohne Grund bezeichnen Kritiker die Organisation auch heute noch als ein undurchsichtiges Instrument des herrschenden Establishments der Vereinigten Staaten zur Formulierung von problematischen außenpolitischen Positionen. Der „Council on Foreign Relations" ist das Bindeglied der amerikanischen „Upperclass", insbesondere der in New York ansässigen Hochfinanz, zur amerikanischen Außenpolitik. Der „Wille zur Macht" von Amerikas herrschender Klasse, so die Argumentation des Historikers Laurence H. Shoup und des Soziologen William Minter, führte zu einer in der Geschichte der Menschheit einzigartigen globalen Vorherrschaft der Vereinigten Staaten – Militärstützpunkte auf jedem Kontinent und die politische und ökonomische Kontrolle von großen Teilen der Welt waren die Folge. Nach Ansicht dieser Kritiker lenkt diese elitäre Gruppe die amerikanische Außenpolitik sowohl gegen die Interessen des eigenen Volkes als auch der gesamten Menschheit.[783]

Resümee

Die 1939 gültigen Doktrinen U.S.-amerikanischer Sicherheitspolitik und die seinerzeit gültigen Neutralitätsgesetze veranschaulichen einen erstaunlichen Widerspruch zwischen einer imperialen außenpolitischen Grundtendenz und globalen ökonomischen Anwesenheit einerseits und einer militärischen, bündnispolitischen Abwesenheit andererseits. Zwei Widersprüche sind besonders auffällig: 1) Der Antagonismus zwischen den Neutralitätsgesetzen, welcher die Geisteshaltung großer Teile der Bevölkerung der Vereinigten Staaten widerspiegelte, und den aggressiven und globalen Zielen einer einflussreichen Minderheit, welche erkannte, dass der politische und wirtschaftliche Bereich untrennbar miteinander verbunden sind und somit folglich eine aktivere US-Außenpolitik die Voraussetzung zur Beherrschung der Welt sein muß; 2) Der Widerspruch zwischen den Neutralitätsgesetzen und der Stimsondoktrin, da letztere die USA zu nichtneutralen Handlungen veranlasste – schließlich würde im Konfliktfall Dritter einer von beiden Staaten als Aggressor gebrandmarkt werden und gegen diesen standen Sanktionen im Raum. Dieser Widerspruch wurde allerdings nur von den wenigsten als ein Mangel empfunden. Die in den USA populäre und gut organisierte Friedensbewegung, die in den 1920er Jahren geschätzte 40 bis 60 Millionen Amerikaner erreichte, vertrat die Ansicht, dass der traditionelle Verzicht auf feste Bündnisse sowie Abrüstung die beste Außenpolitik

---

782   Vgl. Wala 1990, S. 41f.
783   Vgl. Shoup / Minter 1977, S. 6, S. 278-280.

sei. Der Briand-Kellogg-Pakt ist unter dem Druck der Friedensbewegung zu Stande gekommen. Für eine überseeische Einflussnahme wurde eine aktive ökonomische Stabilisierungspolitik als ausreichend angesehen.[784]

Nachdem sich die Große Depression nachhaltig und fest in den USA manifestierte, erwarteten die Amerikaner von ihrem Präsidenten eine Lösung der ökonomischen Probleme. Die Probleme der Welt und die damit verbundenen amerikanischen Interessen wurden als nachrangig angesehen. Da sich aber ab 1929/30 eine globale Tendenz in Richtung volkswirtschaftlicher Abschottung offenbarte, wurde dem amerikanischen Open-Door-Prinzip schrittweise die Grundlage entzogen. Einhergehend mit den damit reduzierten Möglichkeiten der politischen Einflussnahme in Übersee wurden die globalen Marktmechanismen durch Maßnahmen wie Zollerhöhungen, Zollvorzugssysteme, Einfuhrbeschränkungen, Ausfuhrprämien, zweiseitige Tauschabkommen, Verlassen des Goldstandards, Devisenkontrollen, Abwertungen und Verrechnungsabkommen verzerrt. Diese Maßnahmen – paradoxerweise auch durch die Politik der USA mitverursacht – führten zu einer Beeinträchtigung des amerikanischen Außenhandels, besonders in Europa und Asien.[785] Da ein prosperierender Außenhandel nach den gängigen volkswirtschaftlichen Lehren wiederum die Grundlage für Wachstum ist, befand sich die Roosevelt-Administration in einem Dilemma: Entweder man akzeptierte die weltpolitische Lage wie sie war, dann war der Weg zur Bekämpfung der Großen Depression ein beschwerlicher, oder die USA bekämpften jene einflussreichen Akteure des multipolaren Systems, die sich einer liberalen Wirtschaftspolitik versperrten. Letztes würde aber den Zorn der Isolationisten provozieren.[786]

Das Gewaltenteilungsprinzip, die Neutralitätsgesetzgebung sowie die isolationistische Stimmung in der Öffentlichkeit und im Kongress hätten eigentlich dazu führen müssen, dass die USA sich aus Konflikten in Europa oder Asien heraushalten würden. Wer aber so denkt, übersieht jedoch wichtige teilhabende Faktoren am US-Außenpolitikprozess: 1) Die informelle Macht der Funktions- und Deutungseliten, der „Meinungsmacher", welche die politischen Wahrnehmungsmuster in den Medien organisieren und 2) die dominante Stellung des Präsidenten im amerikanischen System. Obwohl die legislative Entscheidungsfindung zur Außenpolitik in den außenpolitischen Ausschüssen stattfindet, obliegt dem amerikanischen Präsidenten die Alleinverantwortung für die Außenpolitik.[787] Ob ein erneutes Anknüpfen an die aktive Weltpolitik stattfinden würde hing eng damit zusammen, wer im

---

784 Vgl. Junker 1979, S. 100f.
785 Vgl. Junker 1979, S. 101f.
786 Vgl. Hearden 1987, S. 201.
787 Vgl. Seller 2007, S. 84f.

Weißen Haus regierte und – da die außenpolitische Haltung der USA durch die öffentliche Meinung entscheidend geprägt wird – ob es den Massenmedien gelingen würde, die isolationistische Haltung der großen Mehrheit des amerikanischen Volkes zu torpedieren.

Franklin D. Roosevelt und seine Berater

Im Rahmen des politischen Systems der USA verfügt der amerikanische Präsident über erhebliche Kompetenzen. Im Zusammenhang mit dem Kriegsausbruch in Europa ist es sinnvoll, einen Blick auf das Machtzentrum im Weißen Haus, d.h. Franklin D. Roosevelt und seinen engsten Beraterkreis zu werfen. Dort war man gewillt, mittels nachrichtendienstlicher, diplomatischer und militärischer Aktivitäten in die europäischen Geschicke einzugreifen. Im Ergebnis hat kein zweiter Präsident, Abraham Lincoln vielleicht ausgenommen, die amerikanische Geschichte mehr beeinflusst.[788]

Der 32. Präsident Franklin D. Roosevelt stammte aus einer wohlhabenden New Yorker Familie. Durch eine Laune der Geschichte fiel sein Geburtstag 1882 auf den 30. Januar, also jenen Tag, an dem in Berlin die Nationalsozialisten rund ein halbes Jahrhundert später die „Machtergreifung" feiern würden. Er hatte eine klassische „Upperclass"-Erziehung genossen und sich früh politisch engagiert. 1913 war er der jüngste Staatssekretär im Marineministerium. Politisch war er bereits zur Zeit des Ersten Weltkriegs ein „Internationalist", der für eine aktive Rolle der USA im Weltgeschehen eintrat und den Kriegseintritt seines Landes in Europa befürwortete.[789] Zusammen mit dem Spekulanten Bernard Baruch und dem Industriellen Charles M. Schwab nahm er an der Versailler Friedenskonferenz teil.[790] Wie viele der amerikanischen Präsidenten zuvor war Roosevelt Freimaurer. Zeit seines Lebens war er ein sehr aktives Mitglied dieses Geheimbundes.[791] Seit 1921 saß er krankheitsbedingt im Rollstuhl und konnte nur mittels Stahlschienen aufrecht stehen und auf Krücken gehen.[792] Mit seinem Schlagwort vom „New Deal", einem Begriff aus der Welt des Glückspiels, verband er im Wahlkampf 1932 die Erneue-

---

788 Vgl. Kissinger 1994, S. 392f.
789 Vgl. Wirsing 2005, S. 102ff; Junker 1979, S. 29f.
790 Vgl. Dall 1975, S. 22f. Über Baruchs und Schwabs Rolle im Zusammenhang mit dem New Deal und ihren diesbezüglich kritischen Standpunkt, vgl. Jaeger 1974, S. 151, S. 153
791 Folgende amerikanische Präsidenten waren Freimaurer: George Washington, James Monroe, Andrew Jackson, James Knox Polk, James Buchanan, Andrew Johnson, James Abram Garfield, William McKinley, Theodore Roosevelt, William Howard Taft, Warren Harding, Franklin D. Roosevelt, Harry S. Truman, Lyndon B. Johnson und Gerald Ford, vgl. Minder 2004, S. 257ff. Roosevelt war Mitglied der Holland Lodge Nr. 8 in New York. Der 42. Präsident der USA, Bill Clinton, gewann als Student ein Rhodes-Stipendium. Der 43. Präsident der USA, George W. Bush, ist Mitglied des hoch exklusiven Zirkels „Skull & Bones".
792 Vgl. Dall 1975, S. 26f. Dall beschreibt detailliert das damit verbundene alltägliche Procedere.

New York, 7. November 1935 – Franklin D. Roosevelt im Freimaurerschurz des 32. Grades zu Gast in der Architect-Lodge Nr. 519 anlässlich der Aufnahme der zwei jüngeren Söhne in den 3. Grad. Stehend hinter ihm seine Söhne James und Franklin Jr.; ebenfalls stehend, 1. v. l., der Oberbürgermeister von New York, Henry LaGuardia.

rung des amerikanischen Gesellschaftsvertrages. Sein Versprechen, dass der Staat sich aktiv an der gesellschaftlichen Wohlfahrt beteiligen würde, bescherte ihm zu Zeiten der Großen Depression einen fulminanten Wahlsieg gegenüber seinem Vorgänger Herbert Hoover.[793] Folgt man der Beschreibung von Hamilton Fish, einem prominenten politischen Gegner Roosevelts, war er persönlich gewinnend, hatte eine ansprechende, einschmeichelnde Stimme, interessierte sich für Marinebücher und anspruchsvolle Detektivromane, las aber ansonsten wenig und verstand von wirtschaftlichen oder fiskalischen Dingen kaum etwas. Aber er war ein Meisterpolitiker mit *„chamäleonartigen Charakter".*[794] Henry Kissinger bescheinigte ihm *„rücksichtslose Raffiniertheit".*[795]

Unter den zitierten Marinebüchern, für die sich Roosevelt interessierte, befand sich auch Alfred Thayer Mahans einflussreiches Hauptwerk „The Influence of Sea Power Upon History" aus dem Jahre 1890. Mahan Schlussfolgerung, dass Weltmacht grundsätzlich identisch ist mit Seemacht, wurde bis heute nicht widerlegt. Derjenige Staat, der die Meere beherrscht – so Mahan – hält den Schlüssel zur Weltmacht in den Händen und bestimmt entscheidend den Verlauf der Geschichte.[796] Roosevelt war bereits als 16jähriger mit Alfred Thayer Mahans Thesen in Berührung gekommen. Zeit seines Lebens übten Mahans geostrategische Gedanken einen nachhaltigen Einfluss aus.[797] 1914 schrieb Mahan an Roosevelt eine Warnung, die 25 Jahre später nichts von ihrer Aktualität eingebüßt hatte:

> *„Deutschlands Prozedur besteht darin, [seine Gegner] durch konzentrierte Vorbereitung und ungestüme Kraft schlagartig zu überwältigen. … Sollten die Deutschen Frankreich und Rußland zu Lande besiegen, würden sie eine „Atempause" gewinnen, die sie in die Lage versetzen könnte, eine Seemacht vergleichbar mit der Englands aufzubauen. In diesem Fall würde die Welt mit einer Seemacht konfrontiert werden nicht vom Zuschnitt Großbritanniens, das territorial saturiert ist, sondern voller gieriger und expansiven Ehrgeizes. …Diese Erwägung mag gut und gerne die amerikanischen Sympathien beeinflussen."*[798]

793 Vgl. Hesse / Köster / Plumpe 2014, S. 114.
794 Vgl. Fish 1982, S. 23ff. Curtis B. Dall, von 1926 bis 1935 Schwiegersohn Franklin D. Roosevelts, schreibt: „*Roosevelt besaß großen persönlichen Charme. Wenn er jemand mochte oder wünschte, daß jemand ihn gern haben sollte, konnte er beinahe unwiderstehlich sein.*" Dall 1975, S. 17. Nach Dall war Roosevelt auch ein begeisterter Briefmarkensammler, vgl. Dall 1975, S. 56.
795 Kissinger 2014, S. 310.
796 Vgl. Rode 2012, S. 64.
797 Vgl. Junker 1979, S. 14.
798 Zit. nach: Bavendamm 1983, S. 564.

Die Feststellung, dass Roosevelt über profunde geopolitische Kenntnisse verfügte, ist von nicht zu unterschätzender Bedeutung, um seine außenpolitischen Aktivitäten ab dem Jahr 1937 zu erklären.

Der von Roosevelt praktizierte Politikansatz zur Lösung der ökonomischen Probleme Amerikas war experimentell, was auch mit dem Legitimationsverlust der Volkswirtschaftslehre als wissenschaftlicher Disziplin während der Großen Depression zu tun hatte. Da die klassischen Rezepte der Ökonomen, die auf die Selbstheilungskräfte der Wirtschaft vertrauen, nach Jahren der Entbehrung der Bevölkerung nicht mehr vermittelbar waren, ließ sich Roosevelt von jüngeren Ökonomen beraten, wie die Krise zu lösen sei.[799] Roosevelts Berater Samuel I. Rosenman schlug im März 1932 vor, einen akademischen Expertenkreis zur Lösung der Krise zu bilden, der Empfehlungen abgeben sollte.[800] Die Keimzelle des ersten sogenannter „Brain Trust" bildete Adolf Augustus Berle, Rexford Tugwell, Samuel I. Rosenman und Basil O´Connor.[801] Außerdem gehörten Hugh S. Johnson, Raymond Moley, Frances Perkins, Harry Hopkins, Harold L. Ickes, Louis Dembitz Brandeis und James P. Warburg dem ersten „Brain Trust" an.[802] Beim zweiten „Brain Trust" änderte sich die Zusammensetzung von Roosevelts engstem Beraterkreis. Moley und Johnson entwickelten sich zu Gegnern Roosevelts und wechselten zur Opposition.[803] Warburgs Beiträge ließen Roosevelt „kalt" und die Zusammenarbeit endete bereits im September 1933.[804] Gleiches galt für die protektionistischen Vorschläge von George N. Peek, dem Manager eines Maschinenbauunternehmens.[805] Weiterhin gehörten Samuel I. Rosenman, Adolf A. Berle und Basil O´Connor dem inneren Kreis an. Henry Morgenthau jun., Thomas G. Corcoran und Benjamin V. Cohen kamen im zweiten „Brain Trust" neu hinzu.[806] Wichtiger inoffizieller Berater war der Harvard-Professor Felix Frankfurter. Mehrere Mitglieder des inneren Kreises um Roosevelt waren ehemalige Studenten Frankfurters und er selbst hatte jederzeit freien Zugang zum Präsidenten.[807]

War die ursprüngliche Motivation des „Brain Trust', einen Expertenkreis zur Lösung volkswirtschaftlicher Probleme zu bilden, beschäftigten sich meh-

---

799 Vgl. Hesse / Köster / Plumpe 2014, S. 116.
800 Vgl. Moley 1939, S. 5. Auf Roosevelts langjährigen Berater Louis Howe wird hier nicht eingegangen, da er bereits 1936 verstarb. Sein Nachfolger wurde Harry Hopkins, vgl. Dall 1975. S. 81
801 Vgl. Jaeger 1974, S. 25.
802 en.wikipedia.org, abgerufen am 04.10.2015.
803 Vgl. Wirsing 2005, S. 126.
804 Vgl. Jaeger 1974, S. 152. Warburg kritisierte den New Deal in seinem Buch „The Money Muddle".
805 Vgl. Hearden 1987, S. 38ff.
806 en.wikipedia.org, abgerufen am 04.10.2015.
807 Vgl. Monnet 1978, S. 198, vgl. Dall 1975, S. 102.

rere Mitglieder dieses inneren Kreises um den Präsidenten ab 1937 mit außenpolitischen Fragestellungen, ab 1938 mit den Anstrengungen zur Aufrüstung. Morgenthau und Frankfurter wurden so zu Ansprechpartnern der Franzosen und Briten.[808] Intimster außenpolitischer Berater des Präsidenten wurde Harry Hopkins.[809] Zu seinem Außenminister Cordell Hull hatte Roosevelt ein schwieriges Verhältnis und er überging ihn regelmäßig zugunsten seines Stellvertreters Sumner Welles und seines Finanzministers Henry Morgenthau jun.[810] Es wäre allerdings ein Irrtum, in Hull nur eine Nebenrolle der amerikanischen Diplomatie zu sehen.[811] Henry L. Stimson (der Vater der gleichlautenden Doktrin), John Jay McCloy, W. Averell Harriman und Dean Acheson waren Juristen, die dem Ruf des Präsidenten folgten und so zu dessen Vertrauten wurden.[812] Zu dieser informellen Gruppe, *„die weder einen Namen noch eine Struktur hatte, deren Einfluß auf die Entscheidungen des Weißen Hauses jedoch nicht zu übersehen war"* gehörten auch die einflussreichen Journalisten Walter Lippmann und James Reston, die dabei nicht in Versuchung kamen, Geheimnisse preiszugeben.[813] Ebenfalls zum engeren Kreis um Roosevelt ist der Börsenspekulant und Finanzier Bernard Baruch zu zählen, ein alter Bekannter, der anfangs den Dew Deal unverblümt kritisierte[814], aber um 1939 als Ratgeber des Präsidenten eine wichtige Rolle im Hintergrund spielte.[815] Schon allein aufgrund der häufigen Telefonate und seiner besonderen Privilegien darf der einflussreiche Diplomat William C. Bullitt ebenfalls zum Beraterumfeld von Roosevelt gezählt werden.[816] Last but not least spielte die First Lady der Vereinigten Staaten, Eleanor Roosevelt eine wichtige Rolle, deren politische Ansichten sich im Laufe ihres Lebens mehr und mehr in eine linksliberale Richtung bewegten.[817]

---

808   Vgl. Monnet 1978, S. 153ff, S. 197f.
809   Vgl. Sherwood 1950, vgl. Monnet 1978, S. 199. Hopkins war der „Nachfolger" des 1936 verstorbenen Louis Howe, vgl. Dall 1975, S. 81.
810   Vgl. Fish 1982, S. 206.
811   Vgl. Williams 1973, S. 195; vgl. Hearden 1987, S. 35ff.
812   Vgl. Monnet 1978, S. 198.
813   Monnet 1978, S. 199.
814   Vgl. Jaeger 1974, S. 151.
815   Vgl. Dall 1975, S. 22, S. 105. Chernow schreibt, dass in den Augen von Paul Warburg Baruch *„seien Einfluß auf die Politik zelebrierte."* Chernow 1996, S. 182. Ein Hinweis auf die bis zum Ersten Weltkrieg zurückreichenden privaten Kontakte zwischen Roosevelt und Baruch sowie Eleanor Roosevelts vormaligen Antisemitismus findet sich in: Baker 2009, S. 10f. Der Zeitzeuge Curtis B. Dall schreibt: *„Richter Frankfurter entfaltete sich sehr bald, um der zweitmächtigste politische Mann im Lande zu werden. Meiner Meinung nach hielt Bernard Baruch den ersten Platz inne, obgleich man darüber verschiedener Meinung sein könne. Baruch finanzierte als erster die Propaganda und die Unkosten, während Frankfurter direkt oder auch unter der Hand die wichtigsten Regierungsämter vergab. Was Macht und Geld angeht, waren sie zweifellos aus demselben Holz geschnitzte Zwillinge."* Dall 1975, S. 102.
816   Vgl. Alsop / Kintner 1940, S. 1
817   Vgl. Baker 2009, S. 10f, S. 133 und vgl. Dall 1975, S. 83.

Nicht unmittelbar zum inneren Kreis um Roosevelt zählte der FBI-Chef J. Edgar Hoover, aber beide entwickelten ein Vertrauensverhältnis, welches auf gegenseitiger Anerkennung beruhte.[818] Eine beträchtliche Anzahl von Ermittlungsergebnissen die Hoover lieferte betraf Isolationisten, und die Informationen die der Präsident durch Abhöraktionen des FBI erhielt, beeinflussten somit indirekt die Außenpolitik.[819] In seltenen Fällen lieferten die Ermittlungen nicht die gewünschten Ergebnisse: Sumner Welles, der Anfang 1940 nach Europa geschickt wurde um den Entfremdungsprozess Italien von Deutschland zu lancieren,[820] musste 1943 von seinem Amt als Staatsekretär des Außenministeriums zurücktreten, nachdem ihm das FBI der Homosexualität überführt hatte.[821]

Mit Walter Lippmann gab es nur einen unmittelbar aus dem Umfeld des „Council on Foreign Relations" stammenden Berater des Präsidenten (Lippmann spielte bis 1937 eine wichtige Rolle im CFR, musste aber nach einer Liebesaffäre schlagartig gehen).[822] Da sowohl Roosevelt als auch sein Außenminister Hull in der Zeitschrift „Foreign Affairs" Aufsätze publizierten, kann man davon ausgehen, dass sie mit den außenpolitischen Zielen dieser Organisation völlig übereinstimmten, auch wenn aus innenpolitischen Beweggründen diese Kongruenz in der ersten Amtszeit mit einer Ausnahme – der diplomatischen Anerkennung der Sowjetunion – nicht erkennbar war.

Eine nicht unbedingt überraschende Tatsache ist die hohe Anzahl von Beratern mit jüdischen Wurzeln im Umfeld Roosevelts, mit denen er entweder durchgängig oder zumindest zeitweise einen engen persönlichen Kontakt pflegte: Samuel I. Rosenman, Bernard M. Baruch, Louis D. Brandeis, William C. Bullitt[823], Benjamin V. Cohen, Felix Frankfurter, Henry Morgenthau jr., Walter Lippmann, Rexford G. Tugwell und James P. Warburg. Man sollte ihnen ja nichts unterstellen, aber der Verdacht, dass einige von ihnen die Chance witterten, Deutschland etwas heimzuzahlen, kann im Kontext der Ereignisse in Europa als wahrscheinlich angesehen werden.[824] Männer wie Bullitt und Baruch, denen als Mitglieder der amerikanischen Delegation bei den Friedensverhandlungen in Versailles noch pro-deutsche Tendenzen

---

818 Vgl. Weiner 2012, S. 124.
819 Vgl. Weiner 2012, S. 133f.
820 Vgl. Tansill 1956, S. 617ff.
821 Vgl. Weiner 2012, S. 153f.
822 Vgl. Wala 1990, S. 45. Nachdem Lippmann Helen Byrne Armstrong, die Frau des „geheimen" Herausgebers von „Foreign Affairs" nach der Liebesaffäre heiratete, endete die Verbindung zur Organisation CFR schlagartig.
823 Vgl. Sedlmaier 2003, S. 308. Bullitts Mutter hatte jüdische Wurzeln.
824 Zur Erinnerung – eine Generation zuvor legte der einflussreiche New Yorker Bankier Jacob Schiff dem antisemitischen russischen Zarenreich, dem er außerordentlich feindselig gegenüberstand, so viele Steine wie nur irgendwie möglich in den Weg, vgl. Chernow 1996, S. 216, vgl. Heresch 2000, S. 33f, S. 70, S.131, S. 188f. Schiff unterstützte allerdings nicht die kommunistische Revolution, im Gegenteil, er vertrat die Ansicht, dass die Bolschweisten nicht das russische Volk repräsentierten, vgl. Sutton 1974, S. 185ff und Doc. No. 3, S. 197: *„Bolshevist governement does not represent Russian people".*

unterstellt worden waren,[825] entwickelten nach 1933 eine ausgeprägte anti-nazistische Haltung. Antijüdisch orientierte Verschwörungstheoretiker konstruieren deshalb aus biographischen Fragmenten ihre feindseligen Anschuldigungen, ohne die komplexen Zusammenhänge und das oft vorhandene humanitäre Engagement dieser einflussreichen Personen mit jüdischen Wurzeln objektiv darzustellen.[826]

Roosevelt, dessen Anteilnahme am Schicksal der jüdischen Flüchtlinge sich in Grenzen hielt,[827] reflektierte die ethnische Herkunft seiner Berater mit einer gewissen Selbstironie, wie eine Anekdote aus dem Jahr 1943 belegt. Nahum Goldmann, ein deutscher Emigrant und langjährige Präsident des Jüdischen Weltkongresses berichtet in seinen Erinnerungen über ein Treffen mit Samuel I. Rosenman und dem einflussreichen Rabbiner Stephen Wise, als die Schreckensnachrichten über die „Endlösung" 1943 bekannt wurden. Roosevelt fuhr zufällig mit dem Präsidentenwagen vorbei, sah die drei, ließ das Auto vor der Terrasse von Rosenmans Haus halten und rief ihnen im Spaß zu: *„Könnt ihr Euch vorstellen, was Goebbels dafür gäbe, ein Foto dieser Szene zu bekommen: der Präsident der Vereinigten Staaten empfängt Verhaltensmaßregeln von den drei Weisen von Zion."*[828]

Außenpolitische Aktivitäten in Roosevelts erster Amtszeit

Zu Beginn seiner Amtszeit 1933 entwickelte Roosevelt gewisse außenpolitische Aktivitäten, als er zu den Problemen der Weltwirtschaftskonferenz in London und der Abrüstungskonferenz in Genf Stellung nehmen musste. *„Der amerikanische Präsident versuchte, sich vor dem unruhigen Hintergrund weit auseinanderliegender Konferenzorte, paralleler Verhandlungen und geheimer Gespräche selbst als eine Art Welteiniger zu etablieren"*[829] Dieser Versuch war alles andere als erfolgreich. Nachdem die Weltwirtschaftskonferenz an dem Nein der USA zu einer Währungsstabilisierung über den Goldstandard gescheitert war[830] und Washington Desinteresse an einem europäischen Abrüstungshandel signalisiert hatte, stand die Politik der nächsten Jahre unter dem Zeichen des Isolationismus. Auf Anraten von Experten versuchte die neue Regierung die amerikanische Wirtschaft auf eigene Faust zu

---

825   Zu Baruch, vgl. Grant 1999, S. 255, S. 385. Zu Bullitt, vgl. Sedlmaier 2003, S. 307ff.

826   Eine besondere Anziehungskraft auf Verschwörungstheorien übt die weitverzweigte Familie Warburg aus. Wie wenig dies mit den historischen Tatsachen zu tun hat, belegt Ron Chernow in seiner breiten Monographie über die Familie Warburg, vgl. Chernow 1996, S. 189, S. 201ff, S. 300.

827   Vgl. Hearden 1987, S. 113f.

828   Goldmann 1992, S. 211.

829   Bavendamm 1983, S. 130.

830   Vgl. Hesse / Köster / Plumpe 2014, S. 123f.

sanieren. Dieser protektionistische Kurs der USA führte zu einer Desintegration der internationalen Wirtschaftsbeziehungen.[831]

Die einzige außenpolitische Aktivität des Jahres 1933, der eine wirklich nachhaltige Bedeutung beizumessen ist, war die diplomatische Anerkennung der Sowjetunion. Nachdem der „Council on Foreign Relations" bereits Anfang der 1920er die Frage aufgeworfen hatte, *„ob man darauf verzichten wolle, Erntemaschinen an russische Bauern zu verkaufen, nur weil man mit dem politischen System in Moskau nicht einverstanden sei"*[832] aber damit nicht durchdrang, zeichnete sich unter Roosevelt eine Wende ab. Auf Initiative des Präsidenten befasste sich Anfang Oktober 1933 ein kleiner Kreis von Vertrauten mit der Vorbereitung und Kontaktaufnahme. Am 10. des Monats schrieb Roosevelt an Mikhail Kalinin einen persönlichen Brief, der am 17. Oktober von diesem beantwortet wurde.[833] Maxim Litwinow (Max Wallach-Finkelstein), der sowjetische Volkskommissar für auswärtige Angelegenheiten, reiste nach Washington und führte mit Roosevelt und William C. Bullitt am 15. November die Verhandlungen.[834] Bullitt, ein intimer Freund des Präsidenten,[835] wurde der erste Botschafter der USA in Moskau. Am 20. Dezember 1933 lud Stalin Bullitt in den Kreml ein. Der rote Diktator lobte Roosevelt über den grünen Klee und teilte Bullitt mit, dass er für ihn jederzeit und sofort zu sprechen sei – ein gegenüber Botschaftern äußerst unübliches Angebot.[836] Die außergewöhnlich sowjetfreundliche Politik Roosevelts, die zu Lasten Europas ging und in Jalta ihren Höhepunkt fand, zeigte sich hier zum ersten Mal in aller Deutlichkeit. Zeit seines Lebens konnten ihn selbst enge Vertraute von seiner außenpolitischen Fehleinschätzung gegenüber Stalin und der kommunistischen Ideologie nicht mehr abbringen.[837]

Das FBI im Dienst des Präsidenten

Am 8. Mai 1934 erteilte der Präsident dem FBI-Chef Edgar J. Hoover seine erste Weisung, als er *„eine sehr sorgfältige und gründliche Untersuchung"* des amerikanischen Faschismus wünschte. Hoover, dessen Enthusiasmus im Bereich des

---

831 Vgl. Bavendamm 1983, S. 132ff.
832 Zit. nach Wala 1990, S. 37.
833 Bullitt 1972, S. 41. An der Vorbereitung der Aufnahme diplomatischer Beziehungen beteiligt waren neben Roosevelt und Bullitt auch Cordell Hull und Henry Morgenthau jun.
834 Bullitt 1972, S. 52.
835 Vgl. Bullitt 1972, S. 38.
836 Bullitt 1972, S. 68f. Bullitts Bericht vom 1. Januar 1934 an Roosevelt enthält eine detaillierte Beschreibung des Empfangs mit Stalin und dessen Komplimente und Gesten ähneln denen anlässlich Ribbentrops Kreml-Besuch im August 1939.
837 Exemplarisch hierfür die ausführlich und gut begründete persönliche Warnung Bullitts vom 29. Januar 1943, publiziert in: Bullitt 1972, S. 576ff.

Antifaschismus Ermittlungsergebnisse zu präsentieren nicht vergleichbar war mit seinem Kampf gegen den Kommunismus, lieferte ab diesem Zeitpunkt Berichte über Hakenkreuzfahnen schwingende Organisationen wie den Amerikadeutschen Bund, der mit Unterstützung von Autobauer Henry Ford gegründet worden war, und rechtslastige, antisemitische Gruppen. Hoover war allerdings bestrebt, die Aufmerksamkeit Roosevelts auf den Kommunismus zu lenken, von dem nach seiner Ansicht eine weit größere Gefahr ausging.[838] Die Zähigkeit der Großen Depression und das angespannte innenpolitische Klima führten dazu,[839] dass sich Roosevelt erst zwei Jahre später wieder für die Aktivitäten ausländischer Mächte in den USA zu interessieren begann. Am 26. Juni 1936 erließ Roosevelt eine Geheimdirektive, welche die Bundespolizeiliche Ermittlungsbehörde des Justizministeriums (FBI) und die Nachrichtendienste von Heer und Marine zu einer Koordination ihrer Arbeit im Hinblick auf Spionage, Spionageabwehr und Sabotageermittlung verpflichtete. Hoover oblag bei den von nun an stattfindenden gemeinsamen wöchentlichen Sitzungen der Geheimdienste der Vorsitz.[840] Zwei Monate später, am 24. August 1936 lud Roosevelt Edgar J. Hoover ins Weiße Haus ein. *„Roosevelt wollte über „subversive Aktivitäten in den Vereinigten Staaten, insbesondere Faschismus und Kommunismus", sprechen und er wünschte „ein umfassendes Bild" ihres Einflusses auf Politik und Wirtschaft des Landes, heißt es in Hoovers Aufzeichnungen."*[841] Zusammen mit Außenminister Cordell Hull besprachen sich die drei am Folgetag. Nach Ansicht von Roosevelt sei die Bedrohung global und im Hinblick auf die Verfolgung sowjetischer Spione sollte der Außenminister seine Zustimmung erteilen. Nach Roosevelts Ansicht werde *„besonders der Kommunismus von Moskau gesteuert."*[842] Aufgrund einer mündlichen, unbefristeten Anweisung des Präsidenten erhielt das FBI die Kompetenz, Geheimdienstoperationen gegen Amerikas Feinde vorzunehmen. Hoover wies unverzüglich die Außenstellen des FBI an: *„Beschaffen Sie aus allen verfügbaren Quellen Informationen über subversive Aktivitäten von Kommunisten, Faschisten und Vertretern oder Befürwortern anderer Organisationen oder Gruppen in den Vereinigten Staaten, die den Sturz oder die Ablösung der Regierung der Vereinigten Staaten durch illegale Methoden befürworten."*[843]

Die Überwachung „subversiver Aktivitäten" im weitesten Sinn begann, wobei sich die bundespolizeiliche Ermittlungsbehörde des Justizministeriums der

---

838 Vgl. Weiner 2012, S. 111ff.
839 Vgl. Hesse / Köster / Plumpe 2014, S. 119f.
840 Vgl. Weiner 2012, S. 123.
841 Zit. nach: Weiner 2012, S. 112.
842 Zit. nach: Weiner 2012, S. 113.
843 Zit. nach: Weiner 2013, S. 113f.

New York, 17. November 1933 – Franklin D. Roosevelt und William C. Bullitt. Der intime Freund des Präsidenten wird der erste Botschafter der USA in Moskau. Von 1936 bis 1940 Botschafter in Frankreich. Über wichtige Vorgänge in Europa informierte Bullitt den Präsidenten telefonisch. Nach Dirk Bavendamm war der Botschafter „Roosevelts Auge, Ohr und Arm auf dem europäischen Kontinent".

bewährten Methode der Telefonüberwachung bediente, und auch vor der Installation von Wanzen und Einbrüchen nicht zurückschreckte.[844] Waren zunächst linke und rechte Extremisten gleichermaßen im Fokus, sogar ein Vertreter des deutschen Widerstands,[845] konzentrierte sich das Feindbild mit der Zuspitzung der europä-

---

844 Vgl. Weiner S. 114, S. 116.
845 Der dem Umfeld der „Milton-Gruppe" zugehörige Adam von Trott zu Solz wurde auf seiner Suche nach Verbündeten 1939 vom FBI überwacht, vgl. Klemperer 1994, S.176f. An Felix Frankfurter schrieb Roosevelt am 17. Januar 1940 vorwurfsvoll: *„Um Himmels willen! Sie haben Ihren Freund Trott wohl doch nicht aus dem Land trotten lassen, ohne ihn von Edgar Hoover durchsuchen zu lassen. Denken Sie an die Schlachtschiffpläne und andere Geheimnisse, die er hätte mit heimnehmen können. Damit haben Sie den Höhepunkt an Indiskretion und Unvorsichtigkeit erreicht! FDR."* Roosevelt and Frankfurter 1968, S. 514: *„Surley you did not let your Trott friend get trotted out of the country without having him searched by Edgar Hoover."*

ischen Krise zunehmend auf Gegner der Einmischungspolitik des Präsidenten. Spätestens ab 1940 wurden *„neben [Charles] Lindbergh die konservative Allianz America First, Antikommunisten und hitlerfreundliche Reaktionäre, außerdem drei US-Senatoren, die nach Hoovers Ansicht mit Deutschland sympathisierten, darunter Burton Wheeler aus Montana, sein alter Feind aus den 1920er Jahren, und Hamilton Fish, ein Kommunistenfresser und Kongressabgeordneter aus Roosevelts Heimatstadt, sowie Hunderte andere, die Roosevelt und alles, wofür er stand, schlichtweg hassten"*[846] vom FBI überwacht. Zwei einflussreichen Zeitungsverlegern, Joseph Medill Patterson von den „New York Daily News" und Robert R. McCormick von der „Chicago Tribune" konnte das FBI finanzielle Zuwendungen an „America First" – die einflussreichste Organisation der Isolationisten – nachweisen. Der Fliegerin und prominenten Wortführerin von „America First", Laura Ingalls, wurde aufgrund von Telefonüberwachung der Prozess als Agentin des NS-Regimes gemacht. Der Präsident persönlich veranlasste das Justizministerium, gegen „America First" ein Verfahren vor dem Bundesgeschworenengericht einzuleiten.[847] Ferner gerieten diplomatische Vertreter unliebsamer Staaten, wie z.B. der deutsche Botschafter in Washington, Hans-Heinrich Dieckhoff in den Fokus des FBI.[848] Auf Anregung von Roosevelts Berater Adolf A. Berle, seit 1938 Staatssekretär im Außenministerium, wies der Präsident den FBI-Chef Hoover 1940 an, einen Auslandsnachrichtendienst auf dem amerikanischen Doppelkontinent aufzubauen, ohne die Verfassungsorgane zu informieren.[849]

Roosevelts gesetzeswidriger Entschluss, frühzeitig Überwachungsmaßnahmen einzuleiten, ist ein Beleg für dessen Skrupellosigkeit, die komplexen innenpolitischen Prozesse der USA, welche die Rahmenbedingungen für die Außenpolitik liefern, in seinem Sinne zu manipulieren. Wären diese Vorgänge an die Öffentlichkeit gedrungen, hätten sie vermutlich zu einer Verfassungskrise geführt, vergleichbar mit der „Watergate-Affäre". Der Einsatz des FBI außerhalb der Gesetzgebung provozierte zudem einen Kompetenzstreit mit dem Justizministerium.[850] Für den loyalen FBI-Chef J. Edgar Hoover waren zu diesem Zeitpunkt Kommunisten, Sozialisten, Hitler-Anhänger, „pro-japanisch" eingestellte Leute nichts anderes als

---

846 Weiner 2012, S. 134.
847 Vgl. Weiner 2012, S. 134. George E. Morgenstern, Historiker und langjähriger Verfasser von Leitartikeln in der Chicago Tribune, rekonstruierte die Außenpolitik Roosevelts und publizierte 1947 das Buch „Pearl Harbor: The Story oft the Secret War". Das Buch ist umstritten, da es Roosevelt und seinen engsten Kreis für den Kriegseintritt der USA verantwortlich macht.
848 Vgl. Taschka 2006, S. 168. Dieckhoff wurde von J.E. Hoover mit Schreiben vom 23. Dezember 1937 an das „War Department" verdächtigt, seit 1932 ein Nazi zu sein, was eine Verleumdung war.
849 Vgl. Weiner 2012, S. 138ff.
850 Zum Kompetenzstreit zwischen Justizministerium und FBI, vgl. Weiner 2012, S. 132

potentielle Staatsfeinde.[851] Hoover war aber auch der falsche Adressat für rechtliche oder moralische Bedenken.

Ein glückloser Präsident schielt auf die Weltbühne

Es lässt sich nicht präzise verifizieren, aus welchem Grund Roosevelt am 8. Mai 1934 die *„sehr sorgfältige und gründliche Untersuchung"* des amerikanischen Faschismus von FBI-Chef Edgar J. Hoover anforderte. Am wahrscheinlichsten ist, dass er wissen wollte, welche Bedrohung von Hitlers Agenten und Bewunderern in heimischen Gefilden ausging.[852] Möglicherweise ahnte er aber bereits zu diesem Zeitpunkt, dass mit dem deutschen Nationalsozialismus ein politischer und ökonomischer Konkurrent auf die Weltbühne trat, der den globalen Anspruch der USA beschneiden könnte. Für diese These spricht, dass William Dodd, Amerikas Botschafter in Berlin, am 1. April 1934 dem Präsidenten geschrieben hatte, dass die künftige Welt dreigeteilt sein kann: *„Deutschland wird Europa dominieren, Japan dominiert den Fernen Osten und die USA dominieren beide Amerikas."*[853] Für Roosevelt, der wie bereits dargestellt in geopolitischen Dimensionen dachte, war eine wie auch immer geartete Einschränkung des Zugangs amerikanischer Firmen zum Weltmarkt nicht hinnehmbar. Im März 1934 hatte er vor dem „Export Managers' Club" erklärt, dass der freie Welthandel *„vitaler Teil unserer Erholungsprogramms"* sei. Ein Jahr darauf wiederholte er diese Auffassung in einer Nachricht an den Präsidenten des „National Foreign Trade Council": *„Die fremden Märkte müssen zurückerobert werden ... der Welthandel muss zum Nutzen aller liberalisiert und von diskriminierenden Methoden befreit werden. Man muss zu fairen und freundlichen Methoden zurückkehren."*[854] Mit diesen Ansichten stand er ganz auf einer Linie mit einflussreichen Vertretern der amerikanischen Wirtschaft.[855] Berater des Präsidenten wie George N. Peek, die mittels einer protektionistischen Wirtschaftspolitik die Probleme der Großen Depression lösen wollten, waren mittlerweile kalt gestellt.[856]

Am 28. Oktober 1936 begann Roosevelt die – so der deutsche Diplomat Heinrich Dieckhoff – *„eigenartige neue außenpolitische These [zu] verkünden, die seither immer stärker von Roosevelt betont worden ist, nämlich, daß die demo-*

---

851   Vgl. Weiner 2012, S. 125.
852   Vgl. Weiner 2012, S. 112.
853   Zit. nach: Hearden 1987, S. 101.
854   Zit. nach: Hearden 1987, S. 47.
855   Vgl. Hearden 1987, S. 48ff.
856   Zur Auseinandersetzung von Peek mit Befürwortern einer liberalen Wirtschaftspolitik in den Jahren 1933/34, vgl. Hearden 1987, S. 38ff. Peek veröffentlichte 1936 sein Buch „Why Quit Our Own?", in dem er seine Vorschläge verteidigt, ebda, S. 50.

kratischen Völker gleichzeitig die friedliebenden seien."[857] In dieser Rede vor der Freiheitsstatue in New York betonte Roosevelt die Friedens- und Freiheitsliebe der USA und Frankreichs. Im Gegensatz zur sogenannten „Quarantäne-Rede" ein Jahr später, griff er aber verbal noch kein anderes Land an. Zwischen diesen beiden Reden, mit denen sich ein außenpolitischer Kurswechsel vollzog, musste Roosevelt zwei schwere innenpolitische Niederlagen einstecken. Zum einen gelang es ihm nach seiner ersten Wiederwahl nicht, die Reorganisation des Obersten Gerichtshofes durchzusetzen.[858] Außerdem misslang die wirtschaftliche Erholung der USA von der Großen Depression mittels „New Deal":[859] Die Arbeitslosenzahlen waren 1937 zwar die niedrigsten in Roosevelts Amtszeit vor Ausbruch des Zweiten Weltkriegs in Europa – mit durchschnittlich 7,70 Millionen um fünf Millionen niedriger als der Höchststand 1933 – aber die Werte stiegen 1938 wieder auf 10,39 Millionen und stagnierten bis 1940 auf hohem Niveau.[860] Sogar zum Zeitpunkt des Überfalls auf Pearl Harbour gab es immer noch 8 Millionen Erwerbslose.[861]

Das Nationaleinkommen der USA war von 1929 bis 1936 um 25% gefallen, die Industrieproduktion um 12%.[862] Mitte 1938 erreichte die wirtschaftliche Lage erneut einen Tiefpunkt.[863] In der Öffentlichkeit äußerte sich der „New Dealer" Roosevelt betont optimistisch, obwohl die Zahlen alles andere als zufriedenstellend waren.[864] In den Kabinettssitzungen hing er dagegen Verschwörungstheorien nach: *„Ich weiß, daß die gegenwärtige Situation das Ergebnis bewußter Bemühungen des Großkapitals und der großen Vermögen ist, den Markt hinabzudrücken, um eine für mich ungünstige Lage zu schaffen. Die ganze Situation wird in der Wall Street künstlich geschaffen."*[865] Wirtschaftshistoriker vertreten nicht ohne Grund die Meinung, dass Roosevelts Gedanken zu dieser Zeit um Konspirations- und Sabotage-Theorien kreisten, um ein Erklärungsmodell für den scharfen volkswirtschaftlichen Rückschlag zu finden.[866]

857   Dieckhoff 1943, S. 69. Wie zutreffend Dieckhoffs Feststellung im Hinblick auf die USA ist belegt die aktuelle Untersuchung von Armin Wertz: Wertz 2015.
858   Vgl. Wirsing 2005, S.153ff; vgl. Junker 2009, S. 317.
859   Zur anschaulichen Beschreibung der Großen Depression als Dauerzustand, vgl. Shlaes 2011.
860   Vgl. Jaeger 1974, S. 8, Tab. 1.
861   Vgl. Hoover 1952, S. 449.
862   Vgl. Hoover 1952, S. 452; vgl. Jaeger 1974, S. 8, Tab. 1.
863   Vgl. Hoover 1952, S. 458; vgl. Jaeger 1974, S. 8, Tab. 1.
864   Vgl. Hoover 1952, S. 457f
865   Kabinettssitzung vom 8. Oktober 1937, zit. nach: Hoover 1952, S. 459.
866   Vgl. Jaeger 1974, S. 56.

Ob Zufall oder nicht,[867] drei Tage bevor der Präsident sich im kleinen Kreis so deprimiert über Zähigkeit der Großen Depression äußerte, hielt er am 5. Oktober 1937 in Chicago die bemerkenswerte „Quarantäne-Rede". 90% der Weltbevölkerung möchten in Frieden leben, werden aber, so Roosevelt, von den restlichen 10% daran gehindert:

> *„Friede, Freiheit und Sicherheit von 90% der Menschheit werden von den übrigen 10% gefährdet, durch die der Zusammenbruch aller Ordnung und allen Rechts im internationalen Leben droht.*
>
> *Es scheint leider zuzutreffen, dass die Epidemie der allgemeinen Gesetzlosigkeit immer mehr um sich greift. Wenn eine ansteckende Krankheit sich epidemsch ausbreitet, beschließt die Gemeinschaft, um sich vor Ansteckung zu schützen, die Patienten in Quarantäne zu legen.*[868]

Ohne Länder beim Namen zu nennen forderte Roosevelt eine politische „Quarantäne" von „Angreifern" wie Japan, Deutschland und Italien sowie ein Ende des amerikanischen Isolationismus und der Appeasement-Politik Großbritanniens und Frankreichs.

Die Rede überraschte das amerikanische Volk und die Weltöffentlichkeit. Über die Ursachen, die Roosevelt bewogen haben, einen außenpolitischen Kurswechsel zu vollziehen und seine ablehnende und feindselige Haltung so offen kund zu tun, gibt es die unterschiedlichsten Deutungen. Hans-Heinrich Dieckhoff spekulierte über eine Mischung aus, *„wachsende[r] Sorge vor außenpolitischer (ideologischer, militärischer und besonders wirtschaftlicher) „Bedrohung" … Fehlschläge seiner Innenpolitik und den hierdurch hervorgerufenen Wunsch nach Ablenkung nach außen, oder … persönlichen Ehrgeiz … persönliche Vorurteile und persönliche Ressentiments, oder … Ratschläge und Einflüsterungen seiner nächsten Umgebung, besonders seiner New Yorker Freunde".*[869]

Die internationale Forschung ist sich heute weitgehend einig, dass die damals so überraschende Wende in der Außenpolitik eine antideutsche Stoßrichtung hatte. Nach Kissinger zeigte der Präsident *„ein tieferes Verständnis für das Wesen der Herausforderung, vor die sich Europa durch die Diktatoren gestellt sah, eine Einsicht, die selbst unter den europäischen Staatsoberhäuptern nur noch von Churchill*

---

867 Vgl. Tansill 1956, S. 380f. Nach Tansill ist ein zweifelsfreier Beweis, dass Roosevelt außenpolitisch aktiv gegen die Aggressoren auftrat, um von innenpolitischen Problemen abzulenken, nicht zu erbringen. Tansill verweist darauf, dass Roosevelt bereits im Januar 1933 im Zusammenhang mit der japanischen Expansion in China der Nichtanerkennung gemäß der Stimsondoktrin zugeneigt war. Zudem gab es in Amerika viele „Moralisten", die vom Präsidenten stärkere Signale gegenüber „Aggressor-Nationen" wünschten.

868 Hoover / Nash 2011, S. 110.

869 Dieckhoff 1943, S. 12f.

geteilt wurde. "[870] Gemäß der Deutung des Hitler-Biographen Kershaw erkannte Roosevelt, *„welche Gefahr von Deutschland ausging, und verfolgte im legitimen Eigeninteresse der Vereinigten Staaten zum Schutz ihrer nationalen Sicherheit"* diese Politik.[871] Dirk Bavendamm betont dagegen die Einheit von Weg und Ziel, indem er schreibt, „Quarantäne" sei eine von Roosevelt neu entwickelte Methode gewesen, *„wie er Krieg haben könne, ohne ihn selbst entfesseln zu müssen".*[872]

In diesem Zusammenhang sind zwei Aspekte im Hinblick auf die Germanophobie Roosevelts bedeutsam. Seine proangelsächsischen und antideutschen Neigungen beruhten auf moralischen Weltbildern, die den Idealen der Freimaurerei entsprangen. Für die Anhänger dieses weltumspannenden Bundes waren in der Theorie Nationalismus, Rasse, Abstammung und Glaubensbekenntnis weltfremde Begriffe und der hieraus speisende ideologische Gegensatz zum Nationalsozialismus war diametraler Natur. Die Nationalsozialisten ihrerseits hatten bereits 1935 (trotz aller Anbiederungsversuche der drei preußischen Großlogen) die Freimaurerei in Deutschland verboten und das Vermögen beschlagnahmt.[873] NS-Ideologen betrachten Judentum und Freimaurerei als zwei Seiten einer Medaille und der amerikanische Präsident wurde in Pamphleten als *„Glanz und Zierdestück des Judentums ... [und] der Weltfreimaurerei"* verunglimpft.[874] Zum zweiten, darauf wurde schon hingewiesen, verfügte Roosevelt über profunde geopolitische Kenntnisse. Für einen see- und geostrategisch denkenden Menschen wie Roosevelt war also klar erkennbar, dass, wenn es einer europäischen Großmacht gelänge, Europa zu dominieren, dies für die USA erhebliche Konsequenzen hätte. Da zur gleichen Zeit Japan in Richtung „Großasiatische Wohlstandsphäre" expandierte und die Sowjetunion sich ja bereits vom Weltmarkt abgekoppelt hatte, musste unter allen Umständen verhindert werden, dass sich Eurasien in drei abgeschottete, autarke Großwirtschaftsräume verwandelte. In diesem worst case Szenario hätten die USA ihre Investitionen verloren und einen dramatischen Rückgang des Außenhandels hinnehmen müssen. Die bereits bestehenden volkswirtschaftlichen Probleme, die ja schon mittels New Deal schwer lösbar waren, hätten sich infolgedessen dramatisch zugespitzt.[875]

In diesem Zusammenhang stellt sich die Frage, warum Roosevelt seinen Konfrontationskurs so sehr auf Deutschland fixierte, die mit Japan verbundenen Probleme

---

870 Kissinger 1994, S. 402.
871 Kershaw 2010, S. 237.
872 Bavendamm 1983, S. 122.
873 Vgl. Minder 2004, S. 109.
874 Freund 2003, S. 77.
875 Vgl. Junker 1979, S. 117f; vgl. Hearden 1987, S. 231.

nachrangiger behandelte und der Sowjetunion gar die Hand reichte. Die plausibelste Antwort lautet, dass einerseits der Atlantik im Rahmen seiner maritimen Denkweise ein größeres Interesse als die pazifische Region genoss.[876] Außerdem war es einfach leichter, die außenpolitische Haltung der Vereinigten Staaten gegen das antisemitische Deutschland zu lenken, da die öffentliche Meinung, von der der Präsident und Kongress abhingen, sich seit 1933 mehr und mehr gegen die Nazis richtete. Anders formuliert: Die von japanischen Soldaten begangenen Menschenrechtsverletzungen fanden in den USA eine geringere mediale Resonanz als die des braunen Mobs.[877]

Unbestreitbar ist, dass Roosevelt ab dem 5. Oktober 1937 konsequent in europäische und asiatische Fragen eingriff. Seine Perspektive war dabei von Anfang an weltumfassend. Die „westliche Hemisphäre", die ja schon die halbe Welt umfasste, war ihm zu klein. Deutschland, Japan und Italien sollten durch eine harte amerikanische Haltung eingeschüchtert werden und des weiteren war das Ziel, die demokratischen europäischen Staaten, insbesondere Großbritannien, Frankreich und Polen zu einem entschiedenen Widerstand gegen die Aggression zu drängen. Für den Konfliktfall stellte die USA Unterstützung, besonders auf wirtschaftlichem Gebiet in Aussicht. Den drei totalitären Mächten, die seit Jahren von Teilen der Presse scharf angegriffen worden waren, wurde fortan auf diplomatischem Gebiet eine ablehnende und feindselige Haltung entgegengebracht.[878]

Roosevelts Geheimdiplomatie 1938

Für seine europäische Außenpolitik wählte Roosevelt die wichtigen Botschafter persönlich aus und korrespondierte direkt mit ihnen, ohne dass Außenminister Cordell Hull jeden einzelnen Brief kannte. In Paris korrespondierte er mit William C. Bullitt, in London mit Joe Kennedy, in Warschau mit Anthony Biddle, in Berlin mit Hugh Robert Wilson, mit Joseph Davies in Moskau und William Phillips in Rom.[879] Dank dieser Methode erhielt Roosevelt, obwohl räumlich am weitesten von den europäischen Krisenpunkten entfernt, immer aktuelle Informationen aus erster Hand. Die umfangreiche Korrespondenz mit William C. Bullitt, dem sämtliche US-Botschafter und Gesandte in Europa unterstellt wurden,[880] ist gut dokumentiert und gewährt interessante Einblicke. Bullitt, der nach knapp drei Jahren Aufenthalt in der Sowjetunion

---

876   Vgl. Fröhlich 1998, S. 90f.
877   Das Ende 1937 begonnene Massaker von Nanking führte zwar zu dem bedeutsamen Handelsembargo gegen Japan; in der öffentlichen Meinung war die Resonanz auf Japans Schreckensherrschaft in China im Vergleich zu der seit 1933 gegen Deutschland angeheizten Stimmung gering.
878   Vgl. Dieckhoff 1943, S. 14.
879   Vgl. Bavendamm 1983, S. 72.
880   Vgl. Wirsing 2005. S. 224.

ziemlich desillusioniert aus Moskau zurückkehrte, wurde im Herbst 1936 neuer Botschafter in Paris. Der aus wohlhabendem Hause stammende Bullitt kannte Paris als ehemaliges Mitglied der amerikanischen Abordnung in Versailles. Aus dieser Zeit ist ein Schreiben an Präsident Wilson erhalten geblieben, das einen Menschen mit Gerechtigkeitsgefühl und politischem Weitblick erkennen lässt. Am 17. Mai 1919 forderte er seine Abberufung von Präsident Wilson mit der Begründung:

„Ungerechte Beschlüsse der Versailler Konferenz über Shantung, Tirol, Thrazien, Ungarn, Ostpreußen, Danzig, das Saarland und die Aufgabe des Prinzips der Freiheit der Meere machen neue Konflikte sicher. …

Es ist meine Überzeugung dass die gegenwärtige Liga der Nationen machtlos sein wird, um diese Kriege zu verhindern und dass die Vereinigten Staaten hineingezogen werden durch die Verpflichtung in der Satzung der Liga und durch die spezielle Verständigung mit Frankreich.

… Daher halte ich es für meine Pflicht, der eigenen Regierung und dem eigenen Volk gegenüber zu raten, diesen ungerechten Vertrag weder zu unterschreiben noch zu ratifizieren."[881]

Es ist eine Ironie der Geschichte, dass Bullitt, der sich in Versailles über das dortige Unrecht empörte, zwanzig Jahre später angehalten wurde, den Status von Danzig zu verteidigen. Ihn deshalb als *„Roosevelts Auge, Ohr und Arm auf dem europäischen Kontinent"*[882] (Dirk Bavendamm) zu bezeichnen, beschreibt den Sachverhalt aber möglicherweise nicht umfassend genug. Sicher informierte er permanent den Präsidenten über die Vorgänge in Europa, beteiligte sich aktiv an der Eindämmungspolitik und unterstützte die Franzosen in ihrer harten Haltung gegenüber Hitler. Er tat dies aber nicht als Befehlsempfänger, sondern aus Überzeugung und visionärer Weitsicht – so wie er den Kommunismus nach seinen ernüchternden sowjetrussischen Erfahrungen ablehnte.[883] Sein ehemaliger Mitarbeiter George F. Kennan beschrieb Bullitt, den er in Moskau erlebte, als *„charmant, geistreich, gebildet, phantasievoll – ein Mann von Welt der es geistig mit jedermann aufnehmen konnte".*[884] Für die deutsche Propaganda war Bullitt dagegen ein *„Halbjude"*, der den Krieg *„absichtlich herbeiführte".*[885] Wie divergierend die Ansichten über Bullitt auch sein mögen, es steht zumindest fest, dass er sich in Sachen Weitblick von anderen Diplomaten unterschied, wie sein Schreiben vom 29. Januar 1943 an Roosevelt belegt, in dem er

---

881 Bullitt 1972, S. 11f.
882 Bavendamm 1983, S. 163.
883 Bullitts zweite Frau Louise Bryant war die vormalige Ehefrau von John Reed, einem 1920 an der Kremlmauer bestatteten US-Amerikaner. Reed wurde 1981 mit dem Spielfilm „Reds" ein cineastisches Denkmal gesetzt; Drehbuch, Hauptdarsteller und Regie: Warren Beatty.
884 Kennan 1983, S. 88.
885 Leers 1941, S. 102f. Bullitts Mutter hatte jüdische Wurzeln, vgl. Sedlmaier 2003, S. 308.

eindringlich (aber vergeblich) vor den Gefahren der expandierenden Sowjetunion warnte. Mit seiner Feststellung – *„Den Frieden am Ende dieses Krieges zu gewinnen wird mindestens so schwierig sein wie das Gewinnen des Krieges"*[886] – traf Bullitt das Problem der Nachkriegsordnung auf den Punkt. Dass die USA im Falle eines Krieges in Europa eine gewichtige Rolle beim Wiederaufbau spielen würde, hatte er schon 1935 vorhergesagt.[887]

Nachdem er den hochangesehenen Posten des Pariser Botschafters angetreten hatte, erhielt er am 20. Dezember 1936 eine direkte Telefonverbindung zu Roosevelt, von der er regelmäßig Gebrauch machte.[888] Da Jahr für Jahr besser erkennbar wurde, wie erfolgreich Hitler bei seinen Bemühungen agierte, die Fesseln von Versailles abzustreifen, wies Bullitt den Präsidenten auf die geostrategischen Konsequenzen hin und rückte das deutsche Problem in den Mittelpunkt seiner Berichterstattung. Bullitts Reise vom 14. November 1937 nach Warschau bestätigte die schlimmsten Befürchtungen. Sollte Hitler die Tschechoslowakei angreifen, würde sich Polen ruhig verhalten, da, so argumentierte Außenminister Beck, die Franzosen sich ja auch passiv verhalten würden.[889] Bullitt, der über Berlin nach Paris zurückgekehrt war,[890] verfasste am 23. November 1937 einen bemerkenswerten Bericht an den Präsidenten, in dem er das erste Mal die Formulierung *„final victory"* verwendet im Zusammenhang mit einer drohenden deutschen Hegemonie über Europa, welche von der französischen Öffentlichkeit, so die Vermutung des Botschafters, wohl hingenommen werden würde:

> *„Die Russen haben sich nun offenbar hinter ihren Sümpfen zur Ruhe gesetzt und selbst in Frankreich erkennt man, dass die Ostgrenze Europas nicht der Ural ist, aber dafür die Sümpfe, die von Finnland über Polen bis nach Rumänien reichen. Die überwiegende Mehrheit der Franzosen die sich mit internationalen Angelegenheiten befasst, erkennt an, so glaube ich heute, nachdem die Allianz mit Russland aufgegeben wurde, dass Deutschland, das den Krieg verloren hat, den Endsieg errungen hat und von jetzt an der dominierende Faktor in Europa sein wird. Es ist aber nicht die heutige praktische Politik."*[891]

---

886   Bullitt 1972, S. 589.
887   Bullitt 1972, S. 106: 7. April 1935 „Personal and Confidential" an Roosevelt: *„Ich erwarte keinen Krieg in naher Zukunft. Wenn er kommt – vorausgesetzt, daß wir uns aus ihm heraushalten – werden wir in guter Verfassung sein, beim Aufbau dessen mitzuhelfen, was von Europa übrigbleibt."*
888   Vgl. Chamberlin 1952, S. 41. Faksimile des Schreibens von Bullitt an Roosevelt vom 20. Dezember 1936 publiziert in: Dirk Kunert: Ein Weltkrieg wird programmiert, Kiel 1984, S. 370.
889   Bullitt 1972, S. 231.
890   Bullitt 1972, S. 232.
891   Bullitt 1972, S. 237.

Bullitts Hinweis, dass die Politik in Paris noch nicht ganz auf diese Linie einge-
schwenkt ist, folgt der Vorschlag, dass die USA die deutsche Hegemonie über den
Kontinent nur mittels der Bildung einer europäischen Staatengemeinschaft verhindern könnte, in der Deutschland eingebunden wäre:

> *„Die einzige Möglichkeit die ich sehe, das Anwachsen deutscher Stärke,
> das ich als unvermeidlich betrachte, für konstruktive anstatt destruktive
> Zwecke zu gebrauchen, sind allgemeine Bemühungen, die Zugeständ-
> nisse an Deutschland als Teil eines Generalplanes zur Vereinigung Eu-
> ropas zu machen. Ich glaube, dass wir einen erheblichen Einfluss haben
> könnten, dieses Ergebnis zu erzielen.“*[892]

So realitätsnah Bullitt damit die heutige supranationale Situation in Europa
beschreibt – die Macht in der Mitte als Friedensmacht[893] – so utopisch war die
Schilderung im Hinblick auf das nationalsozialistische Deutschland des Jahres
1937. Ohne einen „Regime-change" in Deutschland bestand nicht die geringste
Möglichkeit auf Verwirklichung derartiger visionärer Pläne, da die Zugeständnisse, die Hitler befriedigt hätten, für die USA nicht akzeptabel waren. Roosevelt
dachte auch gar nicht daran, weitere Zugeständnisse zu akzeptieren, wie seine
aufsehenerregende „Quarantäne-Rede" vom 5. Oktober 1937 belegt. Sein Ziel
war eine weltumfassende Front gegen „Angreifer-Staaten" zu bilden. Um dieses
Ziel zu erreichen, mussten zuallererst die Briten dazu gebracht werden, von ihrer
Appeasement-Politik abzurücken und sich für eine Allianz mit den USA zu öff-
nen. Aus diesem Grund wurde am 13. Januar 1938 dem britischen Botschafter in
Washington, Sir Ronald Lindsay, das exklusive Dokument eines „Weltfriedens-
planes" übermittelt.[894]

Nach Roosevelts Vorstellungen sollten Vertreter der USA, Schwedens, Belgiens, der Niederlande, der Schweiz, Ungarns, Jugoslawiens und dreier süd-
amerikanischer Staaten nach Washington reisen und über grundlegende Normen
internationaler Beziehungen, gleichgestellten Zugang zu Rohstoffen, Wirt-
schaftsfragen, Regeln der Kriegsführung und Rechte neutraler Länder im Kriegsfall verhandeln. Die ausgearbeiteten Vorschläge sollten allen Ländern der Welt
zur Annahme empfohlen werden. Die Briten waren als einzige Nation vorab über
die Pläne informiert worden und Roosevelt gab Chamberlain fünf Tage Zeit, dem
Plan zuzustimmen. Sollte dieser den „Weltfriedensplan" unterstützen, würden
die Regierungen von Frankreich, Deutschland und Italien informiert werden,
wobei klar war, wie die Antwort der Diktatoren ausfallen würde. Dass es bei

---

892   Bullitt 1972, S. 237.
893   Vgl. Münkler 2015, S. 192. Münkler verwendet auch den Begriff „verwundbarer Hegemon", vgl. S. 177.
894   Vgl. Charmley 1989, S. 40.

dem „Weltfriedensplan" weniger um die globale Sicherheit sondern eher um ein geheimes amerikanisch-englische Bündnis ging, teilte Außenminister Hull am 16. Januar 1938 Lindsay mit.[895]

Wie nicht anders zu erwarten war, verursachte der Vorschlag einige Unruhe in der britischen Regierung und führte zum Rücktritt Anthony Edens, einem Fürsprecher einer engeren Zusammenarbeit mit der USA.[896] Chamberlain, der von Roosevelts „Weltfriedensplan" äußerst überrascht war, lehnte den Vorschlag mit der objektiven Begründung ab, dass Großbritannien und Frankreich gerade die Möglichkeiten einer Aussöhnung mit Italien besprechen und dass Roosevelts *„Vorschlag unsere Anstrengungen hier durchkreuzen würde. Wahrscheinlich werden die italienische und die deutsche Regierung, von denen wir einen Beitrag einfordern müssen, … zum Geben nicht allzu bereit sein … aus dem Grunde, weil die zur Erörterung stehenden Themen, die großenteils spezifischen und konkreten Charakters sein werden, alle mit den umfassenden Problemen verschmolzen zu sein scheinen, die der Präsident als Ganzes in Angriff zu nehmen beabsichtigt. … Es wäre … bedauerlich, wenn eine vom Präsidenten … unternommene Handlung, die mit unseren Anstrengungen parallel liefe, sich als geeignet erwiese, zur Blockierung eines Fortschritts in den Richtungen ausgenutzt zu werden, in denen wir uns die letzten Monate hindurch so mühsam vorgearbeitet haben.*[897]

Chamberlains negative Antwort auf den „Weltfriedensplan" machte deutlich, wie weit sich Roosevelts globale Perspektive, die Welt in Gut und Böse zu teilen, von der Vorstellung des Premierministers unterschied, dem eine Rekonstruktion des traditionellen europäischen „Konzerts der Mächte" vorschwebte. Chamberlain betrachtete den Interessensausgleich der europäischen Großmächte untereinander als ein Geben und ein Nehmen. Roosevelt wollte dagegen ein Instrumentarium schaffen, die nicht demokratischen Staaten, insbesondere Deutschland und Italien, unter „Quarantäne" zu stellen – d.h. moralisch und ökonomisch zu isolieren, bis diesen nichts anderes übrig bliebe als klein beizugeben oder, alles auf eine Karte setzend, ihr Heil im Angriff zu suchen. Aber nicht nur London signalisierte Desinteresse, auch aus Paris kamen defätistische Signale, ohne dass man dort über die weitreichenden Pläne detailliert informiert war. Am 20. Januar 1938 meldete Botschafter Bullitt dem Präsidenten, dass in Frankreich außer Protesten nichts zu erwarten sei, falls Deutschland sich Österreich einverleibte.[898]

---

895   Vgl. Post 2003, S. 143.
896   Vgl. Charmley 1989, S. 40ff; vgl. Tansill 1956, S. 408f. Eden, der während der fünf Tage, die Roosevelt zur Beantwortung einräumte, nicht in London weilte, fühlte sich von Chamberlain übergangen.
897   Zit. nach: Tansill 1956, S. 407f.
898   Bullitt 1972, S. 252.

Diese passive Haltung nahm offensichtlich auch anfangs der amerikanischen Außenminister Hull ein, mit dem sich Botschafter Dieckhoff in Washington unmittelbar nach dem Einmarsch deutscher Truppen in Österreich am 12. März 1938 traf. *„Herr Hull stellte eine Reihe von Fragen, war lebhaft interessiert, zeigte aber in keiner Weise irgendwelche Besorgnis, noch brachte er irgendwie eine kritische oder gar ablehnende Haltung zum Ausdruck."*[899] Aber innerhalb von 48 Stunden, nachdem die amerikanische Presse am 13. März morgens *„im großen und ganzen noch recht verständig"* reagierte, trat am 14. März ein heftiger Meinungsumschwung ein. Der „Anschluß" wurde plötzlich als *„Vertragsbruch, als Militarismus, als Vergewaltigung des wehrlosen Österreichs"* bezeichnet. Für den deutschen Botschafter ließen sich die Gründe für diesen plötzlichen Meinungsumschwung nicht in Gänze aufklären. *„Was die Meinungsbildung der Amerikanischen Regierung selbst anbelangt, so habe ich Grund zur Annahme, daß der Präsident persönlich eingegriffen und sowohl dem State Department wie der Presse eine entsprechende Sprachregelung gegeben hat"*[900] schrieb er am 18. April 1938 nach Berlin. Außerdem, so spekulierte er, lag es im Interesse Roosevelts, *„das außenpolitische Bild möglichst düster erscheinen zu lassen, um mit der „Kriegsgefahr" die im Kongreß schwebende große Flottenvorlage plausibler zu begründen."*[901] Auch Cordell Hull, den Dieckhoff am 14. März erneut traf, wollte sich jetzt nicht mehr über das Thema äußern und Unterstaatssekretär Sumner Welles reagierte im Gegensatz zu seiner sonstigen korrekten und freundschaftlichen Haltung plötzlich *„verbissen".*[902]

Für die Plausibilität der Annahmen des deutschen Botschafters spricht die Tatsache dass – nachdem klar wurde, dass weder Großbritannien noch Frankreich gewillt waren Hitler und Mussolini unter „Quarantäne" zu setzen – Roosevelt jetzt den Zeitpunkt für gekommen sah, dem amerikanischen Einfluss durch die Vergrößerung der militärischen Macht zur Geltung zu verhelfen. Bereits am 28. Januar 1938 hatte Roosevelt im Kongress beantragt, die Flotte in erheblichem Maße zu vergrößern.[903] Am 17. Mai 1938 wurde das Flottenvermehrungsgesetz angenommen und es konnten u.a. sechs Schlachtschiffe mit einer Größe von bis zu 45.000 ts in Auftrag gegeben werden.[904] In den folgenden Jahren wurde die amerikanische Flotte zur größten der Welt ausgebaut. Sie ist es bis heute geblieben.

---

899   ADAP D, Band I, Dok. 401, S. 502.
900   ADAP D, Band I, Dok. 401, S. 503.
901   ADAP D, Band I, Dok. 401, S. 503.
902   ADAP D, Band I, Dok. 401, S. 504.
903   Vgl. Dieckhoff 1943, S. 13
904   Vgl. Breyer 1970, S. 98. Es wurden von der USA vier Schlachtschiffe mit 35.000 ts gebaut und vier mit 45.000 ts. Noch größere Projekte wurden zugunsten von Flugzeugträgern annulliert.

Die außenpolitische Haltung der USA und die öffentliche Meinung

Am 8. Februar 1933 hielt der populäre Schriftsteller Lion Feuchtwanger im New Yorker Hotel Commodore eine Rede. Von den 65 Millionen Einwohnern Deutschlands seien 450.000 Juden, so Feuchtwanger. Trotzdem würden jeden Tag 18 Millionen Exemplare antisemitischer Zeitungen publiziert, *„40 Exemplare für durchschnittlich einen Juden pro Tag"*, erzählte er seinem Publikum.[905] Zu diesem Zeitpunkt hatten einzelne Mitglieder der NSDAP die Gunst der Stunde genutzt, um nach der „Machtergreifung" in Deutschland gegen einzelne Juden eine Gewaltkampagne zu entfachen und zu antijüdischen Maßnahmen aufgerufen.[906] In Teilen der nordamerikanischen Medien wurde über die gewalttätigen antisemitischen Ausschreitungen in Deutschland berichtet. Nachdem sich auch Juden mit amerikanischen Pässen unter den Opfern befanden, wurde das Außenministerium aufgefordert, die Situation aufzuklären. Außenminister Hull forderte daraufhin am 14. März 1933 einen Bericht von der amerikanischen Botschaft in Berlin ein. Die Antwort, dass die deutschen Behörden amerikanischen Juden Schutz zugesagt hätten, befriedigte die Diplomaten in Washington, nicht aber eine große Gruppe amerikanischer Juden, die sich für die Wahl Roosevelts engagiert hatten.[907] *„Samuel Untermyer, der seinen Namen unter ansehnliche Schecks gesetzt hatte, als Jim Farley [Roosevelts Wahlkampfsorganisator] Gelder für das Demokratische Hauptquartier brauchte, protestiere energisch. Das gleiche tat Felix Frankfurter, einer der Mächtigen hinter dem „Brain Trust". Professor Moley hörte zerstreut zu und verwies Frankfurter an den Richter Brandeis. Außenminister Hull hörte dagegen aufmerksam zu. Sein latenter Liberalismus, häufig kombiniert mit einem Herz für Schwächere, war gerührt."*[908] In der Berliner Botschaft wurde daraufhin noch einmal nachgehakt und diesmal lautete die Antwort nach Washington, dass die antisemitischen Ausschreitungen aufgehört hatten. Hull akzeptierte die Antwort und informierte am 27. März die Presse, dass die antijüdischen Ausschreitungen in Deutschland zu Ende seien. Da die Nationalsozialisten am 1. April einen Boykott gegen die Juden in Deutschland veranlassten, erkannte Hull reumütig schnell seinen Fehler.

Die Reaktion von Juden und Nichtjuden auf die Ereignisse in Deutschland ließ nicht lange auf sich warten. Da Roosevelt sich aber weigerte zu handeln,[909] be-

---

905   Zitiert nach: Baker 2009, S. 42.
906   Vgl. Hilberg 2007, S. 39f.
907   Vgl. Pearson / Brown 1935, S. 344.
908   Pearson / Brown 1935, S. 344f.
909   Vgl. Pearson / Brown 1935, S. 346.

gannen einzelne Personen und Vereine auf die öffentliche Meinung einzuwirken und amerikanische Firmen mit Wirtschaftsbeziehungen zu Deutschland zu einem freiwilligen Boykott deutscher Waren und Dienstleistungen zu bewegen. Auch an den Präsidenten traten Einzelpersonen heran. Die Maßnahmen der Boykottbewegung gegen Deutschland und seine antisemitische Politik im Jahr 1933 lassen sich folgendermaßen skizzieren:[910]

Zum einen wurden Gespräche geführt, von denen nur Insider wie der in Washington bestens vernetzte Journalist Drew Pearson etwas mitbekamen. Dieser schreibt, *„Der alte Henry Morgenthau, der zu einer Zeit, als noch niemand daran dachte, Roosevelts politischen Ehrgeiz ernst zu nehmen, für ihn 7000 Dollar gespendet hatte, machte eine empörte Reise nach Washington. Drei Resolutionen des Kongresses ermächtigten das Außenministerium, Vorstellungen in Berlin zu erheben."[911]* Auch Untermyer und Frankfurter waren hinter den Kulissen aktiv. Weitere versuchte (wenn auch vorerst erfolglose) Einflussnahmen auf den Präsidenten sind allein schon deshalb wahrscheinlich, da – wie im vorangehende geschildert – eine nicht unbeträchtliche Anzahl von Beratern im Umfeld Roosevelts jüdische Wurzeln hatten und Roosevelts Wahlkampf 1932 auch von Großspendern wie dem Börsenspekulanten Bernard Mannes Baruch, den Bankiers Melvin Alvah Traylor und Herbert Henry Lehman sowie den Warenhausbesitzern Jesse Isidor Straus und Edward Albert Filene unterstützt wurde.[912] Das amerikanische Volk erwartete allerdings zu diesem Zeitpunkt von Roosevelt die Lösung der ökonomischen Probleme und der Präsident verzichtete, wie bereits im vorangehenden geschildert, in seiner ersten Amtszeit auf außenpolitische Experimente.[913]

Zum zweiten wurden Aktivitäten entwickelt, die politischen Wahrnehmungsmuster der Öffentlichkeit gegenüber Deutschland negativ zu beeinflussen. In der „New York Times" und in der „New York Herald Tribune" wurden Anzeigen veröffentlicht, die auf einen Scheinprozess gegen Hitler aufmerksam machten, der am 7. März 1933 in Szene gesetzt werden sollte.[914] Massenveranstaltungen fanden im Madison Square Garden statt.[915] Der Pastor Harry Emerson Fosdick organisierte im Mai 1933 einen von 1200 Geistlichen unterschriebenen Protestbrief, in dem die Nationalsozialisten anklagt wurden, ein

---

910   Zur Reaktion der Nationalsozialisten auf die Boykottaufrufe, vgl. Hilberg 2007, S. 39ff.

911   Pearson / Brown 1935, S. 345f.

912   Über die finanziellen Zuwendungen zu Roosevelts Wahlkampf 1932, vgl. Jaeger 1974, S. 33.

913   Vgl. Junker 1979, S. 102.

914   Vgl. Tansill 1956, S. 315.

915   Vgl. Pearson / Brown 1935, S. 346.

systematisches „kaltes Pogrom" von unvorstellbarer Grausamkeit gegen die Juden in Deutschland zu betreiben. Der Brief wurde in der „New York Times" als Großanzeige geschaltet.[916]

Zum dritten wurde eine Ächtung deutscher Waren und Dienstleistungen organisiert. Samuel Untermyer, der bereits gegen Henry Fords antisemitische Publikationen geklagt hatte, bereitete zusammen mit anderen amerikanischen Juden diesen Boykott deutscher Erzeugnisse vor. Um diese Maßnahme durchzusetzen, wurde die „American League for the Defense of Jewish Rights" (ALDJR) gegründet. Zur ersten Konferenz der ALDJR kamen 600 Delegierte, die 288 Organisationen repräsentierten, jüdische und nichtjüdische. Für die Umsetzung des Boykotts wurde ein vierstufiges Programm erarbeitet: 1) Entdeckung der beteiligten Unternehmen, die deutsche Waren im Programm hatten. 2) Schriftliche Anfrage an das Unternehmen, ob es am Boykott teilnehmen möchte, ggf. unter Zusendung von Informationen über alternative Produkte nichtdeutscher Herkunft. 3) Weigerte sich das Unternehmen, teilte die ALDJR diesem ihre Sorgen mit und informierte teilweise deren Kunden über die Beziehungen des Unternehmens zu Deutschland. 4) Waren die Ermahnungen fruchtlos, veröffentlichte die ALDJR die Namen von säumigen Unternehmen, die weiterhin wirtschaftliche Kontakte pflegten oder deutsche Produkte im Sortiment führten im Wirtschaftsteil des vereinseigenen Journals.[917] Die Aktivitäten der „American League for the Defense of Jewish Rights" liefen also darauf hinaus, amerikanische Unternehmen, die nach 1933 Geschäftsbeziehungen mit Deutschland pflegten oder deutsche Produkte in ihrem Warenangebot hielten, als vermeintliche Straftäter öffentlich bloßzustellen.

Verfolgte die ALDJR mit dem Boykott das Ziel, Deutschlands Innenpolitik zu beeinflussen und das Schicksal der Juden in Deutschland zu verbessern, kann diese Aktion als gescheitert angesehen werden, da die legalisierte Verfolgung der deutschen Juden und ihre gezielte ökonomische Unterdrückung von Jahr zu Jahr zunahm. Obwohl der deutsche Handel seit 1933 unter dem Boykott des Auslands gelitten hatte und der als „Reichskristallnacht" bezeichnete Pogrom im November 1938 umfangreiche Vertragskündigungen nach sich zog – insbesondere in Frankreich, England, den USA, Kanada und Jugoslawien[918] – schritt die Entrechtung und Emigration der deutschen Juden unaufhaltsam voran.[919] Vergleichbar mit den jahrzehntelangen Sanktionen gegenüber Kuba und dem Iran bzw. aktuell jenen gegen Russland war der erzeugte Leidensdruck nicht so hoch, dass das sanktionierte

---

916   Vgl. Baker 2009, S. 45f.
917   Vgl. Hawkins 2007.
918   Vgl. Hilberg 2007, Bd. 1, S. 47.
919   Vgl. Hilberg 2007, Bd. 1, S. 56ff.

Land gewillt war, seine Politik zu ändern. Einen Schaden nahmen jedoch die bilateralen Beziehungen. Auf den Hinweis des deutschen Botschafters Dr. Hans Luther gegenüber Außenminister Hull, dass *„befriedigende Beziehungen"* zwischen Deutschland und den USA nicht unterhalten werden könnten, solange sich amerikanische Bürger derartiger Methoden bedienen würden, antworte Hull, dass dies eine Reaktion auf die Unterdrückungsmaßnahmen gegen die Juden in Deutschland sei.[920] Ähnlich drückte sich auch der US-Botschafter Kennedy gegenüber seinem deutschen Kollegen Dirksen in London aus:

> *„Der Botschafter kam auf die Judenfrage zu sprechen und sagte, daß sie natürlich von großer Bedeutung für die deutsch amerikanischen Beziehungen sei. Dabei sei es nicht so sehr die Tatsache, daß wir die Juden loswerden wollten, die uns so schädlich sei, als vielmehr das lärmende Getöse, das wir mit dieser Absicht verbänden."[921]*

Wie bereits dargestellt, konzentrierte sich Roosevelt während seiner ersten Amtszeit primär auf die Lösung der ökonomischen Probleme in den USA, wobei mittels der von seiner Regierung beschlossenen Maßnahmen ein bis dato beispielloser Eingriff des Staates in die Geschicke des Marktes erfolgte. Einhergehend mit den Ideen des New Deal hatte sich in den USA ein „linker Zeitgeist" unter Amerikas Intellektuellen verbreitet, der offen für alle Ideen war, die sich im Umfeld der Roosevelt-Administration herausgebildet hatten. Die Massenmedien, wie die großen Radio-Netzwerke CBS und NBC waren mittlerweile Sprachrohre der Roosevelt-Administration geworden.[922] Das deutschfreundliche, reaktionäre Zeitungsimperium von William Randolph Hearst befand sich in wirtschaftlichen Schwierigkeiten.[923] Bürgerlich-liberale Verleger wie Arthur Sulzberger von der „New York Times" und der „Council on Foreign Relations"-Insider Henry Luce von „Life", „Time" und „Fortune" standen auf der Seite des Präsidenten.[924]

Der amerikanische Zweig des „Anglo-American Establishment", jenes von Carroll Quigley beschriebenen transatlantischen Netzwerkes, übte einen starken Einfluss auf die „New York Times", die „New York Herald Tribune", den „Christian Science Monitor", die „The Washington Post" und den „Boston Evening Transcript" aus.[925] Überzeugungs- und gesinnungsstarke Moralisten der Presse

---

920   Vgl. Tansill 1956, S. 318f.
921   ADAP D, Band I, Dok. 457, S. 582. Bericht Dirksen an Weizsäcker vom 13. Juni 1938.
922   Vgl. Bavendamm 1983, S. 59f.
923   Vgl. Thompson 1978, S. 13.
924   Vgl. Wirsing 2005, S. 258f. Die CFR-Beziehung von Luce ist dokumentiert bei Engdahl 2015, S. 35 und Wala 1990, S. 176.
925   Vgl. Quigley 2007, S. 520.

schossen sich auf „Nazi-Deutschland" ein. „Meinungs-Großmogule"[926] wie Walter Lippmann und Dorothy Thompson thematisierten in der „New York Herald Tribune", der „Washington Post" und in Zeitschriften wie „Life", „Time" und „Fortune" die außenpolitischen Probleme, die Roosevelt bewegten. Exemplarisch für die journalistischen Rollen „Empörung", „Anglo-American Establishment" und „Enthüllung" werden nachfolgend drei exponierte Protagonisten des US-amerikanischen Mediensystems der Vorkriegszeit vorgestellt:

Dorothy Thompson

Thompson war 1934 aufgrund eines gehässigen Interviews mit Hitler als erste Amerikanerin aus Deutschland ausgewiesen worden und so über Nacht in den USA berühmt geworden.[927] Von 1936 bis 1941 publizierte sie dreimal wöchentlich auf der Titelseite von „New York Herald Tribune" ihre Kolumne „On the Record".[928] Erhob Thompson die Stimme, um vor den Verhältnissen in Europa zu warnen, dann immer mit dem Tonfall der moralischen Empörung gegen Hitler und das nationalsozialistische Deutschland. Indem sie als wichtiges Medium zur Meinungsbildung öffentlichkeitswirksam die amerikanische Bevölkerung beeinflusste, erhöhte Thompson indirekt den Druck auf europäische Appeasement-Politiker, von ihrer Politik Abstand zu nehmen. Thompsons Methodik kommt gut in einem Artikel vom 1. April 1939 zum Ausdruck, in welchem sie dem britischen Premier politischen Dilettantismus und Fehleinschätzungen vorwarf:

> *„Es ist* äußerst *schwer zu glauben, daß Chamberlain, als er nach München fuhr, nicht wußte, daß er Hitler freie Hand im Osten verschaffen würde; und daß er nicht genau wußte, was das Schaffen dieser freien Hand bedeuten würde. Aber da Mr. Chamberlain Engländer ist, wäre es möglich, daß er tatsächlich dachte, Hitler würde sich wie ein Engländer verhalten und das Gewünschte in solcher Weise übernehmen, daß die Welt weder schockiert noch in Schrecken versetzt wird, und dann im rechten Moment aufzuhören.*
>
> *Ich bezweifle, daß Mr. Chamberlain jemals in seinem Leben einem Menschen begegnet ist, der nicht entweder ein Gentleman oder ein „ehrenwerter Händler" war. Doch Hitler ist weder Gentleman noch Händler. … Wenn Chamberlain jemals Hitlers „Mein Kampf" gelesen hätte – ich bin ziemlich sicher, daß er es nicht getan hat -, so hätte er schon vor*

---

926   Bavendamm 1983, S. 168.
927   Vgl. Thompson 1988, S. 6. Die Ausweisung war eine Reaktion auf das 1932 erschienene Buch „I saw Hitler", in dem sie Hitler als *„kleinen Mann"* beschrieb, von dessen *„erschreckender Bedeutungslosigkeit"* sie nach *„nicht weniger als fünfzig Sekunden"* überzeugt war. Ebda, S. 31ff.
928   Vgl. Thompson 1988, S. 12f.

langer Zeit davon Kenntnis nehmen können. Doch bei einem Engländer ist selbst das anzuzweifeln."[929]

Da Thompson über die Grausamkeiten der Roten im spanischen Bürgerkrieg, die Schreckensherrschaft des Stalinismus in der UdSSR oder den radikalen polnischen Nationalkatholizismus und den damit einhergehenden Antisemitismus kaum Worte des Abscheus fand, wurzelte ihre antideutsche Berichterstattung offensichtlich in einer selektiven Wahrnehmung der Welt. Als typische weiße Amerikanerin war die alltägliche Benachteiligung, die Segregation und legale Diskriminierung von Rassen in den USA für Thompson ebenfalls kein Grund zur Aufregung. Mit Amerikas offiziellem Kriegseintritt in den Zweiten Weltkrieg endete auch ihre Kolumne „On the Record" in der „New York Herald Tribune". Bei diesem engen zeitlichen Zusammenhang ist der Verdacht wohl nicht ganz unbegründet, dass sie eine Rolle im großen Spiel der Manipulation der öffentlichen Meinung spielte und ihre Schuldigkeit getan hatte, als das große Ziel erreicht war.

Walter Lippmann

Für den „Spiegel" war der 1889 geborene Walter Lippmann, Sohn wohlhabender Einwanderer aus dem Rheinland, *„der angesehenste Journalist Amerikas, wenn nicht der Welt."*[930] Seine Karriere umfasste zu diesem Zeitpunkt bereits ein halbes Jahrhundert. Er war ein ausgewiesener Repräsentant des „Anglo-American Establishment", in jungen Jahren bereits Teilnehmer der von Lionel Curtis initiierten „Round Table-Gruppen" mit besonderen Beziehungen zu England.[31] Präsident Wilson unterstützte er bei der Abfassung der „Vierzehn Punkte", jenem Dokument auf dessen Grundlage Deutschland 1918 den Waffenstillstand schloss.[932] In der Zwischenkriegszeit spielte er bis 1937 eine wichtige Rolle in den Studiengruppen des „Council on Foreign Relations".[933] Sein epochales Werk „Public Opinion" aus dem Jahre 1922 beschreibt, wie durch die Massenmedien ein subjektiver Meinungsbildungsprozess in den Köpfen einer Bevölkerung lanciert werden kann, eine Pseudowelt, auf deren Realität die Individuen schwören.[934] Durch die Kriegspropaganda des Ersten Weltkriegs geschult, erkennt er frühzeitig die manipulativen Möglichkeiten moderner Leitmedien:

---

929   Thompson 1988, S. 219

930   Der Spiegel 18/1964, S. 87.

931   Vgl. Pijl 1996, S. 218; Quigley 2007, S. 505.

932   Vgl. Riccio 1994, S. 41ff; vgl. Wala 1990, S. 19; vgl. Pijl 2996, S. 218. Lippmann war Mitglied der „Inquiry", jenem Expertenteam das im September 1917 auf Anregung des Präsidentenberaters Colonel Edward M. House gegründet wurde, um die amerikanischen Memoranden, Vorschläge und Hintergrundpapiere für die Friedensverhandlungen zu erarbeiten.

933   Vgl. Wala 1990, S 45.

934   Vgl. Lippmann 1990, S. 290f. Das Nachwort der deutschen Ausgabe steuerte Elisabeth Noelle-Neumann bei.

„Niemand von uns beginnt die Konsequenzen zu erfassen, ..., daß das Wissen um die Kunst, wie man die Geneigtheit der Öffentlichkeit gewinnt, jede politische Berechnung verändern und jede politische Prämisse modifizieren wird. ... Der Vorgang der Bildung der öffentlichen Meinung ist sicher nicht unkomplizierter, als ... dargestellt worden ist, und die Möglichkeiten einer Manipulation, die jedermann offenstehen, der den Vorgang begreift, liegen deutlich auf der Hand. ... Eine Revolution findet statt, der unendlich größere Bedeutung zukommt als eine Verschiebung der wirtschaftlichen Macht. ... Es ist zum Beispiel nicht mehr länger möglich, an das ursprüngliche Dogma der Demokratie zu glauben".[935]

Lippmann, der in so vortrefflicher Weise die Möglichkeiten der Einflussnahme einer Minderheit auf den Meinungsbildungsprozess einer Mehrheit beschreibt, publizierte wie Thompson in der republikanischen „New York Herald Tribune" und seine Kolumnen erschienen in weiteren 150 Tageszeitungen; für geschätzte 40 Millionen Amerikaner war er ein wichtiges Medium bei der täglichen Meinungsbildung. In seiner politischen Kolumne „Today and Tomorrow" bekämpfte Lippmann die Isolationisten. Im Gegensatz zu Thompson, die in die publizistische Rolle der Empörten schlüpfte, war Lippmanns Beeinflussung der öffentlichen Meinung pragmatisch und kühl. Für ihn war der grundlegende Punkt zu vermitteln, dass es nun mal das Schicksal der USA sei, die Geschicke der Welt zu bestimmen. In seinem 1939 vom „Life Magazine" herausgegebenen Buch „The American Destiny" kommt diese These von der „Alternativlosigkeit" des künftigen globalen Führungsanspruchs der USA klar zum Ausdruck, wenn er schreibt:[936]

„Was Rom für die vergangene Welt war, Großbritannien für die moderne Welt gewesen war, wird Amerika für die Welt von Morgen sein. ... Unsere persönlichen Vorlieben zählen wenig innerhalb der großen Bewegungen der Geschichte, und wenn sich das Schicksal einer Nation offenbart, gibt es keine andere Wahl, außer dieses gleiche Schicksal zu akzeptieren und bereit zu sein."[937]

Auf Lippmanns Rolle bei der Entscheidungsfindung im Weißen Haus und als inoffizieller Diplomat wurde bereits hingewiesen.[938] Im Gegensatz zu Thompson goss

---

935 Lippmann 1990, S. 174. Sein Landsmann Edward L. Bernay – der Vater der modernen PR – thematisiert 1928 die Zusammenhänge von Politik und Öffentlichkeitsarbeit in seinem epochalen Werk „Propaganda". Prägnant schreibt Bernay in der Einleitung: *„Die bewusste und zielgerichtete Manipulation der Verhaltensweisen und Einstellungen der Massen ist ein wesentlicher Bestandteil demokratischer Gesellschaften. Organisationen, die im Verborgenen arbeiten, lenken die gesellschaftlichen Abläufe. Sie sind die eigentlichen Regierungen in unserem Land."*

936 Vgl. Riccio 1994, S. 144.

937 Zit. nach: Riccio 1994, S. 144.

938 Vgl. Monnet 1978, S. 199f und Nicolson 1969, S. 290. TB-Eintrag 1. August 1938.

Lippmann mit seinen Artikeln nicht unbedingt Öl ins Feuer, sondern er argumentierte durchaus sachlich.[939] Vielleicht war dies der Grund, warum Lippmanns Einfluss auf die Politik und die politische Elite seines Landes von Jahr zu Jahr wuchs.

Den brisanten Hintergrund seines kometenhaften Aufstiegs und seine Wandlung vom liberalen Idealisten zum skeptischen Kritiker, der die Fähigkeit des Menschen, sich selbst zu regieren nur noch gering einschätzte,[940] beschreibt Carroll Quigley, als er in seinem bereits vorgestellten Hauptwerk „Tragedy and Hope" die Unterwanderung linker politischer Bewegungen der USA durch das Bankhaus Morgan rekonstruiert:

„Das beste Beispiel dieses Bündnisses zwischen der Wall Street und linken Publikationen war die „New Republic", eine Zeitschrift, die 1914 mithilfe von Payne-Whitney-Mitteln von William Straight [Morgans Vertreter bei der Pariser Friedenskonferenz] gegründet worden war. ... Der ursprüngliche Zweck der Gründung war es gewesen, der fortschrittlichen Linken ein Sprachrohr zu verschaffen und sie unauffällig in eine anglophile Richtung zu lenken. Diese letzte Aufgabe wurde einem jungen Mann anvertraut, der erst vier Jahre zuvor in Harvard abgeschlossen hatte, aber bereits ein Mitglied der geheimnisvollen Round-Table-Gruppe war, die seit ihrer formellen Gründung 1909 eine wesentliche Rolle in der Lenkung der englischen Außenpolitik gespielt hat. Dieser junge Rekrut, Walter Lippmann, ist seit 1914 und bis heute [1965] der authentische Sprecher im amerikanischen Journalismus für die Establishments auf beiden Seiten des Atlantik in internationalen Angelegenheiten. Seine zweiwöchentlichen Kommentare, die in Hunderten amerikanischer Zeitungen erschienen, haben das Copyright des „New York Herald Tribune", der jetzt J.H. Whitney gehört. Es waren diese Verbindungen, als Glied zwischen der Wall Street und den Round-Table-Gruppen, die Lippmann 1918, immer noch in den Zwanzigern, die Gelegenheit verschafften, zum offiziellen Interpreten von Wilsons Vierzehn Punkten bei der britischen Regierung zu werden."[941]

Drew Pearson

Die amerikanische Öffentlichkeit wurde allerdings nicht nur von Berufsempörten wie Thompson und Mitgliedern des Establishment wie Lippmann beeinflusst, son-

---

939   ADAP D, Band VI, Dok. 287. Bericht Geschäftsträger Thomsen an das Auswärtige Amt in Berlin vom 29. April 1939: *„In vereinzelten Pressestimmen, wie zum Beispiel dem heutigen Leitartikel von Walter Lippmann, wird die Berechtigung deutschen Anspruchs auf Lösung Danziger- und Korridorfrage anerkannt."*

940   Vgl. Riccio 1994, S. xi; und Der Spiegel 18/1964, S. 87.

941   Quigley 2007, S. 504f.

dern der interessierte Leser konnte auch auf zuverlässig recherchierte Hintergrundinformationen zugreifen. Bestens in Washington vernetzt waren die Journalisten Joseph Alsop und Robert Kintner, welche 1940 mit den „American White Paper" einen zeitnahen Hintergrundbericht über die außenpolitischen Aktivitäten im Umfeld Roosevelts publizierten.[942]

Drew Pearson, der zusammen mit Robert S. Allen die Kolumne „The Daily Washington Merry-Go-Round" in 270 Zeitungen veröffentlichte, war der „Inbegriff des Insiders" in Washington. Seine Tipps bekam er von seinem Freund Sumner Welles (stellvertretender Außenminister), Harold Ickes (Innenminister) und aus Kreisen des Kongresses, der Navy und der Army. Notorisch dünnhäutig auf Pearsons Berichte reagierte nicht umsonst Roosevelt, der ihn 1943 einen Lügner nannte. Natürlich hatte dies seinen Grund: Pearson, der sechs Tage vor dem Angriff auf Pearl Harbor über das Auslaufen der japanische Flotte mit unbekannten Ziel berichtet hatte, war ab 1941 im Fokus des FBI.[943] Seit 1943 war er über den Bau der Atom-Bombe informiert.[944] Bereits nach Pearl Harbor war ihm auf persönliche Veranlassung Roosevelts ein Maulkorb verpasst worden, als er auf das Desaster hinwies.[945] Wie gut Pearson über die Geheimdiplomatie der Roosevelt-Administration informiert war, wird im Nachfolgenden von Bedeutung sein, da außer einem Artikel dieses investigativen Journalisten kein eindeutiger Hinweis auf ein Erpressungsmanöver Roosevelts gegenüber Chamberlain um den 16. März 1939 existiert.[946]

Botschafter Dieckhoffs Analyse

Der Gefahr, dass sich Deutschland wie 1917 in einem Krieg gegen die USA wiederfinden könnte, da der Konflikt zwischen beiden Mächten auf einer tiefgreifenden Divergenz politscher Werte und der ideologischen Grundhaltung basierte,[947] und die Medien dabei eine entscheidende Rolle spielen würden, war vor allem dem deutschen Botschafter Dieckhoff schmerzlich bewusst. Obwohl die öffentliche Meinung in den USA noch gespalten war, ob die USA *„unter allen Umständen aus al-*

---

942   Zu biographischen Angaben der Verfasser vgl. Alsop, Kintner 1940, S. 108.

943   Vgl. Sweeney 2001, S. 138.

944   Vgl. Sweeney 2001, S. 152f.

945   Nachdem Pearson und Allen am 12. Dezember 1941 schrieben, dass Pearl Harbor *„das größte Fiasko der Navy in der Geschichte unseres Landes"* sei, bekamen beide auf Veranlassung Roosevelts einen Maulkorb verpasst, alle Details des Desasters wurden unterdrückt und den beiden Journalisten wurde von FBI Chef Hoover persönlich mit Lizenzentzug gedroht, vgl. Baker 2009, S. 504. Michael S. Sweeney widmet Pearson ein ganzes Kapitel über die Geheimnisse die der Journalist hörte, über die er aber nicht schreiben durfte, vgl. Sweeney 2001, S. 137ff.

946   Vgl. Fish 1982, S. 69.

947   Vgl. Taschka 2006, S. 170.

Hans Heinrich Dieckhoff, Fotographie von 1938. Die fundierten Warnungen des deutschen Botschafters in Washington, den Faktor Amerika nicht zu unterschätzen, blieben in Berlin ungehört.

len Welthändeln heraus bleiben und sich in ihrem amerikanischen Schneckenhaus verkriechen [soll, oder ob] man gegen die „Angreiferstaaten" Stellung beziehen müsse, ... Für Deutschland erhebt sich so gut wie keine Stimme,"[948] schrieb er am 30. Dezember 1937 nach Berlin. Für Dieckhoff war es ein Gebot staatsmännischer Vernunft, die Macht der amerikanischen Presse mit ihrem Hang zur Polarisierung nie zu unterschätzen:

> „Die außenpolitische Haltung der Vereinigten Staaten wird durch die öffentliche Meinung, von der der Präsident und der Kongreß abhängig sind, bestimmt. ... Nun kann man sich ja vielleicht auf den Standpunkt stellen, daß es uns gleichgültig sein kann, was die öffentliche Meinung über Deutschland denkt. Aber ich glaube, wir sollten uns daran erinnern, daß die Entwicklung der öffentlichen Meinung in Amerika gegen uns schon einmal, und zwar vor 20 Jahren, für uns verhängnisvoll geworden ist."[949]

Die von Botschafter Dieckhoff befürchtete Möglichkeit, dass die Massenmedien das amerikanische Volk auf Kriegskurs bringen könnten, barg allerdings nicht nur erhebliche Risiken für Deutschland. Die amerikanische Neigung einer Spaltung in

---

948   ADAP D, Band 1, Dok. 427, S. 537f.
949   ADAP D, Band 1, Dok. 427, S. 537f.

schwarz und weiß, gut oder böse, erschwerte auch alle Bemühungen dritter Staaten um eine konstruktive Zusammenarbeit mit der Reichsregierung, insbesondere wenn es sich hierbei um Demokratien handelte. Am meisten betroffen waren die Appeasement-Politiker in London, denen es immer schwerer fiel, ihre Politik unter moralischen Aspekten zu rechtfertigen. Roosevelts „Weltfriedensplan" ist auch unter diesem Aspekt zu betrachten, denn er erhöhte damit den Druck auf Chamberlain, den Führungsanspruch der USA entweder anzuerkennen oder selbst gebrandmarkt zu werden, da er ja mit „Schurkenstaaten" verhandelte. Dass Großbritannien wiederum der Schlüsselstaat für einen möglichen Kriegseintritt der USA war, erkannte Dieckhoff gleichwohl. *„Nur wenn ein Weltkonflikt entbrennen sollte, in dem Großbritannien hineingezogen wird, werden die Vereinigten Staaten auf die Dauer nicht abseits stehen. In diesem Falle wird damit zu rechnen sein, daß das Schwergewicht der Vereinigten Staaten gleich zu Beginn des Konflikts oder bald darauf in die britische Waagschale geworfen werden wird."*[950]

Es hing demzufolge sehr viel davon ab, wie sich die britisch-deutschen Beziehungen weiterentwickeln würden, und in diesem Zusammenhang spielte die Macht und taktische Raffinesse des amerikanischen Präsidenten sowie die öffentliche Meinung in Großbritannien und den USA eine gewichtige Rolle, aber die zentrale Figur in dieser Konstellation war niemand anderes als Hitler selbst. Die entscheidende Frage der Jahre 1938/39 war, ob der deutsche Diktator sich außenpolitisch mäßigen konnte, und falls dies der Fall sein sollte, zu welchem Zeitpunkt. Würde dies nicht der Fall sein, war es wiederum nur eine Frage der Zeit, wann Roosevelt die Briten „auf Kurs" bringen würde. Mit dem „Anschluß" Österreichs und dem Münchner Abkommen verschlechterten sich im Jahr 1938 die zwischenstaatlichen Beziehungen zwischen Deutschland und den USA besorgniserregend. Ein drittes Ereignis, die „Reichskristallnacht" führte zu einer Empörung des Präsidenten und der amerikanischen Öffentlichkeit, welche die scharfen Proteste der beiden vorherigen Ereignisse bei weitem übertraf.[951] Am 14. November 1938, kurz vor seiner Zurückberufung „zur Berichterstattung" nach Berlin, beschrieb Dieckhoff in einem Bericht an Ribbentrop und Weizsäcker die durch die Pogromnacht entstandene Situation folgendermaßen:

„Daß ein großer Teil der amerikanischen Presse schon seit langer Zeit in gehässigster und übelster Weise Deutschland angriffen, und daß diese Hetze ziemlich weite Kreise erfasst hatte, ist dort bekannt. Bis zum 10. November hatten sich aber noch große und starke Schichten des amerika-

---

950 ADAP D, Band I, Dok. 415, S. 524.
951 Vgl. Taschka 2006, S. 190f.

nischen Volkes teils aus Indifferenz gegenüber europäischen Dingen, teils
aus Skepsis gegenüber den Zeitungen, teils aus Sympathie für das Dritte
Reich, in dem sie einen Hort der Ordnung ... erblickten, von dieser Hetze
freigehalten. Das ist heute nicht mehr so. ... [S]oweit eine öffentliche Mei-
nung zum Ausdruck kommt, ausspricht sie sich ausnahmslos erregt und
erbittert gegen Deutschland. Dabei handelt es sich hier nicht etwa nur
um Juden, sondern der Aufschrei kommt aus allen Lagern und Schichten
in gleicher Stärke, einschließlich dem Lager der Deutschamerikaner. Was
mir besonders auffällt, ist, daß mit wenigen Ausnahmen die anständigen
nationalen Kreise, die durchaus antikommunistisch und zum großen Teil
antisemitisch eingestellt sind, anfangen sich von uns abzuwenden. Daß
jüdische Zeitungen noch aufgeregter schreiben als bisher und daß katho-
lische Bischöfe noch übler als bisher gegen Deutschland hetzen, ist nicht
verwunderlich; aber daß Männer wie Dewey, Hoover, Hearst und viele
andere, die bisher eine verhältnismäßige Zurückhaltung bewahrt oder
sogar zum Teil Sympathie für Deutschland zur Schau getragen hatten,
jetzt so scharf und bitter gegen Deutschland öffentlich auftreten, ist eine
ernste Sache. ...[U]nser bisheriges gegenüber der amerikanischen Hetze
und Friedens-Sabotage vorgebrachtes Argument, daß die Europäer seit
München im Begriff seien, gemeinschaftlich ein neues friedliches Europa
aufzubauen, wird ad absurdum geführt."[952]

Auf die Verquickung antisemitischer Hetze und außenpolitischer Herausforderun-
gen hat auch der ehemalige Völkerbundskommissar des Freistaats Danzig, Carl
J. Burckhardt in seinen Erinnerungen hingewiesen: *„Der Präsident des jüdischen*
Weltkongresses, Goldmann, sollte mir einmal sagen: „Ihre Beschwichtigungsma-
növer in Danzig sind schädlich. Der ganze öffentlich Protest gegen die Danziger
Zustände ist notwendig, um des Ganzen willen, wegen der allgemeinen Lage des jü-
dischen Volkes.""[953] Der vom FBI überwachte Kongressabgeordnete und Isolationist
Hamilton Fish,[954] von 1933 bis 1943 Mitglied im Ausschuss für Auswärtige Angele-
genheiten, beschrieb das Zusammenwirken von Medienmacht und „Upperclass" in
Bezug auf die außenpolitische Haltung der USA folgendermaßen:

„Es handelte sich um eine kleine, finanziell bestens ausgestattete
Gruppe aus Bankkreisen und der Nordost-Presse wie die NEW YORK
TIMES, die NEW YORK HERALD TRIBUNE (republikanisch), die
WASHINGTON POST, die BALTIMORE SUN, die BOSTON GLOBE

---

952 ADAP D, Band IV, Dok. 501.
953 Burckhardt 1960, S. 104.
954 Vgl. Weiner 2012, S. 134

und die meisten der Philadelphia-Zeitungen. Viele wohlhabende Familien, durch Heirat mit Europa verbunden, waren militant probritisch und franzosenfreundlich. Wohl waren es wenige Familien, aber sie waren reich, mächtig und laut."[955]
Da praktisch alles, was die Bürger über die Welt erfahren, mittels der medialen Entrüstungs- und Manipulationsindustrie vermittelt wird, ist die Aussage von Hamilton Fish betreffs der Sympathien und gesellschaftlichen Machtverhältnisse innerhalb der Medienunternehmen von nicht zu unterschätzender Relevanz. Es existiert nämlich ein reales Demokratieproblem, wenn eine kleine gesellschaftliche Minderheit einen eklatanten Einfluss auf die Massenmedien besitzt und infolgedessen die öffentliche Meinung in ihrem Sinne beeinflussen kann. Ganz offensichtlich ist sich aber nur die Minderheit dieser Problematik bewusst, denn, damit für die überwältigende Mehrheit der Bevölkerung nicht der Eindruck entsteht, dass die öffentliche Meinung „gelenkt" wird, bleiben die Machtverhältnisse der Medienunternehmen und Rundfunkanstalten im Verborgenen und werden praktisch nie öffentlich diskutiert oder gar von der Bevölkerungsmehrheit problematisiert.

Polen und Frankreich unter dem diplomatischen Einfluss der USA

Während die wahrscheinlich aussichtslose Mission des deutschen Botschafters Dieckhoff, die Beziehungen der USA zu Deutschland zu entspannen oder zumindest auf eine rationale Grundlage zu stellen, als gescheitert angesehen werden muss, gelang es in Paris Roosevelts Vertrauten Bullitt die bilateralen Beziehungen zu vertiefen. Der US-Diplomat war mittlerweile politisch und gesellschaftlich bestens vernetzt und es war ihm sogar gelungen, Vertrauer und Freund des französischen Ministerpräsidenten Daladier zu werden.[956] Am 28. September 1938, einen Tag vor der Münchner Konferenz zwischen Hitler, Mussolini, Chamberlain und Daladier informierte Bullitt den Präsidenten über die Kräfteverhältnisse der Luftstreitkräfte in Europa. Die Zahlen die er von Guy La Chambre, dem französischen Minister für Luftfahrt erhalten hatte waren deprimierend: Frankreich verfüge über 600 Kampfflugzeuge, Deutschland über 6.500 und Italien über 2.000.[957]
Ob Bullitt die manipulierten Zahlen des Franzosen durchschaute, ist nicht aufzuklären.[958] Aber in jedem Fall konnte Roosevelt die unverzüglich an ihn weiterge-

---

955   Fish 1982, S. 44.
956   Vgl. Réau 1990, S. 186.
957   Bullitt 1972, S. 297.
958   Vgl. Bavendamm 1983, S. 394. Manipulativ war die Information deshalb, da weder die starke britische Luftwaffe

leitete Mitteilung so deuten, dass Frankreich im Moment hoffnungslos unterlegen war und noch Zeit für seine Aufrüstung brauchte.[959] Am gleichen Tag lud Bullitt abends zwei amerikanische Botschafter und einen Exbotschafter in sein Haus in Paris ein. Obwohl stundenlang mit Joe Kennedy, Hugh R. Wilson aus Berlin und Myron C. Taylor, dem ehemaligen Botschafter im Vatikan, beraten wurde, brachte das Treffen kaum konkrete Vorschläge, wie die Misere zu lösen sei.[960] Die verschiedenen Friedensappelle an die europäischen Mächte, die während der Sudentenkrise bis zum Münchner Abkommen aus Washington nach Europa gesendet wurden, lassen sich wohl dahingehend deuten, dass Roosevelt einfach nur Zeit gewinnen wollte, bis Frankreich, England und die USA sich für einen aus seiner Sicht unvermeidbaren Krieg militärisch gewappnet hatten.[961]

Am 3. Oktober 1938, also unmittelbar nach „München", lud Daladier Luftfahrtminister Guy La Chambre, Botschafter Bullitt und den französischen Diplomaten und Ökonomen Jean Monnet zu einem Essen ein: *„Wenn ich drei- oder viertausend Flugzeuge gehabt hätte, dann hätte es München nicht gegeben"*[962] teilte der von Hitler gedemütigte seinen Gesprächspartnern mit. Bullitt hatte Monnet bereits Anfang 1938 davon überzeugt, dass ein in Kreisen der internationalen Hochfinanz einflussreicher Mann wie er genau der richtige zur Lösung des französischen Rüstungsdefizits wäre, zumal Monnet über diesbezügliche „Referenzen" aus dem Ersten Weltkrieg verfügte. An diesem Abend beauftragte Daladier Bullitt damit, Jean Monnet als seinen persönlichen Repräsentanten beim amerikanischen Präsidenten vorzustellen. Das Ziel dieser mit größter Diskretion geknüpften Kontakte war die Bestellung von Militärflugzeugen in den USA. Unverzüglich kabelte Bullitt an den Chef des Weißen Hauses:[963] *„Die Situation ist so ernst, daß ich sie Ihnen nur mündlich schildern kann. Der geeignete Mann ist Jean Monnet, ein langjähriger und intimer Freund, dem ich wie einem Bruder vertraue."*[964]

Bullitt reiste im Anschluss in die USA, wo er am 13. Oktober zur Berichterstattung Roosevelt traf. Nach diesem Gespräch war der Präsident zum ersten Mal überzeugt, dass die amerikanische Flugzeugproduktion maximal und schnellst-

---

      noch die sowjetische Luftstreitmacht erwähnt wurde.

959   Die Informationen betreffs Überlegenheit der deutschen Luftwaffe wurden auch von Experten wie Charles Lindbergh geteilt und Bullitt mitgeteilt, vgl. Bullitt 1972, S. 276, Telefonat vom 22. Juni 1938 zwischen Bullitt und Lindbergh.

960   Vgl. Bullitt 1972, S. 301f.

961   Vgl. Sanborn 1961, S. 127f.

962   Monnet 1978, S. 151. Die nachfolgende Darstellung ist von Elisabeth du Réau und Frederic J. Fransen archivarisch verifiziert worden.

963   Vgl. Monnet 1978, S. 150f.

964   Monnet 1978, S. 151.

möglich gefördert werden musste. Innerhalb einer Woche begannen die Planungs-
aktivitäten. Am 16. Oktober wurde Finanzminister Morgenthau über das Geschäft
informiert.[965] Bereits am 19. Oktober traf sich Monnet das erste Mal mit dem Präsidenten in Hyde Park, dem Haus der Familie Roosevelt am Ufer des Hudson.[966]
Die beiden verstanden sich auf Anhieb. Mit seiner Bitte um Unterstützung bei der
französischen Aufrüstung trat Daladiers persönlicher Repräsentant beim Präsidenten offene Türen ein. „Wir schätzen", erläuterte Roosevelt dem Franzosen seinen
Plan, „daß die Deutschen vierzigtausend Maschinen pro Jahr herstellen können,
Großbritannien mit Kanada fünfundzwanzigtausend, Frankreich fünfzehntausend.
Die zwanzig- bis dreißigtausend Maschinen, die die entschiedene Überlegenheit
über Deutschland und Italien sichern würden, müßten von hier stammen, aus den
Vereinigten Staaten."[967] Auch über das Problem, wie die Neutralitätsgesetzgebung
irgendwie umgangen oder außer Kraft gesetzt werden konnte, hatte sich der Präsident bereits Gedanken gemacht und schlug die Errichtung von Fabriken in Kanada
vor. „Roosevelt zeichnete dann eine Karte der Nordostgrenze und zeigte mir eine
Stelle, wo er diese Fabriken ansiedeln würde, eine Stelle nahe Montreal" erinnerte
sich Monnet in seinen Memoiren. „Ehe wir uns trennten, rief Roosevelt Morgenthau, den Finanzminister an, er solle Bullitt und mich gleich empfangen. Wir fuhren
mit dem Zug nach Washington zurück und dinierten am Samstag, den 22. Oktober
bei Morgenthau."[968]

Nachdem Monnet den Wunsch der französischen Regierung äußert, 1.700
Flugzeuge zu bestellen, stellte sich heraus, dass die Franzosen Probleme bei der
Bezahlung hatten. Auf Vorschlag Bullitts sollte „vagabundierendes", illegal aus
Frankreich in die USA abgeflossenes Gold mobilisiert werden. Daladier, der am
4. November 1938 persönlich von Monnet über die relativ ermutigenden Verhand-
lungen unterrichtet wurde, fühlte sich wieder wohler und war bereit, das vagabundie-
rende Gold zu beschlagnahmen.[969] In Erwartung des Krieges in Europa veranlasste
Roosevelt in Kanada den Bau von fünf, dann sieben Flugzeugfabriken. Ziel der Aktion war die Umgehung der Neutralitätsgesetzgebung, da die USA in das britische
Dominion auch im Falle eines deutsch-französischen Krieges Flugzeugteile liefern
durften, die dann dort zu fertigen Maschinen zusammengebaut werden konnten.[970]
Von welcher Bedeutung die Kriegsvorbereitungen aus Sicht der Roosevelt-Delegati-

---

965 Vgl. Bullitt 1972, S. 302.
966 Vgl. Monnet 1978, S. 151f.
967 Monnet 1978, S. 153.
968 Monnet 1978, S. 153f.
969 Vgl. Monnet 1978, S. 154f.
970 Vgl. Bavendamm 2002, S. 331f.

on waren, bestätigt eine Unterredung von Bullitt mit dem polnischen Botschafter in Washington, Graf Jerzy Potocki, am 21. November 1938. Für Bullitts stand zu dieser Zeit fest, dass der Krieg unvermeidlich war, da Deutschland auf seine Expansion nicht verzichten würde. Die nächsten zwei Jahre müssten die USA, England und Frankreich stark aufrüsten. *„In der Zwischenzeit würde Deutschland vermutlich mit seiner Expansion in östlicher Richtung vorwärtsschreiten. Es würde der Wunsch der demokratischen Staaten sein, dass es dort im Osten zu kriegerischen Auseinandersetzungen zwischen dem Deutschen Reich und Rußland komme. Da das Kräfte-Potential der Sowjetunion bisher unbekannt sei, könne es sein, dass sich Deutschland zu weit von seiner Basis entferne und zu einem langen und schwächenden Krieg verurteilt werde. Dann erst würden die demokratischen Staaten … Deutschland attackieren und es zur Kapitulation zwingen.“* Auf die Frage Potockis, ob die USA an einem solchen Krieg teilnehmen werde, antwortete Bullitt: *„Zweifellos ja, aber erst dann, wenn England und Frankreich sich zuerst rührten!“* Im Hinblick auf die potentiellen deutschen Ziele im Osten wies Bullitt auf die Gefährlichkeit einer unabhängigen Ukraine unter deutschem Einfluss hin, *„da diese unmittelbar auf die Ukrainer im östlichen Klein-Polen einwirken würde.“* [971]

Ungefähr zur gleichen Zeit leistete Anthony Biddle, ein enger Freund Bullitts, der 1937 in Warschau amerikanischer Botschafter geworden war, „Aufklärungsarbeit" über die Verhältnisse in Osteuropa.[972] Am 13. Oktober 1938 wurde Roosevelt von ihm aus Warschau informiert, dass Deutschland sich anschickte, die Hegemonie über Europa zu erringen. Endpunkt dieser Pläne solle ein ukrainischer Vasallenstaat sein, für dessen Errichtung Hitler die Integrität sowohl von Polen als auch der Sowjetunion verletzen werde.[973] Gegenüber den Polen bemühte sich Biddle, diese in eine antideutsche Front einzubeziehen. Biddle, der in Polen einen äußerst „feudalen" Lebensstil pflegte,[974] war der erste ausländische Diplomat, der von der Warschauer Regierung über die deutsch-polnischen Spannungen bezüglich Danzig informiert worden war.[975] Bis zum Kriegsausbruch bemühte er sich, den Polen moralisch den Rücken zu stärken und sie zur Standhaftigkeit gegenüber Deutschland zu ermuntern. Carl J. Burckhardt, der Hochkommissar für Danzig zeigte sich über diese Haltung irritiert, als er sich mit dem amerikanischen Diplomaten traf: *„Am*

---

971   Drittes Weißbuch 1940, Dok. 4.

972   Wie Bullitt stammte Biddle aus einer „Upperclass" Familie aus Philadelphia, die mit dem Bankhaus Morgen eng verbunden war, vgl. Wirsing 2005, S. 225. Biddle gehörte zu den persönlichen Freunden Roosevelts und war mit dem Privileg ausgestattet, unmittelbar mit dem Präsidenten zu korrespondieren, vgl. Bavendamm 1983, S. 72, S. 396.

973   Vgl. Bavendamm 1983, S. 404, S. 442.

974   Kennedy 2013, S. 138f.

975   Vgl. Roos 1965, S. 395.

2. Dezember 1938 hatte mich der amerikanische Botschafter in Warschau, Tony Biddle, besucht. Er erklärte mir mit merkwürdiger Genugtuung, die Polen seien bereit, wegen Danzig Krieg zu führen. … , im April", so erklärte er, „wird eine neue Krise ausbrechen, niemals seit der Torpedierung der Lusitania bestand in Amerika ein solch religiöser Haß gegen Deutschland wie heute! Chamberlain und Daladier werden von der öffentlichen Meinung weggeblasen werden. Es handelt sich um einen heiligen Krieg!"[976]

Der polnische Botschafter in Washington, Graf Jerzy Potocki, unterrichtete seinerseits am 12. Januar 1939 Außenminister Beck über die in den amerikanischen Medien erzeugte „Kriegspsychose", die Hintermänner der Kampagne und Roosevelts Motive: *„Der Präsident war der erste, der den Hass zum Faschismus zum Ausdruck brachte. Er verfolgte dabei einen doppelten Zweck: 1. Er wollte die Aufmerksamkeit des amerikanischen Volkes von den innenpolitischen Problemen ablenken, vor allem vom Problem des Kampfes zwischen Kapital und Arbeit. 2. Durch die Schaffung einer Kriegsstimmung und die Gerüchte einer Europa drohenden Gefahr wollte er das amerikanische Volk dazu veranlassen, das enorme Aufrüstungsprogramm Amerikas anzunehmen, denn es geht über die Verteidigungsbedürfnisse der Vereinigten Staaten hinaus.*[977]

Bullitt reiste, nachdem er sich drei Monate in den USA aufgehalten hatte, im Januar 1939 mit neuen Instruktionen nach Paris zurück. In der Öffentlichkeit bemühte er sich den Eindruck zu erwecken, dass die Außenpolitik der USA kein Interesse an europäischen Angelegenheiten habe. Bei dieser Taktik wurden primär zwei Ziele verfolgt. Zum einen handelte es sich um ein Täuschungsmanöver mit dem Zweck, Roosevelt gegenüber der isolationistischen Opposition im Kongress zu schützen. Außerdem sollten die Regierungen in London, Paris und Warschau dadurch gezwungen werden, ihr eigenes Potential maximal zu aktivieren, da ein erfolgreiches Eingreifen der USA in einen europäischen Krieg voraussetzte, dass die europäischen Länder zumindest eine zeitlang einer deutschen Aggression aus eigenen Kräften standhalten konnten.[978]

Roosevelts Geheimdiplomatie mittels seines Vertrauten Bullitt, deren ungeheures Gewicht die Entscheidungsträger in Berlin ignorierten,[979] lief darauf hinaus, die

---

976 Burckhardt 1960, S. 225. *„Zu der Mitteilung dieser Aussprüche an den Generalsekretär [des Völkerbundes] schrieb ich damals: „Schöne Perspektive, Calvin gegen die Nachfahren Luthers, und Lenin als Calvins Verbündeter."* Ebda.

977 Drittes Weißbuch 1940, Dok. 6. Carl J. Burckhardt schrieb über das Dokument: *„Dieser Text könnte von einem damaligen deutschen Diplomaten stammen, aber ein solcher wäre nicht so gut informiert gewesen."* Burckhardt 1960, S. 256.

978 Vgl. Bavendamm 1983, S. 498f. Hätte die Opposition im Kongress gewusst, wie weit Roosevelt mittlerweile die Pfade der Neutralitätspolitik verlassen hatte, wäre eine Verfassungskrise nicht unwahrscheinlich gewesen.

979 Vgl. Burckhardt 1960, S. 256.

Standfestigkeit der europäischen Partner zu stärken und ihnen das Gefühl zu vermitteln, im Falle eines Krieges mit Deutschland auf der Seite der Sieger zu stehen. Als einen der ersten Gesprächspartner nach seinem dreimonatigen Aufenthalt in den USA traf Bullitt in Paris Mitte Januar 1939 den polnischen Botschafter Juliusz Lukasiewicz.[980] Diesen kannte er aus Moskauer Zeiten und er wusste, dass der 46 jährige Diplomat ein Anhänger Pilsudskis und Vertrauter Becks war. Beide waren seit 1936 Botschafter in Frankreich und miteinander befreundet.[981] *„Sollte [in Europa] ein Krieg ausbrechen, so werden wir [d.h. die USA] sicher nicht am Anfang an ihm teilnehmen, aber wir werden ihn beenden"*[982] schrieb Lukasiewicz am 25. Februar 1939 nach Warschau. Der amerikanische Präsident – so Bullitt – 1.) sehe in Frankreich die erste Verteidigungslinie der Vereinigten Staaten 2.) Es entbehre jeder Grundlage, wenn Frankreich auch nur scheinbare Zugeständnisse gegenüber Italien machen würde. Die USA verfügten über *„viele unterschiedliche und sehr mächtige Druckmittel"* die verhindern würden, dass die Briten zu Lasten Frankreichs Kompromisse mit den Achsenmächten eingingen. 3.) Jeder neue Erfolg der Achsenmächte, der einen Prestige- und Autoritätsverlust Englands und Frankreichs zur Folge hätte, würde die Interessen der USA berühren.[983] *„Im Hinblick zu ihren Beziehungen mit Italien und Deutschland verfüge die USA über verschiedene Druckmittel, die bereits ernsthaft untersucht und bewertet wurden. Diese Mittel sind hauptsächlich ökonomischer Natur, so dass sie ohne die geringste Angst vor internem Widerstand angewendet werden können."*[984] Die strategische Schlussfolgerung, die Roosevelt über die jeweiligen Vertrauten Bullitt und Lukasiewicz dem polnischen Außenminister Beck aufzeigte, war nichts anderes als eine Alternative zur bisherigen deutschfreundlichen Politik Warschaus. Die Botschaft an die Polen lautete: Washington sieht durch die Expansion der Achsenmächte seine Interessen in Europa bedroht und wird dies nicht hinnehmen. Da der amerikanische Präsident über Mittel und Wege verfügt, Chamberlains Appeasement-Politik zu durchkreuzen und auch die Achsenmächte empfindlich treffen kann, ist eine kompromisslose Haltung Polens gegenüber Deutschland kein so großes Risiko. Selbst wenn es in Hinblick auf die Streitpunkte um Danzig und den Korridor zum Krieg kommt, würden die USA diesen entscheiden und Polen wäre auf der Seite der Sieger.

---

980 Vgl. Bullitt 1972, S. 304. Lukasiewicz gibt das Treffen mit Mitte Februar an.
981 Vgl. Bavendamm 1983, S. 500.
982 Lukasiewicz 1970, S. 168.
983 Vgl. Lukasiewicz 1970, S. 168 – 170.
984 Lukasiewicz 1970, S. 169 – 170. Eine zeitnahe Gesprächsniederschrift, deren Authentizität allerding strittig ist, wurde von deutscher Seite publiziert, vgl. Drittes Weißbuch 1940, Dok. 7. Für das deutsche Dokument spricht, dass Bullitt im Januar 1939 nach Paris zurückkehrte, vgl. Bullitt 1972, S. 304.

Kriegshysterie

Am 31. Januar 1939, einen Tag nachdem Hitler im Reichstag gedroht hatte – *„Wenn es dem internationalen Finanzjudentum in und außerhalb Europas gelingen sollte, die Völker noch einmal in einen Weltkrieg zu stürzen, dann wird das Ergebnis ... die Vernichtung der jüdischen Rasse in Europa [sein]"*[985] – berief Roosevelt den Militärausschuss des Senats zu einer Geheimsitzung ein. Mit der Begründung, Deutschland strebe die Weltherrschaft und die allmähliche Einkreisung der USA an, forderte Roosevelt, dass der Senat über den Ankauf von mehreren tausend Flugzeugen durch Frankreich abstimmen sollte.[986] Ob er in diesem Zusammenhang wortwörtlich gesagt hat, *„die Grenze Amerikas liegt in Frankreich"* ist nicht ganz aufzuklären, zumindest gibt diese Formulierung aber *„die tatsächliche geistige Einstellung des Präsidenten wieder."*[987] In Frankreich wurde die Nachricht verstanden und die dortigen Medien waren begeistert über die *„kapitale Erklärung".*[988] Aufschlussreich ist auch die Pressekonferenz, die Roosevelt am 3. Februar 1939 gab und die Analyse des Geschäftsträgers der deutschen Botschaft Hans Thomsen (Botschafter Dieckhoff war bereits im Dezember nach Berlin beordert worden):

> *„Die Opposition im Kongreß richtet sich nicht gegen Tatsache Flugzeuglieferungen, wohl aber vorwirft sie dem Präsidenten, daß er durch die Geheimhaltung wichtigster Bindungen an Ereignisse auf europäischem politischem Schauplatz eigenmächtig und ohne Befragung des Kongresses Amerika in eine ähnliche Lage wie 1917 hineinmanövriere. Enthüllungen der letzten Tage werden aber kaum ausreichen, der Opposition eine solche Stärke zu geben, daß sie im Stande ist, die außenpolitischen Maßnahmen des Präsidenten wirksam zu bekämpfen, die dieser auf Grund ihm zustehender weitgehender Vollmachten durchführt."*[989]

Theoretisch hätte sich die öffentliche Meinung in einem demokratischen Land, dessen Bevölkerung zu 85% eine Teilnahme an einem europäischen Krieg ablehnte, gegen den Kurs des Präsidenten wenden müssen. Wer so denkt, durchschaut aber nicht die Hintergründe der amerikanischen Politik. Wie sich die Einflussnahme von im Hintergrund operierenden Machtgruppen auf die öffentliche Meinung zu

---

985   Domarus 1962/63, II Band, S. 1058
986   Vgl. Nicolson 2009, S. 132.
987   ADAP D, Band IV, Dok. 526, S. 590.
988   BA-Berlin, R/901, Nr. 60390, S. 75f. Der „Paris Soir" nannte Roosevelts Äußerungen eine „kapitale Erklärung". Die Presseauswertung des Auswärtigen Amtes vom 3. Februar 1939 erfasst folgende Medien: Journal, Jour, Intransigeant, Matin, Temps, Excelsior, République, Ere Nouvelle, Paris Midi, Paris Soir, Petit Jornal, Oeuvre, Epoque, Ordre, Ce Soir und Humanité.
989   ADAP D, Band IV, Dok. 526, S. 591.

Beginn des Jahres 1939 auswirkte, zeigt die Reaktion auf eine deutschfreundliche Massenkundgebung mit über 20.000 Teilnehmern im New Yorker Madison Square Garden. Über den Ablauf berichtete das deutsche Generalkonsulat in New York an das Auswärtige Amt:

„Unter ungewöhnlich starken polizeilichen Schutzmaßnahmen fand am 20. Februar d.J. … die pro-amerikanische Kundgebung und George-Washington Feier des Deutsch-Amerikanischer Volksbundes statt. … [D]ie durch ihre fortlaufenden Hetzartikel unrühmlichst bekannte Journalistin Dorothy Thompson wurde im weiteren Verlauf der Veranstaltung wegen ihres störenden Verhaltens zeitweilig aus der Halle verwiesen. Während im übrigen die Großkundgebung im Madison Square Garden programmäßig und ruhig verlief, kam es auf den angrenzenden Straßen zu wilden Demonstrationen zahlloser deutschfeindlicher Elemente, die jedoch durch das riesige Polizeiaufgebot so in Schach gehalten wurden, daß es, von einigen Verhaftungen abgesehen, zu keinerlei Zwischenfällen kam. … Dem bisher völligem Fehlen einer Zustimmung zu der Versammlung des Bundes steht eine geschlossene Phalanx feindlicher Kommentare [der Presse] gegenüber, in denen gehässige Seitenhiebe auf das neue Deutschland als die treibende Kraft hinter der angeblich fremden politischen Interessen dienenden, unamerikanischen Haltung des Bundes nicht selten sind. … Nur bei konsequentem und völligem Abrücken vom Bund wird es möglich sein, den gefährlichen Wahn mit Erfolg zu bekämpfen, daß der Bund unsere Waffe zur Zerstörung Amerikas sei." [990]

Einen Tag vor der Veranstaltung hatte die regierungsnahe „Washington Post" die Meldung publiziert *„Gerüchte in den meisten Hauptstädten Europas deuten an, daß Hitler gegen Holland vorgeht."* [991] Überhaupt spielten Gerüchte in Washington zu dieser Zeit eine große Rolle, um die Kriegshysterie anzuheizen. Raymond Moley, der Kopf des ersten „Brain Trust" berichtete, dass 1) spekuliert wurde, die Japaner würden die holländischen Besitzungen in Ostindien besetzen; 2) die Deutschen würden England erobern, die Royal Navy annektieren und die USA angreifen; 3) die Deutschen würden Druck auf Dänemark ausüben, um in Grönland, Island und den Färöer-Inseln Luftbasen zu errichten; 4) und sie würden Druck auf Portugal ausüben, um auf den Azoren und Kapverdischen Inseln Stützpunkte zu errichten; 5) ebenso auf Belgien und Holland, damit in Westafrika und im fernen Osten Kolo-

---

990   ADAP D, Band IV, Dok. 527.
991   Zit. nach: Bavendamm 1983, S. 503.

nien errichtet werden könnten, um die westliche Hemisphäre anzugreifen; 6) dass die Deutschen und Italiener die Südamerikanischen Staaten gegen die USA militarisieren würden; 7) und dass die Deutschen sich mit den Briten arrangieren würden, um in Neufundland und Labrador Basen zu errichten.[992] Am 27. März 1939 meldete der Geschäftsträger in Washington, Hans Thomsen nach Berlin:

„Die Kundgebungen und Maßnahmen der Amerikanischen Regierung in den letzten Wochen lassen immer deutlicher erkennen, daß der Führungsanspruch des Präsidenten Roosevelt in weltpolitischen Angelegenheiten in das Ziel einmündet, das nationalsozialistische Deutschland mit allen zur Verfügung stehenden Mitteln zu vernichten und damit die neue Ordnung in Europa wieder rückgängig zu machen. ... Um diese Politik zu fördern, bedient sich Roosevelt der rücksichtslosesten Propaganda, wobei ihm die Kräfte zu Hilfe kommen, die in der Vernichtung Deutschlands sowohl ihren Triumph wie ihr Geschäft sehen. Der ... Propaganda ist es ... gelungen, mit den ihnen zur Verfügung stehenden Mitteln der Beeinflussung der öffentlichen Meinung in Presse, Radio und Kino das amerikanische Volk in einem Grad zu verhetzen, der nicht einmal mit der Psychose des Weltkrieges verglichen werden kann, vielleicht diese bei weitem übertrifft. Die leichtgläubige und leicht zu lenkende Mehrheit des geistig dumpfen amerikanischen Volkes ist der hinterlistigen Propaganda völlig erlegen, daß Deutschland der „Feind Nr. 1" Amerikas sei, daß Deutschland beabsichtige Amerika anzugreifen, ihm sein System aufzunötigen, zu diesem Zweck das Land mit einem Spionage- und Agenten-Netz überzogen habe, Sabotage im Kriegsfall vorbereite, kurz diejenige Aggressor-Nation sei, gegen die sich die ganze Welt, einschließlich Rußland, verteidigen müsse."[993]

Mit derlei Falschmeldungen und Gerüchten sollte die Opposition und die Bevölkerung der USA von der Notwendigkeit einer Aufrüstung und der Lockerung der isolationistischen Gesetzgebung überzeugt werden. Nur wenn die öffentliche Meinung sich unablässig mit den außen- und sicherheitspolitischen „Gefahren" beschäftige, hatte Roosevelt eine Chance, die juristischen Fesseln der Neutralitätsgesetze abzustreifen. Da die Bürger über die Medien ein Bild der Welt vermittelt bekamen, was voller Verzerrungen, Lücken, Ausblendungen und doppelter Standards war – die Verhältnisse in der Sowjetunion und in den Kolonien der europäischen Mächte wurden ja von der medialen Entrüstungsindustrie kaum thematisiert – war es kein

---

992 Vgl. Moley 1939, S. 380.
993 ADAP D, Band VI, Dok. 107.

Wunder, dass die Stimmung unter den Amerikanern mehr und mehr in die vom Präsidenten gewünschte Richtung kippte.

Großbritanniens Außenpolitik wird gegen Deutschland gelenkt

Die Erzeugung von Kriegshysterie im eigenen Land ist eine Sache. Problematischer ist im Falle diplomatischer Krisen die Einmischung in die Angelegenheiten anderer Länder, um diese zu einem Konfrontationskurs zu bewegen. Wie bereits im vorangehenden rekonstruiert, forderte der französische Ministerpräsident Daladier nach der Mitunterzeichnung des Münchner Abkommens aktive Unterstützung seitens der USA ein, damit er kein zweites Mal gezwungen werden konnte, seine Unterschrift für ein Dokument à la „München" herzugeben. Dass die Annäherung Polens an Deutschland eine innenpolitische Gratwanderung war und die Warschauer Politik seitens der Opposition und der öffentlichen Meinung unter erheblichen Druck kommen würde, wenn sie einer Änderung des Status um Danzig zugestimmt hätte, wurde ebenfalls schon dargelegt. Die amerikanische Politik, Frankreich und Polen Unterstützung zu gewähren, kann deshalb im Falle von Deutschlands westlichem Nachbarn nicht als Einmischung bezeichnet werden und die polnischen Politiker waren zumindest offen für jegliche Form von Unterstützung zur Erhaltung des Status Quo. Im Falle Großbritanniens, der entscheidenden Macht einer antideutschen Front – ohne deren Rückhalt Frankreich nicht aus der Deckung gehen würde – war das diplomatische Spiel nicht so einfach. Chamberlain war, wie im vorangehenden dargestellt, nicht gewillt, den Bestand des Britischen Empires zu riskieren. Infolgedessen war der Premier für Roosevelt (nach Hitler) das zweite personenbezogene Problem auf dem europäischen Kontinent. Die dritte schwierige Personalie jenseits des Atlantik war Roosevelts Botschafter in London, Joe Kennedy, der es im Gegensatz zu seinen Kollegen Bullitt und Biddle ablehnte, Öl ins Feuer zu gießen.[94]

Der Meisterpolitiker im Weißen Haus hatte klar erkannt, dass die Einflussnahme auf Paris und Warschau relativ wertlos war, solange London nicht in die gleiche Verteidigungslinie miteinbezogen wurde. Wie hilflos er war, wenn ihm Chamberlain die Unterstützung für seine Politik versagte, hatte das Jahr 1938 gezeigt. Der Journalist Walter Lippmann, von dem wir durch Jean Monnet wissen, dass er zur Gruppe um

---

994 Nach einem Gespräch mit dem Präsidenten schrieb Morgenthau in sein Tagebuch: „*FDR wurde von Kennedy mehr und mehr irritiert. Wer hätte gedacht, daß die englischen Konservativen in ihr Lager einen rothaarigen Iren aufnehmen würden?*" Was Chamberlain betrifft, so nannte ihn Roosevelt „*Zweifelhaft*" und fügte bitter hinzu, „*er wäre an einem Frieden um jeden Preis interessiert, wenn er sich damit aus der Affäre ziehen und sein Gesicht bewahren könne.*"" Zit. nach: Fish 1982, S. 100.

Roosevelt gehörte, war im Juli 1938 nach Europa gereist, um die Lage zu sondieren. Seine geheimen Drohungen und Versprechungen die er in London übermittelte unterschieden sich inhaltlich nicht im Geringsten von den Einschüchterungen Roosevelts vom März 1939, von denen der investigative Journalist Drew Pearson berichtete. Der Parlamentarier Harold Nicolson fasste die Nachricht wie folgt zusammen: *„Lippmann meint, wenn wir zuließen, daß die Tschechen zermalmt werden, würde Amerika sich gegen uns wenden; würden wir aber eingreifen, so stände Amerika binnen sechs Wochen an unserer Seite."*[995] Die Drohungen führten bekanntermaßen nicht zum Ziel. Noch war die britische Entscheidungselite nicht gespalten.

Zwei weitere Journalisten, Joseph Alscp und Robert Kintner, haben in ihrem Werk „American White Paper" der Nachwelt einen intimen Einblick ins „Oval Office" zur Zeit der Sudetenkrise hinterlassen. Ihr Bericht belegt, wie sehr der Präsident auf Kohlen saß, als sich Hitler mit Chamberlain in Bad Godesberg traf und die Verhandlungen nicht so liefen, wie Roosevelt sich das vorstellte:

„In seinem ovalen Amtszimmer zwischen seinen Schiffsbildern sitzend, Depeschen verschlingend, zwischen unaufhörlichen Telefongesprächen mit Europa alles selbst dirigierend, kochte der Präsident manchmal geradezu über den Zwang zur Vorsicht Fast täglich fragte er Bullitt und Kennedy, Hugh Wilson in Berlin und William Phillips in Rom, ob er nichts tun könne, um zur Hilfe zu kommen. „Nichts", lautete regelmäßig die Antwort, „wenn wir uns nicht festlegen wollen." Und angesichts der amerikanischen öffentlichen Meinung war eine bindende Verpflichtung einfach unmöglich.[996]

Um diese Ohnmacht abzulegen, musste Roosevelt also unter allen Umständen das diplomatische Gewicht der USA in die Waagschale werfen, um ein Ende der britischen Appeasement-Politik herbeizuführen. Nur wenn auch die Folterinstrumente offengelegt waren – und die amerikanische Öffentlichkeit davon so wenig wie möglich mitbekam – bestand die Möglichkeit, Chamberlain zum Kurswechsel zu zwingen. Der britische Premier befand sich Anfang 1939 bereits – wie im vorangehenden dargestellt – in der Defensive, nachdem immer klarer wurde, dass Hitler gar nicht beabsichtigte, das Münchner Abkommen zu respektieren. Einer Kombination bestehend aus Druck seitens der britischen Kriegsbefürworter und aus dem Weißen Haus auf der einen Seite und ökonomischen Anreizen auf der anderen Seite konnte Chamberlain auf Dauer nicht widerstehen. Die von der Roosevelt-Administration angewendete Strategie, die britische Regierung weichzukochen, kann man auch mit „Zuckerbrot und Peitsche"

---

995   Nicolson 1969, S. 290. Tagebuch-Eintrag 1. August 1938.
996   Alsop / Kintner 1940, S. 8.

bezeichnen. Seit 1937 hatte das Bankhaus Morgan in enger Abstimmung mit dem State Department Gespräche mit den Briten geführt, um die bilateralen Wirtschaftsbeziehungen zu verbessern. Die amerikanischen Vertreter der Wirtschaft versprachen sich bei einem gemeinsamen Abkommen von zwei so großen Wirtschaftsräumen eine Sogwirkung auf den Rest der Welt, was letzten Endes auch eine Entspannung der politischen Lage nach sich ziehen würde. Die Verhandlungen mit den Briten gestalteten sich aber schwierig und erst im Zusammenhang mit der politischen Großwetterlage in Europa reifte in London der Entschluss, den Wünschen der Amerikaner zu folgen.[997] Am 17. November 1938 wurden die Handelsverträge zwischen den USA, Großbritannien und Kanada unterzeichnet; für wichtige Ausfuhrprodukte wurden die Zölle gesenkt oder ganz beseitigt.[998]

Es dauerte einige Zeit, bis die Amerikaner die Briten auf die damit verbunden Erwartungen aufmerksam machten. Den Anstoß lieferte Hitler, der am 15. März 1939 den Einmarsch deutscher Truppen in die Tschecho-Slowakische Republik anordnete. Der Präsident wurde im Schlaf durch Bullitts Transatlantik-Anruf geweckt und über die Invasion informiert. Zur Frühstückszeit kam ein Telegramm aus der amerikanischen Botschaft in Prag, über dessen Inhalt der Präsident sich empört mit Sumner Welles unterhielt. Welles, der zwischen dem Außenministerium und dem Weißen Haus hin und her pendelte, nannte die Annektierung von Prag *„das erste unschattierte Beispiel eines offenen Diebstahls".* Telefonisch informierte Roosevelt Außenminister Hull während dessen Urlaub in Florida.[999] Zusammen mit einigen Diplomaten des Außenministeriums entfalteten der Präsident, sein Außenminister und dessen Stellvertreter in den nächsten 48 Stunden eine wirkungsvolle Aktivität. Getreu der Stimsondoktrin wurde die Errichtung des deutschen Protektorats nicht anerkannt und das State Department veröffentlichte am 17. März 1939 seine Missbilligung in einem entsprechenden Kommuniqué:

> *„Die Regierung der Vereinigten Staaten hat wiederholt ihre Überzeugung geäußert, dass nur durch die internationale Unterstützung eines Programms auf der Grundlage des Rechts der Frieden gesichert werden kann. Diese Regierung, die sich auf die Grundsätze der menschlichen Freiheit und der Demokratie gründet und sich ihnen geweiht hat, kann nicht umhin, öffentlich auszusprechen, dass unser Land all die Geschehnisse verdammt, die zu der zeitweiligen Auslöschung der Freiheit eines freien und unabhängigen Volkes geführt haben, mit dem das Volk der Vereinigten Staaten seit der Gründung der Tschechoslowakischen Republik*

---

997 Vgl. Hearden 1987, S. 92ff.
998 Vgl. Tansill 1956, S. 483.
999 Vgl. Alsop / Kintner 1940, S. 32f.

besonders enge freundschaftliche Beziehungen unterhalten hat. ... Es ist offensichtlich, dass solche Handlungen zügelloser Gesetzlosigkeit und willkürlicher Gewalt den Weltfrieden und selbst das Gefüge der modernen Zivilisation bedrohen."[1000]

Die scharfe öffentliche amerikanische Reaktion auf Hitlers Husarenstück war keine Überraschung. Für den weiteren Verlauf der Ereignisse war die britische Reaktion merklich folgenschwerer. Nachdem Chamberlain im Unterhaus die deutsche Aggression erst als „Fait accompli" akzeptiert hatte[1001], wählte er am 17. März 1939 in seiner Rede in Birmingham eine schärfere Tonart. Innerhalb von vier Tagen, vom 15. zum 19. März, *„vollzog sich ein technischer Abbruch der diplomatischen Beziehungen"*, erinnerte sich der deutsche Botschafter in London, Herbert von Dirksen.[1002] Was war geschehen? Zwei äußerst gut unterrichtete Kolumnisten – Drew Pearson und Robert S. Allen – berichteten am 14. April 1939 in ihrer Kolumne „The Daily Washington Merry-Go-Round" über eines der größten Geheimnisse der Vorgeschichte des Zweiten Weltkriegs – sie brachten Licht ins Dunkel jenes Zeitfensters von rund 48 Stunden, in denen der britische Premier eine 180°-Wendung seiner bisherigen Außenpolitik vollzog:

„Das amerikanische Außenministerium hat eben einen tiefen Seufzer der Erleichterung ausgestoßen, weil eine der seit Jahren heikelsten Episoden internationaler Einflussnahme erfolgreich abgeschlossen wurde. Das Ziel des Außenministeriums – genauer gesagt, des Präsidenten selbst – war, den britischen Staatsführern mit allen Mitteln zu der Erkenntnis zu verhelfen, dass die Demokratie in Europa auf dem Spiele steht.

All dies ereignete sich in der Periode eines doppelbödigen Spiels, als britische Banken Geld für die deutsche Wiederaufrüstung ausliehen und der britische Industrieverband mit der deutschen Industrie über ein geheimes Abkommen verhandelte, welches das entsprechende anglo-amerikanische Handelsabkommen verletzte.

Diese englische Doppelbödigkeit wurde schließlich so offenkundig, dass Roosevelt, Hull und Welles, als sie die ganze Tragweite erkannten, ein tatsächliches Ultimatum an Chamberlain sandten. ... Darin warf Roosevelt die Frage auf, ob Großbritannien eine Nazi-Nation oder eine Demokratie sei und warnte, dass die Vereinigten Staaten Chamberlains zukünftige Politik beobachten würden um darauf eine Antwort zu finden.

1000 Peace and War 1943, Dok. Nr. 126, S. 454f.
1001 Vgl. Charmley 1997, S. 336. Zur ersten diplomatischen Reaktion der britischen Regierung: ADAP D, Band IV, Dok. 234 und ADAP D, Band VI, Dok. 9.
1002 Dirksen 1949, S. 242.

...

Um die doppelbödige britische Politik zu verstehen, was zu dieser Krise in den anglo-amerikanischen Beziehungen führte, muss man die Ereignisse nach der Sudeten-Krise vom Oktober 1938 verfolgen. Nach dem Münchner Abkommen gab Roosevelt dem Botschafter Joe Kennedy in London die Weisung, Chamberlain klarzumachen, dass man Hitler nur drastisch entgegentreten könne und dass es eine ausgezeichnete Idee wäre, die ganze Beschwichtigungspolitik abrupt abzubrechen. Anscheinend stimmte Chamberlain zu. Daraufhin legte Roosevelt mit seinem Außenministerium ein Programm auf, das sorgfältig festlegte, wie Hitlers Unverschämtheiten gegen die Demokratien künftig zu verhindern seien.
Zu diesem Zweck riefen die Vereinigten Staaten in voller Absicht ihren Botschafter aus Berlin zurück. Ebenso war absichtlich geplant, dass Minister Ickes die Nazis mit „Unverschämtheit" beschimpfen sollte und der stellvertretende Außenminister Welles den deutschen Geschäftsträger ebenfalls beschimpfen sollte, wenn dieser gegen die Abberufung des amerikanischen Botschafters protestierte. Auch nicht zufällig schlug Roosevelt den Diktatoren [Hitler und Mussolini] in seiner Rede zur Lage der Nation heftig ins Gesicht, in der er auch um schwere Waffen für die Luftverteidigung bat.

...

Später fanden wir dann heraus, dass immer, wenn wir eine harte Anti-Hitler-Haltung einnahmen, Sir John Simon oder ein anderer „Tory" zu den Nazis trabte, um sich von den amerikanischen Äußerungen zu distanzieren. ... Kurz vor der letzten Tschechenkrise erfuhr das Außenministerium, dass der einflussreiche britische Industrieverband, dem Mitglieder des Kabinetts angehörten, ein geheimes Handelsabkommen mit den Nazis ausgearbeitet hatte, wodurch das amerikanische unterlaufen wurde, welches Cordell Hull so mühsam ausgehandelt hatte.

<u>*Die Vereinigten Staaten sehen rot*</u>
Roosevelts und Hulls Erregung gegenüber den Engländern erreichte einen Hitzegrad, der ihr ganzes Abkommen fast mitverbrannt hätte. Zwangsläufig kamen sie zu dem Schluss, dass die Oligarchie, die England praktisch beherrschte, ängstlich darauf bedacht war, die Diktatoren zu erhalten, weil die Engländer insgeheim demokratische Regierungen wie die Volksfront in Spanien oder das Negrin-Regime in Spanien fürchteten.

All dies ereignete sich nach Hitlers Marsch nach Prag und vor der Okkupation von Memel. Roosevelt hat seine scharfe Warnung zwischen diesen Ereignissen ausgestellt. Die Anzeichen deuten darauf hin, dass die britischen Konservativen nun besorgt sind. Sie geben ihren Fehler zu, Hitler nach dem Münchner Abkommen getraut zu haben. Im Hinblick auf den Status der öffentlichen Meinung in Großbritannien gibt es keine Zweifel. Aber beide, Hull und Roosevelt drücken dem britische Kabinett die Daumen, und machen sich Gedanken, ob die Briten standhaft bleiben."[1003]

Der Artikel von Pearson und Allen beschreibt anschaulich jenen Sachverhalt, den Hamilton Fish auf den Punkt brachte, als er schrieb: *„Die britische Außenpolitik wurde schicksalhaft gegen Deutschland gelenkt."[1004]* Chamberlain wurde in der Nacht zum 16. oder am 16. März 1939 ultimativ genötigt, seine bisherige Außenpolitik vollständig zu ändern. Ganz nebenbei erfährt der Leser, dass die USA die Verhandlungen zu einem deutsch-englischen Handelsvertrag torpedierten.

Passend zu diesem Hintergrundwissen über die Geheimdiplomatie des Weißen Hauses findet sich in den deutschen Akten folgender Vermerk der Deutschen Botschaft in London an das Auswärtige Amt in Berlin vom 20. März 1939:

„Der hiesige amerikanische Botschafter Kennedy spielt eine Hauptrolle. Er soll mit sämtlichen Vertretungen der in Frage kommenden Staaten in persönlicher Verbindung stehen und versuchen, sie zu einer festen Haltung zu ermutigen mit dem Versprechen, daß die Vereinigten Staaten von Amerika sie in jeder Weise (short of war) unterstützen würden."[1005]

Die Weichen sind in Europa gestellt

Im April 1939, als die Briten bereits ihre folgenreiche Garantieerklärung für die staatliche Unabhängigkeit Polens abgegeben hatten, wurde der Doyen der amerikanischen Journalisten in Europa, Karl von Wiegand, in die amerikanische Botschaft in Paris gerufen und von Bullitt informiert: Krieg sei in Europa beschlossene Sache. Polen hat die Zusicherung auf Hilfe von England und Frankreich und wird auf keine

---

1003 Pearson / Allen 1939, Übersetzung folgt in Teilen: Fish 1982, S. 70ff.
1004 Fish 1982, S. 72.
1005 ADAP D, Band VI, Dok. 48. Trotzdem wahrte Kennedy bis zu einem gewissen Grad seine eigene Meinung. Wenn er auch Roosevelts Politik einer Einmischung in europäische Angelegenheiten nicht ablehnte, so billige er zumindest ihre Konsequenzen nicht. Die Londoner Kriegspartei um Sir Robert Vansittart koordinierte aus diesem Grund ihre Kontakte mit den Amerikanern über den US-Botschafter Bullitt in Paris, vgl. Wirsing 2005, S. 225. Ein Beleg dafür, dass der Präsident seinen Londoner Botschafter überging, ist die geheime Korrespondenz mit Winston Churchill, von der Joe Kennedy – genauso wie Premierminister Chamberlain – nichts wusste. 1940 wurde Kennedy abberufen.

Forderungen Deutschlands eingehen. *„Amerika", so sagt er voraus, „wird in den Krieg eintreten, nachdem Großbritannien und Frankreich eingetreten sind."* [1006] Währenddessen präsentierte sich der amerikanische Präsident in der Öffentlichkeit als ein Mann des Friedens. Am 14. April 1939 verkündete Roosevelt einen Friedensapell und führte in einer Note vom 15. April an, dass drei Nationen in Europa und eine in Afrika ihre staatliche Unabhängigkeit eingebüßt hätten. Er forderte deshalb eine deutsche Garantie gegenüber 31 namentlich genannten Staaten, diese weder militärisch anzugreifen, noch diese zu besetzen. [1007] In seiner Antwort, die Hitler am 28. April 1939 im Reichstag hielt, versuchte er Roosevelts Anfrage bloßzustellen und die deutschen Argumente darzulegen. In der zweieinhalbstündigen, teils donnernden, teils sarkastischen Rede kündigte Hitler nebenbei die mit England und Polen vereinbarten Verträge auf. [1008] Er erwähnte, dass einige der von Roosevelt angeführten Staaten und Nationen keineswegs unabhängig, sondern *„von den militärischen Kräften demokratischer Staaten besetzt gehalten und damit rechtlos gemacht sind."* [1009] Überhaupt sei in Afrika nicht die Freiheit einer Nation das Problem – Roosevelt hatte auf das 1935 angegriffene Abessinien hingewiesen – sondern aller Nationen, denn *„nahezu alle früheren Einwohner dieses Kontinents sind mit blutiger Gewalt der Souveränität anderer Völker unterworfen worden und haben damit ihre Freiheit verloren. Marokkaner, Berber, Araber, Neger usw sind alle einer fremden Macht zum Opfer gefallen, deren Schwerter freilich nicht die Aufschrift „Made in Germany", sondern „Made by Democracies" trugen."* [1010] Außerdem formulierte Hitler eine Art deutsche Monroe-Doktrin, indem er die Frage aufwarf, was wohl Roosevelt sagen würde, wenn er (Hitler) Auskunft über die Absichten der amerikanischen Politik gegenüber den lateinamerikanischen Staaten fordern würde. [1011]

> *„Herr Roosevelt wird sich in diesem Falle sicherlich auf die Monroe-Doktrin berufen und eine solche Erklärung als eine Einmischung in die inneren Angelegenheiten des amerikanischen Kontinents ablehnen. Genau die gleiche Doktrin vertreten wir Deutsche nun für Europa, auf*

1006 Zit. nach: Fuller 2004, S. 454. Das Treffen Bullitt – von Wiegand fand am 25. April 1939 statt. Fuller traf von Wiegand in Berlin. Über die britische Garantie sagte er: *„Nun ich meine, ihr Herr Premierminister hat den größten Fehler in Eurer Geschichte gemacht, seit das Stempel-Gesetz erlassen wurde."* Ebda.

1007 ADAP D, Band VI, Dok. 200. Gemeint waren Österreich, die Tschechoslowakei, Albanien und Abessinien. Roosevelt erwähnt auch, dass ein großes Territorium eines unabhängigen Staates im Fernen Osten von einem Nachbarn okkupiert wurde – gemeint war hier China und Japan.

1008 Vgl. Domarus 1962/63, Bd. II, S. 1179.

1009 Hitler 1939, S. 53; Domarus 1962/63, Bd. II, S. 1173. Namentlich erwähnt wurde Syrien, gemeint waren auch der Irak, Ägypten und Palästina.

1010 Hitler 1939, S. 44; Domarus 1962/63, Bd. II, S. 1169.

1011 Vgl. Gruchmann 1962, S. 11ff.

alle Fälle aber für den Bereich und die Belange des Großdeutschen Reiches."[1012]

Das „Rededuell" Roosevelt – Hitler zeigte einer breiten Öffentlichkeit, wie unvereinbar die Fronten zwischen Deutschland und den USA mittlerweile waren. Am 29. Mai 1939 hielt Botschafter Bullitt in Neuilly seine letzte öffentliche Rede. Folgende Sätze finden sich darin, die nur als Aufforderung zum militärischen Widerstand zu interpretieren sind:

„Den Amerikanern ist ein Krieg lieber als Versklavung. Deshalb verstehen und sympathisieren wir mit jeder Nation, die bei allen Schwierigkeiten lieber für ihre Freiheit kämpfen als sich einem Eroberer unterwerfen [will]."[1013]

Jetzt könnte man ja argumentieren, dass dies nur die Worte eines Botschafters sind, der diplomatisch etwas außer Kontrolle geraten ist. Dagegen sprechen aber alle im vorhergehenden rekonstruierten geheimen Tätigkeiten Bullitts, die in enger Abstimmung mit Roosevelt erfolgten. Die amerikanischen Diplomaten manövrierten die europäischen Länder in eine Position, in der es immer schwieriger wurde, einen Kompromiss zu finden. Im Juli 1939 verkündete eine amerikanische Pressemitteilung aus Warschau, dass Hitler jetzt von Danzig aus gegen Polen losschlagen werde. Ähnlich wie in der tschechischen Wochenendkrise Ende Mai 1938 waren es frei erfundene Alarmnachrichten, mit dem Ziel Panik zu verbreiten, sowie Feinseligkeiten und Misstrauen gegenüber Deutschland anzuheizen.[1014]

Charakteristisch für die chamäleonartige Technik Roosevelts, seine Handlungen friedfertig und selbstlos erscheinen zu lassen, sind seine beiden Telegramme vom 24. August 1939. An Hitler und den polnischen Staatspräsidenten Moscicki wurde zeitgleich appelliert, den Frieden zu erhalten und Gespräche zu führen. Das Telegramm an Moscicki vermeidet aber jeden Eindruck von der Ausübung von Druck oder enthält keine Mahnung zum Einlenken.[1015] Eine Warnung betreff der tödlichen Gefahr, in der sich Polen nach dem deutsch-sowjetischen Pakt befand, fehlt vollständig.[1016] Deutlich schärfer im Ton dagegen das Telegramm an Hitler, in dem Roosevelt den deutschen Diktator darauf hinweist, dass ein globaler Krieg

---

1012 Domarus 1962/63, Bd. II, S. 1173. Über die „deutsche Monroe-Doktrin" äußerte sich Hitler auch im Interview mit Karl von Wiegand am 11. Juni 1940, vgl. Wiegand 1940, S. 4f. Zu einer wissenschaftlichen Untersuchung in einem größeren Kontext, vgl. Gruchmann 1962, S. 11ff.

1013 Lektorat Nordamerikanische Presse, Referat PX, *„Unneutrale Handlungen der Roosevelt-Regierung vom Jahre 1937 bis zum Ausbruch des deutsch-amerikanischen Krieges am 11. Dez. 1941"*, BA-Berlin, R/901, Nr. 58534, S. 73.

1014 Vgl. Dirksen 1949, S. 250. Nachdem Deutschland Polen angegriffen hatte, berichtete Botschafter Biddle über deutsche Kriegsverbrechen in der New York Herald Tribune, vgl. Buell 1939, S. 392. New York Herald Tribune 25.09.1939.

1015 Peace and War 1943, Dok. 138, S. 478f.

1016 Über den Verrat, vgl. Herwarth 1982, S. 188f; vgl. Bohlen 1973, S. 82f.

droht, der die Welt ins Unglück stürzen wird.[1017] Nachdem der stellvertretende Außenminister Sumner Welles am 24. August 1939 über alle Einzelheiten des geheimen Zusatzprotokolls des deutsch-sowjetischen Nichtangriffspaktes informiert wurde,[1018] tritt Roosevelt auch nicht an die Öffentlichkeit und ermahnt auch nicht Stalin, von einer vierten Teilung Polens Abstand zu nehmen.[1019] Diese Vermeidung einer auch nur ansatzweise scharfen Reaktion gegenüber dem sowjetischen Diktator und die Verschwiegenheit gegenüber den befreundeten Regierungen in Europa belegt, dass Roosevelt nicht wie ein „ein ehrlicher Makler" handelte, als uneigennütziger Vermittler in dem Sinne, so wie es etwa Bismarck tat, als er 1878 auf dem Berliner Kongress zwischen Russland einerseits und England und Österreich-Ungarn andererseits vermittelte.

Joe Kennedys Anmerkungen über die Geheimdiplomatie der USA

Am Anfang dieser Darstellung wurde eine aufschlussreiche Einschätzung des späteren Präsidenten John F. Kennedy über den deutsch-polnischen Antagonismus im Mai 1939 wiedergegeben. Aufgrund einer Laune der Geschichte sind von seinen Vater Joe Kennedy Aufzeichnungen über Gespräche erhalten geblieben, die er mit zwei hochrangigen Vertretern der amerikanischen Politik im Jahre 1945 führte – mit dem vormaligen Präsidenten Herbert Hoover sowie mit James S. Forrestal, dem letzten US-Marineminister im Kabinettsrang. Der ältere Kennedy war kein Berufsdiplomat, aber aufgrund seiner Position als Roosevelts Mann in London war er sehr nahe am Geschehen und vermutlich sind seine subjektiven Zeugnisse ehrlicher, als die eines Berufsdiplomaten. Außerdem war bekannt, dass er über ein gutes Gedächtnis verfügte und es ist unwahrscheinlich, dass seine Bemerkungen gegenüber dem Expräsidenten und dem Marineminister nicht glaubwürdig sind.[1020]

Am 15. Mai 1945 traf sich der ehemalige Botschafter wieder einmal mit dem vormaligen Präsidenten Herbert Hoover im New Yorker Waldorf Astoria. Kennedy erzählt dabei Hoover von seiner Idee, über die Erfahrungen als Londoner Botschafter ein Buch zu verfassen. Die Darstellung würde den Kriegseintritt der USA in einem anderen Licht darstellen und den Verrat des amerikanischen Volkes durch Roosevelt aufzeigen. Roosevelt und der Pariser Botschafter Bullitt, so Kennedy, waren die Hauptfaktoren, warum die Briten ihre Garantieerklärung an Polen abgaben. Bullitt war es auch, der auf Anweisung Roosevelts die Polen ständig drängte,

---

1017   Peace and War 1943, Dok. 137, S. 477f.
1018   FRUS 1939 I, S. 342f.
1019   Vgl. Post 2003, S. 372.
1020   Vgl. Tansill 1956, S. 596ff; vgl. auch Fish 1982, S. 99ff.

nicht auf die deutschen Vorschläge einzugehen. Kennedy wiederum drängte unter Anleitung Roosevelts die Briten, den Polen Garantien abzugeben. Chamberlain, den Kennedy mehrfach sah, teilte er in Rocsevelts Namen mit, dass die USA still-schweigend die Briten unterstützen würden.[1021] Nach der Gesprächsnotiz Hoovers *„sagte Kennedy, dass, wenn es nicht für Roosevelt gewesen wäre, die Briten nicht den gigantischsten Fehler der Geschichte gemacht hätten.“*[1022]

James S. Forrestal, der letzte US-Marineministers im Kabinettsrang notiert nach einem Gespräch mit Joe Kennedy in sein Tagebuch einen Vermerk, der ebenfalls weitreichende Schlüsse zulässt:

„27. Dezember 1945: Spielte heute Golf mit Joe Kennedy [Joseph P. Kennedy, der in den Jahren unmittelbar vor dem Krieg Roosevelts Botschafter in London war]. Ich erkundigte mich nach den Unterredungen, die er von 1938 an mit Roosevelt und Neville Chamberlain gehabt hat. Er sagte, Chamberlains Standpunkt 1938 war der, daß England nichts habe, womit es kämpfen könnte, und daß er nicht riskieren dürfe, gegen Hitler Krieg zu führen. Kennedys Ansicht: Hitler hätte ohne späteren Konflikt mit England gegen Rußland losgeschlagen, wenn nicht Bullitt [William C. Bullitt, damals Botschafter in Frankreich] Roosevelt dahin bearbeitet hätte, daß man den Deutschen in der polnischen Angelegenheit kühn entgegentreten müsse; weder die Franzosen noch die Briten hätten Polen zu einem Kriegsgrund gemacht, wenn nicht dauernd Washington gebohrt hätte. Bullitt, sagte er, habe immer wieder Roosevelt erklärt, dass die Deutschen nicht kämpfen würden, Kennedy, daß sie kämpfen und Europa überrennen würden. Chamberlain, sagte er, habe erklärt, daß Amerika ...... England in den Krieg getrieben habe. In den Telefongesprächen mit Roosevelt im Sommer 1939 habe ihm der Präsident dauernd gesagt, er solle Chamberlain ein heißes Eisen auf die Kehrseite drücken. Kennedy will darauf immer wieder erwidert haben, daß es zu nichts Gutem führe, ihm ein heißes Eisen auf die Rückseite zu drücken, solange die Briten kein Eisen hätten, womit sie kämpfen können ...“[1023]

1021 Vgl. Hoover / Nash 2011, S. 828.
1022 Hoover / Nash 2011, S. 828.
1023 Forrestal 1951, S. 121f. Dt. Übersetzung in: Tansill 1956, S. 597.

Fazit

Roosevelt und seine engsten Berater beschränkten das nationale Interesse nicht auf das Territorium der USA oder die westliche Hemisphäre. Nach Ansicht von Roosevelt und der ihm nahestehenden Personen waren die Belange der USA globaler Natur – wirtschaftlich, militärisch und ideologisch. Aus diesem Grund wurden Aktivitäten der beiden expandierenden Flügelmächte der eurasischen Landmasse – Deutschland und Japan – von Roosevelt ab Mitte 1936, spätestens nach der berühmten „Quarantäne-Rede" vom 5. Oktober 1937, als Bedrohung der nationalen Interessen wahrgenommen. Die befürchteten Folgen einer erfolgreichen Expansion dieser beiden Konkurrenten waren für ihn und hochrangige Mitglieder seiner Administration nicht hinnehmbar. Welthandel bedarf freier Märkte, „offener Türen". Die Errichtung wirtschaftlich autarker Großräume hätte die globalen ökonomischen Interessen der USA massiv gestört. Eurasien hätte sich in diesem Fall in einen geschlossen Block verwandelt. Möglicherweise wäre noch Südamerika unter den Einfluss Deutschlands geraten. Es war nicht abwegig, dass eine unmittelbare Folge dieser Abriegelung von großen Märkten die chronische Manifestierung der Großen Depression gewesen wäre.[1024]

Einhergehend mit den wirtschaftlichen Motiven, die für eine Intervention sprachen, befürchteten die Protagonisten einer globalen Politik sicherheitspolitische und ideelle Konsequenzen für den Fall, wenn es Deutschland und Japan gelang ihre Ziele zu erreichen. Hätten diese beiden Länder Erfolg gehabt bei der Errichtung ihrer abgeschotteten, staatlich gelenkten Großwirtschaftsräume, wäre dies auch gleichlautend ein schwerer Schlag für den liberal-demokratischen Kapitalismus in ideologischer Hinsicht gewesen. Nur wenn das angelsächsische soziale und politische System unter dem Banner der Aufklärung (Demokratie, Marktwirtschaft, Menschenrechte) von den zentralen Akteuren der multipolaren Welt anerkannt wird, kann dieses auch als Maß aller Dinge verteidigt werden. Die Beurteilung von Staaten nach „pseudo-ethischen" Kriterien, quasi wie Individuen, ist wiederum das Fundament jener Politik, die immer und überall bereit ist, „das Böse" unter „Quarantäne" zu setzen oder, wenn es sein muss, „es" in einem Kreuzzug niederzuwerfen. Da sich aber das Zeitalter des britischen Empires seinem Ende näherte, konkurrierende Ideologien an Attraktivität und Macht gewannen, war es in den Köpfen der Strategen des „Council on Foreign Relations" und Mitgliedern der „American Round Table Group" wie Walter Lippmann alternativlos, dass die USA ihren künftigen globalen Führungsan-

---

1024 Vgl. Junker 1979, S. 117f.

spruch mittels einer präventiven Interventionspolitik in Europa klar zum Ausdruck bringen musste.

Ein weiterer Faktor, der die Entscheidungsfindung Roosevelts beeinflusste, Deutschland als den außenpolitischen Hauptgegner anzuvisieren, war seine „Germanophobie". Seine prägenden intellektuellen und moralischen Weltbilder standen in scharfem Gegensatz mit fast allem, was der Nationalsozialismus an Ideen vertrat. Als Hochgrad-Freimaurer stand Roosevelt dem Humanismus- und Toleranzprinzip, welche die bestimmenden Ideale der Freimaurerei darstellen, offen gegenüber. Aus ideologischen Gründen lehnte er faschistische und nationalsozialistische Werte wie Nation, Rasse, Abstammung als Antipoden der mit dem Freimaurertum verbundenen überstaatlichen Ideen ab. Die nationalsozialistische Weltanschauung in deren Mittelpunkt die Volksgemeinschaft der Volksgenossen stand, bekämpfte die Freimaurerei ebenso wie auch andere internationalistische, „überstaatliche" Ideologien.[1025] Außerdem waren nationalsozialistische Ideologen davon überzeugt, dass die Freimaurerei *„im Banne des Judentums"*[1026] stand und die deutschen Logen wurden entsprechend politisch verfolgt. Die Bestrebungen der Nationalsozialisten, deutsche Bürger, die nach ihrer Definition keine Volksgenossen waren, mittels Entrechtung und Diskriminierung zur Auswanderung zu zwingen, waren für einen Menschen, der sich den Idealen der Aufklärung verpflichtet fühlte, ein Vorgang von empörender Intoleranz.[1027] Die Vorgänge die sich in Deutschland unter den Augen der Weltöffentlichkeit abspielten, waren gleichsam ein Angriff auf die universellen Werte der Vereinigten Staaten, denn der freimaurerische Geist hatte die Geschichte und die Institutionen der USA sehr wesentlich beeinflusst.[1028] Ebenfalls ein Angriff auf die Werte der USA war die nationalsozialistische Idee der „Rassereinheit", da sie die nordamerikanische Volksidee einer Einwanderungsgesellschaft, die dann

---

1025 Die Freimaurerei wurde von allen totalitären europäischen Ideologien bekämpft – dem Kommunismus, dem Nationalsozialismus und dem italienischen Faschismus und der spanischen Franco-Diktatur, vgl. Minder 2004, S. 109, 138f, 196f, 209.

1026 Freund 2003.

1027 Im 25-Punkte-Programm der NSDAP stand unter Ziffer 4: *„Staatsbürger kann nur sein, wer Volksgenosse ist. Volksgenosse kann nur sein, wer deutschen Blutes ist, ohne Rücksichtnahme auf Konfession. Kein Jude kann daher Volksgenosse sein."* Zit. nach: Hilberg 2007, S. 27.

1028 Vgl. Minder 2004, S. 241. Minder schreibt. *„Die „Declaration of Independence", die Verfassung (mit ihren Zusatzgesetzen, genannt „Bill of Rights") und der Kampf gegen die Sklaverei tragen den unmissverständlichen Stempel freimaurerischer Ideals. Schon rein der Bestand der Freimaurerei war bereits 1930 beeindruckend. Von 4.500.000 Mitgliedern weltweit lebten 3.500.000 in den USA. ... Man muss immer, dass viele Präsidenten, angefangen mit dem wohl wichtigsten, George Washington, wie auch die verantwortlichen Autoren der bereits erwähnten Dokumente Freimaurer waren. Man soll sich auch daran erinnern, dass die Kontakte dieser Leute mit ihren Brüdern in Frankreich (Benjamin Franklin und der Marquis de Lafayette) unter anderem eine nicht zu vernachlässigende Rolle in der Französischen Revolution in Bezug auf die Menschenrechte gespielt haben. 1776 (Unabhängigkeitserklärung) führte zu 1789 (Verkündung der Menschenrechte)", ebda.*

ein einheitliches Volk bildet, infrage stellte.[1029] Es bedarf keiner allzu großen Phantasie um zu erahnen, dass die dem Präsidenten nahestehenden Berater und einflussreichen Personen in Wirtschaft, Kultur und Medien der nationalsozialistischen Ideologie in einem so freimaurerisch geprägten und liberalen Land wie den USA in gleicher Weise ablehnend gegenüber standen.

Der Geschäftsträger der deutschen Botschaft in Washington, Hans Thomsen, fasste die Faktoren, die den amerikanische Präsidenten bewogen, in Deutschland den Hauptgegner zu sehen, im März 1939 summarisch zusammen:

„Roosevelt ist in seinem Inneren davon überzeugt, daß Deutschland der Feind ist, der vernichtet werden muß, weil er das Gleichgewicht der Kräfte und den status quo derart empfindlich gestört hat, daß auch Amerika die Folgen zu spüren haben wird, wenn es nicht gelingt, das Praevenire zu spielen. Wenn die totalitären Mächte ihre Hegemonie in Europa aufrichten und konsolidieren, so wird nach Roosevelts Ansicht Amerika früher oder später in eine Situation hineinmanövriert werden, die nur mit Demütigung und Erniedrigung enden kann. Um diese Aussicht schon jetzt illusorisch zu machen, ist Roosevelt jedes Mittel recht. Er glaubt nicht an die Erhaltung des Friedens und rechnet mit einer Auseinandersetzung zwischen den totalitären Mächten und den Demokratien. Dieses sind Amerikas erste Verteidigungslinie; sollten sie wegfallen, ist Amerikas Rolle als Großmacht nach Ansicht Roosevelts ausgespielt."[1030]

Roosevelts Landsmann Homer Lea hatte in seinem 1912 erschienenen Werk „*The day of the Saxon*" das ultimative geostrategische Bedrohungsszenario einer Seemacht beschrieben. Unter dem Aspekt, dass in der Perspektive Roosevelts die USA die Rolle der global agierenden Seemacht annehmen muss, waren Deutschland bzw. Japan Bedrohungsfaktoren auf der eurasischen Gegenküste, da sie das Potential hatten, jenseits des Atlantik bzw. des Pazifik autarke Großwirtschaftsräume zu errichten. Wenn ihnen das gelänge, würden sie eines Tages – folgt man Lea – auch die USA existenziell bedrohen können:

„1. Die Sicherheit eines Inselstaates bestimmt sich nicht nach der Verteidigungsrüstung der Küsten, sondern nach dem Grade der Beherrschung derjenigen Küsten, die auf der anderen Seite des Meeres liegen, von dem das Inselreich umgeben wird.

2. Die Seemacht eines Inselstaates bemißt sich nicht nach der Zahl seiner Kriegsschiffe, sondern nach seiner Fähigkeit, zu verhindern, daß eine Macht

---

1029   ADAP D, Band I, Dok. 420, S. 531.
1030   ADAP D, Band VI, Dok. 107, S. 108. Bericht vom 27. März 1939.

die Seeherrschaft gewinnt, welche am jenseitigen Ufer desjenigen Meeres liegt, das die Inselmacht einschließt. Diese Fähigkeit liegt in erster Linie nicht bei der Seemacht ab, sondern bei der militärischen Macht zu Lande.

3. *Wo immer ein Festlandstaat an ein Meer grenzt, in welchem ein Inselreich liegt, und dieser Festlandstaat zu einer verhältnismäßig gleichwertigen Seemacht gelangt, da liegen die Wahrscheinlichkeiten des Sieges vollständig auf Seiten des Festlandstaates."*[1031]

Der persönliche Anteil Roosevelts an der strategischen Ausrichtung der amerikanischen Außenpolitik kann gar nicht hoch genug eingeschätzt werden. Da er aber nicht im luftleeren Raum operierte, sondern an die neutralistischen Gesetze und die Verfassung gebunden war, bediente er sich Tricks, die an einen Marionettenspieler, Jongleur oder Paten erinnern. Wie immer man es auch nennt, die Art und Weise, wie Roosevelt drei europäische Länder und die neutralistisch gesinnte Bevölkerungsmehrheit im eignen Land auf Konfrontationskurs mit Deutschland und Japan manövrierte, zeugt von außerordentlicher politischer Raffinesse und Rücksichtslosigkeit:

- Veranlassung der Überwachung des politischen Gegners durch das FBI.
- Aufstellen der These, dass Demokratien generell friedliebend sind und dass totalitäre Staaten genau das Gegenteil sind; letztere sind deshalb zu isolieren.
- Einführung des Begriffs und der Methode „short of war", d.h. einen Krieg Dritter gegen einen unerwünschten Staat zu organisieren und in letzter Konsequenz – dies zeigte das Jahr 1941– durch Provokationen und geheime Angriffe den unliebsamen Staat zu einer Kriegserklärung zu bewegen.[1032]
- Erzeugung und Anheizung von Kriegshysterie und Bedrohungsszenarien.
- Verdeckte Einflussnahme auf die Außenpolitik Polens, Frankreichs und Großbritanniens.
- Ultimative Aufforderung an die britische Regierung, die Appeasement-Politik zu beenden.
- Verheimlichung der Inhalte des geheimen Zusatzprotokolls des deutsch-sowjetischen Nichtangriffspaktes gegenüber Polen, Frankreich und Großbritannien.

Roosevelts Geschick im Umgang mit den Medien – deren Aufgabe es war, die moralische Entrüstung vieler Menschen über die Politik europäischer Diktatoren in die vom Weißen Haus gewünschte Richtung zu lenken – kommt eine zentrale Bedeutung zu. Er war ein glänzender Kommunikator und obwohl er Hitler öffent-

---

1031 Lea 1913, S. 181.
1032 Ab September 1941 führten auf Befehl Roosevelts amerikanische Kriegsschiffe im Nordatlantik einen unerklärten Krieg gegen deutsche U-Boote, ohne Genehmigung des Kongresses oder einer Kriegserklärung, vgl. Wertz 2015, S. 88.

lich drohte, unterlies er verbindliche Zusagen gegenüber den europäischen Staaten. Seine Handlungen erschienen friedfertig und selbstlos, obwohl er wie alle anderen Staatsmänner nationale und daher egoistische Ziele verfolgte. Dreh- und Angelpunkt seiner Strategie zur Erlangung der Deutungshoheit war die scharfe Trennung der Welt in Gut und Böse, wobei Deutschland, Italien und Japan – nicht aber die Sowjetunion – als „Böse" galten. Dass die Kolonialmächte und die Sowjetunion eine ungleich größere Anzahl von Völkern gegen ihren Willen beherrschten, einhergehend mit entsprechenden Menschenrechtsverletzungen, tat dieser Argumentation keinen Abbruch. Die Machtverhältnisse in und hinter den Medienunternehmen garantierten, dass Roosevelts Thesen eben nicht permanent überprüft wurden.

Der vom FBI überwachte Kongressabgeordnete und Isolationist Hamilton Fish,[1033] formulierte die Verantwortung des Präsidenten folgendermaßen:

„Hätte Roosevelt die Einmischung unterlassen, die darin bestand, England und Frankreich in dem Glauben zu bestärken, Amerika würde ihre Schlachten schlagen, dann wären sie eine friedvolle Übereinkunft im Streit um Danzig eingegangen. So hätten sie den unglückseligen Krieg vermieden und sich um ihre eigenen kolonialen Probleme gekümmert. … bereits im April 1939, also vier Monate vor Ausbruch des Krieges, wurde dem amerikanischen Volk klar, daß die Rooseveltsche Regierung sich offen für den Krieg entschieden hatte … Die Kriegshysterie wurde zur Raserei angeheizt. Die Haßkampagne ging vom Weißen Haus aus. Ein Wort des Präsidenten hätte genügt, die Hysterie und das Kriegsgerede verstummen zu lassen, aber solch ein Wort kam nicht."[1034]

Der Impuls für jene Aktivitäten, die man mit den Stichworten „Kriegshysterie" und „Haßkampagne" illustrieren kann, war aber nicht nur auf das Weiße Haus als Energiezentrum des amerikanischen Regierungssystems begrenzt, sondern er kam auch von Seiten des „Anglo-American Establishments". Carroll Quigley, der über eine überragende Kenntnis von Aktivitäten britischer ‚Round-Table-Gruppen' und des amerikanischen „Ostküstenestablishments" verfügte,[1035] hat die Einflussnahme von Medienmacht und Plutokratie auf die politische Haltung der beiden angelsächsischen Mächte analysiert und deren weitgespannten Aktivitäten aufgezeigt. Hamilton Fish, der ja wie Roosevelt aus einer alteingesessenen „Upperclass"-Familie der Ostküste entstammte, schrieb über jenes internationale anglophile Netzwerk, welches die klassische Historiographie (deren Methodik ja die Auswertung von Archivalien und der Blick auf den „Stand der Forschung" ist) nicht greifen kann, als

---

1033 Vgl. Weiner 2012, S. 134
1034 Fish 1982, S. 38f.
1035 Vgl. Bracher 2001, S. 22.

er der Frage nachging, woher die 15% der Bevölkerung kamen, die für den Krieg eintraten:

„Es handelte sich um eine kleine, finanziell bestens ausgestatte Gruppe aus Bankkreisen und der Nordost-Presse wie die NEW YORK TIMES, die NEW YORK HERALD TRIBUNE (republikanisch), die WASHINGTON POST, die BALTIMORE SUN, die BOSTON GLOBE und die meisten der Philadelphia-Zeitungen. Viele wohlhabende Familien, durch Heirat mit Europa verbunden, waren militant probritisch und franzosenfreundlich. Wohl waren es wenige Familien, aber sie waren reich, mächtig und laut. Viele Intellektuelle gehörten zu den Kriegsenthusiasten wie Conant[1036] von Harvard, Seymour von Yale und Dodd[1037] von der Princeton Universität."[1038]

1036 James Bryant Conant, vor dem Krieg deutschfeindlicher Rektor der Harvard-Universität, 1953-55 amerikanischer Hochkommissar, dann Botschafter in Deutschland.

1037 William E. Dodd, Professor für Geschichte, 1933-1937 amerikanischer Botschafter in Berlin.

1038 Fish 1982, S. 44. Das Zitat wurde gekürzt, da Fish – aus welchen Gründen auch immer – zudem die Bevölkerung der Südstaaten zu den 15% der amerikanischen Bevölkerung zählte, die für den Krieg eintraten, was aus Sicht des Verfassers unzutreffend ist. Fish schreibt: *„Bei weitem das wichtigste Element für den Krieg saß in den Südstaaten. Seit dem Bürgerkrieg bestand dort eine latente Sympathie für England, das seinerzeit moralische Unterstützung gegeben hatte."*

Schlussbemerkung

Das Europa der Zwischenkriegszeit war von großer Unübersichtlichkeit und Unruhe geprägt. Die Wurzeln dieser Probleme lagen in der Multipolarität des internationalen Staatensystems und den Auswirkungen der Pariser Vorortverträge. Diese Friedensverträge, von denen der mit dem Deutschen Reich in Versailles abgeschlossene der bedeutsamste war, markierten eine kopernikanische Wende in der Diplomatie. Erstmals waren die europäischen Mächte nicht mehr gewillt, den Frieden in ihrem eigenen Staatensystem aus eigener Kraft herzustellen. Waren alle Friedensabschlüsse in Europa zwischen 1648 und 1914 in irgendeiner Form ein Kompromiss, an dem die Parteien an einem Tisch saßen und einen juristischen Vergleich abschlossen, änderte sich dies nach der Revolution in Russland und dem Kriegseintritt der USA.[1039] Das Deutsche Reich diktierte 1917 nach seinem Sieg im Osten die Friedensbedingungen und 1918 taten das Gleiche die westlichen Siegermächte gegenüber Deutschland. Die materielle Überlegenheit der USA, die angehäuften Kriegsziele der Entente-Mächte und die Auswirkungen der psychologischen Kriegsführung führten in Versailles zu einem Friedensabschluss, wie es ihn in Europa noch nie gegeben hatte. Deutschland, das auf der Basis gebrochener Versprechen einen Waffenstillstand abgeschlossen hatte, wurde vorsätzlich gedemütigt, entwaffnet, in seiner Staatssouveränität eingeschränkt und mit finanziellen Forderungen konfrontiert, die unbezahlbar waren.

Das Ergebnis war ein Nährboden für restaurative wie revolutionäre Kräfte, welche die „Gesamtsituation" als unbefriedigend empfanden, und ökonomische Krisen. Unbedienbare, mit den Siegermächten verzahnte Staatsschulden erwiesen sich als eine schwere Hypothek für die Weltwirtschaft der Zwischenkriegszeit. Dem Einfluss der Amerikaner war es zu verdanken, dass einerseits Deutschland nicht wie Österreich-Ungarn zerstückelt wurde, und dass andererseits nicht mehr das „Gleichgewicht der Kräfte" sondern „moralische" Prinzipien die Beziehungen der Staaten untereinander künftig regeln sollten. Das europäische „Konzert der Mächte", welches die internationalen Beziehungen des 19. Jahrhunderts so erfolgreich geprägt hatte, wurde durch ein nicht funktionierendes System kollektiver Sicherheit abgelöst: Staaten sollten nach ethischen Prinzipien wie Individuen beurteilt werden; die Verbreitung der sogenannten Demokratie und ein weltweit gültiger

---

1039 Weitere Faktoren, wie die globale Dimension der Auseinandersetzung und die totale Mobilisierung aller Machtfaktoren seitens der Kombattanten, sind für die Formulierung totaler Kriegsziele ursächlich, aber ohne die beiden vorgenannten Ereignisse im Jahr 1917 wären die einseitigen Friedensabschlüsse gegenüber Russland und Deutschland nicht durchsetzbar gewesen.

Wertekanon sollte zur Richtschnur allen Handelns werden. Was auf den ersten Blick gut gemeint war, führte dazu, dass die internationalen Beziehungen seit nunmehr 100 Jahren durch eine Kette scheinbar endloser Kriege belastet sind – heiße Kriege, kalte Kriege, Stellvertreterkriege und Währungskriege überlappen sich oder lösen sich gegenseitig ab. Die Frontlinie verläuft ziemlich konstant zwischen dem Westen einerseits und totalitären Staaten sowie nichtwestlichen Ländern und Kulturen anderseits, wenn man die opportunistischen und neutralen Staaten außen vor lässt, die als Ausnahmen die Regel bestätigen.

Die größte Gefahr die von den Pariser Vorortverträgen 1919 unmittelbar ausging, war allerdings die Schaffung kleiner und mittlerer, ethnisch oft inhomogener Staaten zwischen der Ostsee und der Adria. Dieses „Zwischeneuropa" war dazu prädestiniert, unter den Einfluss Deutschlands und Russlands zu geraten in dem Augenblick, wenn die beiden ehemaligen stärksten Mächte des Kontinents ihre Phase der Schwäche überwanden. Innerhalb dieses „cordon sanitaire" entstanden auf dem ehemaligen Territorium der aufgelösten Großmacht Österreich-Ungarn drei Vielvölkerstaaten: Polen, die Tschechoslowakei und das Königreich Jugoslawien. Die ersteren beiden waren im Rahmen der Pariser Vorortverträge gezwungen worden, Minderheitenschutzrechte zu akzeptieren. In der Praxis lief die Politik der Polen, Tschechen und Serben auf Verdrängung und Assimilationsdruck hinaus. Da in zwei dieser Vielvölkerstaaten in Summe rund vier Millionen Volksdeutsche lebten, war es für den zukünftigen Frieden in Europa von großer Relevanz, ob die Regierung in Berlin dieser Entwicklung tatenlos zuschauen würde, und wie sich England und Frankreich im Falle eines deutsch-polnischen oder deutsch-tschechischen Konflikts diplomatisch verhalten würden. Die Verweigerung des Selbstbestimmungsrechts gegenüber der Bevölkerung Österreichs incl. des Sudetenlandes und Danzigs und das Verbot deren Vereinigung mit dem Deutschen Reich war ebenfalls ein Hindernis zur Normalisierung der internationalen Beziehungen auf Basis der neuen Grundlagen.

Die Pariser Vorortverträge führten auch zu zwei Merkwürdigkeiten, die keiner der Konferenzteilnehmer beabsichtigt hatte: Obwohl die USA wesentlichen Anteil am Ausgang des Ersten Weltkrieges hatte und viele Ideen der Pariser Vorortverträge von US-Diplomaten initiiert waren, entzog der mächtigste Staat sich seiner Verantwortung und nahm für knapp zwei Jahrzehnte eine isolationistische Haltung gegenüber Problemen auf dem europäischen Kontinent ein. Das Deutsche Reich wiederum wurde trotz seiner Entwaffnung und Souveränitätsbeschränkung geostrategisch gestärkt, da trotz aller Belastungen und Demütigungen an seiner Ost- und Südgrenze keine Großmacht mehr angrenzte. Eine Situation wie 1914, als preußische Politiker und Militärs sich gezwungen sahen, eine geheime russische

Mobilmachung mit einer Kriegserklärung zu beantworten war nach Versailles aufgrund des polnisch-russischen Antagonismus praktisch unmöglich.

Ein von der Geschichtsschreibung gemeinhin übersehenes Ergebnis der Pariser Friedensverhandlungen war die Initiative zur Gründung von privat finanzierten Denkfabriken, die sich praktisch ausschließlich mit auswärtigen Beziehungen beschäftigten. Das 1920 gegründete „Royal Institute of International Affairs" (seit 2004 „Chatham House") und der 1921 gegründete „Council on Foreign Relations" sind bis heute die einflussreichsten privaten Think Tanks der Welt.[1040] Während beim britischen Institut bis 1945 die traditionellen Eliten das Sagen hatten, ist bei der amerikanischen Schwesterorganisation der Einfluss bestimmter Kreise der Hochfinanz kaum zu überschätzen. Das stillschweigende Einverständnis, dass die USA eine aggressive, ihrer Rolle als mächtigste Nation der Erde gerecht werdende Außenpolitik betreiben sollte, war von Anfang an die einhellige Meinung der Initiatoren. Zu den zentralen Aufgaben der Institute gehört offiziell die Erstellung von Expertisen und Lösungsvorschlägen für politische Probleme. In der Realität gehörte seit ihrer Gründung die Koordination der Lobbyarbeit privater Konzerne und als unsichtbar im Hintergrund wirkende Macht die Beeinflussung der öffentlichen Meinung über die Leitmedien zu den Kernaufgaben.

In den 1930er Jahren verdichte sich die seit 1919 vorhandene permanente Unruhe, einhergehend mit dem Wiederaufstieg des großen Verlierers Deutschland. Das Jahr 1933 wurde zu einem Wendepunkt in der Weltgeschichte. Infolge der Weltwirtschaftskrise und Massenarbeitslosigkeit wurde Adolf Hitler am 30. Januar 1933 zum deutschen Reichskanzler ernannt; in den Vereinigten Staaten löste Präsident Franklin D. Roosevelt seinen glücklosen Vorgänger Herbert Hoover beinahe zeitgleich ab. In seiner ersten Amtszeit entwickelte Roosevelt keine auffälligen außenpolitischen Aktivitäten, wenn man von der diplomatischen Anerkennung der Sowjetunion absieht. Der Versuch amerikanischer Eliten, die Roosevelt-Administration für außenpolitische Schritte gegen Deutschland zu gewinnen, verlief ins Leere. Noch hatte die Ausgrenzung und Entrechtung der Juden in Deutschland, die als Sündenböcke für das in Versailles erlittene Unrecht herhalten mussten, für die Nationalsozialisten kaum Konsequenzen. Zwar verbuchten deutsche Firmen Umsatzrückgänge im Exportgeschäft, politisch schritt aber die von Hitler betriebene systematische Zerstörung der Versailler Ordnung unaufhaltsam voran, ohne dass ein Land gewillt war sich dieser Entwicklung energisch zu widersetzen.

1936 hatte Deutschland nach dem Einmarsch in das entmilitarisierte Rheinland die vollständige Souveränität über sein Territorium wiedererlangt. Im gleichen

---

1040 Vgl. Engdahl 2015, S. 23ff, S. 136ff.

Jahr verkündete Roosevelt in einer öffentlichen Rede die neue These, dass nur die demokratischen Staaten friedliebend sein können. Im Jahr darauf, in seiner zweiten Amtszeit vollzog Roosevelt einen außenpolitischen Kurswechsel und drohte undemokratische, expandierende Staaten unter „Quarantäne" zu setzen. Roosevelt trat damit in die Fußstapfen seines Vorgängers Wilson, der mit seiner Theorie, dass Staaten nach ethischen Prinzipien wie Individuen zu beurteilen seien, der Weltpolitik eine neue Dimension an Komplexität gegeben hatte. Im Rahmen dieser „ethischen" Sicht auf auswärtige Angelegenheiten war die Beurteilung der Stalinistischen Sowjetunion für Roosevelt paradoxerweise kein Grund zur Aufregung. Er hatte im Gegensatz seinen Vorgängern keine Berührungsängste mit dem kommunistischen Regime, und gegen deren Sympathisanten in den Vereinigten Staaten wurde auch keine „von oben" initiierte Kampagne in Gang gesetzt. In das seit 1925 totalitär regierte Polen schickte Roosevelt einen persönlichen Freund als Botschafter, der sich dort bestens einlebte, und überhaupt entwickelte der Präsident ein auffälliges Interesse für eurasische Angelegenheiten. Die *„Epidemie der allgemeinen Gesetzlosigkeit"* ging nach Roosevelts Auffassung von Deutschland, Japan und Italien aus, auch wenn er diese drei Länder am 5. Oktober 1937, als er seine berühmte „Quarantäne-Rede" hielt, nicht ausdrücklich namentlich nannte.[1041] Die wirtschaftlichen Probleme, mit denen die amerikanische Volkswirtschaft seit 1929 zu kämpfen hatte, waren zu diesem Zeitpunkt immer noch ungelöst und Roosevelts innenpolitische Gedanken kreisten um Konspirations- und Sabotagetheorien, als er medienwirksam begann, Berlin, Rom und Tokio verbal anzugreifen.

1938 drang Deutschland, das die Massenarbeitslosigkeit seit Jahren überwunden hatte, in das geostrategische Machtvakuum ein, welches die Pariser Vorortverträge von der Ostsee bis zur Adria geschaffen hatten. Als erstes Ziel wurde Österreich anvisiert. Italien hatte 1934 eine Vereinigung mit Deutschland noch verhindert, 1938 wiedersetzte sich keine Großmacht dieser Entwicklung. Nachdem im gleichen Jahr der Vielvölkerstaat Tschechoslowakei von den Westmächten fallengelassen wurde, richtete sich das Augenmerk Hitlers nach Osten. Mit Ungarn und der Slowakei hatten sich zwei Staaten in Mitteleuropa eng an Deutschland angelehnt, und Litauen, das im Antagonismus zu Polen stand, trat das seit 1923 besetzte Memelgebiet im März 1939 nach einem Berliner Ultimatum ab. Mit Ausnahme der Tschechen unterstützte die große Mehrheit der Bevölkerung in allen dem Reich seit 1935 eingegliederten Gebieten die politische Entwicklung.

Hitlers langfristige Strategie, die er bereits in „Mein Kampf" formuliert hatte, war zutiefst antirussisch motiviert. Eine detailliert ausgearbeitete Studie der

---

1041　Hoover / Nash 2011, S. 110: *„epidemic of world lawlessness"*.

Kriegsmarine vom März/April 1939 beschreibt die Dimension und Zielsetzung unmittelbar vor der deutsch-sowjetischen Annäherung folgendermaßen:

„Das große Ziel deutscher Politik wird darin gesehen, Europa von der Westgrenze Deutschlands bis einschließlich des europäischen Russlands unter der militärischen bzw. wirtschaftlichen Führung der Achsenmächte zusammenzufassen. Ein solches Mittel- und Osteuropa würde stark genug sein, um sich im Kriege selbst zu ernähren und unter Verzicht auf Rohstoffe anderer Kontinente aus eigenen Mitteln und eigener Macht zu verteidigen. … Die politische Zielsetzung mit der Stoßrichtung nach Osten kann nur gegen Russland verwirklicht werden; ob bolschewistisch oder autoritär spielt dabei nicht die entscheidende Rolle, denn Deutschland fordert von Russland Raum und Rohstoffe. Russland ist demnach als wahrscheinlicher Kriegsgegner einzusetzen."[1042]

Polen, das für seine antirussische Haltung bekannt war, stand im Zentrum der Machtgeometrie zwischen Russland und Deutschland. Wie die Ukraine war Polen für Hitlers Konzeption eines blockaderesistenten Großraums essentiell. Da auch die amerikanischen Diplomaten die hohe Priorität dieses geopolitischen Schlüsselstaates erkannten – John F. Kennedy wies auf das druckfrische Buch „Poland: Key to Europe" seines Landsmanns und Think-Tank-Direktors Buell hin – hatten die deutsch-polnischen Beziehungen das Potential zu einem Weltschlüsselkonflikt.

Bis zum März 1939 versuchte Deutschland den im Versailler Vertrag geschaffenen Problemkatalog mit seinem östlichen Nachbarn auf diplomatischem Weg abzuarbeiten. Die Annäherung und Normalisierung der Beziehungen zwischen 1934 und 1938 beruhte aber auf einem gegenseitigen Missverständnis über die Rolle, welche jeder der beiden Staaten in einem zukünftigen Europa zu spielen gedachte. Auch Polen beabsichtigte das Machtvakuum auf dem Gebiet der zwischen Russland und Deutschland neu entstandenen Staaten zu füllen und eine Führungsrolle in zu Mittelosteuropa übernehmen. Hitler war geneigt, polnische Aktionen die darauf abzielten, die deutsche Bevölkerungsgruppe in Polen zur Umsiedlung zu zwingen, hinzunehmen. Im Gegenzug erwartete er von Polen die Zustimmung zur Eingliederung der zu 95% deutschen Stadt Danzig in das Reich und eine exterritoriale Verbindungen nach Ostpreußen über polnisches Staatsgebiet. Aufgrund historischer Erfahrungen infolge der Teilungen und aus polnischer Perspektive historisch legitimierter Ansprüche auf Danzig widersetzte sich die Regierung in Warschau diesem Anliegen und, wie aufgezeichnete Besprechungsunterlagen belegen, lagen sie mit ihrer Vermutung richtig, dass die deutsche Seite weitere Ambitionen im Sinn hatte,

---

1042   1/Skl. Ia 109, geheime Kommandosache, Studie Ostseekriegsführung, BA-MA, RM 20/1134, S. 7.f

als man offen zugab. Die polnische Bevölkerung rückte angesichts des deutschen Drucks zusammen und die Verantwortlichen in Warschau erhöhten ihrerseits den Druck auf alle Minderheiten im Lande. Auch wenn Danzig, die Korridorerschließung und die deutsch-polnischen Minderheitenfragen Dreh und Angelpunkt der bilateralen Spannungen waren, spielten die Ukrainer im deutsch-polnischen Verhältnis eine zusätzliche Rolle. Je mehr Warschau die ukrainische Minderheit zur Assimilation zwang und je größer die deutsch-polnischen Spannungen wurden, desto offener antichambrierten ukrainische Eliten in Berlin. Die Ukraine wiederum nahm eine Schlüsselstellung in Hitlers Konzept einer autarken Großraumwirtschaft ein. In Warschau erkannte man klar, dass wenn man Berlin nachgeben würde, nicht ausgeschlossen war, dass sich die ukrainische Minderheit in Ostpolen offen den Deutschen zuwenden würde. Die Zentrifugalkräfte würden den Vielvölkerstaat unweigerlich zerbersten lassen.

Zu einem sehr frühen Zeitpunkt, von allen anderen Mächten unbemerkt, bestärkte die US-Botschaft in Warschau die dortige Regierung in ihrer kompromisslosen Haltung. Für die amerikanischen Gesinnungsethiker spielte es dabei keine Rolle, dass Polen mittels Verdrängung und Assimilationsdruck seine Minoritäten systematisch diskriminierte. Im Nervenkrieg des Jahres 1939 gab dann keine Partei nach. Ab April war die deutsche Seite entschlossen, den Konflikt militärisch zu lösen. Die operativen Planungen sahen *„überraschend nach Spannungszeit"* Vorstöße *„mit den gesamten verfügbaren schnellen Kräften"* vor.[1043] Das deutsche Konzept eines schnellen und räumlich begrenzten Revisionskrieges scheiterte. Die von Hitler vertretene Ansicht, dass Polen international isoliert sei und Chamberlain und Daladier, die er für *„kleine Würmchen"*[1044] hielt, mit ihren Garantien nur bluffen, erwies sich als fehlerhaft. Aber er war nicht der einzige, der sich täuschte. In Berlin gaben sich viele dieser Illusion hin. Was waren die Gründe für diese kapitale Fehleinschätzung?

Die Politik in Paris und vor allem die in London war seit „München" von Richtungskämpfen belastet. Es passte der deutschen Politik gut ins Konzept, aus dieser Gemengelage so etwas wie „freie Hand" in Osteuropa heraus zu interpretieren. Nach dem Einmarsch deutscher Truppen in die Tschechoslowakei im März 1939 befand sich die europäische Politik im Krisenmodus. London und Paris gaben gegenüber Warschau unilaterale Beistandserklärungen ab und legten so ihr Schicksal in die Hände der polnischen und deutschen Regierung. Dadurch, dass sich Hitler von wichtigen diplomatischen Informationen selbst abschnitt, begann er zu glau-

---

1043 Luftflottenkommando 3, München, den 17.5.39, Bericht über die Heeresgeneralstabsreise 1939, BA-MA, RL 7/158. S. 4.
1044 ADAP D, Band VII, Dok. 192, S. 170.

ben, was er zu glauben wünschte und überschätzte die Bereitschaft der westlichen Demokratien, seine Politik der vollendeten Tatsachen weiter hinzunehmen. Die wichtige Rolle der USA als zentrale Macht im Hintergrund nahm er nicht richtig wahr. Das Missverständnis in der unübersichtlichen Gemengelage des Jahres 1939 beruht aber auch auf Gegenseitigkeit. In Paris hofften nicht wenige, dass auch Berlin nur bluffe und vor einem Angriff auf Polen in letzter Minute einen Rückzieher machen würde. In London gab es bei den Entscheidungseliten ambivalente Einschätzungen im Hinblick auf den zeitlichen Rahmen, die Ziele und die Methoden Berlins.

Der in großer Eile am 23. August 1939 abgeschlossene Hitler-Stalin-Pakt war das Produkt von Einkreisungsängsten, geschaffen aus einer Art Notsituation, was beiden Diktatoren auch bewusst war. Im Hinblick auf die anvisierte nationalsozialistische Großraumordnung war es aus deutscher Perspektive sehr hilfreich, wenn eine bündnispolitische Konstellation wie 1914 vermieden wurde. Einigte man sich mit Polen, so war nach deutscher Einschätzung die Chance groß, dass eine antisowjetische Aktion in Richtung Ukraine von der britischen Öffentlichkeit hingenommen würde. Da die Entscheidungsträger in Warschau sich aber keinen Millimeter bewegten und die englisch-französisch-russischen Verhandlungen Außenminister Ribbentrop nervös machten, kamen die positiven Signale aus Moskau genau zum richtigen Zeitpunkt, um Gehör zu finden. Stalin, nachrichtendienstlich bestens über das Bedrohungsszenario informiert, hielt im März 1939 die Zeit für gekommen, mittels Verbesserung der bilateralen Beziehungen der erwarteten Stoßrichtung der deutschen Expansion eine andere Richtung zu geben. Zu einem Zeitpunkt, als Deutschlands Antikomintern-Partner Japan in der Mongolei gegen die Rote Armee kämpfte und eine britisch-französische Militärdelegation in Moskau instruiert war, *„sehr langsame"* Verhandlungen zu führen, *„unter keinen Umständen konkrete Verpflichtungen"* einzugehen, *„die uns die Hände binden"*, gelang ihm mit dem Hitler-Stalin-Pakt ein genialer Schachzug.[1045] Die temporäre gegenseitige Aufteilung Osteuropas in Interessenszonen ermöglichte ihm, seinen Einflussbereich rund 200 Kilometer nach Westen zu verschieben, die UdSSR zu einem vollwertigen Ostseeanliegerstaat aufzuwerten, der deutschen Politik eine andere Stoßrichtung zu geben und Japan vor weiteren Aktivitäten an seiner Grenze abzuschrecken. Im Gegensatz zu Hitler war ihm klar, dass der Pakt zu einem Krieg der „kapitalisti-

---

1045 DBFP, 3. Serie, Band VI, Appendix V „Instructions to the British Military Mission to Moscow August 1939", Part I. – General Policy", S. 763, Ziff. 8 *„… the Delegation should therefore go very slowly with the conversations, watching the progress of the political negotiations and keeping in very close touch with His Majesty's – Ambassador. … 15. „The british Government is unwilling to enter into any detaild commitments which are likley to tie our hands in all circumstances.".*

schen" Staaten untereinander führen würde. Mit Polen, das in seinen Augen *„ein fascHistischer Staat"* war, *„der Ukrainer, Weißrussen usw. knechtet"*, hatte er nicht das geringste Mitleid.[1046]

Die Politik des Weißen Hauses lief darauf hinaus, Polen, Frankreich und England gegen das Reich in Stellung zu bringen. Ohne den direkten Draht zu den Botschaften in Warschau, Paris, London und Moskau und ohne die perfekte Symbiose mit der veröffentlichten Meinung wäre dies nicht möglich gewesen. Die Organisation der politischen Wahrnehmungsmuster in Amerika erfolgte durch die wichtige Gruppe der Funktions- und Deutungseliten, hinter denen sich wiederum ein anglophiles, transatlantisches Netzwerk privater Akteure verbarg. Diese Elite – reiche Familien, Banken, Industriekonzerne – setzt bis heute rücksichtslos ihre eigenen Interessen zu Lasten der amerikanischen Bevölkerung und der ganzen Menschheit durch, wobei sie es ziemlich erfolgreich geschafft hat, ihre informelle Macht und ihre formellen Strukturen vor den Augen der Öffentlichkeit zu verbergen. Paradoxerweise ist eine der Hauptmethoden dieser im Hintergrund wirkenden „Upperclass" die propagandistische Arbeit; in den Redaktionen der Leitmedien erfolgt eine rigorose Selektion, was berichtet und wahrgenommen werden soll und was nicht; das seit dem Krimkrieg entwickelte Bilddokumentations- und Informationswesen ermöglichte die Schaffung von positiven und negativen Stereotypen und Symbolen, welche die breite Masse kritiklos konsumiert. Die feste Überzeugung von der Überlegenheit der eigenen Moral erlaubt die Unterteilung der Welt in „gut" und „böse"; diese Elemente sind dann die zentralen Bausteine der „Meinungsmacher", um in den Köpfen der Bevölkerung eine subjektive Welt zu erschaffen, auf deren Realität und Objektivität jeder einzelne zu schwören bereit ist.[1047]

Das systematische Verwischen von Spuren gehört ebenfalls zum Kerngeschäft dieser Elite. Beleuchtet man als Historiker ihre Aktivitäten, werden die Ergebnisse zwecks Unterminierung der Glaubwürdigkeit mit dem in der Historiographie tödlichen Etikett „revisionistisch" versehen; Synonym für eine unwiderrufliche Ausgrenzung aus dem Kreis der Funktions- und Deutungselite, welche von den tagesaktuellen Ereignissen bis hin zur Historiographie die Deutungshoheit über politisch und historisch relevante Ereignisse durchsetzt.

Dadurch, dass es der Roosevelt-Administration durch das Streuen von Gerüchten und völlig unrealistischer Szenarien ganz im Sinne dieser im Hintergrund wirkenden Kräfte gelang, das Meinungsklima in Amerika und England entschei-

---

1046 Dimitroff 2000, S. 273f.
1047 Im Gegensatz zu der von oben verordneten Manipulation und Lügenpropaganda der totalitären Staaten ist bei der veröffentlichten Meinung in den westlichen Demokratien die Grenze zwischen Wahrheit, Halbwahrheit und Lüge relativ schwierig zu durchschauen.

dend zu beeinflussen, setzte die öffentliche Meinung die westeuropäischen Entscheidungsträger in Zugzwang. Die Appeasement-Politik, gemeinhin auf das Entgegenkommen gegenüber Aggressionen als politische Strategie reduziert, musste infolgedessen abgebrochen werden, bzw. sie verwandelte sich nach „München" infolge von Richtungskämpfen der zentralen Entscheider in ein doppelbödiges Spiel. Chamberlain, Daladier, Halifax und Bonnet nahmen widersprechende Positionen ein. Dies hing wiederum damit zusammen, dass diese Träger der Appeasement-Politik unterschiedliche Vorstellungen und Motive hatten, die sich wiederum im Laufe der Zeit änderten. Frankreichs Außenminister Bonnet verfolgte bis zum Schluss die Vorstellung, dass das europäische „Konzert der Mächte" wiederbelebt werden könnte und war auch nach Kriegsbeginn bereit, Mussolinis Vorschlag einer zweiten Konferenz nach Münchner Vorbild zuzustimmen. Im Gegensatz zu den Briten forderte er auch nicht, dass die Wehrmacht bereits besetztes polnisches Territorium räumen sollte. Der französische Ministerpräsident Daladier wiederum war seit „München" dazu entschlossen, keinesfalls weitere Zugeständnisse zuzulassen; seine Motive wurzelten im jahrhundertealten französischem Sicherheitsverständnis, das auf eine Schwächung von Europas Mitte abzielte. Vom amerikanischen Präsidenten Roosevelt, mit dem er über seinen persönlichen Repräsentanten Jean Monnet und US-Botschafter William C. Bullitt in bilateralem Kontakt stand, wurde er in seiner kompromisslosen Haltung bestärkt. In London trennten sich nach „München" die Strategien von Premier Chamberlain und seinem Außenminister Halifax im Hinblick auf die politische Haltung gegenüber der deutschen Expansion. Während Chamberlain gewillt war, seine Politik, die darauf abzielte, dass Deutschland und Russland sich gegenseitig neutralisieren sollten, weiter verfolgen wollte, drang Halifax und die hinter ihm stehende Gruppe auf einen Abbruch der Appeasement-Politik. Bekannten Appeasement-Gegnern wie Winston Churchill, Alfred Duff Cooper und Anthony Eden gelang der Ausbruch aus der politischen Isolation, einhergehend mit Kampagnen in den Medien. Hinter den Kampagnen stand wiederum ein Netzwerk angloamerikanischer Meinungsmacher, Think Tanks wie dem „Council on Foreign Relations" und den „Round-Table-Gruppen", finanziert von einflussreichen Kreisen des Anglo-American-Establishments. Die Spinne im Netz dieser Kampagne moralischer Diskreditierung der Politik Chamberlains war US-Präsident Roosevelt mit seiner grandiosen Begabung, die öffentliche Meinung zu manipulieren. Summa Summarum, die britische Appeasement-Politik war weitaus raffinierter und weitblickender, als gemeinhin angenommen wird. Ihre entscheidende Schwäche war, dass sie amerikanischen Interessen zuwiderlief. Ihr schlechter Ruf ist geschichtspolitisch motiviert, da sie um Haaresbreite einen Weltkrieg verhindert und die amerikanische Oligarchie um globalen Einfluss und Profit

„betrogen" hätte. Die Zerstörung der Kolonialreiche und die Verhinderung neuer autarker Großräume waren nur durch den Abbruch der Appeasement-Politik als Antwort auf Hitlers Expansionswillen möglich.

Den Recherchen des investigativen Journalisten Drew Pearson ist es zu verdanken, dass eine der *„heikelsten Episoden internationaler Einflussnahme"* an das Licht der Öffentlichkeit drang. Unmittelbar nach der deutschen Besetzung von Prag, in der Nacht zum 16. oder am 16. März 1939 stellte der amerikanische Präsident dem britischen Premier ein Ultimatum. *„Darin warf Roosevelt die Frage auf, ob Großbritannien eine Nazi-Nation oder eine Demokratie sei und warnte, dass die Vereinigten Staaten Chamberlains zukünftige Politik beobachten würden, um darauf eine Antwort zu finden."* Roosevelt forderte den britischen Premier ultimativ auf, die *„ganze Beschwichtigungspolitik abrupt abzubrechen".*[1048] Ganz im Gegensatz zu Pearsons Hintergrundrecherche übernahm das Weiße Haus 1939 in der Öffentlichkeit zum Schein die Rolle einer neutralen Macht und eines „ehrlichen Maklers". Die im Hintergrund gezogenen Fäden liefen aber faktisch darauf hinaus, die europäischen Mächte gegeneinander auszuspielen, ein zweites „München" unter allen Umständen zu vermeiden und mittels raffinierter Konflikteskalation den eigenen Einfluss in Europa auszubauen. Dadurch konnten die eigenen gravierenden wirtschaftlichen Probleme, die seit 1929 virulent waren, gelöst werden und die USA wurden der große Gewinner des Konflikts.

Wenn man von einer planmäßigen „Entfesselung" des Zweiten Weltkrieges in seiner globalen Dimension sprechen möchte, dann trifft dieser Begriff am ehesten auf die Politik des Weißen Hauses und die Ziele der verborgenen nichtstaatlichen Akteure zu, welche mit allen Mitteln eine Verhandlungslösung torpedierten. Wäre es Deutschland und Japan gelungen, autarke Großräume auf dem eurasischen Doppelkontinent zu errichten, wären Macht und Reichtum des Geldadels, der Hochfinanz und des militärisch-industriellen Blocks auf das empfindlichste beschnitten worden. Es hätte das Ende des liberalen Weltmarktes bedeutet; die anvisierte Rolle der USA als künftigen globalen Schiedsrichter, als Erbe des britischen Empires wäre in weite Ferne gerückt. Folglich mussten präventive Maßnahmen ergriffen werden. Um die globalen Interessen der reichsten Familien Amerikas, der Banken und Industriekonzerne zu schützen, war Roosevelt der perfekte Mann; ein geostrategisch denkender Meisterpolitiker von rücksichtsloser Raffiniertheit, der nicht einmal davor zurückschreckte, das FBI für seine Ziele zu instrumentalisieren. Er war der erste amerikanische Präsident, dem die Umkehrung von Clausewitz' be-

---

1048 Pearson / Allen 1939. Joe Kennedys Gespräche aus dem Jahr 1945, die er mit dem vormaligen Präsidenten Herbert Hoover sowie mit James S. Forrestal, dem letzten US-Marineminister im Kabinettsrang führte, bestätigen die Aussagen von Pearson / Allen dem Grunde nach.

rühmten Worten in der Praxis gelang: *„Politik ist nichts anderes als Krieg mit anderen Mitteln."*[1049]

Die Wege in den Weltkrieg waren, wie aufgezeigt werden konnte, auch der Beginn des Weges in die Europäische Union. Bereits 1939 ging es nicht nur um den Sieg über das nationalsozialistische Deutschland und die Freiheit der Polen und Tschechen, sondern auch um die Schaffung eines neuen Staatensystems. Der europäische Konflikt war nicht nur ein abstrakter Kampf um künftige Herrschaftsgrenzen, Märkte und Profite, sondern in seiner Metaebene auch um Herrschaftsformen. Die facettenreiche Divergenz, in welcher Form sich die Herrschaftsausübung künftig manifestieren würde, zeigt sich in den politischen Plänen, Werten und ideologischen Grundhaltungen der am Konflikt beteiligten Mächte. Grob strukturiert lassen sich drei Anschauungen aufzeigen:

1. Die metanationale Bestrebungen seitens Roosevelts, seiner Berater und Ideengeber, welche die USA als „Primus inter pares" einer künftigen Weltregierung sahen. In einem derart von liberalem und freimaurischem Gedankengut geprägten Land wie den Vereinigten Staaten war dies in gewisser Weise die logische Konsequenz nach einer langen Phase permanenten Wachstums und einer bereits bestehenden Hegemonie über die westliche Hemisphäre. Die Wurzeln der Europäischen Union lassen sich bis in die Zeit vor Kriegsbeginn zurückverfolgen. Supranationale Ideen einer gegenseitigen Annäherung Deutschlands an Frankreich sind von William C. Bullitt bekannt, der eng mit Jean Monnet befreundet war und sich mit ihm austauschte. Die wichtige Rolle Polens bei der künftigen Gestaltung Europas wurde von den Amerikanern früh erkannt. Der von John F. Kennedy empfohlene Raymond Leslie Buell schließt die Überarbeitung seines Buches „Poland – Key to Europe" mit den Worten: *„Aus sich selbst heraus ist Polen nicht stark genug, seine nötige Balance zu pflegen; aber föderiert mit der Ukraine, der Tschechoslowakei und möglicherweise Litauen, und geschützt durch breite, erweiterte Garantien durch Großbritannien und Frankreich als Teil eines allgemeinen Plans einer europäischen Union, sollte Polen erneut eine wichtige Rolle in Europa spielen. In dieser Hinsicht ist Polen immer noch der Schlüssel zu Europa.*[1050]

Auch in Großbritannien wurden Gedanken über die zukünftige Form Europas nach einem Sieg über Deutschland publiziert. Einige Visionäre wie der Diplomat und Unterhausabgeordnete Harold Nicolson sprachen bereits im Dezember 1939 davon, dass *„unser erstes Kriegsziel die Vereinigten Staaten von Europa*

1049 Zit. nach: Maier 2015, S. 53. Maier zitiert einen Sprecher des US-Finanzministeriums. Das Zitat bezieht sich auf den aktuell laufenden Währungskrieg, umschreibt aber nach Ansicht des Verfassers treffend die außenpolitische Strategie der Roosevelt-Administration ab der zweiten Amtszeit des Präsidenten.
1050 Buell 1939, S. 406.

sein muss."[1051] Die Auswertung von Presseäußerungen namhafter Engländer durch das Auswärtige Amt in Berlin belegt, dass es sich bei dem Europagedanken nicht um Außenseitermeinungen von Wenigen handelte. Das *„Zukunftsbild des kommenden Friedens [sei die] Schaffung einer neuen internationalen Institution ... mit dem Ziele der Vereinigten Staaten von Europa, an der Deutschland vollen und gleichberechtigten Anteil haben soll,"* war eine wichtige Forderung britischer Eliten, wie die Berliner Beamten im Rahmen der Presseauswertung feststellten. Im speziellen sollten Fragen der Abrüstung, die Schlichtung von Grenzstreitigkeiten, Schutz der Minderheiten, Abschaffung der Zollgrenzen, freier Wettbewerb im Handel, die gemeinsame Verwaltung der kolonialen Mandate sowie der Zugang aller Staaten Europas zu den kolonialen Rohstoffen durch die künftigen „Vereinigten Staaten von Europa" geregelt werden.[1052] Die aktive Unterstützung und Einflussnahme der USA bei einer wie auch immer gestalteten europäischen Einigung war bei allen Akteuren stillschweigend vorausgesetzt und Jean Monnet, Daladiers Verbindungsmann zu Roosevelt, wurde nach 1945 der zentrale Ideengeber des europäischen Einigungsprozesses im Dienst amerikanischer Eliten.[1053]

In Europa oder jedem beliebigen Ort der Welt, wo man ökonomische Interessen verteidigte, war die Tarnung der real existierenden Macht das Wesen dieser Herrschaftsform, die neu und alt zugleich war. Die freimaurerische Praxis, den Schatten dem Rampenlicht und die Realität der Macht deren bloßer Erscheinung vorzuziehen, ist das wichtigste Element des informellen amerikanischen Empires.[1054] Die beherrschten Völker sollen nicht bemerken, dass sie ihre Souveränität in Teilen oder gar vollständig verloren haben; zweifelsfrei würden sich ja dann Widerstände gegen die neuen Kolonialherren organisieren, wenn ans Licht käme, dass die vom Volk gewählte politische Elite nicht die Belange der großen Mehrheit ihrer Bevölkerung vertritt, sondern die Interessen einer transnationalen Elite. Demzufolge sind real existierende, souveräne Nationalitäten mit mündigen Staatsbürgern und unabhängigen Medien ein natürlicher

---

1051   BA-Berlin, R/901, Nr. 59567, S. 106: *„Problems of War Aims, Sunday Times 3.12.1939, By lord Elton ... our first war-aim must be the United States of Europe."* Ähnlich, ebda S. 129: *„People and Things, Spectator 1.12.1939, By Harold Nicolson."* Letzterer publizierte 1940 seine Vorstellungen in dem Buch „Why Britain is at War" und schrieb darin: *„I am convinced that Europe will only become a peaceful and a prosperous continent if each of the present Nation States surrender something of their independence for the good of the whole. We must, in other words, create something far wider and higher than the old League of Nations; we must create the United States of Europe."* Nicolson 1940, S. 126.

1052   BA-Berlin, R/901, Nr. 59567, S. 504.

1053   Vgl. Bracher 2001, S. 79-97. Die offizielle Geschichte der EU beginnt im Jahre 1945. Warum die EU verschweigt, dass bereits im Jahr 1939 angelsächsische Eliten den europäischen Staatenbund propagierten, ist nicht Gegenstand dieser Untersuchung.

1054   Vgl. Knight 1985, S. 26.

Feind dieser neuen Herrschaftsform. Die einzelnen Völker würden sich ja einer Entwicklung, die darauf abzielt, nur bestimmte kulturelle, gesellschaftliche und wirtschaftliche „Aggregatszustände" als Bezugspunkt zu tolerieren, instinktiv oder aus gut verifizierbaren Gründen widersetzen. Folglich war die systematische Dekonstruktion von Nationen, Kulturen und Rassen, seit Cecil Rhodes 1891 seine geheime Politikplanungsgruppe gründete, eine bis in die Gegenwart wirkende Grundtendenz. Der real existierende Prototyp dieser Entwicklung sind die bereits 1939 anvisierten „United States of Europe", die heute mit ihren offen Grenzen auf dem „besten" Weg sind, ein globaler Schmelztiegel zu werden, der sämtliche Unterschiede zwischen den europäischen und außereuropäischen Völkern und Kulturen irreversibel nivelliert.[1055] Die angewendeten Mittel dieses Ziel zu erreichen sind dabei so subtil wie facettenreich – die Bandbreite reicht von einer Strategie der Spannung[1056] bis zur systematischen Infantilisierung der lokalen Eliten und breiter Teile der Bevölkerung.[1057]

Die moralische Diffamierung Andersdenkender als Mittel der Politik ist das perfekte Herrschaftsinstrument und das Schwert gegen all jene, die sich dieser Entwicklung widersetzen. Zusammen mit sich selbst freiwillig gleichschaltenden Leitmedien, die in ihrer Berichterstattung rücksichtslos selektieren, ist es für die große Mehrheit der Menschen überhaupt nicht möglich zu erkennen, dass der pseudo-moralische, ideo-ökonmische Imperialismus nur die bislang raffinierteste und klandestinste Herrschaftsform in der Geschichte der Menschheit ist.

Hat man diese Strukturen verstanden, erkennt man auch den Ursprung der politischen Ohnmacht Europas seit 1945. Die Europäische Union ist eben keine eigenständige politische Macht, sondern außen- und sicherheitspolitisch eine Art Erfüllungsgehilfenorganisation innerhalb des US-amerikanischen Imperiums.[1058]

2. In einem diametralen Gegensatz zu diesen meta- und supranationalen Ideen, die auf eine Umerziehung aller Zivilisationen durch Kultur- und Konsum-Paralyse und eine völkerrechtliche Pseudosouveränität der Mitgliedsstaaten abzielt, stand die auf eine Errichtung autarker Großräume hinauslaufende Politik der totalitären Mächte. Deutschland, Japan und die Sowjetunion beabsichtigten die Struk-

---

1055   Vgl. Dugin 2015, S. 29.
1056   Ein Grundlagenwerk über die Strategie der Spannung ist Daniele Gansers 2005 publizierte Promotion „Nato Geheimarmeen in Europa. Inszenierter Terror und verdeckte Kriegsführung".
1057   Deutschlands Reaktion auf die Flüchtlingskrise ab dem Sommer 2015 ist ein gutes Beispiel für eine infantile, moralisch hyperventilierende Gesellschaft, der ganz offensichtlich elementare Schutzmechanismen abhandengekommen sind.
1058   Paradoxerweise sieht es so aus, dass der „Fall Polen" 1939 – wie aus dem Vorhergehenden ersichtlich – einerseits den konzeptionellen Anfang der EU markierte und andererseits Polen mit seiner neuen Regierung 2015 gleichzeitig das Ende der EU als supranationale Niederlassung im globalen US-Imperium einleitet – beides korrespondiert eng mit dem speziellen polnischen Nationalcharakter. So schließt sich möglicherweise der Kreis.

turen der multipolaren Welt zu vertiefen und die jeweils eigenen Machtzentren in Berlin, Tokio und Moskau auszubauen. Die Herrschaftsform innerhalb dieser totalitären Staaten war ein Gemisch aus Nationalismus, Propaganda, Verführung der Massen und autoritärer Maßnahmen, um die völlige Desintegration der von Bürgerkrieg und sozialen Unruhen betroffenen jeweiligen Gesellschaften zu verhindern. Im Außenverhältnis wurden unterworfene Staaten mit einer greifbaren und deshalb offen entmündigenden Form von Hegemonie konfrontiert. Dieser Form von Herrschaft sind in der Realität räumliche und zeitliche Grenzen gesetzt, da sich die beherrschten Völker ihrer eingeschränkten Souveränität bewusst sind. In Europa gibt es beispielsweise nur relativ wenig Nationen, die eine deutsche Hegemonie unter gewissen Bedingungen akzeptieren würden: Ungarn, Slowaken, Esten, Letten, Kroaten und eventuell Ukrainer. Innerhalb der UdSSR waren es entweder eng verwandte Völker wie Weißrussen oder zentralasiatische Völker, die den Imperialismus der (Groß-)Russen anerkannten; in den europäischen Satellitenstaaten, dem Baltikum und der Westukraine war die russische Herrschaft äußerst unpopulär. Folglich ist die mangelhafte Akzeptanz dieser Form von Herrschaft gleichsam deren Achillesferse.

Aufgrund des globalen Machtanspruchs der USA war der Konflikt mit dem informellen amerikanischen Imperium und dem auf freie, offene Märkte abzielenden Wirtschaftssystem des Westens bei Kriegsbeginn 1939 schon vorgezeichnet, gleichgültig welche der drei totalitären Großmächte auf dem eurasischen Schachbrett einen Sieg erringen konnte.

3. Die auf Haltung des Status Quo ausgerichtete Politik Chamberlains und Daladiers lief auf eine Konservierung der bestehenden Herrschaftsformen hinaus. Vereinfacht ausgedrückt: In Europa Deutschland in Schach halten oder als Schild gegen den Kommunismus tolerieren; in Übersee andere Völker für sich arbeiten lassen. Da die imperialistische Ordnung der großen Kolonialmächte direkter Natur war, sichtbar und objektiv (an)greifbar, ähnelten sie strukturell denen der totalitären Mächte mehr, als der subtilen, im Hintergrund wirkenden informellen Herrschaft der USA über große Teile der Welt.

In Bezug auf die künftige Herrschaftsform einer Nachkriegsordnung standen die USA mit den Ideen einer unter ihrem Einfluss stehenden metanationalen „Weltregierung", eng verknüpft mit ihrem nach Profiten und neuen Einflusssphären strebenden liberalen Wirtschaftssystem folglich in mehr oder weniger großem Gegensatz zu allen einflussreichen Mächten der multipolaren Welt. Für die amerikanische Politik war es dabei von Bedeutung, dass die gewünschte Entwicklung in Richtung eines Souveränitätsverlustes der Nationalstaaten hin zu metanationalen Strukturen freiwillig und scheinbar auf eigene Initiative von statten zu gehen hatte, wie es ja auch für die USA stets ausschlaggebend ist, in einem Krieg andere dazu zu bringen, in die Rolle des Aggressors und Angreifers zu schlüpfen. Diese raffiniert-unscheinbare, indirekte Art von Herrschaftsausübung wird bis heute im allgemeinen nicht durchschaut. Ihre Methoden sind mehr die Überredung, Suggestion, blitzartiges Stiften von Verwirrung und Bluffs als die offene Anwendung von Druck, wie der Publizist Andreas Bracher bemerkt. *„Die Opfer einer solchen Politik spüren eigentlich nur, dass etwas passiert ist, dass sich die Grundlagen ihrer Existenz verschoben haben, aber sie verstehen nie ganz, wie und warum."*[1059]

Es wurde in dieser Arbeit versucht, die tieferliegenden Strukturen und Motive offen zu legen, die sich hinter den Wegen der einzelnen Nationen in den Weltkrieg verbargen. Das ernüchternde Fazit lautet: Der Schutz der Minderheiten – Deutsche, Juden, Ukrainer und Weißrussen – und die Freiheit von Völkern wie den Polen oder Tschechen war für die einflussreichen Akteure der multipolaren Welt zweitrangig. Genügend Unheil wurde durch die Pariser Vorortverträge angerichtet. Sie lasteten wie Mühlsteine auf den internationalen Beziehungen. Die in Paris gezogenen Grenzen und die späteren Alleingänge der deutschen Politik bei der Revision des Versailler Vertrages waren zwei Seiten einer Medaille.[1060] Die wesentlichen Faktoren, weshalb sich der deutsch-polnische Konflikt zum globalen Flächenbrand entwickelte, waren konträre geostrategische Interessen der Großmächte sowie der Einfluss privater Akteure auf die politischen Entscheidungseliten in den westlichen Demokratien. Kein geringerer als der amerikanische Außenminister Cordell Hull hat in seinen Memoiren auf die Verschränkung ökonomischer und politischer Interessen hingewiesen, als er schrieb:

„Ja, der Krieg kam, trotz der Handelsvereinbarungen. Aber es ist eine Tatsache, dass der Krieg nicht zwischen den Vereinigten Staaten und irgendeinem anderen Land ausbrach, mit dem wir ein Handelsabkommen ausgehandelt hatten. Es ist aber auch eine Tatsache, dass, von sehr wenigen Ausnahmen abgesehen, die Länder mit denen wir Handelsabkommen unterzeichneten, zusammengefügt der Achse widerstanden. Die politische Ausrichtung folgte der ökonomischen Ausrichtung."[1061]

Offenere Worte zur gleichen Materie, die bis heute, im 16. Jahr des „Krieges gegen den Terror" nichts von ihrer Aktualität eingebüßt haben, fand der berühmte Unternehmer Henry Ford in seiner Autobiographie:

1059 Bracher 2001, S. 90.

1060 Bis in die Gegenwart sind die in den Pariser Vorortverträgen gezogenen Grenzen ein Hindernis auf dem Weg zu einer friedlichen Welt, wie die Bürgerkriege auf den Territorien Jugoslawiens, dem Irak und Syriens belegen. Die friedliche Revision der im Rahmen der Pariser Vorortverträge gezogenen Grenzen ist die Ausnahme. Dem Verfasser fällt hier nur der zweimalige Zerfall der Tschechoslowakei 1938/39 und 1992/93 ein.

1061 Hull 1948, S. 365.

„Hunderte von amerikanischen Vermögen datieren aus dem amerikanischen Bürgerkrieg, ebenso wie Tausende von neuen Vermögen aus dem Weltkrieg stammen. Niemand kann leugnen, dass Kriege ein gutes Geschäft für diejenigen bedeuten, die diese Art Geld lieben. Kriege sind eine Orgie von Geld nicht minder als eine Orgie von Blut."[1062]

Wie im Vorangegangen rekonstruiert wurde, ist davon auszugehen, dass in der unübersichtlichen Gemengelage der europäischen Diplomatie der Jahre 1938/39 der entscheidende Impuls zur Konflikteskalation von außen einwirkte. Der große schwedische Forschungsreisende Sven Hedin, der sich über Amerikas Rolle „im Kampf der Kontinente" viele Gedanken machte, sah es folgendermaßen:

„Die Frage, warum es zum Weltkrieg kam, ist nicht nur damit zu beantworten, daß die Grundlage in den Friedensverträgen von 1919 gelegt wurde, oder in der Niederhaltung Deutschlands und seiner Verbündeten nach dem ersten Weltkrieg, oder in der Fortsetzung der uralten Politik Großbritanniens und Frankreichs. Der entscheidende Anstoß kam von jenseits des Atlantiks."[1063]

Da die Geschichte immer von den Siegern geschrieben wird, ist es nicht im geringsten verwunderlich, dass vieles von dem was im Rahmen dieser Arbeit angesprochen wurde, nicht in den Geschichtsbüchern zu finden ist. Zu brisant sind die Hintergründe der seinerzeitigen Ereignisse, und von einer Umerziehungs-Historiographie, die einen eher pädagogischen Ansatz verfolgt als eine objektive Rekonstruktion historischer Ereignisse, kann man wohl nicht erwarten, dass die Rolle der Vereinigten Staaten von Amerika beim Ausbruch des Zweiten Weltkriegs angemessen thematisiert wird. Die manipulativen Konstruktionen und Zuweisungen von „Gut" und „Böse" im Rahmen der Deutungshoheit über historische Ereignisse sind integraler Bestandteil des informellen amerikanischen Imperiums, innerhalb dessen Grenzen wir leben.

1062 Ford 2008, S. 214. *„Gier, Machtmissbrauch und das Milliardengeschäft mit dem Kampf gegen den Terror"* ist der Untertitel der 2015 von James Risen publizierten Studie *„Krieg um jeden Preis"*. Nach Risen, einem investigativen Journalisten, ist der permanente Kriegszustand, an dem sich die USA seit dem 11. September 2001 gewöhnt haben, ein Milliardengeschäft, das den Interessen einiger Menschen dient, welche über die Macht verfügen, diesen Krieg am Laufen zu halten.

1063 Hedin 1942, S. 54. Hedin war nicht nur deutschfreundlich, sondern auch *„durch viel Bande mit Amerika verbunden."* 1923, 1929 und 1932 hielt er sich monatelang in den USA auf; Präsident Theodore Roosevelt lernte er persönlich kennen, ebda. S.3f.

Quellen- und Literaturverzeichnis

Ungedruckte Dokumente

BA-Berlin
Bundesarchiv Berlin: R/901, Nr. 58534, Nr. 59549, Nr. 59625, Nr. 59567, Nr. 59745, Nr. 60390, Nr. 60677, Nr. 60886, Nr. 87265.

BA-MA
Bundesarchiv-Militärarchiv Freiburg i. Br.: RH 2/830, RL 7/158, RM 7/177, RM 20/1096, RM 20/1117, RM 20/1133, RM 20/1134, RM 20/1136.

Amtliche Dokumente und Veröffentlichungen

ADAP D
Akten zur deutschen auswärtigen Politik Serie D 1937-1941, Bd. 1-13, Baden-Baden/Frankfurt am Main u.a. 1950ff.

Britisches Blaubuch 1939
Blaubuch der Britischen Regierung über die deutsch-polnischen Beziehungen und den Ausbruch der Feindseligkeiten zwischen Grossbritannien und Deutschland am 3. September 1939, Basel 1939. London 1939.

DBFP
Documents on British Foreign Policy 1919-1939. 2. Ser e 1929-1938. Bd. 1-21. London 1947-1984. 3. Serie 1938-1939. Bd. 1-10, London 1949-1961.

DDF
Documents diplomatique francais, 1932 – 1939. 2. Serie (1936-1939). Bd. 19. Ministère des Relations Extérieures. Commission de Publication des Documents relatifes aux Origines de la Guerre 1939 – 1945, Paris 1986.

Drittes Weißbuch 1940
Auswärtiges Amt (Hrsg.): Polnische Dokumente zur Vorgeschichte des Krieges. Erste Folge. Nr. 3, Berlin 1940.

Französisches Gelbbuch 1940
Ministère des Affaires Etrangères (Hrsg.): Gelbbuch der Französischen Regierung. Diplomatische Urkunden 1938-1939. Akten über die Ereignisse und Verhandlungen die zum Ausbruch der Feindseligkeiten zwischen Deutschland einerseits und Polen, Grossbritannien und Frankreich anderseits führten. Basel 1940.

FRUS
Foreign Relations of the United States. Diplomatic Papers, Washington 1950-1969.

Große Politik 1923 – 1927
Auswärtiges Amt (Hrsg.): Die Große Politik der Europäischen Kabinette 1871 – 1914, 39 Bde. Berlin 1923 – 1927.

Hitler 1939
Hitler, Adolf: Der Führer antwortet Roosevelt. Reichstagsrede vom 28. April 1939, München 1939.

Hitler 1940
Hitler, Adolf: Der großdeutsche Freiheitskampf. Reden Adolf Hitlers vom 1. September 1939 bis 10. März 1940, München 1940.

Hitler M.K. 1940
Hitler, Adolf: Mein Kampf. Zwei Bände in einem Band. Ungekürzte Ausgabe, München 1940.

Nürnberger Prozesse
Nürnberger Prozesse. Der Prozeß gegen die Hauptkriegsverbrecher vor dem Internationalen Militärgerichtshof. Nürnberg, 14.11.1945 – 1.10.1946. 42 Bde. Nürnberg 1947-1949.

Peace and War 1943
United States Government Printing Office: Peace and War. United States Foreign Policy 1931 – 1941, Washington 1943.

Polnisches Weissbuch 1940
Außenministerium der Republik Polen (Hrsg.): Weissbuch der Polnischen Regierung über die polnisch-deutschen und die polnisch-sowjetrussischer Beziehungen im Zeitraum von 1933 bis 1939. Dokumente und Urkunden zum Kriegsausbruch, September 1939, Basel 1940.

Schlesinger 1975
Schlesinger, Arthur M. jr. (Editor): Congress Investigates. A Documented History 1792 – 1974, Volume IV, New York 1975.

Wiegand 1940
Wiegand, Karl von: Europa den Europäern. Adolf Hitler zur Weltlage während des Frankreichfeldzuges. Ein Interview mit Karl von Wiegand. Führerhauptquartier, 11. Juni 1940, Berlin 1940

Zweites Weißbuch 1939
Auswärtiges Amt (Hrsg.): Dokumente zur Vorgeschichte des Krieges Nr. 2, Berlin 1939.

Nichtamtliche Dokumentensammlungen

Bullitt 1972
Bullitt, Orville H. (Editor): For the President. Personal and Secret. Correspondence Between Franklin D. Roosevelt and William C. Bullitt. With an Introduction by George F. Kennan, London 1972.

Domarus 1962/63
Domarus, Max (Hrsg.): Hitler. Reden und Proklamationen 1932 – 1945. Kommentiert von einem deutschen Zeitgenossen, Würzburg 1962/63.

Hillgruber 1967
Hillgruber, Andreas: Staatsmänner und Diplomaten bei Hitler. Vertrauliche Unterredungen mit Vertretern des Auslandes 1939 – 1941, Frankfurt am Main 1967.

Hillgruber 1970
Hillgruber, Andreas: Staatsmänner und Diplomaten bei Hitler. Zweiter Teil. Vertrauliche Unterredungen mit Vertretern des Auslandes 1942 – 1945, Frankfurt am Main 1970.

Hitler 1981
Hitlers politisches Testament. Die Bormann-Diktate vom Februar und April 1945. Mit einem Essay von Hugh R. Trevor-Roper und einem Nachwort von André Francois-Poncet, Hamburg 1981.

Roosevelt and Churchill 1975
Roosevelt and Churchill: Their Secret Wartime Correspondence, edited by Francis L. Loewenheim, Harold D. Langley and Manfred Jonas, New York 1975.

Roosevelt and Frankfurter 1968
Roosevelt and Frankfurter: Their Correspondence 1928 – 1945. Annotated by Max Freedman. London Sydney Toronto 1968.

Sudholt o.J.
Sudholt, Gerd (Hrsg.): Adolf Hitler's drei Testamente. Ein Zeitdokument, Leoni ohne Jahr.

Tagebücher, Memoiren, Augenzeugenberichte und zeitgenössische Literatur

Alsop / Kintner 1940
Alsop, Joseph / Kintner, Robert: American White Paper. The Story of American Diplomacy and the Second World War, New York 1940.

Bohlen 1973
Bohlen, Charles E.: Witness to History 1929 – 1969, New York 1973.

Bley 1938
Bley, Wulf (Hrsg.): Der Bolschewismus. Seine Entstehung und Auswirkung, München 1938.

Buell 1939
Buell, Raymond Leslie: Poland. Key to Europe, New York London ³1939.

Burckhardt 1960
Burckhardt, Carl Jakob: Meine Danziger Mission: 1937 – 1939, München 1960.

Chruscev 1971
Chruscev, Nikita Sergeevic: Chrustschow erinnert sich, Hamburg 1971.

Churchill 1949
Churchill, Winston: Der Zweite Weltkrieg. Erster Band. Der Sturm zieht auf, Bern 1949.

Dahlerus 1948
Dahlerus, Birger: Der letzte Versuch. London – Berlin Sommer 1939, München 1948.

Dall 1975
Dall, Curtis B.: Amerikas Kriegspolitik. Roosevelt und seine Hintermänner, Tübingen ²1975.

Dieckhoff 1943
Dieckhoff, Hans-Heinrich: Zur Vorgeschichte des Roosevelt-Krieges, Berlin 1943.

Dimitroff 2000
Dimitroff, Georgi: Tagebücher 1933 – 1943, hrsg. v. Bernhard B. Bayerlein. Berlin 2000.

Dirksen 1949
Dirksen, Herbert von: Moskau – Tokio – London. 20 Jahre deutsche Außenpolitik 1919 1939, Stuttgart 1949.

Fish 1982
Fish, Hamilton: Der zerbrochene Mythos. F.D. Roosevelts Kriegspolitik 1933 – 1945, Tübingen – Buenos Aires – Montevideo 1982.

Ford 2008
Ford, Henry: Mein Leben und Werk. Die Autobiographie, Leipzig 2008.

Forrestal 1951
The Forrestal Diaries. Edited by Walter Millis with the collaboration of E.S Duffield, New York 1951.

Frankfurter 1960
Frankfurter, Felix: Reminisces. Recorded in Talks with Dr. Harlan B. Phillips. London 1968.

Freund 2003
Freund, Walter: Die großen Unbekannten der amerikanischen Weltpolitik. Band 1. Die Freimaurerei im Banne des Judentums. Faksimile der 1942 erschienen Ausgabe, Burg / Dithmarschen 2003.

Fröhlich 1997 – 2005
Fröhlich, Elke (Hrsg.): Die Tagebücher von Joseph Goebbels. Teil I: Aufzeichnungen 1923 – 1941. 14 Bde. München 1997 – 2005.

Goldmann 1992
Goldman, Nahum: Das jüdische Paradox. Zionismus und Judentum nach Hitler, Hamburg 1992.

Hasse 1895
Großdeutschland und Mitteleuropa um das Jahr 1950. Von einem Alldeutschen, Berlin ²1895.

Hedin 1942
Hedin, Sven: Amerika im Kampf der Kontinente, Leipzig 1942.

Henderson 1940
Henderson, Nevile Sir: Fehlschlag einer Mission. Berlin 1939 – 1939, Zürich 1940.

Herwarth 1982
Herwarth, Hans von: Zwischen Hitler und Stalin. Erlebte Zeitgeschichte 1931 bis 1945, Frankfurt am Main Berlin Wien 1982.

Hoare 1955
Hoare, Sir Samuel (Viscount Templewood): Neun bewegte Jahre. Englands Weg nach München, Düsseldorf 1955.

Hoover 1952
Hoover, Herbert: Memoiren 1929 – 1941. Die große Wirtschaftskrise, Mainz 1952.

Hoover / Nash 2011
Hoover, Herbert: Freedom Betrayed. Herbert Hoover's Secret History of the Second Word War and Its Aftermath. Edited with an Introduction by Georg H. Nash, Stanford 2012.

Hull 1948
Hull, Cordell: The Memoirs of Cordell Hull – Volume One, London 1948.

Kennedy 2013
Kennedy, John F.: Unter Deutschen. Reisetagebücher und Briefe 1937 – 1945, Herausgegeben von Oliver Lubrich, Berlin 2013.

Kennan 1983
Kennan, George F.: Memoiren eines Diplomaten, München (4)1983.

Kommoss 1989
Kommoss, Rudolf: Juden hinter Stalin. Die jüdische Vormachtstellung in der Sowjetunion auf Grund amtlicher sowjetischer Quellen dargestellt. Faksimile der 1944 erschienen Ausgabe, Struckum 1989.

Kriegk 1939
Kriegk, Otto: Wer treibt England in den Krieg? Ein Blick hinter die Kulissen der englischen Politik. Die Kriegshetzer Duff Cooper, Eden, Churchill und ihr Einfluss auf die englische Politik, Berlin Leipzig 1939.

Lea 1913
Lea, Homer: Des Britischen Reiches Schicksalssturde. Mahnworte eines Angelsachsen. Aus dem Englischen und mit einer Einführung von Graf E. Reventlow, Berlin 1913.

Leers 1940
Leers, Johann von: Brennpunkte der Weltpolitik, Stuttgart 1940.

Leers 1941
Leers, Johann von: Kräfte hinter Roosevelt, Berlin ²1941.

Lippmann 1990
Lippmann, Walter: Die öffentliche Meinung. Reprint des Publizistik-Klassikers, Bochum 1990.

Lukasiewicz 1970
Lukasiewicz, Juliusz: Diplomat in Paris 1936 – 1939. Papers and Memoirs of Juliusz Lukasiewicz, Ambassador of Poland, edited by Waclaw Jedrzejewicz, New York London 1970.

Maiski 1967
Maiski, I.M.: Memoiren eines sowjetischen Botschafters, Berlin 1967.

Menn 1940
Menn, Fritz (Hrsg.): Auf den Straßen des Todes. Leidensweg der Volksdeutschen in Polen, Leipzig 1940.

Moley 1939
Moley, Raymond: After Seven Years, New York London [4]1939.

Monnet 1978
Monnet, Jean: Erinnerungen eines Europäers. Vorwort von Bundeskanzler Helmut Schmidt, München Wien 1978.

Nicholson 1931
Nicholson, Harold: Die Verschwörung der Diplomaten. Aus Sir Arthur Nicolsons Leben 1849 – 1928, Frankfurt am Main [2]1931.

Nicholson 1940
Nicolson, Harold: Why Britain is at War, Middlesex New York 1940.

Nicolson 1969
Nicolson, Nigel (Hrsg.): Harold Nicolson. Tagebücher und Briefe 1930-1941, Frankfurt am Main 1969.

Pearson / Allen 1939
Pearson, Drew / Allen Robert: The Daily Washington Merry-Go-Round, Beitrag vom 14. April 1939, publiziert in: The Daily Illini, Friday, April 14, 1939, Page Four.

Pearson / Brown 1935
Pearson, Drew / Brown, Constantine: The American Diplomatic Game, New York 1935.

Picker 1951
Picker, Henry (Hrsg.): Hitlers Tischgespräche im Führerhauptquartier 1941 – 42, Bonn 1951.

Pilsudski 1935
Pilsudski, Josef: Erinnerungen und Dokumente. Mit einem Geleitwort von Ministerpräsident General Hermann Göring. Band 1. Meine ersten Kämpfe, Essen 1935.

Rein 2000
Rein, Adolf: Warum führt England Krieg. Gründe und Hintergründe für den Eintritt Englands in den zweiten Weltkrieg. Faksimile der 1940 erschienen Ausgabe, Viöl/Nordfriesland 2000.

Riezler 1972
Riezler, Kurt: Tagebücher, Aufsätze, Dokumente. Eingeleitet und herausgegeben von Karl Dietrich Erdmann, Göttingen 1972.

Ribbentrop 1953
Ribbentrop. Joachim von: Zwischen London und Moskau. Erinnerungen und letzte Aufzeichnungen. Aus dem Nachlaß herausgegeben von Annelies von Ribbentrop, Leoni am Starnberger See 1953.

Schmidt 1949
Schmidt, Paul: Statist auf diplomatischer Bühne 1923 – 45, Bonn 1949.

Seraphin 1964
Seraphin, Hans-Günther (Hrsg.): Das politische Tagebuch Alfred Rosenbergs 1934/35 und 1939/40, München 1964.

Stern-Rubarth 1947
Stern-Rubarth, Edgar: Drei Männer suchen Europa. Briand Chamberlain Stresemann, München 1947.

Tirpitz 1942
Tirpitz, Alfred: Erinnerungen, Leipzig [6]1942.

Thompson 1988
Thompson, Dorothy: Kassandra spricht. Antifaschistische Publizistik 1932 – 1942, Wiesbaden 1988.

Weizäcker 1950
Weizäcker, Ernst von: Erinnerungen, München Leipzig Freiburg 1950.

Wirsing 1940
Wirsing, Giselher: 100 Familien beherrschen das Empire, Berlin 1940.

Wirsing 2005
Wirsing, Giselher: Der Maßlose Kontinent. Der Aufstieg der Plutokratie in den USA, ihr Hintergrund und ihr Streben nach Krieg und Weltherrschaft während der Regierung Roosevelts. Faksimile der 1942 erschienen Ausgabe, Viöl/Nordfriesland 2005.

Sekundärliteratur

Ádám (o.J.)
Ádám, Magda: Richtung Selbstvernichtung. Die Kleine Entende 1920-1938, Wien o.J.

Adamthwaite 1990
Adamthwaite, Anthony: Großbritannien und das Herannahen des Krieges. In: Hildebrand, Klaus / Schmädeke, Jürgen / Zernack, Klaus (Hrsg.): 1939. An der Schwelle zum Weltkrieg. Die Entfesselung des Zweiten Weltkrieges und das internationale System, Berlin New York 1990.

Andrew 2010
Andrew, Christopher: MI 5. Die wahre Geschichte des britischen Geheimdienstes, Berlin 2010.

Andrew / Mitrochin 1999
Andrew, Christopher / Mitrochin, Wassili: Das Schwarzbuch KGB. Moskaus Kampf gegen den Westen, Berlin 1999.

Backes 1988
Backes, Klaus: Hitler und die bildenden Künste. Kulturverständnis und Kunstpolitik im Dritten Reich, Köln 1988.

Baker 2009
Baker, Nicholson: Menschenrauch. Wie der Zweite Weltkrieg begann und die Zivilisation endete, Hamburg 2009.

Barbier 1990
Barbier, Colette: Das französische Außenministerium und die diplomatische Aktivität vom Münchner Abkommen bis zur Kriegserklärung. In: Hildebrand, Klaus / Schmädeke, Jürgen / Zernack, Klaus (Hrsg.): 1939. An der Schwelle zum Weltkrieg. Die Entfesselung des Zweiten Weltkrieges und das internationale System, Berlin New York 1990.

Barnes 1961
Barnes, Harry Elmer: Revision der Geschichtsschreibung im Hinblick auf künftigen Frieden, in: Barnes, Harry Elmer (Hrsg.): Entlarvte Heuchelei. Revision der amerikanischen Geschichtsschreibung, Wiesbaden 1961.

Bavendamm 1983
Bavendamm, Dirk: Roosevelts Weg zum Krieg. Amerikanische Politik 1914 – 1939, München Berlin 1983.

Bavendamm 2000
Bavendamm, Dirk: Amerikanischer Globalismus von Wilson bis Clinton. Vortrag gehalten am 13. Januar 2000 vor der Münchner Winterakademie, pdf. Dokument im Internet.

Bavendamm 2003
Bavendamm, Dirk: Roosevelts Krieg. Amerikanische Politik und Strategie 1937 – 1945, München Berlin [3]2003.

Benoist-Méchin 2009
Benoist-Méchin, Jaques: Sommerkrise und Kriegsausbruch 1939. Das Deutsche Reich und die Geheimpolitik der europäischen Großmächte, Stegen am Ammersee 2009.

Besymenski 2003
Besymenski, Lew: Stalin und Hitler. Das Pokerspiel der Diktatoren, Berlin [2]2003.

Bonwetsch 1998
Bonwetsch, Bernd: Stalins Äußerungen zur Politik gegenüber Deutschland 1939 – 1941 in: Gerd R. Ueberschär / Lev A. Bezymenskij (Hrsg.): Der deutsche Angriff auf die Sowjetunion 1941. Die Kontroverse um die Präventivkriegsthese, Darmstadt 1998.

Borew 1992
Borew, Jurij: Stalinladen, Wien Leipzig 1992.

Borodziej 1990
Borodziej, Wlodzimierz: Die Alternative Warschaus. In: Hildebrand, Klaus / Schmädeke, Jürgen / Zernack, Klaus (Hrsg.): 1939. An der Schwelle zum Weltkrieg. Die Entfesselung des Zweiten Weltkrieges und das internationale System, Berlin New York 1990.

Bracher 2001
Bracher, Andreas: Europa im amerikanischen Weltsystem. Bruchstücke zu einer ungeschriebenen Geschichte des 20. Jahrhunderts, Basel [2]2001.

Brennecke 2008
Brennecke, Gerhard: Die Nürnberger Geschichtsentstellung. Quellen zur Vorgeschichte und Geschichte des Zweiten Weltkriegs aus den Akten der Verteidigung, Tübingen [3]2008.

Breyer 1970
Breyer, Siegfried: Schlachtschiffe und Schlachtkreuzer 1905 – 1970, Geschichtliche Entwicklung des Großkampfschiffs, München 1970.

Breyer 1979
Breyer, Siegfried: Großkampfschiffe 1905 – 1970. Band 3 Rußland / Sowjetunion, Mittelmeeranlieger, ABC-Staaten Südamerikas, München 1979.

Breyer 1981
Breyer, Siegfried: Großkampfschiffe 1905 – 1970. Band 1 England – Deutschland, München [2]1981.

Bruck 2003
Bruck, Elke: Francois Mitterands Deutschlandbild. Perzeption und Politik im Spannungsfeld deutschland-, europa- und sicherheitspolitischer Entscheidungen 1989 – 1992, Frankfurt am Main Berlin Bern Bruxelles New York Oxford Wien 2003.

Brzezinski 1989
Brzezinski, Zbigniew: Planspiel. Das Ringen der Supermächte um die Welt, Erlangen Bonn Wien 1989.

Buchanan 2014
Buchanan, Patrick J.: Churchill, Hitler und der unnötige Krieg. Wie Großbritanien sein Empire und der Westen die Welt verspielte, Selent ³2014.

Canis 2004
Canis, Konrad: Bismarcks Außenpolitik 1870 – 1890. Aufstieg und Gefährdung, Paderborn München Wien Zürich 2004.

Chamberlin 1952
Chamberlin, William Henry: Amerikas zweiter Kreuzzug. Kriegspolitik und Fehlschlag Roosevelts, Bonn 1952.

Chamberlin 1961
Chamberlin, William Henry: Der Bankrott einer Politik, in: Barnes, Harry Elmer (Hrsg.): Entlarvte Heuchelei. Revision der amerikanischen Geschichtsschreibung, Wiesbaden 1961.

Charmley 1989
Charmley, John: Chamberlain and the Lost Peace, London Sydney Auckland Toronto 1989.

Charmley 1997
Charmley, John: Churchill. Das Ende einer Legende, Berlin 1997.

Charmley 2005
Charmley, John: Der Untergang des Britischen Empires. Roosevelt – Churchill und Amerikas Weg zur Weltmacht, Graz 2005.

Chernow 1996
Chernow, Ron: Die Warburgs. Odyssee einer Familie, Berlin 1996.

Colvin 1965
Colvin, Ian: Vansittart in Office. An historical survey of the origins of the second world war based of the papers of Sir Robert Vansittart, London 1965.

Coox 1985
Coox, Alvin D.: Nomonhan. Japan Against Russia 1939, Stanford 1985.

Cubarjan 1990
Cubarjan, Aleksandr: Die UdSSR und der Beginn des Zweiten Weltkriegs. In: Hildebrand, Klaus / Schmädeke, Jürgen / Zernack, Klaus (Hrsg.): 1939. An der Schwelle zum Weltkrieg. Die Entfesselung des Zweiten Weltkrieges und das internationale System, Berlin New York 1990.

Deschner 2009
Deschner, Günther: Bomben auf Baku. Kriegspläne der Alliierten gegen die Sowjetunion 1939/40, Schnellroda 2009.

Docherty / Macgregor 2014
Docherty, Gerry / Macgregor, Jim: Verborgene Geschichte: Wie eine geheime Elite die Menschheit in den Ersten Weltkrieg stürzte, Rottenburg 2014.

Dugin 2015
Dugin, Alexander: Konflikte der Zukunft. Die Rückkehr der Geopolitik, Selent 2015.

Eichengreen 1992
Eichengreen, Barry: Golden Fetters. The Gold Standard and the Great Depression, 1919 – 1939, New York Oxford 1992.

Engdahl 2015
Engdahl, William F.: Die Denkfabriken. Wie eine unsichtbare Macht Politik und Mainstream-Medien manipuliert, Rottenburg 2015.

Farago 1967
Farago, Ladislas: Codebrecher am Werk. Trotzdem kam es zu Pearl Harbor, Berlin Darmstadt Wien 1967.

Feiling 1947
Feiling, Keith: The Life of Neville Chamberlain, London ²1947.

Feldmanis 2013
Feldmanis, Inesis: Das Münchner Abkommen und der Molotov-Ribbentrop-Pakt: Eine vergleichende Analyse. In: Möller, Horst / Cubar´jan, Aleksandr (Hrsg.): Die Tragödie Europas. Von der Krise des Jahres 1939 bis zum Angriff auf die UdSSR, München 2013.

Fransen 2001
Fransen, Frederic J.: The Suranational Politics of Jean Monnet. Ideas and Origins oft he European Community, London 2001.

Fröhlich 1998
Fröhlich Stefan: Amerikanische Geopolitik. Von den Anfängen bis zum Ende des Zweiten Weltkriegs, Landsberg am Lech 1998.

Fuller 2004
Fuller, John Frederick Charles Fuller: Die Entscheidungsschlachten der westlichen Welt, Tübingen 2004.

Gerste 2011
Gerste, Ronald D.: Roosevelt und Hitler. Todfeindschaft und totaler Krieg, Paderborn 2011.

Golczewski 2010
Golczewski, Franz: Deutsche und Ukrainer 1914 – 1939, Paderborn München Wien Zürich 2010.

Gollwitzer 1982
Gollwitzer, Heinz: Geschichte des weltpolitischen Denkens. Bd. 2. Zeitalter des Imperialismus und der Weltkriege, Göttingen 1982.

Gorodetsky 2001
Gorodetsky, Gabriel: Die große Täuschung. Hitler, Stalin und das Unternehmen „Barbarossa", München 2001.

Grant 1999
Grant, James: Bernard M. Baruch. Der Weg einer Wall-Street-Legende. Die Lebensgeschichte eines außergewöhnlichen Börsianers, Rosenheim 1999.

Gruchmann 1962
Gruchmann, Lothar: Nationalsozialistische Großraumordnung. Die Konstruktion einer „deutschen Monroe-Doktrin", Stuttgart 1962.

Hearden 1987
Hearden, Patrick J.: Roosevelt Confronts Hitler. American´s Entry into World War II, DeKalb, Illinois 1987.

Hawkins 2007
Hawkins, Richard A.: „Hitler´s bitterest foe": Samuel Untermyer and the boycott of Nazi Germany, 1933 – 1945. American Jewish History – March 1, 2007. Internet, abrufbar auf: www.untermyergardens.org.

Heresch 2000
Heresch, Elisabeth: Geheimakte Parvus. Die gekaufte Revolution, München 2000.

Hesse / Köster / Plumpe 2014
Hesse, Jan-Otmar / Köser, Jan / Plumpe, Werner: Die Große Depression, Die Weltwirtschaftskrise 1929 – 1939, Frankfurt am Main 2014.

Hilberg 2007
Hilberg, Raul: Die Vernichtung der europäischen Juden, Frankfurt am Main [(10)]2007.

Hildebrand 1990
Hildebrand, Klaus: Die Entfesselung des Zweiten Weltkrieges und das internationale System: Probleme und Perspektiven der Forschung. In: Hildebrand, Klaus / Schmädeke, Jürgen / Zernack, Klaus (Hrsg.): 1939. An der Schwelle zum Weltkrieg. Die Entfesselung des Zweiten Weltkrieges und das internationale System, Berlin New York 1990.

Jaeger 1974
Jaeger, Hans: Big Business und New Deal. Die kritische Reaktion der amerikanischen Geschäftswelt auf die Rooseveltschen Reformen in den Jahren 1933 – 1939, Stuttgart 1974.

Junker 1979
Junker, Detlef: Franklin D. Roosevelt. Macht und Vision: Präsident in Krisenzeiten, Göttingen Zürich Frankfurt 1979.

Junker 2009
Junker, Detlef: Franklin D. Roosevelt 1933 – 1945. Visionär und Machtpolitiker. In: Mauch, Christof (Hrsg.): Die amerikanischen Präsidenten. 44 historische Portraits von George Washington bis Barack Obama, München 2009.

Kennedy 1989
Kennedy, Paul: Aufstieg und Fall der großen Mächte. Ökonomischer Wandel und militärischer Konflikt von 1500 bis 2000, Frankfurt am Main 1989.

Kershaw 2010
Kershaw, Ian: Wendepunkte. Schlüsselentscheidungen im Zweiten Weltkrieg, München [2]2010.

Kettenacker 2013
Kettenacker, Lothar: Großbritannien: Kriegserklärung als Ehrensache. In: Möller, Horst / Cubar'jan, Aleksandr (Hrsg.): Die Tragödie Europas. Von der Krise des Jahres 1939 bis zum Angriff auf die UdSSR, München 2013.

Kissinger 1994
Kissinger, Henry A.: Die Vernunft der Nationen. Über das Wesen der Außenpolitik, Berlin 1994.

Kissinger 2014
Kissinger, Henry A.: Weltordnung, München [2]2014.

Klemperer 1994
Klemperer, Klemens von: Die verlassenen Verschwörer: Der deutsche Widerstand auf der Suche nach Verbündeten 1938 – 1945, Berlin 1994.

Knight 1985
Knight, Stephen: The Brotherhood. The Secret World of the Freemasons, London Toronto Sydney New York 1985.

Kühnhardt 2002
Kühnhardt, Ludger: Atlantik Brücke. Fünfzig Jahre deutsch-amerikanische Partnerschaft 1952-2002, Berlin München 2002.

Maier 2015
Maier, Michael: Das Ende der Behaglichkeit. Wie die modernen Kriege Deutschland und Europa verändern, München 2015.

May 1995
May, Alexander C.: The Round Table, 1919 – 66. Thesis submitted for the degree of Doctor of Philosophy. St. John's College, Oxford 1995.

Maiolo 2010
Maiolo, Joe: Cry Havoc. The Arms Race and the Second World War 1931 – 41, London 2010.

Mason 1964
Mason, Timothy W.: Einige Ursprünge des Zweiten Weltkrieges, in: Niedhart, Gottfried (Hrsg.): Kriegsbeginn 1939. Entfesselung oder Ausbruch des Zweiten Weltkriegs? Darmstadt 1976

Meinck 1959
Meinck, Gerhard: Hitler und die deutsche Aufrüstung 1933 – 1937, Wiesbaden 1959.

Maser 1997
Maser, Werner: Adolf Hitler. So führte und regierte er, Koblenz 1997.

Meiertöns 2006
Meiertöns, Heiko: Die Doktrinen U.S.-amerikanischer Sicherheitspolitik. Völkerrechtliche Bewertung und ihr Einfluß auf das Völkerrecht, Baden-Baden 2006.

Minder 2004
Minder, Robert A.: Freimaurer Politiker Lexikon, Innsbruck 2004.

Möller 1998
Möller, Horst: Europa zwischen den Weltkriegen, München 1998.

Müller 2011
Müller, Rolf-Dieter: Der Feind steht im Osten. Hitlers geheime Pläne für einen Krieg gegen die Sowjetunion im Jahre 1939, Berlin 2011.

Musial 2008
Musial, Bogdan: Kampfplatz Deutschland: Stalins Kriegspläne gegen den Westen, Berlin ²2008.

Münkler 2014
Münkler, Herfried: Der Große Krieg. Die Welt 1914 – 1918, Berlin [(4)]2014

Münkler 2015
Münkler, Herfried: Macht in der Mitte. Die neuen Aufgaben Deutschlands in Europa, Hamburg 2015

Neulen 1987
Neulen, Hans Werner: Europa und das 3. Reich. Einigungsbestrebungen im deutschen Machtbereich 1939 – 45, München 1987.

Nolfo 1990
Nolfo, Ennio di: Der zweideutige italienische Revisionismus. In: Hildebrand, Klaus / Schmädeke, Jürgen / Zernack, Klaus (Hrsg.): 1939. An der Schwelle zum Weltkrieg. Die Entfesselung des Zweiten Weltkrieges und das internationale System, Berlin New York 1990.

Nolte 2015
Nolte, Ernst: Über den Begriff des „Revisionismus", in: Institut für Staatspolitik (Hrsg.): Sezession, Heft 66, Steigra 2015.

Overy 2009
Overy, Richard: Die letzten zehn Tage. Europa am Vorabend des Zweiten Weltkrieges. 24. August bis 3. September 1939, München ²2009.

Petzina 1968
Petzina, Dieter: Autarkiepolitik im Dritten Reich. Der nationalsozialistische Vierjahresplan, Stuttgart 1968.

Pijl 1996
Pijl, Kees van der: Vordenker der Weltpolitik. Einführung in die internationale Politik aus ideengeschichtlicher Perspektive, Opladen 1996.

Pijl 1998
Pijl, Kees van der: Transnational Classes and International Relations, London 1998.

Pijl 2001
Pijl, Kees van der: „Private Weltpolitik". Zur Geschichte der liberalen Weltordnung. In: Brühl / Debiel / Hamm / Hummel / Martens (Hrsg.): Die Privatisierung der Weltpolitik. Entstaatlichung und Kommerzialisierung im Globalisierungsprozess, Bonn 2001.

Post 2003
Post, Walther: Die Ursachen des Zweiten Weltkrieges. Ein Grundriß der internationalen Diplomatie von Versailles bis Pearl Harbor, Tübingen 2003.

Quigley 2007
Quigley, Carroll: Katastrophe und Hoffnung. Eine Geschichte der Welt in unserer Zeit, Basel 2007.

Quigley 2013
Quigley, Carroll: The Anglo-American Establishment. From Rhodes to Cliveden. Faksimile der 1981 erschienen Ausgabe, San Diego 2013.

Réau 1990
Réau, Elisabeth du: Frankreich vor dem Krieg. In: Hildebrand, Klaus / Schmädeke, Jürgen / Zernack, Klaus (Hrsg.): 1939. An der Schwelle zum Weltkrieg. Die Entfesselung des Zweiten Weltkrieges und das internationale System, Berlin New York 1990.

Riccio 1994
Riccio, Barry D.: Walter Lippmann – odyssey of a Liberal, New Brunswick (U.S.A.) London 1994.

Rickards 2015
Rickards, James: Währungskriege. Der Kampf um die monetäre Weltherrschaft, München [2]2015.

Ritter 1954
Ritter, Gerhard: Carl Goerdeler und die deutsche Wiederstandsbewegung, Stuttgart 1954.

Rode 2012
Rode, Bernhard: Das Eurasische Schachbrett. Amerikas neuer Kalter Krieg gegen Rußland, Tübingen 2012.

Roos 1964
Roos, Hans: Geschichte der polnischen Nation 1916 – 1960, Stuttgart [2]1964.

Roos 1965
Roos, Hans: Polen und Europa. Studien zur polnischen Außenpolitik 1931 – 1939, Tübingen [2]1965.

Rovan 1986
Rovan, Joseph: Zwei Völker eine Zukunft. Deutsche und Franzosen an der Schwelle des 21. Jahrhunderts, München Zürich 1986.

Rouget 1998
Rouget, Werner: Schwierige Nachbarschaft am Rhein. Frankreich – Deutschland. Herausgegeben von Joachim Bitterlich und Ernst Weisenfeld, Bonn 1998,

Rügemer 2016
Rügemer, Werner: Die transnationale kapitalistische Klasse. Strukturen der globalen Machtelite. In: Hintergrund. Das Nachrichtenmagazin, S. 72-75, Frankfurt am Main 1. Quartal 2016.

Sanborn 1961
Sanborn, Frederic R.: Roosevelt scheitert an Europa, in: Barnes, Harry Elmer (Hrsg.): Entlarvte Heuchelei. Revision der amerikanischen Geschichtsschreibung, Wiesbaden 1961.

Sedlmaier 2003
Sedlmaier, Alexander: Deutschlandbilder und Deutschlandpolitik: Studien zur Wilson-Administration (1913 – 1921), Stuttgart 2003.

Semirjaga 1990
Semirjaga, Michail: Die sowjetisch-deutschen Verträge im System der internationalen Beziehungen des Jahres 1939. In: Hildebrand, Klaus / Schmädeke, Jürgen / Zernack. Klaus (Hrsg.): 1939. An der Schwelle zum Weltkrieg. Die Entfesselung des Zweiten Weltkrieges und das internationale System, Berlin New York 1990.

Shlaes 2011
Shlaes, Amity: Der vergessene Mann. Eine neue Sicht auf Roosevelt, den New Deal und den Staat als Retter, Weinheim 2011.

Schlie 1994
Schlie, Ulrich: Kein Friede mit Deutschland. Die geheimen Gespräche im Zweiten Weltkrieg 1939 – 1941, München Berlin 1994.

Schlie 2000
Schlie, Ulrich (Hrsg.): Alber Speer. „Alles was ich weiß." Aus unbekannten Geheimprotokollen vom Sommer 1945, München ²2000.

Schmidt 1981
Schmidt Gustav: England in der Krise. Grundzüge und Grundlagen der britischen Appeasement-Politik (1930 – 1937), Opladen 1981.

Schmidt 1997
Schmidt. Rainer F.: Rudolf Heß „Botengang eines Toren". Der Flug nach Großbritannien vom 10. Mai 1941, Düsseldorf 1997.

Schmidt 2002
Schmidt, Rainer F.: Die Außenpolitik des Dritten Reiches 1933-1945, Stuttgart 2002.

Schmidt 2003
Schmidt, Rainer F.: „Appeasement oder Angriff". Eine kritische Bestandsaufnahme der sog. „Präventivkriegsdebatte" über den 22. Juni 1941, in: Jürgen Elvers, Susanne Krauß (Hrsg.): Historische Debatten und Kontroversen im 19. und 20. Jahrhundert. Jubiläumstagung der Ranke-Gesellschaft in Essen, Wiesbaden Stuttgart 2003.

Seller 2007
Selle, Hanns-Frank: Der Weg der USA in die Weltpolitik. Die amerikanische Außen- und Sicherheitspolitik in ihren Grundlinien, München ²2007.

Sherwood 1950
Sherwood, Robert E.: Roosevelt an Hopkins. An Intimate History, New York 1950.

Shoup / Minter 1977
Shoup, Laurence H. / Minter, William: Imperial Brain Trust. The Council on Foreign Relations and United States Foreign Policy, New York London 1977.

Smirnov 2013
Smirnov, Vladislav: Das Münchner Abkommen und der sowjetisch-deutsche Nichtangriffspakt in den Debatten russischer Historiker. In: Möller, Horst / Cubar´jan, Aleksandr (Hrsg.): Die Tragödie Europas. Von der Krise des Jahres 1939 bis zum Angriff auf die UdSSR, München 2013.

Souton 2013
Souton, Georges-Henri: Die Politik Frankreichs am Vorabend des Zweiten Weltkriegs. In: Möller, Horst / Cubar´jan, Aleksandr (Hrsg.): Die Tragödie Europas. Von der Krise des Jahres 1939 bis zum Angriff auf die UdSSR, München 2013.

Stauffer 1991
Stauffer, Paul: Zwischen Hofmannsthal und Hitler. Carl- J. Burckhardt. Facetten einer aussergewöhnlichen Existenz, Zürich 1991.

Sutton 1974
Sutton, Anthony C.: Wall Street and the Bolshevik Revolution, New Rochelle New York 1974.

Sweeney 2001
Sweeny, Michael S.: Secrets of Victory. The Office of Censorship and the American Press and Radio in World War II, London 2001.

Synder 2013
Synder, Timothy: Bloodlands. Europa zwischen Hitler und Stalin, München 2013.

Tansill 1958
Tansill, Charles Callan: Die Hintertür zum Kriege. Das Drama der internationalen Diplomatie von Versailles bis Pearl Harbour, Düsseldorf [(4)]1958.

Tansill 1961
Tansill, Charles Callan: Amerikas Weg in den Zweiten Weltkrieg, in: Barnes, Harry Elmer (Hrsg.): Entlarvte Heuchelei. Revision der amerikanischen Geschichtsschreibung, Wiesbaden 1961.

Tansill 2001
Tansill, Charles Callan: Amerika geht in den Krieg. Der Erste Weltkrieg als Türöffner nach Europa, Selent 2001

Taschka 2006
Taschka, Sylvia: Diplomat ohne Eigenschaften?: Die Karriere des Hans-Heinrich Dieckhoff /1884 – 1952), Stuttgart 2006.

Taylor 1962
Taylor, Alan John Percivale: Die Ursprünge des 2. Weltkrieges, Gütersloh 1962.

Taylor 1963
Taylor, Alan John Percivale: Erneute Betrachtungen, in: Niedhart, Gottfried (Hrsg.): Kriegsbeginn 1939. Entfesselung oder Ausbruch des Zweiten Weltkriegs? Darmstadt 1976

Thies 1980
Thies, Jochen: Architekt der Weltherrschaft. Die „Endziele" Hitlers, Düsseldorf 1980.

Tesch 2016
Tesch, Sebastian: Albert Speer (1905 – 1981). Hitlers Architekten. Historisch-kritische Monografien zur Regimearchitektur im Nationalsozialismus, herausgegeben von Winfried Nerdinger und Raphael Rosenberg, Wien Köln Weimar 2016.

Twain 1921
Twain, Mark: Der geheimnisvolle Fremde. Eine Phantasie, Leipzig 1921.

Tooze 2007
Tooze, Adam: Ökonomie der Zerstörung: Die Geschichte der Wirtschaft im Nationalsozialismus, München 2007.

Volkmann 2003
Chiari, Bernhard (Hrsg.), Volkmann, Hans-Erich: Ökonomie und Expansion: Grundzüge der NS-Wirtschaftspolitik, München 2003.

Watt 1965
Watt, Donald C.: Appeasement. Der Beginn einer revisionistischen Schule? In: Niedhart, Gottfried (Hrsg.): Kriegsbeginn 1939. Entfesselung oder Ausbruch des Zweiten Weltkriegs? Darmstadt 1976

Wala 1990
Wala, Michael: Winning the Peace. Amerikanische Außenpolitik und der Council on Foreign Relations 1945-1950, Stuttgart 1990.

Weiner 2012
Weiner, Tim: FBI. Die wahre Geschichte einer legendären Organisation, Frankfurt am Main 2012.

Wertz 2015
Wertz, Armin: Die Weltbeherrscher. Militärische und geheimdienstliche Operationen der USA, Frankfurt am Main 2015.

Williams 1973
Williams, Appleman Williams: Die Tragödie der amerikanischen Diplomatie, Frankfurt am Main 1973.

Winkelvoß 2006
Winkelvoß, Peter: Die Weltherrschaft der Angelsachsen. Aufstieg und Ende des anglo-amerikanischen Systems, Tübingen 2006.

Wippermann 1981
Wippermann, Wolfgang: „Gen Ostland wollen wir reiten!" Ordensstaat und Ostsiedlung in der historischen Belletristik Deutschlands in: Fritze, Wolfgang H. (Hrsg.): Germania Slavica II, Berlin 1981.

Wittfogel 1962
Wittfogel, Karl August: Die orientalische Despotie. Eine vergleichende Untersuchung totaler Macht, Köln Berlin 1962

Wojciechowski 1990
Wojciechowski, Marian: Der historische Ort der polnischen Politik in der Genesis des Zweiten Weltkriegs. In: Hildebrand, Klaus / Schmädeke, Jürgen / Zernack, Klaus (Hrsg.): 1939. An der Schwelle zum Weltkrieg. Die Entfesselung des Zweiten Weltkrieges und das internationale System, Berlin New York 1990.

Wolkow 2003
Wolkow, Wladimir K.: Die Balkan-Probleme in den Beziehungen zwischen der Sowjetunion und Deutschland 1940 in: Neubert, Harald (Hrsg.): Stalin wollte ein anders Europa. Moskaus Außenpolitik 1940 – 68, Berlin 2003.

Zayas 1986
De Zayas, Alfred-Maurice: Anmerkungen zur Vertreibung der Deutschen aus dem Osten, Stuttgart Berlin Köln Mainz 1986.

Zgórniak 2002
Zgórniak, Marian: Europa am Abgrund – 1938, Münster Hamburg London 2002.

Zurek 2005
Zurek, Robert: Avantgarde der Versöhnung. Über den Briefwechsel der Bischöfe und die Ostdenkschrift des EKD von 1965, publiziert in: Dialog. Deutsch-Polnisches Magazin, Ausgabe 72-73, Berlin 2005.

Zeittafel 1919 – 1939

18. Januar 1919	Die Friedensverhandlungen im Spiegelsaal des Schlosses von Versailles – dem Symbol der französischen Niederlage von 1870/71 – beginnen, auf den Tag genau 48 Jahre nach der Gründung des Deutschen Reichs.
1919	Der amerikanische Diplomat Henry Morgenthau sen. reist im Auftrag der amerikanischen Delegation von Versailles nach Polen. Er verfasste einen Bericht über Pogrome in acht Städten, bei denen rund 280 Juden getötet wurden. Zum Schutz der Juden vor Antisemitismus werden die Polen von den Westmächten dazu verpflichtet, Minderheitenschutzrechte, ähnlich wie sie gegenüber der deutschen Minderheit vereinbart werden, einzuhalten.
April 1919	Polnische Truppen erobern Riga, besetzten Wilna und marschieren im Folgemonat in Galizien ein.
28. Juni 1919	Auf den Tag genau 5 Jahre nach der Ermordung des österreich-ungarischen Thronfolgers Erzherzog Ferdinand in Sarajewo unterzeichnen zwei deutsche Delegierte den Hauptvertrag von Versailles („Friedensdiktat von Versailles").
28. Juni 1919	Polnischer Minderheitenvertrag zum Schutz nationaler, sprachlicher und religiöser Minderheiten wird unterschrieben.
8. Dezember 1919	Friedensvereinbarung Polens mit der Ukraine; der Bug wird als östliche Grenze Polens festgelegt („Curzon-Linie") – ungefähr die heutige polnische Ostgrenze.
1920 und 1921	Die Entstehung der „Kleinen Entente" – einem antirevisionistischen Bündnissystem. Frankreich schließt bilaterale Verträge mit der Tschechoslowakei, Rumänien und Jugoslawien ab.
25. April 1920	Nachdem die seit Dezember 1919 stattgefundenen polnisch-russischen Verhandlungen scheitern, beginnt Polen mit einer militärischen Offensive im Osten.
Juli 1920	Gründung des „Royal Institute of International Affairs" als privates Institut für internationale Angelegenheiten.
19. Februar 1921	Allianzvertrag zwischen Frankreich und Polen, zeitnah durch eine geheime Militärkonvention ergänzt wird.
18. März 1921	Vertrag von Riga – die neue polnische Ostgrenze liegt ungefähr 200 Kilometer östlich der „Curzon-Linie".
29. Juli 1921	Gründung des „Council on Foreign Relations" als privates Institut für internationale Angelegenheiten.
Mai 1923	Bei einem Besuch von Marschall Foch in Warschau werden die Grundlinien einer gemeinsamen französisch-polnischen Militäroperation gegen Deutschland für den Kriegsfall ausgearbeitet.
1922 bis 1924	Raymond Poincaré – eine zentrale Figur der Julikrise 1914 – ist Ministerpräsident und Außenmister Frankreichs. Er initiiert aufgrund ausgebliebener Reparationszahlungen die französisch-belgische Ruhrbesetzung.
Oktober 1922	Mussolinis „Marsch auf Rom"
10. Oktober 1923	Stalin publiziert in der „Roten Fahne", dem Organ der KPD, auf der ersten Seite einen Aufruf: „Die kommende Revolution in Deutschland ist das wichtigste Weltereignis unserer Tage. Der Sieg der Revolution in Deutschland wird für das Proletariat Europas und Amerikas von größerer Bedeutung sein als der Sieg der russischen Revolution vor sechs Jahren. Mit dem Sieg des deutschen Proletariats wird sich das Zentrum der Weltrevolution unweigerlich von Moskau nach Berlin verlagern."
Herbst 1923	Beendigung der Ruhrbesetzung.

25. Januar 1924	Nach Verhandlungen zwischen Poincaré und dem Tschechen Benes wird ein Freundschafts- und Bündnisvertrag zwischen Frankreich und der Tschechoslowakei unterzeichnet, der beide Staaten verpflichtet, gegen eine Revision der Pariser Vorortverträge vorzugehen (konkret: Verhinderung einer Restauration der Hohenzollern und eines österreichischen Anschlusses an Deutschland).
1924	Dawes-Plan für Reparationszahlungen.
1925	Verträge von Locarno. Deutschland behält sich eine Revision der Ostgrenze vor.
1927	Stalin wird der uneingeschränkte Alleinherrscher der Sowjetunion.
1928	Mit dem ersten Fünfjahresplan beginnt die Industrialisierung der Sowjetunion.
27. August 1928	11 Staaten unterzeichnen den Briand-Kellogg-Pakt. Der unbefristete Vertrag ächtet den Krieg als Werkzeug der Politik. Angriffskriege werden für völkerrechtswidrig erklärt, das Recht auf Selbstverteidigung bleibt davon unberührt.
28. Oktober 1928	Börsenkrach an der New Yorker Börse („Schwarzer Freitag").
1930	Young-Plan für Reparationszahlungen.
1931	Frankreich gelingt im Einklang mit Italien und der Tschechoslowakei eine Zollunion zwischen Deutschland und Österreich zu verhindern.
1931	Eine Volkszählung ergibt, dass in Polen 3.113.900 Juden leben.
7. Januar 1932	Bekanntgabe der sogenannten Stimson-Doktrin. Die USA erklären, dass sie die durch die japanische Besetzung chinesischen Territoriums geschaffene Situation völkerrechtlich nicht anerkennen werden. Auch zukünftig werden durch einen Aggressor verursachte politische Veränderungen seitens der USA nicht anerkannt.
März 1932	Roosevelts Berater Samuel I. Rosenman schlägt vor, einen akademischen Expertenkreis zur Lösung der ökonomischen Probleme Amerikas zu bilden („Brain Trust").
25 Juli 1932	Der polnische Staatschef Marschall Pilsudski schließt einen Nichtangriffspakt mit Stalin (Polnisch-sowjetischer Nichtangriffspakt).
Juni 1932 bis Februar 1934	Zahlreiche Regierungskrisen der 3. Französischen Republik. In diesem Zeitraum amtieren sieben Kabinette.
Juli 1932	Konferenz von Lausanne zur Beendigung Reparationszahlungen. Young-Plan bleibt in Kraft.
30. Januar 1933	Vereidigung Hitlers zum Reichskanzler. Minister für Auswärtiges wird Konstantin von Neurath.
30. Januar 1933	Mitglieder der NSDAP und ihrer Unterorganisationen beginnen nach Hitlers Vereidigung zum Reichskanzler mit geplanten und ungeplanten Gewalttaten gegen Juden.
4. März 1933	Amtsantritt Roosevelts zum Präsidenten der USA.
1933	Hitler weist alle Reparationszahlungen zurück.
14. März 1933	Außenminister Hull fordert aufgrund der gewalttätigen antisemitischen Ausschreitungen in Deutschland einen Bericht vor der amerikanischen Botschaft in Berlin ein.
1. April 1933	Boykott jüdischer Geschäfte, Warenhäuser, Banken, Arztpraxen, Rechtsanwalts- und Notarkanzleien in ganz Deutschland („Judenboykott").
1933	Gründung der „American League for the Defense of Jewish Rights" (ALDJR) mit dem Ziel, deutsche Waren zu boykottieren.

März 1933	Spannungen um Danzig. Französisch-polnische Besprechungen über eine militärische Präventivaktion gegen Deutschland bleiben ergebnislos. Nachdem Polen nicht die gewünschte Unterstützung Frankreichs erhält, vollzieht Marschall Pilsudski in Warschau einen radikalen außenpolitischen Kurswechsel.
1933 bis 1938	Deutsch-polnische Annäherung aufgrund einer gegenseitigen Fehleinschätzung: Nach polnischen Vorstellungen soll zwischen Deutschland und Russland das sogenannte „Dritte Europa" entstehen, ein neutraler Staatenbund mit den Randländern der Ostsee und den Ländern des Donau- und Balkanraumes unter polnischer Führung. Die Unvereinbarkeit deutscher und polnischer geostrategischer Ziele tritt erst nach der Münchner Konferenz 1938 offen zutage.
10. Oktober 1933	Roosevelt schreibt an Mikhail Kalinin einen persönlichen Brief und regt die Aufnahme diplomatischer Beziehungen mit der Sowjetunion an.
14. Oktober 1933	Austritt Deutschlands aus dem Völkerbund und der Abrüstungskonferenz in Genf.
16. November 1933	Aufnahme diplomatischer Beziehungen zwischen den USA und der Sowjetunion. William C. Bullitt wird Botschafter der USA in Moskau.
28. November 1933	Übergabe eines Entwurfes eines Nichtangriffspaktes durch den deutschen Gesandten in Warschau an den Polnischen Staatschef Marschall Pilsudski.
26. Januar 1934	Bilaterale Nichtangriffserklärung zwischen Deutschland und Polen, auf 10 Jahre befristet. Das antideutsche östliche Bündnissystem Frankreichs ist infolgedessen aufgebrochen.
31. Januar 1934	Auf dem XVII. Parteitag der KPdSU warnt Nikolai Bucharin vor der Gefahr eines deutschen Überfalls, indem er explizit auf die Inhalte von „Mein Kampf" eingeht.
Februar 1934 bis 9. Oktober 1934	Frankreichs Außenminister Louis Barthou bemüht sich bis zu seiner Ermordung, die deutschen Revisions- und Expansionsbestrebungen mittels einer breiten Koalition von Verbündeten einzudämmen.
1934 -1936	Ein Senatskomitee unter dem Vorsitz des republikanischen Senators Gerald Prentice Nye beginnt, die Zusammenhänge zwischen der nordamerikanischen Munitionsindustrie und der Beteiligung der USA am Ersten Weltkrieg zu untersuchen.
8. März 1934	Deutschland und Polen beenden ihren jahrelangen Wirtschaftskrieg durch ein Abkommen.
8. Mai 1934	Roosevelt wünscht von FBI-Chef Edgar J. Hoover „eine sehr sorgfältige und gründliche Untersuchung" des amerikanischen Faschismus.
16. Juni 1934:	Josef Goebbels reist als erster hochrangiger deutscher Politiker nach Warschau und trifft die dortige Führung. Er notiert in sein Tagebuch: „Der Empfang ist sehr glänzend. Unendliche viele Leute lern ich kennen. Junge Polen, junge Nationalisten. Realisten in der Politik. Militärclique. ... Große Zeremonien. Mit Ehrenkompagnie und so. Alles sehr würdig. ... Der Marschall [Pilsudski] ist tatsächlich krank. Aber er redet mit mir eine Stunde. Ganz jovial und charmant. Ein halber Asiate. Voll von Krankheit. Alter Revolutionär. Noch älter als Hindenburg. Aber Klarheit des Soldaten. Armee ist überhaupt gut. Pilsudski hält Polen zusammen. Ein großer Mann und fanatischer Hasser. Hass gegen Menschen und Großstadt. Ein Despot, so glaube ich. Stark anekdotenhaft der Unterhaltung. Wir werden auf seinen Wunsch zusammen photographiert." Über Polens Außenminister Józef Beck, mit dem Goebbels eine Unterredung hat, schreibt er „freundlich und verschlagen. Wie alle Polen. Sagt alles und nichts zu. ... keine Illusionen dürfen wir uns machen."
2. August 1934	Hitler wird nach Hindenburgs Tod der uneingeschränkte Alleinherrscher Deutschlands („Führer und Reichskanzler", Oberster Befehlshaber der Wehrmacht, die auf seine Person vereidigt wird).
18. September 1934	Aufnahme der Sowjetunion in den Völkerbund.

7. Januar 1935	Der Laval-Mussolini-Pakt zwischen Frankreich und Italien wird unterzeichnet.
Januar 1935	Das britische Außenministerium und der Generalstab einigen sich darauf, Deutschland ein gewisses Maß an Aufrüstung zuzugestehen, um es sicherer in ein gesamteuropäisches Bündnissystem einbeziehen zu können.
31. Januar 1935	Auf polnische Initiative führte Göring Gespräche mit der Regierung in Warschau. Bis 1938 kommt Göring regelmäßig zur Jagd nach Polen und nutzt diese Reisen auch für Gespräche mit der dortigen Regierung.
1935	Der sowjetische Marschall Tuchatschewski legt Stalin eine mahnende Denkschrift über Hitlers Angriffspläne vor, indem er sowohl auf die Politik des „Lebensraums", so wie in „Mein Kampf" geschildert, eingeht als auch auf die Wiederaufrüstung und das gewaltige Rüstungspotential Deutschlands.
16. März 1935	Deutschland führt die allgemeine Wehrpflicht ein.
2. Mai 1935	Der französisch-sowjetische Beistandspakt wird unterzeichnet.
Mai 1935	Die Sowjetunion initiiert ein umfangreiches Flottenbauprogramm.
12. Mai 1935	Marschall Pilsudski stirbt. Seine Nachfolger intensivieren bereits vorhandene reaktionäre, autoritäre und nationalkatholische Strukturen („Obristenregime").
8. August 1935	Hermann Göring verfasst ein Geleitwort der deutschen Ausgabe der Memoiren von Pilsudski.
1935 – 1937	Verabschiedung von drei Neutralitätsgesetzen, damit die USA sich aus auswärtigen Konflikten heraushält.
18. Juni 1935	Deutsch-britische Flottenabkommen.
4. November 1935	Deutsch-polnischer Wirtschaftsvertrag.
4. bis 14. März 1936	Ratifizierungsdebatte des französisch-sowjetische Beistandspaktes im französischen Senat.
7. März 1936	Einmarsch deutscher Truppen in das durch den Versailler Vertrag entmilitarisierte Rheinland („Rheinlandbesetzung"). Einseitige Aufkündigung des Vertrages von Locarno.
April 1936	Außenminister Beck unterstützt die Bemühungen französischer Militärs um Stabilisierung des Versailler Systems und erreicht in Paris, dass der bilaterale Beistandspakt von 1921 wieder als uneingeschränkt gültig betrachtet wird.
4. Juni 1936	Der polnische Ministerpräsident General Skladkowski erklärt öffentlich, dass der wirtschaftliche Boykott jüdischer Unternehmen in Ordnung sei.
11. August 1936	Ribbentrop wird deutscher Botschafter in London.
August 1936	Roosevelt ernennt Bullitt zum Botschafter in Frankreich.
25. August 1936	Roosevelt erteilt FBI-Chef Edgar J. Hoover eine mündliche, unbefristete Anweisung, Geheimdienstoperationen gegen Amerikas Feinde vorzunehmen. Diese beinhalten Telefonüberwachung, Installieren von Wanzen und Einbruch. Mit der Zuspitzung der europäischen Krise konzentriert sich das FBI zunehmend auf Gegner der Einmischungspolitik des Präsidenten.
28. Oktober 1936	Roosevelts Rede vor der Freiheitsstatue in New York. Er betont die Friedens- und Freiheitsliebe der USA und Frankreichs und verkündet – so der deutsche Diplomat Heinrich Dieckhoff – die „eigenartige neue außenpolitische These … daß die demokratischen Völker gleichzeitig die friedliebenden seien."
1. November 1936	Mussolini verkündet in Mailand die „Achse Berlin-Rom".

25. November 1936	Abschluss des Antikominternpakt zwischen Deutschland und Japan, ein völkerrechtlicher Vertrag zur Bekämpfung der Kommunistischen Internationalen.
20. Dezember 1936	Bullitt erhält eine direkte Telefonverbindung zu Roosevelt.
1937 – 1939	Deutschland wirbt erfolglos um Polens Beitritt zum Antikominternpakt.
13. Januar 1937	Aufgrund von Ausschreitungen gegenüber Juden tritt der Haushaltsausschuß des Polnischen Parlaments zu einer Sitzung zusammen.
Mai 1937	Pogrom in Brest-Litowsk nach der Ermordung eines polnischen Polizisten durch einen Juden: 60 Juden werden verletzt, zwei sterben an den Folgen. Jüdisches Eigentum im Wert von drei Millionen Zloty wird zerstört.
5. Mai 1937	Eine polnische Delegation reist nach Madagaskar, um zu klären, ob polnische Juden auf der Insel angesiedelt werden können.
28. Mai 1937	Chamberlain wird britischer Premierminister.
5. Oktober 1937	„Quarantäne-Rede" Roosevelts. Ohne Länder beim Namen zu nennen fordert Roosevelt eine politische „Quarantäne" von „Angreifern" wie Japan, Deutschland und Italien sowie ein Ende des amerikanischen Isolationismus und der Appeasement-Politik Großbritanniens und Frankreichs.
8. Oktober 1937	Roosevelt äußert sich bei einer Kabinettsitzung deprimiert über die Zähigkeit der Großen Depression und vermutet eine „Verschwörung der Wall Street".
10. Oktober 1937	Hitler erklärt in einer Geheimrede seine außenpolitischen Ziele („Hoßbach-Niederschrift").
6. November 1937	Beitritt Italiens zum Antikominternpakt.
19. November 1937	Treffen von Hitler mit Halifax auf dem Obersalzberg. Der Brite, zu diesem Zeitpunkt Lordsiegelbewahrer und stellvertretender Außenminister, signalisiert wie sein Premier Verständigungsbereitschaft im Hinblick auf revisionistische und expansive Ziele Deutschlands, solange Berlin seine Ziele auf dem Verhandlungsweg erreicht. Halifax betont, „daß keine Änderungsmöglichkeit des bestehenden Zustandes ausgeschlossen sein sollte, daß aber Änderungen nur auf Grund einer vernünftigen Regelung erfolgen dürften. ... Änderungen der europäischen Ordnung" würden „wahrscheinlich früher oder später eintreten ... Zu diesen Fragen gehöre Danzig und Österreich und die Tschechoslowakei. England sei nur daran interessiert, daß diese Änderungen im Wege friedlicher Evolution zustande gebracht würden."
23. November 1937	Bullitt verfasst einen Bericht an Roosevelt, in dem er das erste Mal die Formulierung „final victory" im Zusammenhang mit einer drohenden deutschen Hegemonie über Europa verwendet.
11. Dezember 1937	Italien verlässt den Völkerbund.
13. Januar 1938	Roosevelt schlägt Chamberlain ein geheimes amerikanisch-englisches Bündnis vor („Weltfriedensplan").
20. Januar 1938	Bullitt meldet Roosevelt, dass in Frankreich außer Protesten nichts zu erwarten sei, falls Deutschland sich Österreich einverleibt.
4. Februar 1938	Reichsaußenminister Konstantin von Neurath wird entlassen. Ribbentrop wird neuer Minister für Auswärtiges.
20. Februar 1938	Rücktritt von Außenminister Anthony Edens, einem Fürsprecher einer engeren Zusammenarbeit mit der USA. Nachfolger wird Halifax.
12. März 1938	Einmarsch deutscher Truppen in Österreich.

12. März 1938	Botschafter Dieckhoff trifft den amerikanischen Außenminister Hull in Washington: „Herr Hull stellte eine Reihe von Fragen, war lebhaft interessiert, zeigte aber in keiner Weise irgendwelche Besorgnis, noch brachte er irgendwie eine kritische oder gar ablehnende Haltung zum Ausdruck."
13. März 1938	Gesetz über die Wiedervereinigung Österreichs mit dem Deutschen Reich (Anschluss).
14. März 1938	Botschafter Dieckhoff beobachtet einen heftigen Meinungsumschwung: „Was die Meinungsbildung der Amerikanischen Regierung selbst anbelangt, so habe ich Grund zur Annahme, daß der Präsident persönlich eingegriffen und sowohl dem State Department wie der Presse eine entsprechende Sprachregelung gegeben hat" Er spekuliert, dass es im Interesse Roosevelts sei, „das außenpolitische Bild möglichst düster erscheinen zu lassen, um mit der „Kriegsgefahr" die im Kongreß schwebende große Flottenvorlage plausibler zu begründen."
15. März 1938	Der ständige Verteidigungsausschuss der französischen Regierung tritt zusammen. Ministerpräsident Léon Blum fasst die Expertenmeinungen dahingehend zusammen, dass französische Truppen durch eine Angriffsoperation deutsche Kräfte zwar binden könnten, aber einen Angriff auf die Tschechoslowakei nicht verhindern könnten.
16. März 1938	Polen versucht gegenüber Litauen – angelehnt an die historische Lubliner Union mit dem Großfürstentum Litauen – die Hegemonie an der Ostsee durchzusetzen. Aufgrund diplomatischen Druck seitens Paris, London und Moskau verzichtet die Regierung in Warschau auf ihre Forderungen. Für Hitler wird die Angelegenheit der Anlass, eine militärische Operationsplanung zur Besetzung des von Deutschland beanspruchten Memelgebiets zu veranlassen.
12. April 1938	Daladier wird erneut Ministerpräsident in Frankreich.
26. April 1938	Beginn der systematischen Arisierungspolitik gegen jüdische Wirtschaftsbetrieb in Deutschland.
17. Mai 1938	Flottenvermehrungsgesetz wird im US-Kongress angenommen.
30. Mai 1938	Geheime Weisung Hitlers, „in absehbarer Zeit" die Tschechoslowakei militärisch zu zerschlagen.
Mitte 1938	Die wirtschaftliche Lage in den USA erreicht erneut einen Tiefpunkt. Die Arbeitslosenzahlen sind von 1937 mit durchschnittlich 7,70 Millionen wieder auf 10,39 Millionen gestiegen und stagnierten bis 1940 auf hohem Niveau.
15. September 1938	Chamberlain trifft Hitler in Berchtesgaden zur Regelung der „Sudetenkrise".
15. bis 28. September 1938	Daladier schwankt zwischen der von seinem Außenminister Bonnet vertretenen Option, die britische Appeasement-Politik zu befürworten, und der von Paul Reynaud und Georges Mandel vertreten Politik des Widerstandes einschließlich des verbundenen Kriegsrisikos, die im geheimen von Churchill unterstützt wird.
22./24. September 1938	Chamberlain trifft Hitler in Bad Godesberg.
25. und 28. September 1938	Daladier erwartet, dass Großbritannien zusammen mit Frankreich mobil machen wird. Nachdem durch Mussolinis Initiative eine diplomatische Lösung in greifbare Nähe rückt, hofft Daladier zusammen mit Chamberlain in München zumindest den Status Quo der tschechischen Fortifikationslinien halten zu können.
26. September 1938	Rede Hitlers im Sportpalast – Versicherung, dass das Sudetenland die letzte territoriale Revisionsforderung in Europa sei.
28. September 1938	Bullitt informiert Roosevelt über – unzutreffende – Kräfteverhältnisse der Luftstreitkräfte in Europa: Frankreich verfüge über 600 Kampfflugzeuge, Deutschland über 6.500 und Italien über 2.000.

29. September 1938	Abkommen der Münchner Konferenz zwischen Hitler, Mussolini, Chamberlain und Daladier („Münchner Abkommen") Sofortige Abtretung des Sudetenlandes und Anschluss an Deutschland.
30. September 1938	Polnisches Ultimatum – Annexion Teschens.
2. Oktober 1938	Polnische Truppen überschreiten den Fluss Olsa und besetzten ein 1.000 qkm, größtenteils von Polen bewohntes Gebiet auf dem Territorium der Tschechoslowakei.
3. Oktober 1938	Daladier lädt Luftfahrtminister Guy La Chambre, Botschafter Bullitt und den französischen Diplomaten und Ökonomen Jean Monnet zu einem Essen ein: „Wenn ich drei- oder viertausend Flugzeuge gehabt hätte, dann hätte es München nicht gegeben", teilt Daladier mit. Daladier beauftragt Bullitt, seinen persönlichen Repräsentanten Jean Monnet beim amerikanischen Präsidenten vorzustellen. Das Ziel der Reise ist die Bestellung von Militärflugzeugen in den USA.
4. Oktober 1938	Der polnische Botschafter in Berlin, Lipski, verspricht dem Außenministerium in Warschau, seine Gesprächspartner in Deutschland auf die „Unangemessenheit" hinzuweisen, ukrainische Nationalisten im Exil zu stützen.
9. Oktober 1938	Hitler Rede in Saarbrücken: „Es brauche nur in England statt Chamberlain Herr Duff Cooper oder Herr Eden oder Herr Churchill zur Macht kommen, so wissen wir genau, daß es das Ziel dieser Männer wäre, sofort einen neuen Weltkrieg zu beginnen." Die britische Regierung zeigt sich überrascht.
11. Oktober 1938	George S. Steward, ein Vertrauensmann des Premiers, gibt Dr. Fritz Hesse, den Vertreter des Deutschen Nachrichtenbüros und der Dienststelle Ribbentrop in London Einblicke über vertrauliche Details der britischen Politik. Als Reaktion auf Hitlers Saarbrücker Rede macht er Andeutungen hinsichtlich einer konstruktiven künftigen deutsch-britischen Zusammenarbeit.
13. Oktober 1938	Anthony Biddle informiert Roosevelt aus Warschau, dass Deutschland sich anschickte, die Hegemonie über Europa zu erringen. Endpunkt dieser Pläne solle ein ukrainischer Vasallenstaat sein, für dessen Errichtung Hitler die Integrität sowohl von Polen als auch der Sowjetunion verletzen werde.
13. Oktober 1938	Bullitt reist für drei Monate in die USA. Nach seiner Ankunft trifft er zur Berichterstattung Roosevelt.
16. Oktober 1938	Churchill warnt in einer Rundfunkrede das amerikanische Volk vor einer Bedrohung durch Deutschland.
19. Oktober 1938	Monnet trifft sich das erste Mal mit Roosevelt. Roosevelt entspricht dem Wunsch der französischen Regierung, 1.700 Flugzeuge zu bestellen und macht Vorschläge, die Neutralitätsgesetzgebung zu umgehen.
21. Oktober 1938	Geheimbefehl Hitlers betreffs der militärischen Vorbereitung zur „Erledigung der Rest-Tschechei" und der „Inbesitznahme des Memellandes".
24. Oktober 1938	Ribbentrop und der polnische Botschafter Lipski treffen sich in Berchtesgaden. Von deutscher Seite werden konkrete Vorschläge unterbreitet und das erste Mal von einer polnisch-deutschen „Gesamtlösung" gesprochen. Die acht Empfehlungen betreffs der Lösung der seit 20 Jahren bestehenden Probleme beinhalteten in der einen oder anderen Form teilweise schon bekanntes: 1) „Der Freistaat Danzig kehrt zum Deutschen Reich zurück." 2) Durch den Korridor sollte eine exterritoriale Autobahn und eine mehrgleisige Eisenbahnstrecke gebaut werden, ein Vorschlag von 1934. 3) Gleiches bekommt Polen zuzüglich eines Freihafens im Danziger Gebiet. 4) „Polen erhält eine Absatzgarantie für seine Waren im Danziger Gebiet." 5) Die gemeinsame Grenze wird anerkannt. 6) Der Vertrag von 1934 wird „auf ein fünfundzwanzig Jahre verlängert. 7) Polen tritt dem Antikominternvertrag bei" (ein Vorschlag von 1937). 8) Beide Länder fügen ihrem Vertrag eine Konsultationsklausel bei. In Warschau, wo man eigentlich den Deutschen selbst eine Rechnung präsentieren wollte, hält man die Angelegenheit zuerst für einen Bluff.

26. – 28. Oktober 1938	Ausweisung von 17.000 Juden polnischer Staatsangehörigkeit und Transport an die deutsch-polnische Grenze.
4. November 1938	Daladier wird von Monnet über die ermutigenden Verhandlungen mit den Amerikanern unterrichtet.
7. November 1938	Geheimes Memorandum des MI5. Verklausuliert verurteilt der Bericht des britischen Geheimdienstes die Außenpolitik der Regierung; fiktive und wirklichkeitsnahe Äußerungen Hitlers werden kombiniert, damit sie eine Wirkung bei Chamberlain erzielen.
7. November 1938	Herschel Grünspan ermordet in Paris den deutschen Legationssekretär Ernst von Rath.
7. bis 13. November 1938	Pogrome in Deutschland: etwa 400 Menschen werden ermordet oder in den Suizid getrieben; 1.400 Synagogen, Betstuben, tausende jüdische Geschäfte, Wohnungen und Friedhöfe werden zerstört („Reichskristallnacht").
12. November 1938	Auferlegung einer jüdischen Kollektivstrafe vor einer Milliarde Reichsmark; „Zwangsarisierung" der letzten jüdischen Betriebe.
17. November 1938	Botschafter Dirksen schreibt in einem Bericht an das Auswärtige Amt: „Daß eine neue Welle der Deutschfeindlichkeit einsetzen würde war aus der hinlänglich bekannten Verständnislosigkeit und Feindseligkeit der englischen Öffentlichkeit gegenüber der Behandlung der Judenfrage durch das nationalsozialistische Deutschland während der vergangenen Monate und Jahre ohne weiteres zu erwarten. Die ideologisch völlig andere Einstellung der hiesigen Öffentlichkeit, die deutschfeindliche Haltung des größten Teils der englischen Presse, der zum Teil auch nach außen erkennbaren starken jüdischen Machtpositionen machen sich jetzt wieder im vollem Umfange geltend. … Die Gegner Chamberlains sind nicht müßig geworden, die neue deutschfeindliche Welle zur Kritik und zu neuen Angriffen auszunutzen, daß ein Zusammengehen mit einem Land, in dem solche Härten möglich sind, aus weltanschaulichen Gründen abgelehnt werden müsse."
17. November 1938	Unterzeichnung von Handelsverträgen zwischen den USA, Großbritannien und Kanada.
19. November 1938	Beck lehnt das Angebot Ribbentrops mit einer Antwortnote ab und begründet dies folgendermaßen: „Die polnische Regierung glaube, daß das deutsch-polnische Abkommen auf einer dauerhaften Grundlage aufgebaut sei. Außenminister Beck glaube, daß die geradlinige polnische Politik für Deutschland bei der Gewinnung des Sudetengebietes von Nutzen gewesen sei und wesentlich dazu beigetragen habe, diese Frage einer glatten Lösung im deutschen Sinne zuzuführen. Die Polnische Regierung habe während dieser kritischen Tage alle Sirenenklänge, die von gewisser Seite ertönt seien, unbeachtet gelassen. … Jahrhundertelang sei Danzig ein Freistaat gewesen, und es habe stets als Ausgang Polens an der Weichselmündung, d.h. an der Mündung eines rein polnischen Flusses gedient, und Danzig habe daher für Polen auch eine symbolische Bedeutung. Die erste Teilung Polens zur Zeit Friedrichs des Großen habe damit begonnen, daß man diesen natürlichen Verhältnis zu Polen gelöst worden sei. … Auch aus innenpolitischen Gründen könne Außenminister Beck einer Eingliederung Danzig in das Reich nicht zustimmen. Die Aufwerfung der Danziger Frage würde das deutsch-polnische Verhältnis grundsätzlich und ernstlich gefährden." Die polnischen Vorschläge, deren Ziel ebenfalls eine dauerhafte Lösung der Reibungspunkte ist, lauten wie folgt: Der Status der Freien Stadt Danzig sollte bilateral zwischen Polen und Deutschland vereinbart werden, wobei der Völkerbund die Stadt verlässt. Danzig würde als rein deutsche Stadt von Polen anerkannt werden, die wirtschaftlichen Rechte, Danzigs Charakter als Freistaat und die Zollunion mit Polen sollten erhalten bleiben. Einer Angliederung wird eine klare Absage erteilt. Auf den Vorschlag einer exterritorialen Autobahn und mehrgleisigen ebenfalls exterritorialen Eisenbahnstrecke durch den Korridor wird ausweichend reagiert, wobei Lipski rein persönlich bemerkt, „daß in dieser Sache vielleicht eine Lösung gefunden werden könnte".

21. November 1938	Bullitt hat eine Unterredung mit dem polnischen Botschafter in Washington, Graf Jerzy Potocki. Bullitt warnt den Polen vor einer Expansion Deutschlands in östliche Richtung und einem unabhängigen ukrainischen Staat unter deutschem Einfluss.
24. November 1938	Britisch-französische Regierungsbesprechungen in Paris.
6. Dezember 1938	Deutsch-französische Erklärung anlässlich Ribbentrops Besuch in Paris, in der sich beide Regierungen verpflichteten, die gemeinsame Grenze anzuerkennen und friedliche und gutnachbarschaftliche Beziehungen zu pflegen.
17. Dezember 1938	Aufkündigung des Laval-Mussolin-Pakt durch die italienische Regierung.
Anfang 1939	In Europa wird „über Kreuz" verhandelt. Die Russen verhandeln mit England und Frankreich, während Deutschland zu gleicher Zeit versuchte mit Polen seinen offenen Problemkatalog abzuarbeiten. Die Polen verhandeln wiederum mit England und Frankreich. Die Amerikaner intrigieren im Hintergrund.
5. Januar 1939	Polens Außenminister Beck besucht Hitler auf dem Obersalzberg. Hitler betont den antirussischen Charakter der deutschen Außenpolitik und erklärt: „Deutschland werde unter allen Umständen an der Erhaltung eines starken nationalen Polen interessiert sein, ganz unabhängig von der Entwicklung der Dinge in Russland. Gleichgültig ob es sich um ein bolschewistisches oder ein zaristisches oder ein sonst wie geartetes Russland handele, würde Deutschland diesem Land stets mit größter Vorsicht gegenüberstehen und sei daher durchaus daran interessiert, Polens Stellung erhalten zu sehen. Rein militärisch bedeute die Existenz einer starken, polnischen Armee an der russischen Grenze eine erhebliche Entlastung;‘ Im Hinblick auf Becks Befürchtungen, in der Ukraine könnte es zu einer deutsch-polnischen Rivalität kommen, versucht Hitler ihn zu beschwichtigen, was aus polnischer Sicht wohlwollend zur Kenntnis genommen wurde. Deutschland sei bereit, so Hitler, das Minderheitenproblem – ähnlich wie in Südtirol – übergeordneten strategischen Zielen zu opfern. Im Gegenzug soll sich Polen ein Beispiel an Italien oder Frankreichs nehmen und sich auf politischem Gebiet kompromissbereit zeigen: „Er [Hitler] betonte, daß er in diesem Falle bereit wäre, eine ähnliche Erklärung abzugeben, wie er in Frankreich in Bezug auf Elsaß-Lothringen und Italien hinsichtlich des Brenners gemacht habe." Am Folgetag gelingt es weder Hitler noch Ribbentrop, von Beck irgendwelche verbindliche polnische Zusagen im Hinblick auf das Problem um Danzig und den Korridor, oder in Bezug auf einen gemeinsamen antisowjetischen Block zu erhalten.
10. Januar 1939	Die Sowjetunion erklärt sich bereit, das erste Mal seit 1932 wieder eine deutsche Verhandlungsdelegation in Moskau zu empfangen. Während es „offiziell" um Handel und Kredite geht, verlaufen im Hintergrund politische Kontakte in alle Richtungen.
12. Januar 1939	Der polnische Botschafter in Washington, Graf Jerzy Potocki, unterrichtet Außenminister Beck über die in den amerikanischen Medien erzeugte „Kriegspsychose", die Hintermänner der Kampagne und Roosevelts Motive.
13. Januar 1939	Anthony Biddle unterrichtet das State Department über die deutsch-polnischen Verhandlungen bezüglich Danzigs und den Kompromissvorschlag Lubienskis.
Januar 1939	Nach seinem dreimonatigen Aufenthalt in den USA trifft Bullitt in Paris den polnischen Botschafter Juliusz Lukasiewicz: „Sollte [in Europa] ein Krieg ausbrechen, so werden wir [d.h. die USA] sicher nicht am Anfang an ihm teilnehmen, aber wir werden ihn beenden."
16. Januar 1939	Hitler trifft den ungarischen Außenminister Graf Csáky: „Man müsse wie eine Fußballmanschaft zusammenarbeiten, Polen, Ungarn und Deutschland, möglichst ökonomisch, ohne Krisen und blitzartig."
17. Januar 1939	Hitler genehmigt den „Z-Plan". Das umfangreiche Flottenbauprogramm soll innerhalb von sechs Jahren durchgeführt werden.
20. Januar 1939	Entlassung von Reichsbankpräsident Dr. Hjalmar Schacht; Gleichschaltung der Reichsbank.

26. Januar 1939	Ribbentrop trifft bei seinem Gegenbesuch in Warschau den polnischen Außenminister Beck. Ribbentrop unterbreitet Vorschläge, Polen in der Ukraine Kompensation für Danzig zu gewähren. „Ich [Ribbentrop] habe sodann mit Herrn Beck nochmals über die von Polen und Deutschland gegenüber der Sowjetunion zu treibende Politik und in diesem Zusammenhang auch über die Frage der Großukraine gesprochen und erneut eine deutsch-polnische Zusammenarbeit auf diesem Gebiet angeregt. Herr Beck machte kein Hehl daraus, daß polnische Aspirationen auch auf die Sowjet-Ukraine und auf eine Verbindung zum Schwarzen Meer bestünden, wies aber zugleich auf die angeblichen Gefahren hin, die nach polnischer Auffassung ein gegen die Sowjetunion gerichteter Vertrag mit Deutschland haben würde." Auf einen Beitritt zum Antikominternpakt wird von polnischer Seite abermals ausweichend reagiert. Ohne Verhandlungsergebnis reist Ribbentrop unverrichteter Dinge wieder ab.
30. Januar 1939	Hitler droht im Reichstag: „Wenn es dem internationalen Finanzjudentum in und außerhalb Europas gelingen sollte, die Völker noch einmal in einen Weltkrieg zu stürzen, dann wird das Ergebnis … die Vernichtung der jüdischen Rasse in Europa [sein]."
30. Januar 1939	Walter von Brauchitsch, der Oberbefehlshaber des Heeres, unterzeichnet den Entwurf einer Aufmarschanweisung mit der Bezeichnung „Fall Ost" über die Annektierung des Memellandes, des Freistaates Danzig und die Zerschlagung der Tschecho-Slowakischen Republik.
31. Januar 1939	Roosevelt beruft den Militärausschuss des Senats zu einer Geheimsitzung ein. Mit der Begründung, Deutschland strebe die Weltherrschaft und die allmähliche Einkreisung der USA an, fordert Roosevelt, dass der Senat über den Ankauf von mehreren tausend Flugzeugen durch Frankreich abstimmen soll. Sinngemäß sagt er „die Grenze Amerikas liegt in Frankreich".
6. Februar 1939	Daladier beklagt sich bei Bullit über die Briten, denen er der Passivität und Dekadenz vorwirft.
Februar 1939	Die Briten willigen der Wiederaufnahme echter Generalstabsgespräche mit Frankreich ein.
24. Februar 1939	Beitritt Ungarns zum Antikominternpakt.
10. März 1939	Stalin Rede auf dem Kongress der Kommunistischen Partei. Die Sowjetunion ist nicht gewillt, sich „in Konflikte durch Kriegsprovokateure hineinziehen zu lassen, die gewohnt sind, sich von anderen die Kastanien aus dem Feuer holen zu lassen."
13. März 1939	Die deutsche Botschaft in Moskau kabelt nach Berlin, dass Stalin öffentlich leichte Signale der Entspannung gegenüber Deutschland durchblicken lässt. Ribbentrop legt Hitler Stalins Rede vor. Dieser zögert zunächst. „Als aber die bis dahin eingefrorenen Verhandlungen über einen deutsch-sowjetischen Handelsvertrag in Gang kamen, sondierte ich [Ribbentrop] doch in Moskau, ob die Möglichkeit einer Überbrückung der politischen Gegensätze und eine Bereinigung der zwischen Berlin und Moskau bestehenden Fragen zu erreichen sei. Die Handelsvertragsverhandlungen, die der Gesandte Schnurre sehr geschickt führte, kamen nach verhältnismäßig kurzer Zeit in Gang."
14. März 1939	Ungarn besetzt in Übereinstimmung mit Deutschland die Karpatho-Ukraine; Unabhängigkeitserklärung der Slowakei wird verkündet.
15. März 1939	Hitler zwingt den tschechoslowakischen Staatspräsidenten Emil Hacha eine Erklärung zu unterschreiben, in der steht, dass er „das Schicksal des tschechischen Volkes und Landes vertrauensvoll in die Hände des Führers des Deutschen Reiches legt."
15. März 1939	Einmarsch deutscher Truppen in die Tschecho-Slowakische Republik.
15. März 1939	Chamberlain bezeichnet im Unterhaus die deutsche Aggression als „Fait accompli".

15. zum 19. März 1939	Der deutsche Botschafter in London Herbert von Dirksen, bemerkt den technischen Abbruch der diplomatischen Beziehungen.
16. März 1939	Spaltung zwischen der Chamberlain-Gruppe im britischen Machtzentrum 10 Downing Street und der Halifax-Gruppe im Außenministerium.
16. März 1939	Hitler verkündet auf der Prager Burg das „Reichsprotektorat Böhmen und Mähren".
Nacht zum 16. oder am 16. März 1939	Roosevelt fordert Chamberlain in einer Note ultimativ auf, seine bisherige Außenpolitik vollständig zu ändern: „In ihr warnte der Präsident, daß England keinerlei moralische oder materielle Hilfe mehr von den Vereinigten Staaten erwarten könne und daß auch der Verkauf von Flugzeugen an England erwarten werde, falls die britische Regierung an der Politik von München festhalte."
16. März 1939	Der französische Botschafter in Warschau, Léon Noel, berichtet nach Paris, dass von Warschau aus gesehen es „ziemlich wahrscheinlich" erscheint, dass „die von Deutschland soeben in Mitteleuropa durchgeführte Operation der Auftakt zu einer Unternehmung im ... Osten" ist. Keinem der Diplomaten „entgeht das Erwachen der deutschfeindlichen Stimmung unter den Polen der verschiedenen Gesellschaftsklassen und Kreise."
17. März 1939	Der Parlamentarier Harold Nicolson notiert in sein Tagebuch: „Im Unterhaus hört man gesprächsweise die Meinung, daß Chamberlain entweder gehen oder seine Politik vollständig ändern müsse. Wenn er heute Abend in seiner Rede nicht zugibt, daß er sich geirrt gehabt hat, sieht man in seinem Rücktritt die einzige Alternative. Alle Ratten verlassen bereits das sinkende Schiff, und wir befinden uns in der merkwürdigen Lage, daß wir Mr. Chamberlains getreue Anhänger sind ... Man denkt daran, daß Halifax Premierminister werden sollte."
17. März 1939	Chamberlain Rede in Birmingham. Er wählt eine schärfere Tonart gegenüber Deutschland. Die Rede „enthielt auch die ersten Ansätze zur Einkreisungspolitik durch den Hinweis, daß sich England mit anderen gleichgesinnten Mächten ins Benehmen setzen werde", erinnert sich der seinerzeitige deutsche Botschafter in London, Herbert von Dirksen, in seinen Memoiren.
17. März 1939	Getreu der Stimsondoktrin erkennen die USA die Errichtung des deutschen Protektorats nicht an. Das State Department veröffentlicht seine Missbilligung in einem entsprechenden Kommuniqué.
20. März 1939	Mitteilung der deutschen Botschaft London nach Berlin vom 20. März 1939: „Der hiesige amerikanische Botschafter Kennedy spielt eine Hauptrolle. Er soll mit sämtlichen Vertretungen der in Frage kommenden Staaten in persönlicher Verbindung stehen und versuchen sie zu einer festen Haltung zu ermutigen mit dem Versprechen, daß die Vereinigten Staaten von Amerika sie in jeder Weise (short of war) unterstützen würden." Mit der Bezeichnung „short of war" taucht im deutschen diplomatischen Schriftverkehr jene Formulierung auf, die Präsident Roosevelt während dieser Zeit geprägt hatte. Er meint damit die zahlreichen Methoden unterhalb der Kriegsschwelle, über die die USA verfügten, die effektiver und stärker als reine Worte sind. „Short of war" bildet den legalen Rahmen von Roosevelts präventiver Interventionspolitik in Europa.
21. März 1939	Ribbentrop bittet den polnischen Botschafter Lipski zu sich und teilt ihm mit, „daß sich in dem deutsch-polnischen Verhältnis eine allmähliche Versteifung bemerkbar mache. Diese Entwicklung habe bereits seit einigen Monaten begonnen. Es sei hier aufgefallen, welch merkwürdige Haltung Polen in der Minoritätenkommission eingenommen habe." Aus deutscher Sicht, so Ribbentrop, ist der aktuelle Grenzverlauf als ein Desaster historischen Ausmaßes anzusehen, aber „Wenn die polnischen Staatsmänner in Ruhe mit den realen Tatsachen Rechnung trügen, dann könne man auf folgender Basis eine Lösung finden: Rückkehr Danzigs zum Reich, exterritoriale Eisenbahn- und Autoverbindung zwischen Ostpreußen und dem Reich und hierfür deutsche Garantie des Korridors."

	Aus polnischer Sicht stellt sich das Gespräch so dar, dass man endlich Farbe bekennen soll, welche Haltung man im Zusammenhang mit einer zeitnahen deutschen Expansion nach Osten einnehmen werde.
25. März 1939	Der britische Botschafter in Warschau, Sir H. Kennard, berichtet nach London: Die Polen rufen Reservisten ein und viele Diplomaten in Warschau vertreten die Ansicht, dass die Polen einen Streitpunkt mit Deutschland provozieren möchten. Er selbst, so Kennard, teile aber nicht diese Ansicht. In jedem Fall, ist Außenminister Beck in einer „extrem schwierigen Position".
25. März 1939	Hitler erklärt gegenüber dem Oberbefehlshaber des Heeres eine zweistufige Strategie – Lösung der Danziger Frage friedlich auf dem Verhandlungsweg jetzt und in naher Zukunft militärischer Angriff gegen Polen unter optimalen politischen Voraussetzungen: „R[ibbentrop] soll Verhandlungen zunächst führen. Führer will die Danziger Frage j e d o c h n i c h t gewaltsam lösen. Möchte Polen nicht dadurch in die Arme Englands treiben. Eine event. m[ilitärische] Besetzung Danzigs käme nur dann in Betracht, wenn L[ipski] durchblicken läßt, dass die poln[ische] Regierung eine freiwillige Abgabe Danzigs ihrem Volk gegenüber nicht vertreten könne und ihr die Lösung durch fait accompli erleichtert würde. Polnische Frage: Vorläufig beabsichtigt der Führer nicht, die poln[ische] Frage zu lösen. Sie soll nun aber bearbeitet werden. Eine in naher Zukunft erfolgende Lösung müßte besonders günstige pol[itische] Voraussetzungen haben. Polen soll dann so niedergeschlagen werden, dass es in den nächsten Jahrzehnten als poli[tischer] Faktor nicht mehr in Rechnung gestellt werden braucht. Der Führer denkt bei dieser Lösung an eine vom Ostrand Ostpr[eußens] bis zur Ostspitze Schlesiens vorgeschobene Grenze. Aus- und Umsiedlung sind noch offenstehende Frage. In die Ukraine will der Führer n i c h t hinein. Event. könne man einen ukrainischen Staat errichten. Aber diese Fragen ständen noch offen." Es kann aus Hitlers Weisung geschlossen werden, dass das scheinbar großzügige deutsche Angebot vom Herbst 1938 nicht die finale Revision des Versailler Vertrages gewesen wäre. Es ist erkennbar, dass – falls Polen der Eingliederung Danzigs zugestimmt hätte – Hitler 1939 in Wirklichkeit eine neue Ostgrenze vorschwebt, deren Verlauf ungefähr der Grenzziehung nach der zweiten polnischen Teilung 1793 entspricht. Aus dem Rest von Polen soll – wenn der Zeitpunkt günstig ist – ein außenpolitisch nicht mehr in Erscheinung tretender Satellit werden. Daraus lässt sich schließen, dass ein Bündnis mit Polen im Sommer 1939 temporären Charakter gehabt hätte, egal welche Laufzeit in den Vertrag vereinbart worden wäre. Die Polen liegen mit ihren Befürchtungen, dass ein Nachgeben um Danzig eine Wiederholung der Geschichte bedeutet hätte, also richtig. Zudem ist aus Hitlers Weisung ersichtlich, dass der deutsch-polnische Konflikt auch eine (verborgene) ukrainische Dimension hat.
26. März 1939	Die polnische Zurückweisung der deutschen Vorschläge trifft in Berlin ein.
26. März 1939	Chamberlain notiert: „Ich muss gestehen, dass ich das tiefste Misstrauen gegen Russland hege. Ich habe nicht das geringste Zutrauen in seine Fähigkeit, eine wirksame Offensive zu unternehmen, selbst wenn es dies wollte. Und ich misstraue seinen Motiven, die offenbar nur wenig mit unseren Auffassungen von Freiheit gemeinsam haben … Hinzu kommt, dass viele kleine Staaten Russland mit Hass und Misstrauen gegenüberstehen, vor allem Polen, Rumänien und Finnland."
27. März 1939	Beitritt Spaniens zum Antikominternpakt.
31. März 1939	Unilaterale Garantieerklärung der Westmächte an Polen.
März/April 1939	Studie „Ostseekriegsführung". Die antirussische Stoßrichtung der deutschen Expansion wird präzise formuliert: „Das große Ziel deutscher Politik wird darin gesehen, Europa von der Westgrenze Deutschlands bis einschließlich des europäischen Russlands unter der militärischen bzw. wirtschaftlichen Führung der Achsenmächte zusammenzufassen.

	Ein solches Mittel- und Osteuropa würde stark genug sein, um sich im Kriege selbst zu ernähren und unter Verzicht auf Rohstoffe anderer Kontinente aus eigenen Mitteln und eigener Macht zu verteidigen. . . Die politische Zielsetzung mit der Stoßrichtung nach Osten kann nur gegen Russland verwirklicht werden; ob bolschewistisch oder autoritär spielt dabei nicht die entscheidende Rolle, denn Deutschland fordert von Russland Raum und Rohstoffe."
April 1939	Der sowjetische Botschafter Merekalow wird aus Berlin abberufen worden. Bis zum 19. August 1939 bespricht Botschaftsrat Georgi Astachow mit Ribbentrop, Weizsäcker und Schnurre die deutsch-russischen Beziehungen.
7. April 1939	Einmarsch italienischer Truppen in Albanien.
11. April 1939	Hitler erteilt die Weisung für den „Fall Weiß", den Angriff auf Polen: „Die gegenwärtige Haltung Polens erfordert es, über die bearbeitete „Grenzsicherung Ost" hinaus die militärischen Vorbereitungen zu treffen, um nötigenfalls jede Bedrohung von dieser Seite für alle Zukunft auszuschließen."
13. April 1939	Frankreich bekräftigt das französisch-polnische Bündnis von 1921.
14. April 1939	Drew Pearson und Robert S. Allen berichteten in ihrer Kolumne „The Daily Washington Merry-Go-Round" über Roosevelts ultimative Aufforderung vom 16. März 1939 an Chamberlain, seine bisherige Außenpolitik vollständig zu ändern. Dieser Artikel ist bis heute die einzige greifbare Quelle in Bezug auf das Roosevelt-Ultimatum an Chamberlain.
14. /15. April 1939	Friedensapell Roosevelts. In einer Note fordert er eine deutsche Garantie gegenüber 31 namentlich genannten Staaten, diese weder militärisch anzugreifen, noch diese zu besetzen.
28. April 1939	Rede Hitlers am im Reichstag. Er kündigt die mit England und Polen vereinbarten Verträge auf und formuliert eine Art deutsche Monroe-Doktrin.
3. Mai 1939	Weiteres Treffen zwischen Roosevelt und Monnet. Monnet bespricht mit dem Präsidenten und Finanzminister Morgenthau die Finanzierung der Waffenlieferungen.
4. Mai 1939	Wjatscheslaw Molotows übernimmt die Führung des Volkskommissariats für auswärtige Angelegenheiten.
11. Mai 1939	Iwan Maiski, Botschafter der Sowjetunion in London, notiert in sein Tagebuch: „Gestern sprach Chamberlain in der Kammer über die britisch-sowjetischen Verhandlungen und erklärte nebenbei, die brit. Reg. unternehme alles, um den Verdacht der sow. Reg. zu zerstreuen, England und Frankreich wollten die UdSSR in einen Krieg gegen Deutschland treiben und sich selbst aus dem Staub machen." Zwei Monate später notiert er: „Chamberlain fürchtet, daß die UdSSR Hitler nach Westen treibt! Die Gleichung stimmt, aber mit umgekehrten Vorzeichen."
Mai 1939	Die polnische Regierung lehnt ein Beistandsangebot seitens der UdSSR ab und unterzeichnet ein Militärabkommen mit Frankreich.
21. Mai 1939	Stalin fordert alle Akten über den Abschluss des sowjetisch-deutschen Vertrages von 1926 und den nachfolgenden Berliner Vertrag an.
22. Mai 1939	Deutschland schließt mit Italien ein Freundschafts- und Militärbündnis ab („Stahlpakt").
23. Mai 1939	Oberbefehlshaberbesprechung (Hitler, Göring, Raeder, von Brauchitsch, Keitel, Milch, Halder). Hitlers Äußerungen protokolliert Oberstleutnant Schmundt: „Nationalpolitische Einigung der Deutschen ist erfolgt außer kleinen Ausnahmen. Weitere Erfolge können ohne Blutvergießen nicht errungen werden. ... Polen wird immer auf der Seite unserer Gegner stehen. ... Danzig ist nicht das Objekt um das es geht.

	Es handelt sich für uns um die Erweiterung des Lebensraumes im Osten und Sicherstellung der Ernährung, sowie der Lösung des Baltikum-Problems. Lebensmittelversorgung ist nur von dort möglich, wo geringe Besiedelung herrscht. ... Kolonien [sind] ... keine Lösung des Ernährungsproblems. Blockade! ... Zwingt uns das Schicksal zur Auseinandersetzung mit dem Wesen, ist es gut einen größeren Ostraum zu besitzen. Im Kriege werden wir noch weniger wie im Frieden mit Rekordernten rechnen können. ... Das Problem „Polen" ist von der Auseinandersetzung mit dem Westen nicht zu trennen. ... Polen sieht in einem Siege Deutschlands über den Westen eine Gefahr und wird uns den Sieg zu nehmen versuchen. Es entfällt also die Frage Polen zu schonen und bleibt der Entschluß, bei erster passender Gelegenheit Polen anzugreifen. An eine Wiederholung der Tschechei ist nicht zu glauben. Es wird zum Kampf kommen." („Schmundt-Protokoll").
26. Mai 1939	Großbritannien verabschiedet den „Military Training Act", eine begrenzte Form der Wehrpflicht.
29. Mai 1939	Botschafter Bullitt hält in Neuilly seine letzte öffentliche Rede: „Den Amerikanern ist ein Krieg lieber als Versklavung. Deshalb verstehen und sympathisieren wir mit jeder Nation, die bei allen Schwierigkeiten lieber für ihre Freiheit kämpfen als sich einem Eroberer unterwerfen [will]."
31. Mai 1939	Deutschland schließt einen Nichtangriffspakt mit Dänemark ab.
7. Juni 1939	Deutschland schließt einen Nichtangriffspakt mit Lettland und Estland ab.
Juli 1939	Stalin, Lasar Kaganowitsch, Woroschilow und Molotow besprechen eine „Reihe der schwebenden Fragen der deutschen Seite".
18., 20. und 21. Juli 1939	Geheime deutsch-britische Sondierungen („Wohlthatgespräche"): Die Briten versuchen den Deutschen die Möglichkeiten einer deutsch-englischen Zusammenarbeit betreffs politischer, militärischer und wirtschaftlicher Fragen schmackhaft zu machen, wenn diese im Gegenzug auf eine militärische Aktion gegen Polen verzichten. Durch eine Indiskretion gelangt dieser Entspannungsversuch an die britische Presse und die Geheimverhandlungen werden abgebrochen, da sich Hitler in Berlin zu diesem Zeitpunkt bereits zu einem Angriff auf Polen entschlossen hat.
24. Juli 1939	Botschafter Dirksen beschreibt in seinem politischen Bericht die britischen Ziele der „Wohlthatgespräche": „Die allgemeinen Erwägungen, wie man einen Ausgleich mit Deutschland auf friedlichem Wege anstreben könne, scheinen sich auf eine Reihe von konkreten Punkten verdichtet zu haben, die man in ihrer Gesamtheit und gleichzeitig zur Erörterung bringen möchte. Auf einer politischen Befriedungsgrundlage aufbauend, die das Prinzip der Non-Aggression sicherstellen und die Abgrenzung der politischen Interessensphären durch eine weitmaschige Formel festlegen soll." Die innenpolitischen Probleme Chamberlains und seiner Gruppe präzisiert Dirksen indem er schreibt, „Die Frage, die den Befürwortern dieser Gedanken am meisten Kopfzerbrechen macht, ist die Ingangsetzung dieser Gespräche. Die öffentliche Meinung ist so aufgehetzt, die Kriegshetzer und Intriganten haben derartig Oberwasser bekommen, daß eine Veröffentlichung solcher Verhandlungspläne mit Deutschland Churchill und anderen Hetzern sofort die Parole „Kein zweites München!" oder „Keine Rückkehr zur Befriedigungspolitik!" torpediert werden würde. Wie tätig und gefährlich diese Gruppe ist, hat die Veröffentlichung der Tatsache der vertraulich geführten Besprechungen Wohlthat-Sir Horace Wilson und Wohlthat – Überseehandelsminister Hudson gezeigt; weiteres Gift wurde durch Abdruck eines ganz phantastischen und erlogenen Verhandlungsprogramms gestreut. Daß Daily Telegraph und News Chronicle bei dieser Hetzkampagne führend sind, zeigt deutlich, welches die Hintermänner sind."
3. August 1939	Der Begriff „Geheimprotokoll" taucht das erste Mal in einem Gespräch zwischen dem Botschaftsrat Astachow und dem Vortragenden Legationsrat Schnurre auf.

11. bis 17. August 1939	Eine britische und französische Militärmission verhandelt erfolglos in Moskau. Die Instruktionen belegen, dass die englische Militärdelegation Verhandlungen „sehr langsam" führen soll und „unter keinen Umständen konkrete Verpflichtungen, die uns die Hände binden" eingehen soll. In der Nichtentsendung zum Vertragsabschluss bevollmächtigter Vertreter erspähten die Russen ein Doppelspiel.
21. August 1939	Die Sowjetunion kündigt ihre Entscheidung an, einen Nichtangriffsvertrag mit Deutschland abzuschließen.
22. August 1939	Hitler erläutert gegenüber den Oberbefehlshabern der Wehrmacht seinen Entschluss zum Angriff auf Polen.
22. August 1939	Chamberlain schreibt einen Brief an Hitler, um ein „tragisches Missverständnis" wie 1914 auszuschließen, in dem er seinen Standpunkt höflich, aber unmissverständlich darlegt: „Nötigenfalls ist Seiner Majestät Regierung entschlossen und bereit, alle ihr zur Verfügung stehenden Kräfte unverzüglich einzusetzen, und es ist unmöglich, das Ende einmal begonnener Feindseligkeiten abzusehen. Es würde eine gefährliche Täuschung sein, zu glauben, dass ein einmal begonnener Krieg frühzeitig enden würde, selbst wenn ein Erfolg auf verschiedenen Fronten, an denen er geführt wird, erzielt worden sein sollte."
23. August 1939	Antwortschreiben Hitlers an Chamberlain. Der Diktator erklärt, dass die Lösung der Danziger Frage und der Probleme des Korridors für Deutschland eine Notwendigkeit sei und wirft Chamberlain vor, mit der Garantieerklärung die polnische Verhandlungsbereitschaft beseitigt zu haben: „Ich habe Zeit meines Lebens für eine deutsch-englische Freundschaft gekämpft, bin aber durch das Verhalten der britischen Diplomatie – wenigstens bisher – von der Zwecklosigkeit eines solchen Versuchs überzeugt worden. Wenn sich dies in Zukunft ändern würde, könnte niemand glücklicher sein als ich."
23. August 1939	Deutsch-sowjetischer Nichtangriffspakt mit dem geheimen Zusatzprotokoll über die vierte Teilung Polens („Hitler-Stalin-Pakt").
23. August 1939	In der UfA Ton-Woche berichten Volksdeutsche über die Ursachen der Flucht und schildern die Misshandlungen durch Polen.
20. bis 31. August 1939	Die Rote Armee vernichtet im Länderdreieck Innere und Äußere Mongolei – Mandschurei eine komplette japanische Division.
24. August 1939	Roosevelt appelliert zeitgleich an Hitler und den polnischen Staatspräsidenten Moscicki, den Frieden zu erhalten und Gespräche zu führen.
24. August 1939	Der deutsche Botschaftssekretärs Herwarth von Bittenfeld verrät Charles E. Bohlen, einem US-Diplomaten, den Inhalt des „Hitler-Stalin-Paktes". Außenminister Sumner Welles wird unverzüglich über alle Einzelheiten des geheimen Zusatzprotokolls des deutsch-sowjetischen Nichtangriffspaktes informiert. Die Amerikaner behalten ihr Wissen für sich.
25. August 1939	Hitler ruft den Britischen Botschafter Henderson in die Reichskanzlei und bespricht mit ihm Vorschläge zur Lösung des deutsch-polnischen Antagonismus und über ein mögliches gemeinsames Bündnis. Mit „Ruhe und augenscheinlicher Aufrichtigkeit" bietet Hitler eine einseitige Garantie des britischen Weltreichs an, wenn London Berlin freie Hand zur Lösung der „Zustände an seiner Ostgrenze" lässt.
25. August 1939	Polen und Großbritannien unterzeichnen eine Beistandsvereinbarung für den Fall eines deutschen Angriffs.
25. August 1939	Birger Dahlerus, ein schwedischer Ingenieur, startet in Görings Auftrag an diesem Tag eine zehntägige Pendeldiplomatie zwischen Berlin und London.
31. August 1939	Vermittlungsversuch Mussolinis zur Einberufung einer Konferenz nach Münchner Vorbild scheitert.
1. September 1939	Deutscher Angriff auf Polen.

3. September 1939	Nach abgelaufenen Ultimaten erklären Großbritannien und Frankreich Deutschland den Krieg.
7. September 1939	Unterstaatssekretär Alexander Cadogan notiert in sein Tagebuch: „Plan der Deutschen jetzt ziemlich klar: zuerst Polen erobern und dann fragen, warum wir eigentlich kämpfen."
7. September 1939	Stalin erklärt dem Generalsekretär des Komintern Georgi Dimitroff den Pakt mit Hitler. Für Stalin war der Krieg zwischen Deutschland und den Westmächten unvermeidlich. Der Vertrag mit Deutschland wurde abgeschlossen, um die Sowjetunion für einen bestimmten Zeitraum aus dem Konflikt herauszuhalten, bis entweder Deutschland oder Großbritannien und Frankreich geschwächt sind. Bis dahin sollte der militärische Konflikt in Mittel- und Westeuropa angeheizt werden. Dimitroff notiert die Gedanken Stalins akribisch in sein Tagebuch.
17. September 1939	Sowjetische Truppen marschieren in Ostpolen ein. Eine alliierte Kriegserklärung an den russischen Aggressor unterbleibt; auch seitens der Polen wird diese Forderung nicht erhoben.
19. September 1939	Hitlers Rede in Danzig. Er lobt die vernünftige Politik des 1935 verstorbenen Marschalls Pilsudski und verteidigt seine Korridorvorschläge.
26. September 1939	Der Schwede Dahlerus verklausuliert in einer vertraulichen Unterredung mit Hitler und Göring die aus Sicht der Briten unlösbare Aufgabenstellung, einen „modus vivendi" mit einer nationalsozialistischen Regierung zu finden: „Das Hauptproblem für die Engländer sei, eine Formel zu finden, durch die der Frieden in Zukunft gesichert würde".
28. September 1939	Deutsch-russischer Grenzvertrag.
7. Oktober 1939	Letzte Gefechte in Polen; Friedensangebot von Hitler an die Westmächte.
10. Oktober 1939	Führerweisung zum Angriff im Westen.
25. Oktober 1939	Jene Teile Polens, die weder der Sowjetunion noch Deutschland eingegliedert wurden, werden zum „Generalgouvernement".
30. November 1939	Die Sowjetunion greift Finnland an.

Bildhinweise

Abb. 1/S. 17   Bildzitat aus: John Fitzgerald Kennedy …As We Remember Him, herausgegeben unter der Leitung von Goddard Lieberson durch Joan Meyers mit Ira Teichberg als Art Director, New York 1965
Abb. 2/S. 24   Bundesarchiv Bilddatenbank, Sign. 183-B0527-0001-293
Abb. 3/S. 55   Bayerische Staatsbibliothek, Bildarchiv, Sign. hoff-16228
Abb. 4/S. 79   Pressefotografie, Archiv des Verfassers
Abb. 5/S. 89   Ullstein Bild, Sign. 1011786427
Abb. 6/S. 125   Pressefotografie, Archiv des Verfassers
Abb. 7/S. 126   Ullstein Bild, Sign. 40136309
Abb. 8/S. 129   Pressefotografie, Archiv des Verfassers
Abb. 9/S. 153   Bundesarchiv Bilddatenbank, Sign. F051623-0206
Abb. 10/S. 160 Bundesarchiv Bilddatenbank, Sign. 183-2004-0312-500
Abb. 11/S. 197 Bundesarchiv Bilddatenbank, Sign. 183-H27337
Abb. 12/S. 223 Ullstein Bild, Sign. 00115631
Abb. 13/S. 231 picture alliance / AP Images, sign. 81405620
Abb. 14/S. 252 Bayerische Staatsbibliothek, Bildarchiv, Sign. hoff-31724

Globale Währungsblöcke zu Beginn der 1930er Jahre

Wochenmagazin „The Listener" 1934, abgedrucktbei Eichengreen 1992, S. 339

Industrieproduktion in Europa und Nordamerika, 1929 – 1938

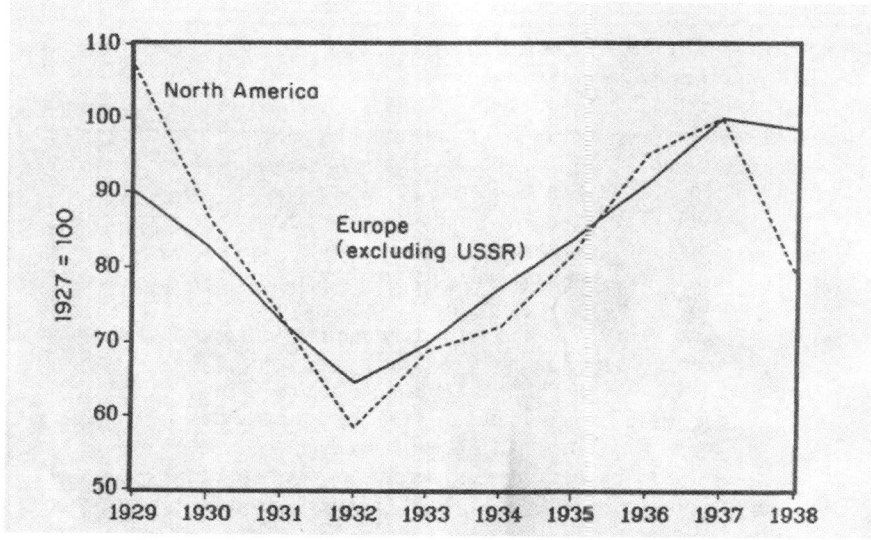

League of Nations, 1938a, Seite 103, abgedruckt bei Eichengreen 1992, S. 388.

Deutsche Ausgabe der Memoiren von Marschal Piłsudski

Männer machen Geschichte!

Wie sich die Richtigkeit dieses Wortes in den letzten Jahren an Deutschland erwiesen hat, so sind auch die Schicksale unserer Nachbarvölker aus der jüngsten Zeit sowohl nach der guten wie nach der schlechten Seite eindringliche Künder des ewigen Wahrheitsgehaltes dieses Satzes.

Der Marschall Piłsudski war ein Mann. Ich habe ihn persönlich kennen gelernt und wurde von der Macht seiner Persönlichkeit tief beeindruckt. In selbstloser und äußerster Hingabe hat Marschall Piłsudski für sein Vaterland gearbeitet. In mythischer Größe ist er schon zu Lebzeiten in die Geschichte seines Vaterlandes eingegangen. Das heutige Polen wäre nicht ohne Piłsudski.

Uns Deutschen hat Adolf Hitler den Sinn für den Heroismus und den ehernen Schritt der Weltgeschichte zurückgegeben. Deshalb ehren wir die großen Männer der Welt. Darum senkten sich auch in Deutschland die Fahnen, als die polnische Armee inmitten des trauernden Volkes in letzter Parade an dem Sarge des Ersten Marschalls von Polen vorbeidefilierte.

Josef Piłsudski war aber auch der Mann, der mit dem deutschen Führer und Kanzler die Voraussetzungen und Grundlagen schuf, auf denen zum Segen unserer Nationen und darüber hinaus zur Erhaltung des Friedens der Welt weitergebaut werden konnte und weitergebaut wird. Die Völker müssen sich mit den Gedankengängen der großen

VI   GELEITWORT

Männer und Führer ihrer Nachbarvölker vertraut machen.
Die Kenntnis der aus völkischer Eigenart und Notwendigkeit geborenen Gegensätzlichkeiten ist eine Voraussetzung
für deren Überbrückung.

Deshalb begrüße ich die deutsche Ausgabe der Werke
Piłsudskis, die von dem verstorbenen Marschall noch mit
lebhafter Anteilnahme gefördert wurde. Das Erscheinen
seines Werkes in Deutschland ist mehr als eine freundschaftliche Geste. Es möge bei zahlreichen Lesern die
Kenntnis unseres Nachbarn vertiefen.

Berlin, den 8. August 1935.

Hermann Göring

Inhalt

Männer machen Geschichte!
Geleitwort von Ministerpräsident General Hermann Göring . **V**

✳

Der Große Marschall
Biographische Einleitung von Dr. Waclaw Lipiński

1. Stimme der Generationen . . . 3*
2. Organisator der Unterdrückten 7*
3. Führer der Revolutionäre . . . 12*
4. Schöpfer der Kriegskaders . . 15*
5. Soldat ohne Vaterland 20*
6. Soldaten gegenüber dem Führer 33*

7. Eroberer der Unabhängigkeit 38*
8. Baumeister des Staates 45*
9. Oberster Kriegsherr 51*
10. Erzieher des Volkes 62*
11. Diktator der Seelen und Vater des Vaterlandes 73*

✳

Meine ersten Kämpfe

Vorwort 3

I. Nowy Korczyn—Opatowiec 13

II. Ulina Mała 97

III. Limanowa—Marcinkowice 197

✳

Nachwort von Prof. Dr. von Arnim 283

Zur Aussprache 289

Register 289

Artikel in The Daily ILLINI vom Freitag, 14. April 1939

THE DAILY WASHINGTON
Merry-Go-Round
By DREW PEARSON, ROBERT ALLEN

WASHINGTON, April 13.—The state department has just heaved a big sigh of relief after terminating one of the most crucial episodes of international prodding in years.

Objective of the state department, or perhaps it is more accurate to say of the president himself, has been to push, goad or cajole the British empire into the realisation that democracy is at stake in Europe.

All this took place during a period of diplomatic doublecrossing in which British banks actually were lending money to Germany for rearmament, and the Federation of British Industries was negotiating a secret pact with German industry in violation of the Anglo-American trade agreement.

British double-crossing finally became so flagrant that when Roosevelt, Hull, and Welles gave the full drift of it, they sent a virtual ultimatum to Chamberlain declaring that as far as the United States was concerned, Great Britain could fish or cut bait.

CZECHOSLOVAK INVASION

Part or all of this may be denied, but the actual facts are that tension in U. S.-British relations came to a head on or about March 16, one day after Hitler had swallowed the remains of Czechoslovakia.

It will be recalled that on March 14, just as the entire world realized Hitler was about to break his pledge to the Czechs, American correspondents in London cabled that the British government saw no cause for alarm. This was because the British foreign office had called in U. S. correspondents and told them that the British government was unperturbed.

British serenity continued next day even with nazi troops actually on the march, and it was not until two days later that the British government began to burst forth in a fine flare of righteous indignation over Hitler's violation of his pledge at Munich.

Reason for the British right-about-face was partly British public opinion. But in the interim, also, Chamberlain had received from Roosevelt the message just referred to, in which the president warned that Britain could expect no more support from the United States, moral, material, or through the sale of airplanes, if the Munich policy continued.

In effect, Roosevelt bluntly asked whether Britain was a nazi nation or a democracy, and warned that the United States would watch Chamberlain's future policy for the answer.

HISTORY AFTER MUNICH

To get the full picture of British double-crossing, and to understand what led up to this crisis in Anglo-American relations, it is necessary to trace events after the Munich crisis last October.

Following Munich, the Roosevelt administration instructed Ambassador Joe Kennedy to suggest to Chamberlain that the only thing Hitler understood was the straightarm, and that it would be an excellent idea to call an abrupt halt on appeasement.

Supposedly Chamberlain agreed. Whereupon Roosevelt and his state department mapped out a program carefully calculated to show Hitler that he could give the democracies no more lip.

To this end, the United States deliberately recalled its ambassador from Berlin, deliberately planned that Secretary Ickes should scold the nazis, and that Acting Secretary Welles, in turn, should scold the German chargé d'affaires for his effrontery in protecting. It was no accident that Roosevelt's address to congress on the state of the nation vigorously slapped down the dictators and asked for heavy air armament.

Furthermore, American soundings taken in Europe all showed that this strategy was having an excellent effect, that Hitler and Mussolini both were worried.

BRITISH CHICANERY

But about this time, the state department began to get wind of what the British were up to. In the first place, British bankers had engaged in a scramble for business in Sudetenland. They had even started making deals with the Germans before the cession of the Sudetens was decided upon at Munich.

Later it was discovered that whenever the state department would take a stern stand against Hitler, sir John Simon or other Tory members of the British cabinet would trot around to the nazis and tell them that Britain was not in sympathy with these U. S. pronouncements.

The state department had known for some time that Sir Auckland Geddes, former British ambassador and head of the Rio Tinto mines in Spain, had been subsidizing Franco. But now it developed that Franco was sending the money back to Germany to buy arms. Thus the British were subsidizing Hitler.

Even more startling, it was discovered that where the nazis were not able to barter, as with Sweden which demands cash, British banks were loaning money outright to Germany to finance rearmament. Of course they were getting a nice fat interest rate.

Also it dawned on high officials here that no less a person than Prime Minister

Chamberlain, himself, is heavily interested in German armament, his Imperial Chemical Industries owning a good block of stock in the Dynamit Actien Gesellschaft and in the giant I. G. Farben-Industrie A. G., largest trust in Germany.

Finally, just before the last Czech crisis, the state department learned that the powerful Federation of British Industries, in which several cabinet members are represented, had worked out a secret trade agreement with the nazis undercutting the United States and the Anglo-American trade agreement so laboriously negotiated by Cordell Hull.

U. S. SEES RED

By this time, the sentiment of Roosevelt, Hull, et al., toward the British would have burnt up the printed page. Their almost inescapable conclusion was that the oligarchy which acutally rules Britain at heart was anxious to preserve the dictators, and secretly feared the strengthening of democratic governments similar to the popular front in France or the Negrin regime in Spain.

All this came to a head with the Hitler march into Prague plus the occupation of Memel. Roosevelt issued his strong warning in between these two events.

Indications are that even the British Tories now are worried. They admit their mistake in trusting Hitler after the Munich agreement. There is no question regarding the status of British public opinion. But both Hull and Roosevelt still are keeping their fingers crossed about the British cabinet and wondering whether it will stay put.

(Copyright, 1939, by United Feature Syndicate, Inc.)

Diese Artikel erschien am 14. April 1939 in rund 270 amerikanischen Tageszeitungen

Personenregister

Adenauer, Konrad, S. 117
Acheson, Dean, S. 226
Albrecht, Conrad, S. 181f
Alexander I. von Jugoslawien, S. 119
Alexander VII. (Papst), S. 159
Allen, Gary, S. 54
Allen, Robert S., S. 251, 267, 269
Alsop, Joseph, S. 251, 265
Altschul, Frank, S. 219
Amery, Leopold S., S. 65, 83
Andrew, Christopher, S. 73f
Antonescu, Ion, S. 185
Arendt, Hannah, S. 192
Armstrong, Hamilton F., S. 75
Astachow, Georgi, S. 196
Astor, Lady Nancy, S. 64, 69, 105
Attlee, Clement Richard, S. 71, 194

Backes, Klaus, S. 160
Bailey, Sir Abe, S. 63, 65
Baldwin, Stanley, S. 64, 70
Barthou, Louis, S. 119f
Baruch, Bernard Mannes, S. 40, 76, 106, 222, 226f, 244
Bavendamm, Dirk, S. 145, 216, 231, 236, 238
Beard, Charles, S. 174, 218
Beatty, Warren, S. 238 (Fußnote)
Beck, Józef, S. 23f, 26-29, 31-33, 46, 85, 88, 239, 260
Beit, Alfred, S. 63
Belmont, August, S. 61
Benes, Edvard, S. 85, 116, 219
Berija, Lawrenti, S. 147, 196
Berle, Adolf Augustus, S. 225, 232
Bernays, Edward Louis, S. 249 (Fußnote)
Berthelot, Henri, S. 116
Besymenski, Lew, S. 191, 196, 207
Bethmann-Hollweg, Theobald von, S. 101
Biddle, Anthony, S. 14, 16, 46, 237, 258f, 264
Bismarck, Otto Fürst von, S. 100f, 112-114, 149, 153, 187, 272
Blomberg, Werner von, S. 25
Blum, Léon, S. 123
Bonwetsch, Bernd, S. 201
Bohlen, Charles E., S. 133f
Bonnet, Georges, S. 79, 121, 123, 129, 131, 134f, 288
Bormann, Martin, S. 47, 151, 158
Bracher, Andreas, S. 294
Brand, Lord Robert Henry, S. 64
Brandeis, Louis Dembitz, S. 225, 227, 243
Brauchitsch, Walter von, S. 180
Briand, Aristide, S. 116-119
Brown, Ernest, S. 69

Brüning, Heinrich, S. 219
Bryant, Louise, S. 238 (Fußnote)
Brzezinski, Zbigniew, S. 168
Buchan, John (Lord Tweedsmuir), S. 64
Buell, Raymond Leslie, S. 15f, 41, 97, 284, 290
Bubnow, Andrei Sergejewitsch, S. 147
Buchanan, Pat, S. 138
Bucharin, Nikolai Iwanowitsch, S. 194, 219
Bullitt, William C., S. 8, 76, 108, 124f, 127f, 132, 137, 226f, 229, 231, 237-241, 255-260, 264-266, 269, 271-273, 288, 290
Burckhardt, Carl J., S. 154, 254, 258
Burgess, Guy, S. 208 (Fußnote)

Cadogan, Sir Alexander, S. 103, 157
Cambon, Paul, S. 13, 141
Chamberlain, Arthur Neville, S. 48f, 51-53, 56-59, 64f, 69-87, 89f, 93-98, 102-110, 124, 128, 132, 154, 169, 194, 207, 240f, 247, 251, 255, 259, 264f, 267-269, 273, 285, 288f, 293
Chamberlin, William Henry, S. 135, 138, 192f
Carol II. von Rumänien, S. 178 (Fußnote)
Chautemps, Camille, S. 130
Chodacki, Marian, S. 37
Chrustschow, Nikita, S. 12, 190
Churchill, Sir Winston, S. 27, 52, 57, 71, 75f, 87, 91, 93, 95-97, 107, 109, 124, 143, 185, 194, 207, 288
Ciano, Galeazzo, Graf von Cortelazzo, S. 135, 184f
Clausewitz, Carl von, S. 289
Clemenceau, Georges, S. 219
Clinton, Bill, S. 54, 68
Cohen, Benjamin V., S. 225, 227
Conant, James Bryant, S. 279
Coolidge, John Calvin, S. 214
Cooper, Sir Alfred Duff, S. 71, 75, 288
Corcoran, Thomas G., S. 225
Coulondre, Robert, S. 135
Cravath, Paul D., S. 66
Cromwell, Oliver, S. 65
Crowe, Sir Eyre, S. 66, 103
Csáky, István Graf, S. 44
Curtis, Lionel, S. 65f, 248

Dahlerus, Birger, S. 90, 107
Daladier, Éduard, S. 74, 79, 94, 123-125, 127-133, 135, 137, 255-257, 259, 264, 285, 288, 291, 293
Darwin, Charles Robert, S. 163
Davies, Joseph, S. 237
Davis, John W., S. 66
Dawson, Geoffrey, S. 64, 69f
Desaguliers, John Theophilus, S. 61
Dewey, Thomas Edmund, S. 254

Dieckhoff, Hans-Heinrich, S. 125, 156, 166, 232f, 235, 242, 251-253, 255, 261

Dimitroff, Georgi, S. 201, 204f

Dirksen, Herbert von, S. 71, 75f, 78, 80f, 83, 86f, 106, 129, 150, 156, 246, 267

Dodd, William, S. 23, 279

Doncov, Dmytro, S. 167

Draganoff, Parwan, S. 184

Dserschinski, Felix Edmundowitsch, S. 147

Dulles, Allen W., S. 219

Eden, Anthony, S. 71, 75, 132, 220, 241, 288

Elton, Lord Godfrey, S. 93

Esher, Lord (Reginald Baliot Brett), S. 63

Farley, James Aloysius („Jim"), S. 125, 243

Feuchtwanger, Lion, S. 243

Filene, Edward Albert, S. 244

Fish, Hamilton, S. 108, 224, 232, 254f, 269, 278

Fisher, Herbert A. L., S. 59, 65

Foch, Ferdinand, S. 116

Ford, Henry, S. 230, 245, 294

Forrestal, James S., S. 272f

Fosdick, Harry Emerson, S. 244

Franco, Francisco, S. 129

Frankfurter, Felix, S. 225-227, 243f

Franklin, Benjamin, S. 61

Fraser, Leon, S. 219

Friedrich II. von Preußen, S. 112

Fuller, John F. C., S. 20

Gamarnik, Jan, S. 147

Gamelin, Maurice-Gustave, S. 29, 122f, 133

Georg VI., König des Vereinigten Königreichs Großbritannien, Kaiser von Indien, S. 89, 132

George, David Lloyd, S. 64, 68

Golczewski, Frank, S. 43

Gollwitzer, Heinz, S. 69

Goebbels, Joseph, S. 22-24, 77, 228

Goerdeler, Carl Friedrich, S. 73, 130

Goldmann, Nahum, S. 228, 254

Göring, Hermann, S. 22f, 25, 27, 77, 86, 90, 94f, 107, 153, 176, 178

Grabinski, Stanlislaw, S. 19

Greiser, Arthur, S. 37, 88

Grey, Sir Edward, S. 142

Gubelmann-Jaroslawski, siehe Jaroslawski, Jemeljan Michailowitsch

Hacha, Emil, S. 152f

Halifax, Lord Edward Frederick (Edward F. L. Wood), S. 48f, 53, 55f, 64f, 69f, 72, 74, 78f, 81, 83, 86, 88, 90, 94f, 98, 104, 288

Harriman, W. Averell, S. 226

Hasse, Ernst, S. 162

Hearst, William Randolph, S. 246, 254

Hedin, Sven, S. 284, 295

Henderson, Sir Nevile, S. 56, 83, 90, 94f, 159

Herwarth von Bittenfeld, Hans-Heinrich, S. 9, 133, 150f, 157

Hess, Rudolf, S. 208

Hesse, Fritz, S. 77

Hindenburg, Paul von, S. 23

Hitler, Adolf, S. 7, 14-16, 22, 24f, 27, 31, 33-38, 44-46, 48, 50-54, 57, 59, 70, 72f, 74-77, 80-83, 85f, 88-91, 94-96, 98, 102-107, 118-122, 127, 129-131, 135, 146, 148-163, 165, 169, 171-174, 176, 178f, 182-188, 190-196, 200-205, 206-208, 232f, 239f, 244, 247, 253, 255, 258, 26 f, 264-271, 273, 277, 282-286, 289

Hiss, Alger, S. 217

Hlond, August, S. 41

Hoare, Sir Samuel (Viscount Templewood), S. 52, 69

Hofer, Walther, S. 173

Hoover, Herbert, S. 177, 213, 215, 224, 254, 272f, 282

Hoover, J. Edgar, S. 12, 227, 229f, 232f

Hopkins, Sir Antony, S. 49

Hopkins, Harry, S. 225f

Hoßbach, Friedrich, S. 130, 172, 190

Hudson, Robert, S. 86f

Hull, Cordell, S. 219, 226f, 230, 241-243, 246, 266-269, 294

Ickes, Harold L., S. 225, 251, 268

Ingalls, Laura Houghtaling, S. 232

Ivory, James, S. 49

Jagoda, Genrich Grigorjewtsch, S. 147

Jaroslawski, Jemeljan Michailowitsch (Minei Israilewitsch Gubelmanr), S. 148

Jeschow, Nikolai Iwanowitsch, S. 147

Jones, Tom, S. 89

Johnson, Hugh S., S. 225

Junker, Detlef, S. 171

Kaganowitsch, Lazar Moissejewitsch (Lazarus Kogan), S. 147, 186, 191

Kahn, Otto H., S. 219

Kalinin, Michail Iwanowitsch, S. 229

Kamenew, Lew Borissowitsch (Leo Rosenfeld), S. 147

Kennan, George F. S. 114, 145, 238

Kennard, Sir Howard William, S. 33

Kennedy, John F., S. 7, 9, 14-18, 46, 155, 157, 272, 284, 290

Kennedy, Joseph Patrick („Joe"), S. 14, 17, 84, 107f, 128, 237, 256, 264f 268f, 272f

Kennedy, Paul, S. 174f, 177f

Kershaw, Ian, S. 235

Kettenacker, Lothar, S. 98

Keynes, Lord John Maynard, S. 143

Kissinger, Henry A., S. 114, 142, 190, 216, 224, 235
Kintner, Robert, S. 251
Kommoss, Rudolf, S. 147

La Chambre, Guy, S. 255f
LaGuardia, Fiorello Enrico („Henry"), S. 223
Lafayette, Gilbert du Motier, Marquis de, S. 61
Laval, Pierre, S. 120f
Lea, Homer, S. 102, 164f, 276
Leffingwell, Russell Cornell, S. 219
Léger, Alexis, S. 130
Lehman, Herbert Henry, S. 244
Lenin, Wladimir Iljitsch, S. 147
Lindbergh, Charles, S. 232
Lindsay, Ronald, S. 240f
Lippmann, Walter, S. 68, 226f, 247-250, 264f, 274
Lipski, Józef, S. 28f, 33-35, 42
Litwinow, Maxim (Max Wallach-Finkelstein), S. 57, 147, 149, 220, 229
Lothian, Lord (Philip Kerr), S. 64, 69, 83
Losowski, Solomon Abramowitsch, S. 147
Luce, Henry, S. 246
Ludendorff, Erich von, S. 206
Ludwig I. von Bayern, S. 159
Ludwig XIV. von Frankreich, S. 103, 111, 113
Ludwig XV. von Frankreich, S. 111
Lukasiewicz, Juliusz, S. 260
Luther, Hans, S. 246

MacDonald, Ramsey, S. 70, 219
Mackensen, Hans Georg von, S. 120
Mahan, Alfred Thayer, S. 224
Maiski, Iwan, S. 57, 69, 94, 105, 207
Mandel, Georges, S. 124
Maser, Werner, S. 160
Mason, Timothy W., S. 173-175, 177f
Matsuoka, Yosuke, S. 157, 220
May, Georg O., S. 219
Mazarin, Jules, S. 111
McCloy, John Jay, S. 226
McCormick, Robert R., S. 232
Mechlis, Lew Sacharowitsch, S. 147
Meinck, Gerhard, S. 172
Merekalow, Alexei Fjodorowitsch, S. 196
Millerand, Alexandre, S. 116
Milner, Sir Alfred, S. 58, 63f, 69
Minter, William, S. 220
Moley, Raymond, S. 225, 243, 262
Möller, Horst, S. 193
Molotow, Wjatscheslaw Michajlowitsch (W. M. Skrjabin), S. 57, 147, 184-186, 190f, 196, 200-202
Moltke, Hans Adolf von, S. 24, 30, 32
Monroe, James, S. 212
Monnet, Jean, S. 8, 126-128, 137, 256f, 264, 288, 290f

Morgan, John Pierpont („J. P."), S. 66, 141, 250
Morgenthau, Henry jun., S. 127, 225-227, 257
Morgenthau, Henry sen., S. 40, 244
Moscicki, Ignacy, S. 271
Müller, Rolf-Dieter, S. 179f
Musial, Bogdan, S. 206
Mussolini, Benito, S. 51, 74, 77, 120, 124, 129f, 134, 159, 166, 171, 184-186, 192f, 255, 268, 288

Napoleon I. von Frankreich (Napoleon Bonaparte), S. 103, 111f
Neulen, Hans Werner, S. 59
Neurath, Konstantin von, S. 55
Nicolson, Sir Arthur, S. 101, 143
Nicolson, Sir Harold, S. 81, 85, 93, 101, 265, 290
Noel, Léon, S. 32
Nye, Gerald Prentice, S. 217

O'Connor, Basil, S. 225
Oshima, Hiroshi, S. 185

Patterson, Joseph Medill, S. 232
Paul-Boncour, Joseph, S. 123
Pearson, Drew, S. 244, 250f, 265, 267, 269, 289
Peek, George N., S. 225, 233
Perkins, Frances, S. 225
Pétain, Henri, S. 123, 183
Philby, Kim, S. 208
Philipp II. von Spanien, S. 103
Phillips, William, S. 237, 265
Pijl, Kees van der, S. 219
Pilsudski, Józef, S. 20, 22-26, 30, 41f, 47, 119, 182, 260
Poincaré, Raymond, S. 114-116, 119, 219
Potocki, Jerzy Józef Graf, S. 258f
Przemyslaw II. von Polen, S. 38

Raeder, Erich, S. 157
Reed, John, S. 238 (Fußnote)
Reston, James, S. 226
Reynaud, Paul, S. 124
Rhodes, Cecil John, S. 58, 62-64, 292
Ribbentrop, Joachim von, S. 15, 28, 31-35, 70, 72, 94f, 106, 129, 131, 155-157, 184, 187f, 195-197, 253, 286
Richelieu, Armand-Jean du Plessis, Duc de, S. 111, 204
Roosevelt, Eleanor, S. 226
Roosevelt, Franklin D., S. 8, 12, 57, 62, 72, 76-78, 80, 83-85, 107-109, 125, 127f, 132, 134, 137, 153f, 156, 166, 171f, 175, 177f, 185, 192, 212f, 215f, 219, 222-244, 246, 251-253, 255-261, 263-278, 282f, 287-291
Roosevelt, Franklin jun., S. 223
Roosevelt, James, S. 223
Roosevelt, Theodore, S. 61, 67

Roos, Hans, S. 19, 26, 44, 47
Root, Elihu, S. 61, 66f
Rosenberg, Alfred, S. 7, 94f, 148f, 151f, 157
Rosenman, Samuel I., S. 225, 227f
Rothschild, Lord Nathan, S. 63
Rovan, Joseph, S. 112f
Rydz-Smigly, Edward, S. 42, 46

Quigley, Caroll, S. 54-59, 62, 68, 104, 107, 211, 246, 250, 278

Sarraut, Albert, S. 122
Schacht, Horace Greeley Hjalmar, S. 175f, 219
Schaposchnikow, Boris, S. 198
Schmidt, Gustav, S. 50
Schmidt, Paul Otto, S. 55, 157
Schmidt, Rainer F., S. 53, 151, 186, 200
Schmitt, Carl, S. 214
Schmundt, Rudolf, S. 36f, 163, 190
Schnurre, Karl, S. 196
Schwab, Charles M., S. 222
Shdanow, Andrej, S. 7, 191, 201f
Shoup, Laurence H., S. 220
Sinclair, Archibald, S. 71
Sinowjew, Grigori Jewsejewitsch (Owsej-Gerschen Aronowitsch Radomyslski-Apfelbaum), S. 147
Simon, Sir John, S. 56, 59, 69, 107, 207, 268
Skladkowski, Felicjan Slawoj, S. 41
Skoropadski, Pawlo Petrowytsch, S. 167
Smuts, Jan C., S. 59
Snyder, Timothy, S. 168, 193
Sokolnikow, Grigori Jakowlewitsch (Girsch Jankele-witsch Brilliant), S. 147
Souton, Georges-Henri, S. 138
Speer, Albert, S. 159-161
Staël, Anne Louise Germaine de, S. 112
Stalin, Josef Wissarionowitsch (Iosseb Bessarionis dse Dschugaschwili), S. 7, 9, 12, 26, 43, 48, 88, 105, 147-151, 154f, 168f, 173, 178, 183-208, 229, 286
Stead, William T., S. 62
Stern-Rubarth, Edgar, S. 117
Steward, Georges S., S. 70f
Stimson, Henry Lewis, S. 165, 215f, 219, 226
Straight, William, S. 250
Straus, Jesse Isidor, S. 40, 244
Streit, Clarence K., S. 68
Stresemann, Gustav, S. 117f, 219
Sulzberger, Arthur, S. 246
Suworow, Viktor (Wladimir Bogdanowitsch Resun), S. 204
Swantopolk II., Herzog von Pommerellen, S. 38
Swerdlow, Jakow Michailowitsch, S. 147
Szembek, Jan Graf, S. 25

Tansill, Charles Callan, S. 175
Taylor, Alan John Percivale („A.J.P."), S. 38, 159, 173
Taylor, Myron C., S. 256
Thies, Jochen, S. 160
Thompson, Dorothy, S. 247-250, 262
Thomsen, Hans, S. 261, 263, 276
Tirpitz, Alfred von, S. 101
Traylor, Melvin Alvah, S. 244
Trotzki, Leo (Lew Dawidowitsch Bronstein), S. 147
Truman, Harry S., S. 194
Tuchatschewski, Michail Nikolajewitsch, S. 194
Tugwell, Rexford G., S. 225, 227
Twain, Mark, S. 7

Untermyer, Samuel, S. 243-245
Uritzki, Moisei Solomonovich, S. 147

Vansittart, Sir Robert, S. 73f
Voltaire (Francois-Marie Arouet), S. 113

Wagner, Richard, S. 119
Warburg, James P., S. 225, 227
Warburg, Paul M., S. 219
Watt, Donald C., S. 156
Weizsäcker, Ernst Freiherr von, S. 83, 148f, 151, 156, 196, 253
Welczeck, Johannes Graf von, S. 131, 150
Welles, Sumner, S. 107f, 226f, 242, 251, 266-268, 272
Wellington, 1. Duke of (Arthur Wellesley), S. 74
Wells, Herbert George („H. G."), S. 77
Wheeler, Burton, S. 232
Whitney, John Hay, S. 250
Wiegand, Karl von, S. 269
Wilhelm I., Kaiser von Deutschland, S. 113
Wilhelm II., Kaiser von Deutschland, S. 103
Wilson, Sir Horace, S. 56, 86f, 107, 207
Wilson, Hugh Robert, S. 237, 256, 265
Wilson, Woodrow, S. 140f, 211, 248, 283
Williams, John Henry, S. 219
Wirsing, Giselher, S. 59f, 216
Wise, Stephen, S. 228
Witte, Sergej Juljewitsch Graf, S. 208
Wittfogel, Karl A., S. 189
Wohlthat, Helmuth, S. 86f
Wood, Sir Kingsley, S. 69
Woroschilow, Kliment Jefremowitsch, S. 191

Young, Owen D., S. 219

Zayas, Alfred de, S. 39